明文化丛书

焕新明文化 赋能十三陵
2022明文化论坛成果资料汇编

北京昌平文化旅游发展集团有限责任公司 编

北京燕山出版社

图书在版编目（CIP）数据

焕新明文化 赋能十三陵：2022明文化论坛成果资料汇编 / 北京昌平文化旅游发展集团有限责任公司编 . —北京：北京燕山出版社，2023.7

ISBN 978-7-5402-6971-5

Ⅰ.①焕…　Ⅱ.①北…　Ⅲ.①文化史—中国—明代—文集　Ⅳ.①K248.03-53

中国国家版本馆 CIP 数据核字（2023）第 109266 号

焕新明文化　赋能十三陵：2022明文化论坛成果资料汇编

编　　　者：北京昌平文化旅游发展集团有限责任公司

责任编辑：吴蕴豪　谢志明

封面设计：王　鹏

出版发行：北京燕山出版社有限公司

社　　　址：北京市西城区椿树街道琉璃厂西街20号

邮　　　编：100052

电话传真：010-65240430（总编室）

印　　　刷：北京富诚彩色印刷有限公司

开　　　本：889mm×1194mm　1/16

字　　　数：553千字

印　　　张：23.5

版　　　次：2023年7月第1版

印　　　次：2023年7月第1次印刷

ISBN 978-7-5402-6971-5

定　　　价：75.00元

焕新明文化　赋能十三陵
2022明文化论坛成果资料汇编

编 委 会（按姓氏笔画排列）：

王 超　王 琳　毛佩琦　付彦军

白 琳　冯志明　吕 舟　汤羽扬

吴振平　张 喆　陈支平　袁江玉

耿志云　高小华　郭继承　崔宙鹏

梁士强　梁晓军　彭 勇　燕海鸣

魏 青

主　　编：冯志明

执行主编：袁江玉

责任主编：张春秋　聂 蕊　许 岩　梁子松

宋 建　侯雅娟

现场参会成员

参会领导、专家合影

中共北京市昌平区委书记甘靖中致辞

中共北京市昌平区委副书记、昌平区区长支现伟致辞

昌平区对外友好协会会长梁士强与十三陵管理中心党组书记主任崔宙鹏为全球明文化社团联盟揭牌仪式

北京市文物局副局长凌明与昌平区文旅集团董事长梁晓军为明文化专家智库揭牌仪式

明十三陵管理中心与中国文化遗产研究院签订框架协议

智库聘书颁发仪式

北京市市委宣传部副部长张劲林致辞

北京市文物局党组书记、局长陈名杰致辞

中国文物交流中心党委副书记、副主任赵古山致辞

中国文化遗产研究院院长李六三致辞

北京市昌平区委常委、宣传部部长冯志明参会

中国人民大学历史系教授、中国明史学会名誉顾问毛佩琦做论坛主旨演讲

厦门大学国学研究院院长、中国明史学会会长陈支平做论坛主旨演讲

中央民族大学历史文化学院院长、中国明史学会副会长彭勇做论坛主旨演讲

清华大学建筑学院国家遗产中心主任吕舟做论坛主旨演讲

工作组合影

明十三陵历史文化陈列展"世遗宝藏 大明风华"（一）

明十三陵历史文化陈列展"世遗宝藏 大明风华"（二）

"赋能十三陵　记录新时代"作品征集一等奖《月生皇陵》（摄影：杨江）

"赋能十三陵　记录新时代"作品征集二等奖《十三陵》（摄影：肖冬梅）

"赋能十三陵 记录新时代"作品征集二等奖（摄影：杨广武）

"赋能十三陵 记录新时代"作品征集二等奖（摄影：塔林[笔名]）

前　言

为落实党的二十大部署和新时代文物工作方针要求，加大文物和文化遗产保护力度，坚持以文塑旅、以旅彰文，推进文化和旅游深度融合发展，将中华优秀传统文化的丰厚积淀转化为文化软实力、文化竞争力和文化影响力，进一步增强历史自觉、坚定文化自信，充分发挥昌平作为北京"三条文化带"唯一交汇区的优势，推动明文化的研究和文旅融合发展，做好明十三陵世界遗产的保护传承，激发活力新生，2022年12月10日，在明十三陵即将迎来申遗20周年之际，2022明文化论坛在明十三陵景区游客中心顺利举办。

2022明文化论坛以"焕新明文化 赋能十三陵"为主题，共设1个主论坛、4个分论坛。主论坛上，毛佩琦教授、陈支平会长、彭勇教授、吕舟教授分别做了主旨演讲：毛佩琦教授在以《明朝是怎样的一个时代：从明朝发展大势观察明文化》为题的演讲中，指出明朝是中国传统社会走向巅峰，同时开始向近代转型，融入世界文化的共同发展之中的重要时代，明朝优秀的文化作为一份宝贵的财产，可以为全中国、全世界所共同享用；陈支平会长从世界史的视野分析了明朝的历史文化地位，明朝开始融入世界经济发展格局，出现了"原始工业化"，但受中国传统社会结构制约，最终没有成功，明代历史既展现了中国历史前进的生机，又留下了遗憾，是需要不断重温和借鉴的历史经验教训；彭勇教授分析了明文化的基本特征，指出明文化是中国传统文化的创新，是北京历史文化的杰出代表，也是世界历史文化的重要组成；吕舟教授介绍了昌平悠久的历史和丰富的文化资源，对比北京中轴线相关项目，指出文化的传承、弘扬需要社会的广泛参与，只有融入到普通人的生活当中，历史文化才能真正地活起来。而在分论坛上，各位专家学者围绕"明文化价值挖掘与创新提升""明十三陵世界遗产保护与活化利用""十三陵区域发展与文旅融合""文化遗产与新媒体"等专题，进行了深入交流探讨，为昌平打造全国明文化中心建言献策。

除了主论坛主旨演讲和4个分论坛的专家交流探讨，2022明文化论坛发布了"五个一"系列行动，即：原创作品征集与展览等一系列文化活动，展示一批文物保护成果和计划，举办一次主题展览，成立一个智库"明文化专家智库"，签订一揽子合作协议。论坛组织开展了持续一个月的《赋能十三陵 记录新时代》原创作品征集活动；采用线上线下结合的方式，通过"世遗宝藏大明风华"明十三陵历史文化陈列展带现场嘉宾和观众云游，感受明文化，欣赏文物珍品，其中包含以金冠为首的金银器、丝织品、玉器首饰等上百件文物，有20余件文物首次亮相；论坛发布了明十三陵世界遗产Logo、明文化论坛Logo，为"全球明文化社团联盟"揭牌；2022年以来，明十三陵管理中心首批邀请几十位不同领域的专家学者成立智库，论坛举行了明文化专家智库揭牌仪式，为入选明文化专家智库颁发聘书；明十三陵管理中心积极对接、寻求合作，与中国文化遗产研究院、中国文物交流中心、北京市园林绿化科学研究院、中国文物信息咨询中心、北京大学历史系、首都博物馆、清源视野北京文化咨询有限公司、北京建筑大学、北京青年报等9家单位达成了意义深远的合作协议。

2022明文化论坛发挥明十三陵文化资源优势，深化明史、明文化研究，推动优秀传统文化活态传承和文物活化利用，不断擦亮昌平明文化"金名片"，促进明十三陵文化遗产价值的发掘与传扬，推动文化事业和文化产业全面繁荣，推动中华优秀传统文化创造性转化、创新性发展，提升文化影响力、感染力，让传统文化更好地融入现代生活，让中华优秀传统文化为国人所共知、世界所共享，继续为中华民族伟大复兴凝心聚力铸魂。

《焕新明文化 赋能十三陵：2022明文化论坛资料成果汇编》是对2022明文化论坛主论坛、分论坛发言讨论以及征集的社会原创作品的整理、汇编，是2022明文化论坛成果的直接文字记录和呈现，其整理出版有利于扩大明文化论坛的影响，为传承发扬明文化内涵尽一份力。

目　录

征　文

2022明文化论坛

致辞

主办方致辞

甘靖中（中共北京市昌平区委书记）

尊敬的各位领导、各位专家、同志们、朋友们：

大家上午好！

今天非常高兴与大家相聚昌平，相聚云端，共同参加2022明文化论坛。首先我代表昌平区委、区政府向线上线下全体嘉宾表示热烈的欢迎！向一直以来关心、支持昌平发展的各级领导、各界朋友表示衷心的感谢！

昌平历史文化厚重，拥有38处国家和市级文物保护单位，是北京长城文化带、大运河文化带、西山永定河文化带，三条文化带共同汇聚的唯一的区，在首都建设全国文化中心进程中承担着重要的职责使命。

近年来我们立足区域功能定位、发挥资源禀赋优势，统筹抓好文物的保护和利用，文旅融合发展、公共文化服务等工作，成功获评全域旅游示范区，为全国文化中心建设做出了积极贡献。特别是辖区的明文化资源丰富多元，独具魅力。

明十三陵、居庸关长城更是其中的杰出代表，都列入了世界文化遗产，堪称世界文化瑰宝。我们依托这一特色资源，不断擦亮明文化"金名片"，着力提升明文化的辐射面和影响力，为推动区域高质量发展提供持久的动力。

党的二十大强调要推进文化自信、自强，铸就社会主义文化的新辉煌，为我们建设社会主义文化强国指明了前进方向，举办明文化论坛是我们学习贯彻党的二十大精神一项重要举措，也是我们服务全国文化中心建设的应有之义。

这次论坛，以"焕新明文化，赋能十三陵"为主题，有幸邀请到多位史界名家、饱学之士，吸引了许多忠实的"明粉"朋友，策划了一系列内涵丰富的活动，力争重现明文化的风姿神韵和独特魅力，为大家提供一场思想文化盛宴，这不仅有利于推动明文化的研究交流、活化利用和传承发扬，对促进区域文化繁荣发展和文旅深度融合也具有重要的意义。

我们将以此为契机在持续做好文化这篇大文章的基础之上，坚持以文塑旅、以旅彰文，重点推动明文化创造性转化、创新性发展，精心打造全球明文化交流传播引领区和旅游目的地。

衷心希望各位专家学者深入探讨、畅所欲言、碰撞思想火花，提出真知灼见，帮助我们更好地传承和弘扬明文化，我们坚信在国家和市有关部门的指导支持下，在社会各界的参与帮助下，本次论坛一定能够办出实效、办出水平、办出特色。这里我也诚邀各界朋友走进昌平、了解昌平，体验昌平的历史文化之美，寻觅心中的诗和远方。

最后预祝本次论坛圆满成功，祝全体嘉宾身体健康、工作顺利，谢谢大家！

领导致辞一

张劲林（北京市市委宣传部副部长）

尊敬的各位来宾、同志们、朋友们：

大家上午好！

很高兴与大家相聚在2022明文化论坛，首先我谨代表中共北京市委宣传部对本次论坛的举办表示热烈的祝贺！

北京是一座有着3000多年建城史，860多年建都史的历史文化名城，也是全球首个双奥之城，蕴含着中华民族深厚的文化底蕴，彰显着自信、开放、包容的文化魅力。

习近平总书记十分关心首都的文化建设，他指出北京历史文化是中华文明源远流长的伟大见证。传承保护好这份宝贵的历史文化遗产是首都的职责，明确了北京作为全国文化中心的战略定位，为我们做好首都文化工作指明了前进方向。

沿着总书记指引的方向，我们坚持以新时代首都发展为统领，谋定全国文化中心建设目标，构建起"一河一城三带两区"的总体框架，推进历史文化传承发展工作，由城市站位转向首都站位，由旧城改造转向老城保护，由重点保护转向全域保护，由静态保护转向活化利用，使北京这座历史文化名城在新征程上焕发出新的时代光彩。

昌平素有"京师之枕"的美誉，这里有居庸叠翠的江山胜迹，有明十三陵的营造典范，更有文瀚阁中的文脉赓续，形成了历史悠久、文化深厚的鲜明气质，是全国文化中心建设三条文化带中的唯一交汇区。昌平承担着大运河源头遗址公园建设、居庸关长城博物馆展陈提升等重点任务，在明十三陵即将迎来列入《世界文化遗产名录》20周年之际，举办以"焕新明文化　赋能十三陵"为主题的首届明文化论坛，是保护传承历史文化，推进全国文化中心建设的生动实践。

有明一代也见证了中华文化的繁荣发展，《永乐大典》集采精华，阳明心学知行合一，三言二拍话本传世，"临川四梦"铸就戏剧丰碑，时至今日，他们依然在生动讲述着明朝那些事儿。我们看到今天有许多专家学者、从业人员和明文化爱好者齐聚线上线下，将以明文化为引子，将就文化传承创新、文物活化利用、文旅融合发展等主题展开交流对话，相信在大家的共同努力下，本次论坛必将结出硕果。

当前，全市上下正在深入学习贯彻党的二十大精神，党的二十大报告强调，全面建设社会主义现代化国家，必须坚持中国特色社会主义文化发展道路，增强文化自信，围绕举旗帜、聚民心、育新人、兴文化、展形象，建设社会主义文化强国。

我们要深入学习领会党的二十大对推进文化自信自强，铸就社会主义文化新辉煌的战略部署，发挥全国文化中心示范引领作用，以"一轴三带"为牵引，带动历史文化活化利用，全力攻坚中轴线申遗保护，建好用好国家文化公园，推动大运河、长城、西山永定河三条文化带建设。深入抓好标志性重点工程，以全国文化建设新成效更好服务社会主义文化强国建设。

同志们、朋友们，历史是启发心智的窗口，文化是沟通心灵的桥梁，希望各位嘉宾在2022明文化论坛这场盛宴中，共享文化发展新理念，共议文化改革新趋势，共商文化建设新思路，共同推动明文化研究和历史文化保护与传承，携手推动首都文化建设迈上新台阶。

最后预祝2022明文化论坛取得圆满成功！

领导致辞二

陈名杰（北京市文物局党组书记、局长）

各位领导、各位专家：

大家上午好！

向各位专家和领导表示问候和致敬，也预祝首届明文化论坛取得圆满成功！我们知道北京拥有7处世界文化遗产，是全世界拥有世界文化遗产最多的城市之一，现在我们还在全力推动北京中轴线申遗保护工作。世界文化遗产已经成为北京一张最亮丽的"金名片"。

今年是世界遗产公约通过50周年，也是中国的历史文化名城制度实施40周年，北京作为第一批国家历史文化名城正好也是40年，同时今年还是《中华人民共和国文物保护法》颁布40周年，明年又是十三陵列入《世界文化遗产名录》20周年，在这样一些重要的时间节点交汇之年，昌平区特意举办了2022明文化论坛，与北京市广电局、北京市文物局共同主办，论坛的举办具有极为重要的意义。

借此机会，我想谈三点思考和建议，请各位专家、各位领导批评指正：

第一，从世界文化遗产可持续发展角度上看，十三陵要大力加强遗产价值挖掘。我们知道世界文化遗产极为强调对遗产价值的挖掘与展示，遗产地一切工作都要有利于弘扬、突出价值，强调遗产的真实性和完整性，强调良好的遗产保护管理水平，强调遗产的日常监测与管理，确保文物安全。

世界文化遗产的保护传承利用专业性很强，所以也借此机会建议昌平区能够再引进培养、配备遗产管理、价值挖掘方面的专业人员，我知道老一辈的胡汉生老师做了很多工作，希望能够不断培养人。

因为从这几年中轴线相关实践来看，确确实实要有一支强大的团队，而且要形成研究的梯队，切实提高十三陵的保护管理水平和可持续发展能力，不断满足人民群众对中华优秀传统文化的需求，丰富人民精神世界，增强人民精神力量。

第二，从北京历史文化名城整体保护角度上看，十三陵完全可以成为北京历史文化名城的重要承载区，过去的10年左右，在社会各界的共同努力下，北京老城和三山五园已经成为北京历史文化名城的两大核心承载地，其中北京老城是62平方千米，三山五园是68.5平方千米，我们知道十三陵遗产区加上缓冲区大概是89平方千米，完全可以成为北京历史文化名城第三大承载区。

回顾历史，我们也发现2005年北京市制定《北京历史文化名城保护条例》时，只是强调了北京旧城的整体保护，后来改为"老城"，去年修订《北京历史文化名城保护条例》时，已经把三山五园和北京老城并列为北京历史文化名城的两大核心承载地，这确实是过去10年来在社会各界努力下取得的丰硕成果。

我们也衷心希望通过各方的努力，到下一次修订《北京历史文化名城保护条例》时，能把十三陵的价值充分彰显出来，成为北京历史文化名城的第三大承载区。这是我的第二点思考。

第三，从贯彻落实新时代文物工作方针的角度上看，十三陵要大力推动文物活起来，我们知道今年七月全国文物工作会上，明确了新时代文物工作方针，从原来的16字方针改为22字方针，在"保护第一、加强管理"的基础上，明确提出"挖掘价值、有效利用，让文物活起来"。

新时代文物工作方针呼应了以习近平同志为核心的党中央对文物工作的新要求，习近平总书记多次强调，要让收藏在博物馆里的文物，陈列在广阔大地上的遗产，书写在古籍里的文化都活起来。十三陵既有收藏在博物馆里的文物，我们这次展览有105件文物，更有陈列在广阔大地上的遗产，还有书写在古籍里的文字。在有效保护管理的基础上，推动文物活起来，是贯彻落实习近平总书记重要指示、批示精神的重要举措，也是贯彻落实新时代文物工作方针的重要举措。

2022明文化论坛以"焕新明文化 赋能十三陵"为主题，包含了多项文化活动，是文物活起来的一次生动实践和探索。关于文物活起来有五个字特别重要："会、展、刊、赛、集"。"会"就是会议、论坛，"会"的目的、功能是为了集中大家的智慧解决发展的思路，挖掘价值；"展"就是展览、展陈，是为了把一个地方文化遗产的精华展示出来、提炼出来；"刊"就是把重要的认识、研究成果刊刻下来形成工作的积累；"赛"就是大赛要汇聚起社会各界的智慧和资源，用众筹的理念推动文化遗产的传承利用；"集"就是市集，通过事业产业的融合发展，通过文创产品的系列开发，推动经济社会的发展。

我提出这三点建议，请各位领导、专家批评指正，古人讲"其作始也简，其将毕也必巨"，希望昌平区把明文化论坛这个品牌越擦越亮，赋能十三陵这一处世界文化遗产不断焕发新光彩。

最后祝本次明文化论坛取得圆满成功，谢谢大家！

领导致辞三

孔建华（北京市广播电视局党组书记、副局长）

尊敬的各位领导、各位嘉宾：

大家好！

在全党、全社会深入学习贯彻党的二十大精神之际，2022明文化论坛隆重开幕，在此我受王局长委托代表北京市广播电视局对论坛的举办表示衷心的祝贺，向出席论坛的各位嘉宾表示诚挚的问候。

文化是城市的灵魂，习近平总书记指出北京历史文化是中华文明源远流长的伟大见证，这为我们做好首都文化工作指明了方向。共同举办"明文化论坛"是落实首都城市战略定位、服务文化强国建设的一项重要举措。

昌平区作为北京三条文化带的交汇区，素有"京城之枕"的美誉，区内明文化古迹众多，更有世界文化遗产明十三陵，本届论坛进一步向社会显示十三陵文化遗产活化利用和明文化推广的积极意义，有利于推动明史和明文化研究的进一步深入。

近年来北京广播影视和网络视听植根京华大地，持续打造北京大视听的品牌。

一是加大文化类节目的创作和生产，先后推出了《登场了！敦煌》《闪耀吧！中华文明》《上新了·故宫》《了不起的长城》等一批优秀作品。

二是在北京大视听加文物、文化的创新合作方面，我们正在推动《新长城谣》《长城长》等纪录片的创作，积极协调业内优秀团队对接昌平区委宣传部，推动纪录片《看见昌平》的策划工作。

三是持续推进智慧广电建设，聚焦5G+8K超高清直播、云转播应用、VR导览、导购等技术，利用广电沉浸式、体验式和8K视听新场景，助力首都文化新发展。

在本届论坛的传播推广方面，北京市广播电视剧组织多家市属重点网站发挥平台优势，多角度立体化地展现市遗宝藏大明风华。我们相信本届明文化论坛作为"大视听＋数字科技""大视听＋文化遗产""大视听＋乡村振兴"的一次新尝试，将成为展示昌平文化遗产、探研中华文明的一个窗口，下一步我们将与昌平区密切联动，深入挖掘更多优秀素材，积极培育创作扎根北京沃土的视听作品，向世界更好地展示昌平的山水之美、人文之美。

各位领导、各位来宾，党的二十大报告提出推进文化自信自强，铸就社会主义文化新辉煌，北京市广播电视局将一如既往落实好中央和北京市的要求，用好用活文化遗产，在政策支持、机制创新、科技应用、人才引育等方面持续发力，推动创作更多弘扬优秀传统文化的精品力作，讲好中华文明故事。

最后希望能和大家共同携手努力将明文化论坛打造成建言文化发展、推动文化创新的一流平台，塑造为具有中国风范、古都风韵、国际影响的文化品牌，更好地助力全国文化中心建设。

我们预祝论坛取得圆满成功，谢谢！

领导致辞四

赵古山（中国文物交流中心党委副书记、副主任）

尊敬的各位领导、各位来宾：

大家上午好！非常荣幸能够参加2022明文化论坛，在明十三陵即将迎来申遗20周年之际，我谨代表中国文物交流中心对本次论坛的召开表示热烈的祝贺！

党的二十大报告指出，要坚定文化自信，做好保护与活化的大文章，要坚持以人民为中心，推动文化高质量发展，要深化文明对话，讲好故事展示中华文明形象，这是我们践行遗产地保护利用理念的根本遵循和行动指南。

本次大会以"焕新明文化 赋能十三陵"为主题，共谋遗产地保护利用具有十分重要的意义，我们要深化认识加强合作，激化传统文化新活力。近年来，明十三陵保护取得了历史性成就，明十三陵管理中心始终将文化遗产保护放在第一位，不断健全文物保护体制、机制。

五年来投入近亿元资金进行房屋改造，有序实施文物本体保护修缮。近三年来开展文物保护修缮和养护工程28项，实施文物资源数字化，强化文物遗址周边环境整治，累计流转造林土地两万余亩，先后两届举办明文化节，并推出擦亮"金名片"的"明十三陵历史影像展"等。做到了在坚持保护优先的前提下，推动文物活化利用和文旅融合发展，激发了十三陵文化遗产的新活力。

半个世纪以来中国文物交流中心不断拓展开展国际文物交流合作的途径与渠道、方式与方法、深度与广度，先后承担近三百项国家级文物展览任务，成为对外文物交流合作的国家队，进出境文物展览领域的领头羊，文博高端智库的排头兵。

讲好明史故事对于提升中华文化国际影响力十分关键，自1994年中国文物交流中心先后在美国、意大利和英国举办了一系列明文化展览，如"中国帝王陵墓展""中国明代文物特展"及"明皇朝盛世50年展"等，让中华优秀传统文化为国人所共知，为世界所共享。今后，中国文物交流中心愿以实际行动积极为明文化研究与推广中心提供智力支持，以优质展览资源赋能明十三陵，为推动明文化的学术研究提升国际影响力及发展文旅融合而持续贡献力量。

明代是中国历史发展历程中耀眼的一环，社会经济、科学技术、思想文化、文学艺术等获得巨大发展。明十三陵则是明王朝200多年历史的集中见证，是一部浓缩的明代历史，也是弘扬传播明文化的首选基地，未来可期。让我们共同努力，借助明十三陵文化资源优势，将明文化魅力传播出去，擦亮昌平明文化"金名片"。

预祝本次论坛圆满成功，谢谢大家！

领导致辞五：深化合作，携手共进

李六三（中国文化遗产研究院院长）

各位同仁大家好！

首先我谨代表中国文化遗产研究院对十三陵管理中心举办的2022明文化论坛顺利召开表示衷心的祝贺！

明永乐皇帝迁都至北京后选燕山的支脉昌平黄土山为朱家万世发展之吉地，封其为天寿山，陵寝自永乐七年（1409）明成祖始建长陵至崇祯十七年（1644），共经历了200多年的营建，是我国现存规模最宏大、建设最完整、制度最完备的帝王陵寝，具有极高的历史、艺术、科学、社会以及文化价值。

丰富的历史遗存不仅是研究明朝陵寝制度、丧葬典制、祭祀礼仪、直观体制和建筑设计理论、建筑技术、营造技艺乃至政治、经济、文化等方面绝无仅有的实物资料，同时也记录了明王朝的兴衰历史，是明朝历史文化最好的见证。

1961年，明十三陵被公布为全国的重点文物保护单位，2003年列入《世界文化遗产名录》。中国文化遗产研究院参与十三陵的保护工作最早可以追溯到1935年成立的旧都文物整理委员会营造学社。旧都文物整理委员会为文研院前身。当时，朱启钤、梁思成、刘敦桢等先生对十三陵进行调查研究延续至今。

我院应约承担了多项明十三陵保护工程，其中包括了泰陵的三座陵门的保护工程、泰陵方城墙面与地面加固及防渗工程等，随着我院与明十三陵管理中心框架合作协议的签署，双方的交流合作将踏上一个新的台阶。

今年全国文物工作会议提出了"保护第一、加强管理、挖掘价值、有效利用、让文物活起来"的新时代文物工作方针，充分体现了党对文物工作的科学把握、对新时代文物工作的统筹谋划，既有继承发展又与时俱进，从实际出发，不仅具有鲜明的时代性、科学性，而且具有很强的指导性和实践性。新时代文物工作方针必将为文物事业高质量发展提供更加坚强有力的指导，引领文物事业迈向新的更高阶段。

未来我院将依托科学、技术、人才、专业等方面的优势，在七个方面与管理中心开展合作：

一是明文化价值挖掘与价值利用；

二是人才交流与培养。通过联合培训，助力当地人才队伍建设；

三是广泛地开展国内外学术交流与合作；

四是持续拓宽明十三陵的遗产保护项目；

五是加强活化利用研究，推进文物保护与文化旅游的深度融合发展；

六是通过合作开展示范基地建设，共同开展课题研究；

七是欢迎明十三陵管理中心参与国家文化遗产科技创新中心建设，共同提升文物保护的科技水平。

在明十三陵即将迎来申遗20周年之际，文研院将与十三陵管理中心携手共进，加强对明十三陵的多重价值研究和活化利用探索。以实际行动贯彻落实新时代文物工作方针和党的二十大精神，共同提升明十三陵的明文化品牌。最后谢谢大家，欢迎大家到文研院调研指导工作，谢谢！

"发布明十三陵世界遗产专属Logo"致辞

毕建宇（北京市文物局遗产管理处处长）

各位嘉宾：

大家下午好！

今天很荣幸受邀参加2022明文化论坛并发布明清皇家陵寝明十三陵世界遗产标识。

明十三陵于2003年列入《世界文化遗产名录》，20年来明十三陵世界文化遗产保护硕果累累，见证了北京世界文化遗产保护发展的历程。作为全国拥有世界文化遗产最多的城市，北京也构建起多元主体、多元资金、多元价值的北京特色文化遗产保护体系，逐步打造出北京世界遗产的文化品牌影响力，使世界遗产成为北京历史文化名城最耀眼的"金名片"，在此向多年来所有关心和热爱北京世界文化遗产保护的社会各界人士表示衷心感谢！向为明十三陵世界遗产保护做出重要贡献的昌平区委、昌平区人民政府和明十三陵管理中心表示衷心感谢！

2022年是不寻常的一年，今年胜利召开了党的二十大，也是联合国教科文组织《保护世界文化和自然遗产公约》通过50周年，明年是明十三陵列入《世界遗产名录》20周年，在这样的时刻，申请和发布明十三陵世界遗产标识具有重要意义，标志着明十三陵世界遗产的保护管理工作迈入了一个新阶段。

在党的二十大报告中，提出要加大文物和文化遗产保护力度，深化文明交流互建，推动中华文化更好走向世界。在不久前举行的北京庆祝世界遗产公约50周年主会场活动中，世界遗产中心主任阿索莫先生在致辞中强调"要坚守公约初心，促进各国合作，应对人类共同挑战"。

明十三陵作为明清皇家陵寝的世界文化遗产，近20年来在《世界遗产公约》的指导下，在遗产保护、价值展示、公众参与等方面取得了一系列的成就，为推动中国的世界遗产保护积累了经验，为国际相关类型世界遗产保护提供了可借鉴的中国经验。此次世界遗产标志的申请与发布也彰显了中国作为世界遗产公约缔约国充分履行公约和落实世界遗产一系列保护文件的责任感和积极作为，标识的申请发布也是中国的世界遗产保护工作进一步国际化、规范化的重要体现。

值此明文化论坛召开之际，希望明十三陵认真总结以往遗产保护管理的成功经验，继往开来不断创新，积极吸取世界文化遗产在价值认知、文化传承等方面的宝贵营养，互学互鉴，实现突破性发展，为促进世界文化遗产与城市社会发展共融共生做出更多的贡献。谢谢大家！

致闭幕辞

支现伟（中共北京市昌平区委副书记、昌平区区长）

尊敬的各位领导、各位嘉宾、各位朋友：

今天这个论坛非常隆重也非常有成效。关于明代，我们小时候看连环画就看《明英烈》朱元璋、常遇春等，到年龄稍大又读王阳明心学，了解儒家文化的发展，以及我们的民族英雄戚继光，网络刚刚兴盛时又流行《明朝那些事儿》，等等。

后来在北京居住，我家旁边长期有一个明城墙遗址公园，当时就想明文化对中国的影响是多么的深远。尤其来到昌平以后，明显感觉到昌平和明文化之间的联系，全球对明文化的研究中心就在昌平，因为昌平有十三陵，这代表着皇家文化。北京城留下更多的是清文化，而明文化真正保留、传承，或者说我们去其糟粕取其精华，留下来更多的是在昌平，包括永安古城，昌平的县城就在永安古城，我们正在进行的城市更新对永安古城有一个研究，永安古城是鼓楼钟楼，明朝建设的遗址还存在，也包括巩华城等一系列现在保存完好的明朝文化载体。

今天这一天大家都收获满满，尤其现在还有一个流行的词叫"明粉"，明文化到现在还广泛影响着我们各类事业的推进。所以，昌平区作为这样一个地方，长久举办这个论坛意义深远。尤其昌平的主导产业是生物医药产业，明朝李时珍的《本草纲目》在医药健康这个方向是世界医药史上的一本巨著，所以昌平举办明文化论坛正当其时，而且也应该成为全球"明粉"的聚集交流地。

今天下午我们这个论坛就要结束了，就在全国上下深入学习贯彻党的二十大精神之际，在疫情防控进入新阶段之时。今天上午我还去了社区卫生服务中心、药店，为广大人民身心健康、医药供应，大家更好地度过这个阶段，我们上下都在努力。

我们这个时候以线上、线下的方式举办这次论坛，充分体现了昌平区委、区政府高效统筹疫情防控和经济社会发展的坚定决心，也释放了推动经济、文化、相关正常生活回归正轨的强烈信号。今天来自全国各地的明文化界专家、学者相聚云端（也有在现场），聚焦"焕新明文化 赋能十三陵"这一主题，畅所欲言、激荡思想，吸引了全球2000多万"明粉"在线上参与，共同奉献了一场文化盛宴、思想盛宴，达成了许多共识，取得了丰硕成果。

在上午的主论坛上，就我们明史的研究，毛佩琦教授所做《明朝是怎样的一个时代：从明朝发展大势观察明文化》的主旨演讲,指出明朝优秀文化是全国乃至全世界的宝贵财富,让我们了解到明朝是中国传统社会走向顶峰,并开始向近现代转型的重要时代。

陈支平会长从世界史的广阔视野带我们分析了明朝的历史地位:正是从明朝开始中国市场深度融入了世界经济发展格局,明朝有过"郑和下西洋"的壮举,我们的"海上丝绸之路"也都是从明朝开始的,明朝作为汉族建立的最后一个王朝,经济社会发展水平在中国历史上具有重要地位。

彭勇教授深入分析了明文化的基本特征,指出明文化是北京历史文化的杰出代表,让我们感受到了明代思想文化和文学艺术的灿烂辉煌。还有李六三院长、吕舟主任等一系列大咖的精彩演讲,从多个视角说明了明文化的内涵和特征,让我们切实感受到中华文明的魅力,进一步增强了文化自信。

下午的四场分论坛同样十分精彩,各位专家学者围绕"明文化价值挖掘与创新提升""明十三陵世界遗产保护与活化利用""十三陵区域发展与文旅融合""文化遗产与新媒体"等专题,郭继承教授、燕海鸣教授、汤羽扬教授、张喆教授等众多学者专家进行了深入交流探讨,不仅取得了丰富的理论成果,更为昌平乃至北京推进文化遗产保护利用,加快文旅融合发展明晰了现实路径,具有很强的思想性、时代性和指导性。刚才我们为智库挂牌、聘任专家,梁士强会长亲自为"明文化的联盟对外友好协会"揭牌,这一系列的动作都昭示着我们会把"明文化在昌平聚集"这个旗帜高举起来。

所以在此,我也代表昌平区委、区政府向出席论坛的各位嘉宾、各位媒体朋友以及全球的"明粉",特别是向市文物局、市广播电视局、北京大学中国文化遗产研究院等单位的大力支持表示衷心的感谢!

刚才毕处长还把我们"十三陵 Ming Tombs"联合国遗产标志也进行了揭牌,对外发布,应该说明朝文化的繁荣灿烂在5000年中华文明中具有重要的历史地位。昌平作为全市三条文化带的唯一交汇区,是北京历史文化名城和文化中心建设重要的组成部分,拥有丰富的文化底蕴、悠久的历史脉络、蓬勃的时代活力。除了是三条文化带的唯一交汇地,正在申遗的中轴线北延长线也在昌平,尤其是在北延长线的燕山北端,我们中华文化的传承基因,或者说文化的重要载体——中华版本馆今年也在此落成,当时我们中央领导、中宣部主要领导都到了现场,现在已经对外开放。

昌平区内明文化资源富集,明十三陵、居庸关长城是世界文化遗产,永安城、巩华城、朝宗桥等文物遗迹都承载着明朝的历史记忆,可以说"清文化看北京,明文化要看昌平"。

近年来,我们坚持以新时代首都发展为统领,将推动全国文化中心建设作为重要的政治任务,全力做好文化保护、传承利用"三篇文章",成立了明十三陵管理中心和文旅集团,实施了大运河源头遗址公园等重点项目,举办了"居庸山月""十三陵祈福"等文化活动,成功获评国家全域旅游示范区,昌平这座千年历史古城正在焕发出勃勃生机。

中华优秀传统文化源远流长、博大精深。习近平总书记在党的二十大报告中强调,要坚持和发展马克思主义,必须同中国具体实际相结合,必须同中华优秀传统文化相结合。明文化是中华优秀传统文化的重要组成部分，这次论坛的举办也正是我们践行党的二十大精神，传承明文化中蕴含的中华文明优秀的基因，服务北京全国文化建设中心的一项重要举措。

下一步我们将以这次论坛为起点，坚持传承中华文化，拓宽国际视野，弘扬时代精神，赋能文旅融合，深入挖掘明文化内涵。在2023年以及后续的时间我们将全力升级举办全球明文化论坛，吸引更多文旅要素和热爱明文化的人士在昌平聚集，推动中华优秀传统文化创造性转化。

我们也希望各界对明文化关心支持、有所研究、喜爱的各类人士能够会聚到昌平，共同从明文化里的精华和蕴含的巨大力量中研究出新的成果，在我们未来的持续发展中产生新的时代的火花。

我们将推动中华优秀传统文化，创新性向前发展，努力把论坛打造成全世界"明粉"的年度盛会，把昌平打造成具有全球影响力的明文化高地。

同时我们也将以此论坛为契机，坚持以文塑旅，以旅彰文，系统研究首都中轴北延长线规划。以明十三陵、居庸关长城等世界文化遗产为载体，进一步擦亮全球明文化论坛这张"金名片"，打造更多的文旅IP，激活文化+产业创新，提升国家全域旅游示范区能级，促进文旅农产业融合发展，加快将昌平建设成为以科学城、大学城、生态城为核心的现代化一流新城。

也借此机会热忱欢迎各界宾朋走进昌平，共享"京师之枕"美景，共享四大机遇的红利，共绘四区建设蓝图。

最后，衷心祝愿各位领导、嘉宾、媒体朋友们，身体健康、万事如意、事业长虹，明年再见！谢谢大家！

主旨演讲

明朝是怎样的一个时代：
从明朝发展大势观察明文化

毛佩琦

非常高兴来到昌平，来到十三陵参加明文化论坛的活动。十三陵是世界文化遗产，昌平地区有两处世界文化遗产，这在很多地方是少见的，还有一个居庸关长城，也是我们列入《世界文化遗产名录》的著名景点。

最近几年，明史有点小小的热，很多地方相继成立了明文化研究中心、明清文化中心。故宫有一个明清研究中心，南京大学最近成立了明文化研究中心。除了这些带有整体性的明文化研究中心，还有很多具体的，比如说戚继光研究会、王阳明研究会、刘伯温研究会，等等。所以我想我们昌平地区明十三陵成立了一个明文化研究中心，这是在中国北方涵盖整个明文化的研究机构的崛起。这个明文化研究中心将会对中国明代文化研究发挥重要作用，我非常期待。在昌平十三陵，明文化体现得更为集中、更为典型。现在已有的几个明文化研究中心，都不具备十三陵的优势。明朝在南京建都时间很短，明代文化遗存也不多。北京故宫，叫明清故宫，不是单纯的明文化的体现。只有十三陵是纯粹的明文化的承载地，所以我对咱们十三陵地区在昌平成立一个明文化研究中心、举办明文化论坛的前景非常看好，非常乐观，祝贺这次明文化论坛在这里举办，这是十三陵首届明文化论坛，这个论坛得天时地利人和，以后一定会有大的发展。

第二个想法是说明文化，什么是文化？这是我最近接到邀请以后想的问题，文化的定义非常复杂，你查查百度上有广义的、狭义的、文学艺术的、戏剧的、社会生活的等各种定义，都是文化。那么什么是文化？我给文化下了个定义，这是昨天想起来的，归纳成一句话：文化是人类活动特质的系统性表现。

可以对照我的定义和各种辞书上的定义，很不一样。文化一定是关于人类活动特质的，一定是系统性的表现。说文化是人类活动的表现，太笼统了，一定要加上"特质的"，一定要再加上"系统性"。为什么是"特质的"？就是因为它反映出某一方面的特点和本质，比如说明文化，我们就说明朝的特点和本质。为什么要加"系统性"？一块明朝的砖是明文化吗？它是明文化的一部分，必须有若干砖，有很多建筑联系起来成为一个系统，它才成为文化。比如说茶文化，你今天饮茶是不是茶文化？它只是一个茶文化的表现，一定得是系统性表现才构成茶文化。所以明文化按照我的定义,它就是明朝特质的系统性的表现。那么回到明文化本身,明文化是怎样一个文化?

毫无疑问,明文化是明代历史上存在过的文化,明文化依托于明朝历史,所以我们观察明文化就一定要从观察整个明朝历史为起始,为基础。我们只有把整个明文化纳入到明朝历史的大框架下,才能真正认识到明文化的本质。明文化它所依托的历史是什么样的?我想用这样几句话来概括明朝历史:第一个概念,明朝是中国传统社会走向巅峰的历史时期,同时在它的发展中又出现了近现代因素;也就是说,一方面传统社会走向巅峰,另外一方面出现了向近代、现代转型的萌芽。明代从一个相对的独立的发展状态,逐步融入整个世界历史的共同发展中,所以整个明朝历史既是传统社会的巅峰,又在向近代转型,同时它开始走向与世界同步发展。这是明朝历史的基本框架。

在这个历史的基本框架下明朝文化也就同样体现出这种特点,我们同样可以说明朝文化就是中国传统文化走向巅峰,同时开始近代转型,同时融入到世界文化的共同发展之中。这样我们就把整个明朝文化的历史定位、大致面貌、它在世界历史上的地位清清楚楚地概括了。

我们可以把这个概念落实到每一个具体的文化分类当中,比如从政治说,明朝从传统社会的皇帝专权专制主义加强,发展到内阁的出现,发展成九卿议政,最后如同我们甘书记说的,很大程度上成为君主与士大夫共治的局面,也就是在传统的政治的格局之下出现了某种制度性和非制度性的虚君政治。

大家知道我们十三陵这里埋了一个万历皇帝,万历皇帝几十年不上朝。他几十年不上朝是不是怠政、无为?皇帝干什么去了?很多衙门都没有官员,几十年不任命,六部尚书只有一个人值班,一个人挂六部尚书印。这种情况就是我刚才说的制度性和非制度性的虚君局面,皇帝什么都不管了。

那社会是不是停止运转了?没有。我们查看万历年间的社会经济、工商业、税收、人身解放程度、文化艺术发展,那是非常蓬勃的时期,但是皇帝龙隐了。所以明朝的政治也可以纳入刚才概括的框架当中。明朝的军事也可以这样概括,最早的军事使用冷兵器,筑长城,到了明中后期大量使用火器,也是说从冷兵器向热兵器转变,到郑成功与荷兰人的战争,就已经走向传统战争和近代的西方殖民主义者的交接、冲突。

经济上,明朝传统社会经济发展到巅峰,《天工开物》《农政全书》反映出当时最高的农业技术水平和农业发展状况。但是到后来,包括整个科技遭遇到了西方科学技术的"东来",带来了不同性质的科学技术。现在我们经常把一句话挂在口头上,"我们要学习西方先进的技术",但是明朝人不这样说,明朝人徐光启说,我们要"会通",要"超胜"。什么意思?就是说我们明朝科学技术发展水平不在西方人之下,可以和西方的科学家平等地对话。

徐光启提出的理念叫做"会通",中西文化融汇,他所提出的目标是"超胜",不是我们现在说的追赶、弯道超车,当时明朝可以和西方有平等对话的地位。按照利玛窦和后来英国学者李约瑟《中国科学技术史》的观点,当时中国的科学技术已经认识到数学是一切科学的基础,明朝人已经走到了近代科学的前沿。

这个评价很高，当然我们知道中国后来发生的历史出现了一些变化，就是我刚才在休息室里谈到的，历史是可能倒退的，历史是可以在局部地区和局部时间发生倒退的。我们可以把整个明朝的文化都放入到刚才我对整个明朝历史的概括框架中。文学艺术和文化思想同样也可以这样概括。

比如说明朝初年是传统的理学发展的时期，出现了宋濂、刘基、方孝孺这样的人物，传统的儒学和理学继续发展，到中后期出现了阳明心学，同时还出现了文学诗歌上的"台阁体"、书法上的"台阁体"以及明中期的"复古运动"，后来还出现了一系列小说如《金瓶梅》等，突破传统价值观，提倡人性的解放的作品。同样可以归纳得出明朝的传统文化走向顶峰，同时开始向现代转型的结论。所以我们在理解、发掘整个明文化的时候，我们心里头有一个大致的框架。所有的文物包括单个的文物、单体的遗址，都是这个广阔历史的一部分，它只是一个点，把这个点和它所处的部分放在整个历史当中，我们才能发现它的价值，才能发现它的历史地位，才能够发掘它可能的可资当代利用的价值。所以，我想我们的明文化研究一定是立足于整个明朝历史的研究，明文化的文物遗址和文物的保护一定是立足于学术研究之上。

最近在明史热当中也兴起了一些明朝文艺作品的"热"，它包括两个方面，一是明史的书籍出了很多，二是影视剧等文艺作品出了很多。有很多人都知道《明朝那些事儿》这本书风靡海内外，有人说毛佩琦你给他写序是为了什么，我说我只是本着一个原则，只要这个作者并不是有意歪曲和曲解明朝历史，他想要展现明朝历史，我就愿意推荐。如果他的书中有错误或者有不足，那可能是他书没读够，但是他的出发点只不过是想用通俗的方式解读明朝历史。

还有一类带有戏说性的作品，这些文艺作品和读物虽然满足了很多读者观赏的欲望，但是它们常常背离了历史，而且很多的情况下是误解了历史，这在我们学历史的人看来是不提倡的。这些作品有的深入人心，比如说对锦衣卫的描绘，锦衣卫是一个特务组织，作为一个特务组织，坏事无所不做，那么锦衣卫究竟是什么面貌呢？最近我们有一位年轻的学者张金奎写了《明朝锦衣卫制度研究》，80万字，非常详尽地研究了锦衣卫。他就把锦衣卫上面附加的那些特别的背离历史的色彩洗去，恢复锦衣卫的本来面目。所以我们提倡学者进入到大家所关注的历史问题当中，让真实的历史回到大家的感官当中，包括影视剧给人提供了视觉形象，比如说我们现在看到香港地区所拍的影视剧，比如飞鱼服绣春刀，这六个字本身是没错，但这个飞鱼服是那个飞鱼服吗？我们在明朝的绘画当中看见过有那种飞鱼服吗？有那种出来进去都是黑色衣服的锦衣卫吗？没有。但是现在老百姓一想到锦衣卫就是香港影视里锦衣卫的形象。

文化是一种历史形成的东西，但是文化在它形成和演进过程当中常常会发生很多变异，我们十三陵作为一个国家的文物保护单位，作为一个正式的明文化研究的团体，有责任恢复明朝文化的本来面目，要让明朝文化以它真实的面貌展现在大家面前。

这个讲台上写着"赋能十三陵"，我还注意到我们的书记说岂止是赋能十三陵，我们要赋能全中国、赋能全世界。明朝优秀的文化是我们一份宝贵的财产，要让我们全中国都共同享用，也可以让全世界共同享用。

我们回顾历史文化的时候，有一个基本的立场，我们不是倒退，我们是要前进，我们是立足于现代面向未来，是发掘传统文化在中国现代发展当中的价值，是把传统文化的精髓发掘出来让中国人共享，让世界人共享。

我想十三陵举办明文化论坛和我们十三陵地区文物保护工作者承载着这样重要的使命。谢谢大家！

[作者单位：中国人民大学历史系]

从世界史的视野看明代的历史地位

陈支平

尊敬的各位领导、各位朋友，非常荣幸能够参加这次2022明文化论坛。我自己认为像刚才毛先生所讲的明代的历史和世界有着非常重要的关系，如果要认识明代的历史文化地位，要从世界史的视野来审视。

明代所处的时代正是欧洲开始进入资本主义社会并开启所谓的大航海时代，从这个时期开始，影响后世的世界性格局逐渐形成。世界各地历史在大航海时代背景下也逐步拉入近代世界的视野之中，因此我们要讨论明代的历史地位就离不开从世界史的视野来审视明代历史地位。

14世纪中叶至17世纪中叶是明朝统治时期，是中国历史发展进程的重要转折。明朝是汉族地主阶级建立的最后一个王朝，它把专制主义中央集权的官僚政治推到了一个新的高度。社会经济得到恢复，超过了宋元时期的最高水平，同时在这之中也酝酿着新旧交替的冲动。伴随着明朝的由盛而衰，社会生活的各个领域都显示出天崩地解的征兆，延续了几千年的中国封建社会进入到晚期的发展阶段。正是在这个时期内，中世纪的欧洲发生了革命性的变革，开始向资本主义社会转化。早期西方殖民主义势力与中国航海势力在东南亚和中国东南沿海相遇，使中国的历史发展进程再也不能孤立于世界历史发展之外。这些与以前历代王朝不同的遭遇，造就了明代独特的历史地位和丰富多变的时代文化风貌。

到了嘉靖、万历时期，明朝传统政治衰相显现，帝王腐化、官僚阶层矛盾激增、宦官专政等传统政治中不好的因素都显现了出来，同时还面临着东方倭寇和西方早期殖民主义者挑战。可是刚好在这样的时期，和王朝的政治没落相反的是，社会经济向商品经济倾斜发展，农业商品化程度提高。地主经济和农民经济都和市场发生了更密切的联系，契约租佃关系得到发展，定额地租普遍，地权分化积淀产生了永佃权和"一田二主"。手工业区域分工与专业化有所发展，流通市场扩大。契约型商人集团活跃，工商业经济在江南等地域兴起，乡村手工业和市镇手工业都出现了一些资本主义生产关系萌芽。

中西经济文化交流和冲突开始出现，中国的海寇、海商与葡萄牙、荷兰海盗商人角逐于东西洋上，福建的月港—美洲间太平洋航路接通，使中国与海外市场联系更为密切。中国海外贸易顺差带来了大量的白银货币进口，对社会经济生活产生了一定的冲击，居民开始显示力量，奢侈浪费形成风气，重利忘义、恃强凌弱，贫富贵贱起落不常，上下尊卑秩序颠倒。思想文化领域形成冲击传统的浪潮。一向被轻视的商贾都追求个人情兴、及时行乐等异端学说。科学巨著与通俗文艺并相争妍。社会生活的许多方面透露出一股活泼、开朗、新鲜的时代气息，显露出新旧冲突变动的征兆。

如果从传统史眼光来看，明朝与秦、汉、隋、唐、宋、元诸朝相比，无论典章制度建设还是文治武功都缺少足以夸耀的业绩，甚至显得黯然失色。明朝的皇帝除太祖、成祖外也没有太大的作为，因此明朝往往被人家视为没有多少特点的时代，明史在旧史学当中受到忽视，研究成果也比较少。

新中国成立以来明史进入新的发展，各种资料得到整理，成绩显著，研究领域不断开拓，出现了许多有价值的专著和论文。特别是资本主义萌芽问题的讨论，为认识明代历史地位提供了新视角，引起中外学者的兴趣与关注。改革开放以来，全国人民为振兴中华建设有中国特色的社会主义而努力拼搏，迫切需要了解中国国情，正确认识和延续先辈们留给我们的优秀遗产。史学界对以往的研究状况进行反思，与近现代社会经济发展的进步和困惑紧密相关的明清时代自然也就成了研究的热门话题。

从比较世界史的立场来观察，在明初中国国力的鼎盛时期，正是欧洲"黑暗"的中世纪。西方透露出资本主义的曙光和明中叶以后中国社会新旧交替的冲突几乎同时。西方的兴起，英国资产阶级革命的成功正值中国的明清之际。西方文明赶上东方文明，中国从先进到滞后就是这个时期发生的。

客观上讲，明代的中国发展有迟滞，西方兴起出现的新事物在明代也有类似表现。马克思指出，资本主义"这一运动的历史必然性明确地限于西欧各国"。明代稀疏存在的资本主义几大因素尽管没有显现出资本主义的发展前途，但它却是一场中国式的"原始工业化"（近代工业化前的工业化），是"传统内变迁"。明代后期经济作物推广，商品性农业的成长，家庭手工业从为本地市场转化为为外地与国外市场提供产品，商人资本向手工业渗透，在生产力进步有限的情形下商品生产在量上有很大的增长。

这就是明代"原始工业化"的开始。作为"原始工业化"的成果，中国的手工商品在正在形成的世界市场中具有价廉物美的竞争优势，大量中国手工商品的输出还为西方的兴起准备了条件。当时的南中国，的确有一股海洋商业文化的气派。据史料记载，自马尼拉开往阿卡普鲁可的大帆船，在隆庆、万历时期，每艘船载运过去的中国生丝和各种丝制品约为300—500箱。这些丝货以品质优良而价格低廉深受欢迎，取代西班牙本国产品称霸于新大陆市场，成为维系长达两个半世纪的太平洋大帆船航路的物资基础。

万历时期，即15世纪末、16世纪初，欧洲陷入经济萧条，大西洋贸易衰退，以转贩中国商品为主的太平洋贸易发展为世界市场中最活跃的部分。中国商品大量进入世界市场，在一定程度上缓和了世界市场贵金属相对过剩与生活必需品严重短缺的不平衡状态；由嗜好中国精美商品掀起的"中国热"，刺激和影响了欧洲工业生产技艺的革新，促进了经济的发展。中国商品为17世纪西方资本主义的兴起做出了不可磨灭的贡献。

从西方的标准来理解中国传统社会内的"原始工业化"和以后的"近代化"，都是很值得商榷的。论者往往夸大明朝统治者海禁政策的阻碍作用，实际上民间私人海上贸易正是突破统治者的海禁政策发展起来的，而"原始工业化"正是与此同步。有明一代，如果不是从政策制定和实施角度，而是从社会实际生活角度来看问题，明代后期比明代前期更为开放。中国人私人出海贸易，外国人私人来华贸易，在明代前期都是不可想象的，但是到后期已成气候，屡禁不止。直到明朝灭亡，郑成功的海上势力执中国、日本、东南亚之间海洋贸易的牛耳，收复台湾，顶住了荷兰等西方殖民者的东进是举世公认的事实。

明朝海禁对"原始工业化"进程有影响，但绝非是决定性的。把海洋作为西方兴起的决定性因素，从而把资本主义文化概括为"海洋文化"，即使从今天的西方学者看来也是偏颇之论。把中国传统文化说成是农业文化，否认其多元性，甚至把中国在近代落伍归咎于传统文化，都是错误的。

我们也不得不看到，明代中叶之后开始的"原始工业化"并没有成功，而且是迅速退潮。其原因从根本上说，是受中国传统社会多元结构的影响和制约。中国传统社会结构具有既早熟又不成熟的特征，它包容多种生态环境、历史发展背景、经济文化发展程度等各不相同的民族、区域于一体，互为补充、互为牵制，有其他社会所无法比拟的适应性和弹性。一方面，它可以比较灵活地改变自己的表层结构以适应各种变化；另一方面，又善于抵御各种变化，保持深层结构的不变，这样，新的因素往往成长到一定限度就被化解和吸收，反传统最终被导向补强、完善传统。在这一社会结构上进行的"原始工业化"，如果不被中断的话，可能会成为与西方西欧资本主义发展模式截然不同的"近代化"。但明代后期传统社会结构的化解力相当强大，致使这一过程扭曲，新的事物很快夭折，或改变发展的方向。

从这场"原始工业化"的发展机遇来说，它缺乏社会环境条件的配合。到了明末，明朝统治者超限度的榨取，持续、普遍的特大灾害的袭击，大规模的内乱和动乱，对社会财富和社会生产力造成巨大破坏。"原始工业化"所必需的环境条件遽然改变，而且本身也受到直接的摧残。明代灭亡，郑成功海上势力消失，这一进程也随之中断。

与西方的兴起相比较，颇为相似的事情，引出了完全不同的结果。明代历史既透露了中国历史前进的生机，又给后人留下令人扼腕叹息的遗憾，重温和借鉴这段历史的经验教训是很有意义的。所以非常感谢这次北京地方政府举办的非常有时代意义、时代精神的会议，非常荣幸能够参与其中。

我的发言到此结束，谢谢大家！

［作者单位：厦门大学国学研究院］

明文化的基本特征

彭　勇

在线的各位领导、各位专家，大家好！非常荣幸能够受邀参加今天明文化论坛的发言，对明文化论坛能够如期举行，表示热烈的祝贺！因为在此之前，我曾参加过前期的论证，以及昌平历史文化展览文案的修改和建议，过程很辛苦，今天能如期举行很不容易。

前面毛老师和陈会长都做了精彩的发言，我在准备这次发言时就在想，我们2022明文化论坛，对于明文化基本的特征或者说基本的定义应该怎样去思考？现尝试谈一点宏观的印象。

现在明文化确实非常热，我们从专业的角度可能会研究得越来越精细，明史研究需要跨学科的研究。相对来讲，正由于是跨学科的研究，所以我们要对明文化特征进行基本的定义，或者对它总的发展趋势和总的特点要有一个清晰的把握，要不然可能就会出现很大的偏差。刚才毛老师和陈老师讲的有一些想法和我的一样，所以有的内容我就简单表述一下，也说明我们有一些基本共识，比如说认识明代的文化一定要把它放到历史时期里去，从这样270多年的较长时段，从前期到中期、后期的发展，只有把它放到更长的时段里去观察，才能有准确的把握。有一些则要详细阐述一些。

刚才陈老师谈到关于明文化在国际文化中的地位，这一点的定位也非常重要，因为目前对明文化的基本特征，社会上还是有不同的观点，有很大的分歧，比如说明清的闭关锁国问题、西学东渐和中学西传的问题，等等。基于这样的整体考虑，我们在跨学科研究明代文化的时候，要能够把握明代文化的基本特征，当然这个题目很大而且一一介绍出来有一种"大家都知道"的感觉，实际上它又很有必要。

我在这里大概从四个方面比较简洁地概括出明文化的基本特征。一，明文化是中国优秀传统文化的延续，是中国优秀传统文化的一部分；二，明文化是中国优秀传统文化的创新，在明代有很多自己创造性的贡献，有这个时代才能够产生，而且对后世产生很大影响的一些文化；三，明文化是北京历史文化的杰出代表，是北京历史文化的重要组成，举个例子，现在北京地区的历史文化遗产绝大部分是以明清时段来组织申报的，明朝又为此后清朝奠定了很坚厚的基础；四，明文化是世界历史文化的重要组成，也对世界文明的发展产生重要影响。因为内容都比较宏大，所以我就简单地来列一些基本的事实，能够把四个特征说清楚即可，把简单的史料和观点的支撑摆在这儿，今天并不是专题的深入研究，当然它也是基于我这些年对于明文化的研究和认识来概括出来的，结论的背后是一系统论文的支撑。

第一个特征，明文化是中国优秀传统文化的延续。简单来说，明代的历史文化特征继承了此前程朱理学的发展，到了明前期无论是朱元璋还是朱棣，他们都充分吸收了中国传统儒家的精髓，他们打出了"复汉唐之旧，行唐宋之制"治国的政治理念。这样的思想在明前期稳定国家、安定社会中发挥了非常重要的作用。但是明朝的历史270多年，此后随着社会的发展，在商品经济大潮的冲击下，由于经济的因素以及其他综合因素，传统的思想就受到了严重的质疑和挑战，到了明代中后期以后就呈现焕然一新的景象和灿烂辉煌的特征。毛老师刚才展示了一些，我在这可以再从别的角度讲一下。我们首先看"定天下于一"的大一统思想，大家知道我们现在正在研究铸牢中华民族共同体意识，促进民族团结进步的工作，我们在研究中华各民族交往、交流、交融的历史，那么我们有一个核心的指导是中华民族多元一体的格局理论。中华民族多元一体的格局其中有"大一统"的核心观念，那么"定天下于一"的大一统观念促进了明朝在很短时间内建立一个统一的国家，像朱元璋就说"誓清四海，以同吾一家之安"。

其次，明朝看似继承了中国传统的"华夷之辨"，实际上是采取了灵活而务实的政策，比如无论是朱元璋还是朱棣在建国之初，倡导"华夷一家""内治外安"等，追求的是民族一体、和平；朱棣就说过"朕既为天下主，华夷无间；姓氏虽异，抚字如一"，就是说我会一视同仁，这其实构成了我们现在民族团结的主要思想。

再次，在明朝前期主要还是程朱理学作为国家核心意识形态的时期，明前期的理学思想用《明史·儒林传》所讲到的"守儒先之正传"，就是为了巩固社会秩序，这一点是没问题的。学术之分自陈献章、王守仁始讲到了传统文化在明代的革新和发展。

四是中国传统文化中的忠君思想。戚继光的忠君与爱国精神就是很典型，刚才毛老师也提到了戚继光的伟大贡献，对这种忠君爱国、民族团结、和善友爱等思想，是需要我们充分去挖掘的。

明朝是中国传统帝制的继续。因为北京处在游牧民族和农耕民族的交界地带，北京的历史文化特点也决定我们要更广泛地去挖掘传统文化中的优秀思想。比如朱元璋重教育的情况，他按照府州县的大小分配了学额，既有正式的学生也有扩招的学生，还有旁听的学生，学校可以提供比较优厚的学习条件，以此来加强文化教育。朱棣在文化建设方面，这次展览也特别展示了《永乐大典》的内容，他在明初国家稳定之后进行了一系列编纂儒家经典典籍的工作，许多图书颁行天下，朱棣认为要大力传播一些儒家传统经典，"使天下之人获睹经书之全"，"修之于身，行之于家，用之于国，而达之于天下"。这样的统治思想对于明朝在前期以很快的时间内就建立了一个统一、稳定、繁荣的国家，可以说奠定了坚实的思想基础和社会基础。

明代的疆域也是继承了传统中国的版图。关于明朝前期的疆域图，我们最权威的、也是官方使用的是谭其骧先生的《中国历史地图集》。对明朝前期的疆域，我们看宣德八年的地图，谭先生说这幅地图的面积要比中国现在的疆域还要大一些，我们现在是960多万平方千米，网上有一些言论认为明朝的疆土只有500多万平方千米，这是很错误的，他们不了解明代疆域管理的基本体制。明代疆域管理体系在明朝前期，是在"定天下于一""华夷一家"这样一个构建政治共同体的思想和理念指导下建立起来的。

第二个特征，明文化是中国传统文化的创新。明代的文化确实有创新，明前期主要是继承，后面的创新很明显。关于创新，我列举比较突出的三个方面：一是阳明心学。它影响了明朝中期到后期，甚至到清朝前期都产生了很大的影响。《明史·儒林传》中提到，"门徒遍天下，流传逾百年，其教大行"，可见确实产生了巨大影响，渗透到整个明代社会生活的方方面面。我们在研究明代中后期文化的时候，一定不能够离开阳明心学的影响。二是明朝的文学艺术。在这次明十三陵历史文化展上得到了充分的体现，通过十三陵出土的文物还有相关的文物介绍，能够看到多姿多彩的明代历史文化。三是科学技术。明朝的科学技术处在传统与近代交织的时期，既是中国传统文化的总结，又开始了一个新的时代。

这次展览里所讲的大明衣冠、皇家威仪，可以从衣冠的角度看明代历史文化的成就，也可以从多彩的社会，衣、食、住、用、行等各个方面反映出明代追求个性、开放、活泼、新鲜的时代风尚，这是只有到晚明时代才能够焕发出来的新气息。

此外，还有明代的科学技术，刚才毛老师讲了《天工开物》。今年暑假，北京电视台《春妮的周末时光》推出了一些国宝经典文献，其中《天工开物》这一集他们邀请我去参加了拍摄，有国家图书馆的张志清馆长，还有研究《天工开物》科技史的张柏春先生。这个节目对《天工开物》做了较为全面的展示，介绍了《天工开物》在日本、英国、美国、德国的近代化进程中产生了非常巨大的影响。比如说里边记载的造纸术、瓷器技术等，对于近代欧洲产生了巨大的影响，这也是明朝历史文化中最璀璨的一页。

明代思想文化的创新在晚明时期出现了一股清新的风，"解放思想""经世致用""君臣共治天下"等等启蒙思想是我们不能忽视的。原来我们过分强调了西方传教士来华，强调了西学东渐，许多时候忽视了中学西传。中国的传统儒家经典、中国的优秀文化在西方传教士的主持和中国的士大夫合作下，传到了西方，他们翻译传播了一批我们的中国传统文化到了欧洲。这一点也是不能忘记的。

第三个特征，明文化也是北京历史文化的杰出代表。我主持有两个项目与明代北京历史文化相关，一是北京市哲社科的重大课题，北京历史时期各民族的交往交流交融史，另一个是国家"十四五"的重大文化工程，即中华民族交往交流交融史编纂工程。这都要求我们北京城的历史民族文化要进行全面的梳理了解，在梳理时也深感北京历史文化遗产中明朝是最杰出的代表。

与之相关的明代北京历史研究，如"一条中轴线"的研究，考察朱棣迁都北京之后对于北京的建设和改造。再就是昌平十三陵的历史，昌平北京"三个文化带"交汇的地方。明清大运河就到了昌平的白浮泉这个地方，大运河在明清时期的社会影响，可以定位为政治的稳定线、经济的补给线、民族的交融线和文化的繁荣线。也正是由于大运河顺利畅通，保住了大运河对于北京城的整个供应，这是出于政治稳定、军队供给以及整个北京城居民的经济需要。可以说，通过大运河，把全国各地的物资源源不断地输送到这里，它就是北京的"奶粉"补给线。

北京地区也是民族的交融线，这很好地体现在昌平的长城文化上。其实对于长城的历史作用，原来批评声很大，认为长城是落后的、保守的、封闭的象征，但是近些年来我们对于长城的认识越来越趋于客观和历史真实。也就是说，长城是各民族不同文化类型互相依存、互相包容、互相妥协、共同存在的一种方式，它是维护和平的一条秩序线，它反映的其实是中华民族不屈的精神。因为多个朝代的长城在北京这个地方都有汇聚，也是北京历史文化和昌平文化的宝库。《文明共生与族群秩序：清代对长城的废弃与坚守》是我在去年写的一篇文章。一些清史研究专家认为清朝不修长城，清朝永远放弃了长城的防御戍守，其实仔细读历史文献会发现，清代对长城有废弃也有坚守，因为长城就是文明共生线和族群的秩序线，这在北京体现得很充分。

第四个特征，明文化也是世界历史文化的重要组成。刚才陈会长已经介绍了一些这方面的论据，我选择了四个自认为明朝在中外交流的历史发展进程中扮演了非常重要的角色，发挥很重要作用的历史事件：郑和下西洋，火器时代的到来，白银时代的到来、中国成为世界白银中心，更广泛层面上的中外交流。郑和下西洋的同时还有陈诚出使西域，他出使西域以及郑和下西洋的两条线，恰恰与现在"一带一路"的两条线很多节点都是完全重合的。我在前几年召开的北京文史论坛中有一个主旨发言，讲的是"成祖迁都北京与国家发展战略"。后面这个图，我记得在十三陵一次展览也看到过，它非常生动地把永乐时期万国来朝的各种繁荣景象绘制了出来。晚明时期的王恭厂爆炸案，体现了北京火药、火器发展的情况，火药在某种程度上改变了明清一代的进程，在此不做论述了。还有弗兰克在《白银资本》里讲到1400—1800年之间中国是世界经济的中心，至少从白银这个角度来讲，中国占到了世界白银的一半。以上都体现了明代时代特征中的开放性与国际性。

最后概括一下，虽然我重点讲的是晚明时代，实际它是对从1368年开启的一个整体明代文化总的态度。晚明是一个动荡的时代，也是一个过渡时代，它是从传统走向现代的开始，它把一个旧时代送终又迎来了一个新的时代，比较形象地给我们展示了晚明社会、晚明文化的特质和风貌。明朝就是这样一个从传统向近代转变的时代，这也是明代文化的基本特征。

我的报告结束了，谢谢大家！

[作者单位：中央民族大学历史文化学院]

以人民为中心让历史文化活起来

吕 舟

谢谢会议邀请我。大家早上好！今天我想跟大家报告一下关于让历史文化活起来的主题。刚才各位专家都已经讲了明文化对于昌平、北京的重要意义，我在这也简单地做一个回顾。

昌平是一个有着悠久历史文化的地区。刚才大家都讲到，它是北京现在三个文化带建设的交汇点，无论是运河文化带、长城文化带还是西山永定河文化带，实际上在昌平地区都构成了一个相互连接的关系。在昌平的历史文化遗存当中，我们可以看到有很多非常重要的遗存，长城刚才大家都提到了，像白浮泉，它实际上不仅仅是供应了大运河的水源，也是北京的水源头，我们讲到元代定都北京的时候讲到郭守敬整理整个北京水系的时候，都绕不开白浮泉这样的一个重要的历史遗存。所以它也是整个北京的源头活水，也是北京水系的源头。

当然在更早，从唐代到辽金时期，也都在昌平留下了很多重要的遗迹，银山塔林是一个很有代表性的文物保护单位。当然昌平也留下了很多很重要的明代遗存，比如说巩华城，明代特别强调天子守国门，巩华城在当时是保卫整个北京城很重要的军事基地，对北京有着重要的历史意义。到了1958年，毛主席提出要建十三陵水库，这也是昌平历史上非常值得大书特书的一笔。

今天把整个昌平的文化串联起来认识昌平在北京、在中国历史发展过程当中的重要地位，我想这需要我们用系统的眼光来看所有文化的相互关系。当然在这个过程当中，我们必须要强调明文化，特别是我们昌平有十三陵这样一处世界遗产，它是明文化的重要载体，可以关注到明文化对北京整个文化发展的影响。刚才几位专家都讲到了明文化对于整个中国历史文化发展，甚至对于世界文明发展的作用。可以看到，明代的文化无论是从哲学思想、文学艺术还是科学技术等各方面，明代都有巨大的跨越式发展。放在一起类比的话，明文化发展和欧洲文艺复兴一样，对整个人类文明有巨大的促进作用。

对北京而言，1368年徐达攻克了元大都，调整了整个北京的城市格局，把北城墙向南移。再到1420年永乐皇帝迁都北京，从此开始了差不多二百多年北京作为明代都城的历史，其间重修了宫殿。我们现在在做中轴线的保护，实际上今天的北京中轴线是明代在元朝的基础上重新调整布局以后的结果。再到嘉靖1553年前后又加筑了北京外城城墙，形成了今天城市凸字形格局。而这样的凸字形城市，明代对其布局形态、左右对称关系这些留存到今天的城市基底的影响是巨大的。

对于城市空间的理解，明代也有很多重要的成果，比如说讲到北京整个环境，把昌平天寿山当做一个源头龙脉看待，明代的丘濬曾经讲到过，"况居直北之地，上应天垣之紫微，其对面之案，以地势度之，则太、岱万山之宗，正当其前也。"他把泰山作为整个北京空间环境的前案。"天之象以北为极，则地之势亦当以北为极"，体现了我们讲的天地之间的关系，体现了中国传统文化当中的天人合一。章潢也一样，他提到"山东诸山横过为前案，黄河绕之。淮南诸山为第二重案，大江绕之，江南诸山则为第三重案"，讲到北京轴线与黄河、长江以及整个的天下格局的关系。

这个时候的北京，可以看到有了在文化意义上大的空间概念，当然这个概念是在南宋朱熹思想影响下产生的，但是这样的思想在明代得到了清晰的发展，得到了很大的发挥。实际上我们可以看到，如果按照他们的描述，在明代就已经形成了对于国土的认知，对于今天中国经济最繁荣、发达地区发展的清晰的概念。

当然在建筑艺术也是这样，比如说故宫。故宫的整体样式是那种中正和谐、左右对称、以中为尊的形态，不仅在图纸上，其实在整个建造过程中这种形态特点也都充分地展现了出来。北京重要的塔庙建筑其实也是在明代开始完善、形成的。虽然清代也有一些重建、调整，但是整个格局都是在明代确立的。

特别是在嘉靖时期，整个礼制规定的调整对中国社会产生了巨大影响。刚才几位专家讲到，从留下的文献来看，明代实际上是一个非常开放的时期。比如像明中后期的丝路山水地图，从嘉峪关一直连到麦加，和现在陆上丝绸之路是叠合的。

当然还有明代非常著名的郑和下西洋，发展了包括牵星过洋术等航海技术，反映了当时明代海上贸易的繁荣前景。像昌平的十三陵和整个环境结合，包括刚才讲了它实际上也是北京龙脉的源头，和整个环境的融合，山谷和陵寝的关系都构成了中国文明当中对于环境和人、生活以及天人之间关系的表达。明文化有如此丰富的内容，该怎么让它真正活起来，真正成为今天社会关注的热点话题，能够把明文化融入当代生活中去？我想最近我们在中轴线的保护过程当中有些做法是可以参考的。

不仅仅是大的思想观念，其实在工艺技巧上、艺术品位上都有很多值得我们深入研究之处，甚至将其融入当代生活。当然，我们讲文化复兴、文化的保护传承，最终要落到人的身上，落到被社会所理解、接受、转化为社会力量的过程中。刚才讲到北京中轴线的一些工作实践可以作为参考，当然我觉得北京中轴线在融入社会、发动社会力量方面，不仅仅是对于北京范围内包括对昌平其他的区县开展文化保护传承有重要的指引作用，其实它对全国各地也有示范作用。把这样的文化主题融入现在文艺创作中，融入今天大众媒体和时尚生活中，这是很成功的举措。去年北京电视台搞了最美中轴线的节目，邀请了著名的影视演员在中轴线沿线，一方面介绍中轴线，一方面开展竞赛类节目，吸引了非常多青年观众的关注。去年做了第一季，微博话题总阅读量超过41亿，微博视频总播放量差不多达到19亿。第二季正在北京卫视播放当中，收视率是周末档文化节目的第一位，北京本地的收视率达到2.13%，前四期视频播放量已经突破3000万，这是最近北京台给我的数据。

把中轴线这样一个文化主题融进一个节目中去，就产生了如此大的社会关注度。我们怎么样将明文化通过这种传播方式，让更多人去理解它、认识它、感受它的魅力是非常值得思考的问题。这个文化不应止步于学者研究，而是应该转化为普通人对于中华文明的理解。去年在北京中轴线工作中就搞了"对话最美中轴线的面孔，向世界介绍北京中轴线"的活动。其实就是中轴线上生活的各行各业的普通人，把他们对中轴线的感受通过各种各样的媒体表达出来，把它传播出去。我们应该怎样用最贴近生活的方式感受历史文化，让历史文化变成我们心目中非常具有吸引力的一种社会凝聚力，这也是我们需要考虑的问题。

去年还有一些比较年轻的音乐家，他们组建了一个古建音乐季，在中轴线以及北京著名的古建筑中，选了八个点来做音乐演出，吸引了社会的关注，把跳动的音符和古代建筑融合在一起展现中华文明魅力。在这个过程当中，我们认识到文化传承传播过程也是社会广泛参与的过程，不应该仅仅由政府主导，虽然我们深切感受到政府主导的重要性。因为在北京中轴线的社会传播中，北京市市委宣传部、北京市文物局都发挥了极其重要的引导、组织作用。

但同时，如果没有社会的积极响应和参与其实也还是有欠缺的。在这种积极响应过程中可以看到，北京一些头部企业、IT大企业也纷纷参与到这样一些工作当中，比如像腾讯专门投入了大量的力量来做文化传播，做中轴线的文化传播，而且不仅仅是做中轴线，包括长城他们也做了相应的工作。再比如说在北京中轴线的传播当中做了一个小程序，大家点击来支持北京中轴线的申遗保护工作，去年他们告诉我说这个程序上线了，我就点击进去，当时点击进去的数字很巧，我是第528588位申遗的助力人。我点击进去的时候只距离他们发布程序5个小时，5个小时内就有50多万人去点击，可以想象他们的能量和背后的推广能力是极其惊人的。

通过各种各样的事件推动文化主题也是这两年中轴线保护当中特别值得关注的事情，比如说2008年的奥运会，烟花大脚印给北京中轴线的推广起到了很重要的作用。今年冬奥会期间，奥组委也推出了一组以北京中轴线为主题的倒计时纪念章，大家在集齐这款倒计时纪念章的过程也是对北京中轴线的认知过程，也促进了大家对中轴线更深、更全面的认识。

2021年，我们在线上线下搞了15场大讲堂，这个大讲堂去年线上线下有1000万人参与，今年搞了16场，线上线下参与的人数累计已经超过了1800万人，说明大家今天对文化的关注有多高。去年在传播的过程当中，有100家中央和市级新媒体对北京中轴线文化创意大赛做了报道，大概发了近600篇文章，从线上的统计来看，累计阅读人数超过了5000万人次。今年北京中轴线的文化创意大赛搞了5个方面的竞赛，其中有一个方面叫做"文化传播达人"，仅仅这个竞赛就有32940人报名，进入复赛有133位，6岁以下占到65.1%，每一位参赛的小朋友不仅仅是自己在参赛，他背后可能有家庭、老师，可能有一大堆的人，影响到的人就更多了。这种社会的影响是极其广泛的，在传播学当中有一个专业术语叫"行动网络"，这些人都是网络的节点，由于他们的带动，引发了更大或者不断扩散的社会影响力，在我们选手当中刚才说了年纪最小的是三岁半，年纪最大的是86岁的老人。我们的历史文化遗产能够被如此广泛地接受，而且他们愿意自己参与进来传播文化价值，我想我们这样就是总书记说的让文化遗产真正"活起来"。大家可以看看这些参加竞赛在线上做讲演孩子们的精神面貌。在这样的过程当中，其影响已经远远超出了北京。我想我们昌平未来的明文化传播也需要找到让大家能够广泛接受的传播方式，讲好昌平的故事、讲好北京的故事、讲好中国的故事。

在北京中轴线的竞赛当中，我们看到有一些参赛的小朋友其实从来没有来过北京，他们居然会被这样的文化所吸引，愿意来参与这样的竞赛，来讲一个北京中轴线的故事。我们该怎样让文化更容易被大家接受理解，让更多人对其有更深的认知，也是我们在文化保护当中的挑战。

一个方向是要把这样的文化元素转化融入当代生活当中，变成当代生活时尚的组成部分。在中轴线文化创意大赛当中，我们看到了各种各样的设计中很值得欣喜的方面，比如说把红旗车的设计和中轴线的主题结合在一起。很多产品非常成熟，它们已经具备了市场的推广能力，已经具备了成批生产的可能性。在这种潜移默化的过程当中，我们可能就会从原来人们所追求的西方时尚转为民族风，转为我们自己城市的文化，转为我们对历史文化的表达和传承，我们看到各种各样推广的内容。

今年的创意大赛还有一些关于老字号的设计，通过创意大赛让老字号能够融入更多当代元素，能够和当代时尚结合在一起。我们看到这些设计后非常欣喜，这样的文化内容和老字号能够和现实生活如此密切、紧密地结合在一起，也都反映了大家想把这些传统形态、传统的业态与当代生活融合的期望。

像在中轴线上的这些餐饮企业、老字号，其实也在不断更新自己的业态。包括像来今雨轩，它非常著名的是冬菜包子，鲁迅先生很喜欢他们的冬菜包子，很多文化人都曾经在这里活动。他们就把这样的一些历史文化内容和它整个的空间环境结合在一起，在里头布置了很多展览。你现在如果到来今雨轩体验、休息一下吃个冬菜包子，绝对不仅仅是满足胃的事情，它已经变成一个文化的体验过程。来今雨轩通过展示，通过各种各样的文化表达方式，既延长了你逗留的时间，满足了你累了需要休息一下的要求，同时也欣赏了一场文化的盛宴。类似像内联升还有中轴线上的广德楼，它们会把各种空间充分利用起来，把新的元素融合进来，讲好前门地区的故事，讲好文化的故事。这样的一些竞赛无论对它们企业自己还是对于整个在中轴线上各种各样的业态都会有很重要的支持、支撑的作用。

我简单做个总结。昌平有着悠久的历史和厚重丰富的文化资源，明代定都北京224年的时间，给北京的历史文化特征留下了非常鲜明的印记。昌平作为明迁都北京之后13位皇帝的皇陵十三陵的所在地，明文化也成为昌平当代文化发展的宝贵财富。文化的传承、弘扬需要融入当代生活，需要社会的广泛参与，只有融入生活当中，只有变成人们生活的组成部分，它才是真正地活了起来。所以北京中轴线的保护实践也为昌平历史文化的传承、创新提供了可以借鉴的经验。跟大家报告的内容就这么多，谢谢大家！

[作者单位：清华大学建筑学院国家遗产中心]

专题讨论一　明文化价值挖掘与创新提升

阳明心学与人类文明新形态创建

郭继承

研究中国历史文化，离不开对大明的研究；研究大明的历史与文化，阳明心学是不可绕开的思想高峰。无论是思想的深度，还是对于当代的世界影响力，亦或是对当下中国式现代化的价值和意义，我们都应该好好地研究王阳明先生的思想与当代价值。

赵朴初先生在纪念弘一大师时，曾经这样形容弘一大师："无数奇珍供世眼，一轮明月耀天心。"为什么这么说呢？因为弘一大师一生，无论在僧俗两界，无论是在书法、绘画、戏剧、文学、音乐等领域，皆有突出的成就。他一生中对于中国文化的贡献，可谓"无数奇珍供世眼"。未出家时，他的书法海内独步，在戏剧、绘画、音乐等方面的成就也独树一帜。他出家以后，把佛教宗派中戒律最严格的律宗当作自己修持的法门，终成一代高僧大德。从世间的公子，到出世间的佛门领袖，这种转身非一般人可为，不啻为石破天惊。我想这两句诗也能用来形容阳明先生。阳明先生的哲学、思想、书法、诗词、文学、身心性命之学、文治武功等，皆有不世出的成就，亦是"无数奇珍供世眼"，我们应该好好地纪念和学习阳明先生的思想和智慧。

对阳明先生的纪念，可以有不同的方式。本文不准备从阳明先生具体的某一思想出发探讨其思想的现实意义，而是从整体的角度，结合党的二十大报告的内容，谈谈阳明先生的思想对于人类文明的意义和价值。党的二十大报告中提出了我们奋斗的方向，对国内而言，那就是以中国式现代化推动中华民族伟大复兴；如果放置全球而言，中华民族的伟大复兴实则是以中国模式和中国智慧创造人类文明新形态，这体现了中华民族放眼世界的襟怀。我们在谈阳明先生的时候，不仅要谈他的思想、智慧对中华民族伟大复兴、中国社会建设的意义，还要放大格局，谈阳明先生对创造人类文明新形态的意义，要把阳明思想放在整个世界历史进程和人类文明史的角度来看它的意义。

近代以来的欧美发展模式，不过是人类社会发展的一个阶段。从更长远的历史看，人类社会必然超越欧美的发展模式而走向更高的文明层次，这是人类历史发展的大势。"天地不仁，以万物为刍狗；圣人不仁，以百姓为刍狗。"无论一个人主观上认识到还是认识不到这一点，这都是必然实现的历史规律。放眼人类历史，中国绝对不会做欧美发展模式、发展道路的复制品和复读机，而是以中国社会发展的实践为奠基，融汇古今中西，创造代表人类未来发展方向的人类文明新形态。

创造人类文明的新形态，意味着中国共产党人所领导的中华民族伟大复兴的伟大事业，不仅是要走到欧美国家的前面，还要走到人类发展的最前沿，成为整个人类社会的风向标。积弊丛生的人类社会未来的发展方向要从中国智慧和中国方案里面找到启迪、找到方向。因此，我们在探讨阳明先生思想的现实意义时，首先要理解人类文明新形态的深刻内涵，在这个基础上更好地把握阳明思想对于创造人类文明新形态的现实价值。

要想更好地理解人类文明新形态的内涵，我们首先应该对两三百年以来欧美国家所主导的文化体系、社会治理体系等进行深入的了解和剖析，并在这个基础上理解它、把握它和超越它。欧美国家主导的社会治理模式从18世纪之后登上世界的舞台，我们对欧美社会治理体系的理解，既要看它的大厦全貌，更要看它的根脉和地基。或者说，我们只有从文化基因和发展根脉的基础上加以理解，才能更好地理解欧美治理模式的得失。欧美社会治理体系的根脉是个人至上、人性解放、自由至上、私权至上。欧美国家的整个政治理念、社会结构、法治体系等方方面面，无非就是个人至上、人性解放、自由至上、私权至上等文化根脉之上的生成与展开。

放置在人类历史的长河中，客观地说，欧美国家主导的社会治理体系对人类社会起到了巨大推动作用，但也产生了很多的社会问题：

第一，个人至上带来了膨胀的"小我"，形成了根深蒂固的"以自我为中心"的观念。究其根源，人与人、民族与民族、国家与国家、人与自然之间的很多冲突都和膨胀的个人有关。表现在人与自然的关系上，"以自我为中心"的延伸就是人类中心主义，必然造成人类对自然的巨大破坏。

第二，人性解放，将长期被宗教禁锢的人性释放了出来。如果考察人性解放的具体内容，会发现文艺复兴、启蒙运动语境中的人性解放更多是把中世纪控制了一千多年的人性欲望解放了出来。当然，人性解放虽然也从客观上释放了人类的理性，但更有张力的显然是人性欲望的释放。从从实际产生的后果看，积极的一面是人性解放激发了人类的创造创新活力，极大地推动了人类社会进步；消极的一面表现为良知和道心迷失，动摇了人类几千年以来支撑整个社会的道德根基和基本价值观念。

第三，欲望的牵引，再加上市场的运行机制推动，必然导致物质、资本和外在的名利实际上成了控制人的东西，马克思称之为"商品拜物教"，马尔库塞称之为"单向度的人"。"商品（资本）拜物教"其实就是本应该成为"主人"的人，却在资本、名利的控制下开始迷失自己，这是当前人类很多痛苦的根源。庄子讲，人应该是"役物"，即做物的主人，而不应该"役于物"，即成为物的奴隶。阳明先生讲"心外无物"，很重要的一点就是告诉我们：外在的世界是否对一个人产生影响，关键在这个人自身。"心外无物"体现了中国文化的智慧，关键点是说人的心要由自己主宰。对于一般人来讲，如果心做不到自己主宰，心随境转，当外在的环境艰难时，人的心就苦了。但真正的大人物，能够自己的心灵自己做主，例如对于红军长征，过雪山草地，一般人往往只看到了其中的苦，而毛主席和中国共产党则可以做心灵的主人，他能够写出"三军过后尽开颜"的诗句，这就是心能转物的境界。长征背后折射的是精神的力量，这与阳明先生的心学具有一致性。从文艺复兴以来，西方所开启的文化，某种程度上说恰恰是人做了物欲的奴隶、名利的奴隶、名缰利锁的奴隶，人与人之间沉陷于虚荣攀比，当今对人的价值评判，很多时候看中的是外在的东西。

第四，公私之辩。西方人不怎么讲"公"，他们讲的"共"是公共事务的"共"，代表的是大家在一起参与公共事务，欧美的主流价值缺少"天下为公"的思想，只是在强调"私权至上"。而"天下为公"是中国人古往今来最核心的价值理念，这是中西价值观的分野，也是我们考察欧美社会治理体系合理性的着力点。客观地说，在一个社会中，私权有私权的价值和作用，公权有公权的价值和作用。对于国计民生的重要事业，对于关乎人类生死存亡的挑战，对于广大弱势群体的保护，公权的作用不可忽视。而对于个人的利益，私权有私权的作用。因此，欧美的私权至上，片面地肯定私权的价值，看不到公权对于保护人民权益和推动社会进步所起到的作用，这是我们要超越的地方。

阳明先生曾经讲，凡夫之所以不能为圣人，很重要的就在于"私"。在阳明先生看来，"私"是蒙蔽一个人的良知和内在慧命的根本。中国文化的价值观，最核心的主旨就是引导人们超越"小我"而成就"大我"。而西方人恰恰相反，他们不强调或者不认可"公"，而是强调私权至上、小我至上，欧美的整个法治体系、社会建构等都是为了强化"小我"。欧美的文学创作、法治理念等也是着眼于保护"小我"的尊严、"小我"的权利。在中国哲学看来，一个人一旦被"小我"禁锢和束缚之后，人的慧命就会被蒙蔽，沟通天地的路径、通向真理的路径就被隔绝。正因为欧美国家主导的社会发展、治理模式既推动了社会进步，又带来了很多自身无法解决的问题，所以人类必须要超越这个阶段，才能走向更高层次的文明。从这个意义上说，所谓人类文明新形态，就要超越欧美现有的社会发展和治理模式，为人类向更高的层次迈进提供智慧和启迪，成为整个人类未来文明发展的风向标。

关于阳明心学对于创建人类文明新形态的价值和意义，我谈几点粗浅的体会：

第一，我们要自信中华民族能够创造人类文明新形态，能够成为人类文明的引导者和塑造者。一个丧失自信的民族，不会有未来，更不会成为人类文明的引导者。自信不是盲目，而是把握近代以来人类社会发展规律之上的再创造。五千多年以来，在绝大多数时间中华民族都是走在人类文明的最前端，我们不能因为近代两三百年的落后而丧失一个伟大民族的信心。回顾中国近代史，这两三百年的落后给中国人最大的伤害恐怕不是丧权辱国，而是在很多人心里种下了妄自菲薄的心结。面向未来，我们要超越近代史的心结，绝不狂妄自大，更不妄自菲薄，而是有信心经过努力创造人类文明新形态，重新走到人类文明的最前端，成为人类文明的塑造者、主导者、引领者。

第二，关于人类文明新形态的内涵，习近平总书记在党的二十大报告中说到，"中国式现代化是物质文明和精神文明相协调的现代化。物质富足、精神富有是社会主义现代化的根本要求"。这意味着中华民族创造的人类文明新形态，在精神上一定是富足的，心灵上一定是高远的。近代以来，人类社会创造了很多工具，但是人不能成为工具的奴隶，而是要驾驭工具为人类所用。人总是处在各种名利之中，但精神一定要自主，要让所有外在的东西增进我们的快乐、欢喜和幸福，而不是让人成为物欲、外在事物的奴隶，简言之，工具要为人的福祉服务。

第三，阳明先生曾讲"夫大人者，以天地万物为一体者也"。欧美的价值观，崇尚"以自我为中心"，欧美的思维方式有明显的二元对立倾向：主体与客体、天堂与地狱、正义与邪恶、天使与魔鬼、此岸与彼岸、理念与现实等，都是二元对立的体现。而中国人则强调大宇宙观，讲天地人一体，张载的"民吾同胞，物吾与也"，孟子的"老吾老以及人之老，幼吾幼以及人之幼""亲亲而仁民，仁民而爱物"等，都体现出天地一体的思想。可以这样说，天地人一体，是中国人对宇宙实相的真实描述，是对真理的客观反映。不同于欧美的"个人至上"，"大人者，以天地万物为一体者也"，蕴含着"小我"和"大我"有机统一的价值观。中华民族要以"仁者，万物一体"的思想为基础，把未来的人类文明新形态的价值体系建立起来，尊重人与万物的关联。

第四，对于人类的文明新形态，应该坚持身心一体，思想和实践相一致，这就是阳明先生讲的知行合一。中国哲学的核心是身心性命之学，首先要在自己的身上体现出来，自利而利他。只有自己从智慧中受益，才能把自己是如何受益的讲给别人。身心一体，思想和实践一致，文化的价值才能体现出来。

第五，我们一定要对文艺复兴开启的"人性解放"加以扬弃和超越。"人性解放"应该是道心统摄人心，而不是无限扩张欲望。如果过分地扩张欲望，必然造成对人类文明的极大伤害。人性有弱点是客观事实，但是一定要把良知开启出来，以良知的光亮统摄人心，以严格的自律，过好自己的生活。

第六，文化决不可抽象、孤立、悬空地讨论。文化真正的价值，一定落在具体的人身上，落在推动社会发展与增进人民福祉上。千年以来，传统中国社会村落都会有孔庙、土地庙、祠堂、关公庙等庙堂，这是中国人以文化人、以文润心的地方。可是近代以来，这套东西被破坏了，中国社会基层失去了润心的地方。面向未来，中国一定要解决这个问题。为了响应党的二十大的号召，应该在每个村、每个社区建设好一个以文润心的地方，结合老百姓的刚需，用中华文化的智慧润泽社会，让老百姓从中受益，从而在基层真正解决以文化人、以文润心的问题。文化不仅是形而上的学理，更要落实到老百姓中去，真正带动老百姓向上、向善的风气。

第七，党的二十大开启了中国发展的新局面，不辱使命，不负韶华，踔厉奋发，笃定前行。这是一个伟大的时代，需要中国人民众志成城、勠力同心、共同奋斗。党的二十大提出了要建设中国式现代化，中华民族在未来的发展一定会阔步前行。我们要坚定信念，中华民族一定会创造人类文明新形态，走到人类文明的最前沿，成为整个人类未来文明的风向标。

研究王阳明先生，让我们更加坚定文化自信和历史自信。世上没有平坦的大道，所有的艰难险阻都是对中华民族的考验和成全。"不畏浮云遮望眼，只缘身在最高层"，立定人类历史的长河，中华民族伟大复兴的大势是任何势力都阻挡不了的，我们无比清醒，也无比笃定。不忘本来，开辟未来，海纳百川，融汇天下为我所用，用更好的发展证明自己，不辱使命，不负时代。

[作者单位：中国政法大学思政研究所]

深化明代宫廷文化研究，
助推十三陵文化资源活化利用

高寿仙

明朝建国时将首都定在南京，"元大都"改称"北平"，成为燕王朱棣的封地。当朱棣夺取皇位、成为明朝第三位皇帝后，改"北平"为"北京"，决定把首都从南京迁移到北京，几乎是同步规划和营建了皇宫和长陵，这就是故宫和十三陵这两个最大的古建筑群落的源头。不过，故宫现存的建筑和文物，绝大多数都是清朝时期的，而十三陵现存的建筑和文物，基本上都是从明朝直接遗留下来的。明朝距离现在较近，全国各地保存下来的明代建筑和文物还是比较多的，但无论从规模的庞大看，还是从内容的丰富度上看，十三陵都是首屈一指、无与伦比的。所以在应邀为这次论坛写寄语时，我说了这样一句话："十三陵是明文化最具代表性的物化象征。"

正因为十三陵具有深厚的明文化底蕴，在保护和传承明文化方面也就担负着重要而独特的责任。这次论坛的主题是"焕新明文化 赋能十三陵"，十三陵管理中心还与中国明史学会共同成立了中国明文化研究中心，充分说明了昌平区和十三陵管理中心对于明文化的高度重视。但有一个问题需要考虑：明文化的内容包罗万象，无论从区域角度看，还是从阶层角度看，都存在着巨大的差异。如果要以十三陵为依托深化明文化研究，显然不能面面俱到，必须要有一个聚焦点。我个人感觉，明代最具代表性的文化体系有两个，一个是以北京为中心的宫廷文化，另一个是以苏州为中心的江南文化，两者各具特色，也存在着密切联系。鉴于埋葬在十三陵的各类人物，都具有"宫廷人"这样一个统一属性，因此应当把研究的重点放在明代宫廷文化方面。

所谓宫廷，就是一个以皇帝为中心的小型社会。皇帝既是大明帝国的最高主宰，也是整个宫廷以及北京城市的第一居民。明代自迁都北京的明成祖到亡国自杀的明思宗，先后有14位皇帝在紫禁城生活过，其中的13位死后埋葬在十三陵，构成了十三陵的墓主。除皇帝之外，在宫廷中还生活着其他大量人员，大致可以分为三类：

第一类是皇帝的家属，包括后妃、皇子、皇女等。后妃是一个等级森严的群体，生活待遇随身份高低而差别极大。处在顶层的是皇太后、皇后，她们作为皇帝的长辈和正妻，不仅自身享受最为优越的生活待遇，其父兄子侄也可以获得封爵和官职。以下依等级有皇贵妃、贵妃、妃、嫔、选侍、才人、淑女等，其亲属也可以得到大小不等的官职。明代以前有些朝代，如汉朝和宋朝，后妃有明确的品级和俸禄。明代好像没有这种制度安排，但生活待遇也是随着等级下降而降低的。明代皇子，除嫡长一人立为皇太子外，其他到一定年龄均封为亲王。皇太子无论是否成婚，都居住在紫禁城中。其他皇子未婚前也居住在宫中，成婚后则搬到王府居住。在京皇子及其家属的生活资料，都由宫廷供应。皇帝的女儿称公主，姊妹称长公主，姑姑以上称大长公主。公主出嫁后，一部分生活资料仍要由宫廷供应。

宫廷群体中的第二类是宦官，这也是宫廷中数量最为庞大的一个群体。清朝康熙皇帝说明季"内监至十万人"（《清圣祖实录》卷二四〇，康熙四十八年十一月癸未条），显然是夸大其词，实际上最多三万多人。宦官的来源，明代前期主要是俘虏和罪犯，明中期以后主要从自宫求进的人中选用。宦官分属二十四衙门，内部地位悬殊，高级宦官不仅自身享受奢华生活，其亲属也往往被授予散官甚至封爵。不少宦官通过赏赐、奏讨等手段，迅速成为大土地所有者。而低级宦官的生活，却是非常清苦，据康熙皇帝说，明朝低级宦官很多都吃不饱饭，每天都有饿死的。

宫廷群体中的第三类是后妃、公主之外的各类妇女。其中地位较高的是女官，分属六尚局及宫正司，负责管理宫中各项事务，人数大约二三百人，品秩最高可以达到正五品。人数最多的是宫女，康熙皇帝两次提及明末宫女数字，一次说是九千人（《清圣祖实录》卷二四〇，康熙四十八年十一月癸未条），一次说是两万人（陈元龙《爱日堂诗集》卷二〇《千叟宴恭纪十首并序》），恐怕都有所夸大，实际大约两三千人。宫女进宫时的年龄，大多在13岁至20岁之间，但也有低于13岁就被采进的。宫女从事各种服务，工作繁重辛苦，还经常遭受虐待，被打死的也不在少数。所以民间将入宫视为大祸，听到"选秀女"的传言，便不管是否门当户对，尽快把家中的女孩嫁了，甚至出现大面积的社会恐慌。女官、宫女之外，还有一些特殊的女性服务人员，当时被合称为"三婆"，一是担任皇子、皇女乳母的奶婆，二是为妇女看病的医婆，三是为后妃接生的稳婆。其中奶婆的地位比较尊贵，本身封为夫人，丈夫也享受俸禄，比如天启年间对朝政产生了重要影响的客氏就是皇帝的乳母。

上述各类人员，构成了宫廷这个特殊的小社会，但这个小社会与外界并不是隔绝的。外界的风俗习惯会进入宫廷，而宫廷的生活风尚也会影响社会，尤其对北京以及北直隶地区有着巨大影响。因为明代中期以降，无论是宦官、女官还是宫女、三婆，绝大多数都来自北京以及北直隶地区。因此深入研究明代宫廷文化，也可以加深对明代北京文化，乃至明代整体的文化特征和文化变迁的认识。

宫廷文化应当包括哪些内容，学者们的看法可能不尽一致。目前还没有出版明代宫廷文化之类的专著，但其他朝代的已有一些，比如田静先生的《秦宫廷文化》、林永匡先生的《清代宫廷文化通史》等，此外中央民族大学出版社、山东教育出版社都组织出版过《中国宫廷文化丛书》。但其中有些内容，比如宫廷政治斗争等方面，不一定作为宫廷文化给予太多关注。我个人认为，宫廷文化研究的主要对象，应该还是集中在衣、食、住、行、礼仪、娱乐、宗教信仰、文学艺术等方面。故宫博物院的赵中男先生主持编写了一套《明代宫廷史研究丛书》，拟定了将近20个专题，目前已经出版了十几种，其中很多内容都属于宫廷文化范畴，不少专题都涉及或利用了十三陵的文物资料。这套丛书为明代宫廷文化研究奠定了一个很好的基础，但很多方面还都是初步性的研究，仍有不少问题需要拓展和深化。

作为社会总体文化的一部分，宫廷文化既带有总体文化的共同特征，也具有自己的鲜明特色。关于这个方面，学术界讨论的还不太多。我看到刘尊明先生在《中国古代的宫廷及其文化特征》(《文史知识》1995年第11期)一文中，对宫廷文化的基本特征做了归纳总结，他认为有这样三个特点：一是具有浓重的政治色彩。宫廷文化的创造主体是作为最高统治阶级的皇室贵族及公卿大臣，他们的民族成份、文化素质、价值观念、生活方式等，无不关系到国家政治制度和文化政策的制订与实施。宫廷的一切典章制度、礼仪活动、人际交往、生活方式等，也往往首先服从于统治阶级的政治需要，具有浓烈的政治伦理色彩。二是具有强烈的享乐性质。皇帝及皇室贵族享有特殊地位，国家也为他们提供了最优越的物质生活条件以满足他们的享乐需求，所以他们大多追欢逐乐、骄纵淫逸。一旦宫廷煽起奢侈享乐的风气，还会对国家的政治经济和社会文化产生深重的负面影响。三是具有豪华精美的特征。由于宫廷是中央政权的核心所在，这里集中了统治集团的精英分子，也征选了最优秀的服务人员和各类伎艺人等，因此也就使得宫廷文化具有其他文化层面所不能比拟的豪华精美特征。王子今先生也做过这样一个简要的概括："在专制时代，宫廷文化，于社会文化总和中代表着最为尊贵、最为典雅、最为奢华的内容。"(《读〈秦宫廷文化〉》，《中国史研究动态》2000年第8期)

像十三陵这样的帝王陵寝遗产，怎样活化利用，实际上是面临很大困难的。十年前，张建忠、孙根年两位先生曾以唐乾陵、西夏王陵和明十三陵为例，探讨历史文化遗产如何"活化"的问题(《基于文化遗产视角的陵墓遗址旅游开发——以乾陵、西夏王陵和明十三陵为例》，《经济地理》2011年第11期)。他们指出，陵墓类的古代建筑艺术，是中国众多历史文化遗产中不可多得的瑰宝，但这类遗产大多是以博物馆的方式展示，遗产文化内涵展示不够，遗产旅游体验不足。他们还为十三陵文化分层及体验设置做了一个设想规划，比如在物质文化层面，充分运用影视载体展示十三陵建筑文化；在制度和行为文化层面，举行特色迎宾表演、《永乐赋》朗诵、明代文化展示等活动；在精神文化层面，按照特色主题分门别类布置展厅，演展传统的生活起居、社会风俗等。这些设想未必都能付诸实施，但可以提供一些启发和思路。

我从网上看到，昌平区对于十三陵未来发展有一个非常宏大的规划，就是按照明代87平方千米陵区的规模，建设十三陵大景区，用陵墙把这个区域封闭起来；在十三陵保护范围之外，还规划了一个10.5平方千米的门户区，在其中建设大明文化体验区和故宫文创园等项目，动态呈现明文化的丰厚底蕴，集中展示明文化精粹。这个宏大的规划如果能够顺利落实，将会为明代宫廷文化的呈现和展示提供广阔的平台和空间。当然也要注意，宫廷文化既有精华，也有糟粕，需要在系统研究的基础上，提炼出一些可以活化利用的精华内容和积极元素，然后以十三陵的文化资源为支撑，借助当下丰富的科技展示手段，把十三陵建设成明代宫廷文化体验的重要场所，将十三陵文化旅游品牌提升到一个新的高度。

[作者单位：中共北京市委党校 (北京行政学院)]

方志对明文化的弘扬与传承

——以明十三陵为例

张英聘

　　方志是保存历史文化资料十分丰富的文献之一，内容极为广泛，举凡一地的建置、沿革、疆域、山川、名胜、资源、物产、气候、天文、灾异、人物、艺文、文化、教育、民族、民俗等，都为其所包容。它反映我国各族人民在不同历史时期的社会生活，记载各时期的思想文化、开发自然和科学技术等方面的成就，为后世提供取之不竭的研究资料。宋元之前方志的发展尚有局限，留存下来的数量也比较少。明清以后，方志发展的程度已经很高，传世数量极大。因此，方志成为保存文化资料的宝库，在弘扬和传承文化方面具有独特的优势。

一　方志是明文化研究的资料宝库

　　方志所载内容极为广泛，记载明文化的资料也很多，这与方志的体例有关。明代朝廷两次颁降修志凡例，规范志书的体例和内容，永乐十年（1412）、十六年（1418）颁降了《修志凡例》和《纂修志书凡例》，这在中国方志发展史上是第一次，直接推动了方志的编纂。

　　关于文化的记载，多体现在艺文中，方志普遍重视艺文的收录，艺文的内容很丰富，包括序跋、记、诗词歌赋、文、论、碑刻、杂著等。方志大都有艺文志一目，而其内容则为选辑诗文，或选辑有关掌故之诗文。对于诗文的处理，一般也是采用这几种方式：一是设立专志，按体裁和类别列载，称为"词翰志""诗文志""艺文志"等；二是不立艺文志，而将有关建置沿革、名胜古迹、兵防武备、寺观祠祀、公署治所、荒政惠政等内容的诗文，分载于各类之下；三是艺文或与他目并列，或作为附载；四是只列书目，如设"典籍表"专列书目，或仅列其篇目；五是设艺文志收录全文，又立专志著录书目；六是立专志，又附载各志类目下；七是不立专志，不附载各类之下，而编著艺文志附正文后。方志的艺文志形式多样，编纂者思想也贯穿其中，诗文的收录也有一定的标准，同时反映了一个地方文脉的延续。

二　方志关于明十三陵的记载

明十三陵进入方志记载的，有全国性和地区性的方志，涉及一统志、畿辅通志、顺天府志和昌平的志书。现存最早记录内容也较为丰富的是隆庆《昌平州志》。该志为明代崔学履纂修，隆庆元年（1567）刊刻，共八卷，全书分为地理志、重本志、建置志、田赋志、祀典志、学校志、官师志、科贡志、人物志、表异志、杂志等，这部书也是昌平现存最早的一部志书，对于研究明代以及之前的政治、经济、文化均有重要的意义。

之后有光绪《昌平州志》，吴履福修、刘治平主持、刘万源纂，光绪五年（1879）修，十二年（1886）刊刻。该志卷一为皇德记，记述了清朝顺治四年（1647）起至光绪九年（1883）止，历朝皇帝对皇陵的制谕及各大臣的奏折，内容为命工部修葺，禁明陵樵采，致祭明诸陵，撰思陵碑记，修崇祯帝陵及皇帝去明陵祭扫时的诗作等，卷二为舆图记，之后设土地记、山川记、大事表、职官表、道里记、风土记、祠庙记、塚墓记、会计簿、学校志、衙署志、营卫志、物产志、列士传、列女传、艺文录等，共为十八卷。

其他还有光绪十八年（1892）麻兆庆编修的《昌平外志》。顾炎武的《昌平山水记》两卷，记述了陵寝的位置、布局、祭祀等。

三　新方志对明文化的传承

以明十三陵为例，2007年出版的《昌平县志》，卷首设《大明十三陵帝陵图》，又专设明十三陵一编，记述了十三陵的位置、山川形势、布局、面积，以及明十三陵文化旅游景区情况。

专门性的志书有2010年出版的《昌平文物志》，共有十四章，第二章为明十三陵，第三章为长城、关城。

2019年又出版了《明十三陵志》，作为《北京志》的一卷。该书记述内容上起永乐七年（1409）明成祖朱棣营建长陵，下至2010年，时间跨度600余年；设概述、大事记、正文、附录、索引、后记六部分，文字总计50.2万字，图片540余幅，涉及自然风光、地形地貌、建筑、古树名木、出土文物等。正文包括皇帝陵寝及其陪葬墓、陵区附属建筑及设施、陵寝礼俗、管理、考古与文物等内容。

为什么说方志会成为明文化研究一个重要的资料宝库？这和方志的体例有关系，同时和它的编修程序也有关系。我们透过方志，可以看到明十三陵文化融合在了昌平地方的文化之中。对明十三陵文化的挖掘不是孤立的，它和宫廷文化、地方文化的研究是相关联的。方志实际上是挖掘明文化的一个非常重要的载体路径。

[作者单位：中国地方志指导小组办公室]

昌平与运河

陈喜波

一　汉唐时代昌平与运河

我们今天在讲北京运河的时候，经常讲到通州而忽视了昌平。实际上，昌平运河的记载是非常早的，根据《史记》记载，秦始皇北抗匈奴，"使天下蜚刍挽粟，起于黄、腄、琅邪负海之郡，转输北河，率三十钟而致一石"。秦始皇抗击匈奴，是经过北京的北河运输粮草到秦长城，北河现在不知道是哪条河，但是应该是离不开北运河水系，北运河水系的温榆河是通往居庸关的，所以北河漕运应该跟温榆河有一定的关系。到了东汉初期，王霸任上谷太守二十年，史书称其"凡与匈奴、乌桓大小数十百战，颇识边事，数上书言宜与匈奴结和亲，又陈委输可从温水漕，以省陆转输之劳，事皆施行"。有人认为温水是指永定河，但是我觉得温水应该是温榆河，因为上谷就在今天的延庆一带，距离昌平的居庸关很近，而居庸关又是古代交通要道，所以，温水漕运应该是从温榆河运输的。由此可见，这一时期关于北京运河的文献记载显然与昌平有关。

二　北朝时期昌平与运河

到了南北朝，《北齐书》记载，北齐幽州刺史斛律羡"又导高粱水北合易京，东会于潞，因以灌田。边储岁积，转漕用省，公私获利焉"。根据我的研究，这是从北京城西的高粱河附近挖了一条渠到清河，即古代的易荆水。这段文献上记载的"转漕用省"，说明这个时候因为北齐王朝遭受的北方边患很厉害，为了往北方运军粮，斛律羡"导高粱水北合易京"，连接了清河与高粱河。清河东连温榆河，河渠的修建使得温榆河的水量增大，往北运输就方便了，所以才有了"转漕用省"。

三　辽金元时代昌平与运河

到了辽金的时候，因为北方少数民族入主中原，北方没有了军事压力，所以昌平地区就基本没有了漕运。后来，元朝的时候实行两都制，元世祖忽必烈先在今内蒙古正蓝旗境内的闪电河畔建开平城，后升为都城，称上都，也称上京、滦京，后又在今北京建大都，形成两都制度。忽必烈每年春季前往上都避暑，秋季回到大都，是为两都巡幸制。元代昌平是大都和上都之间的交通要道，居庸关控制南北通途，自元代开始驻扎军队戍守。为运送军粮，至元元年（1264）二月，元世祖忽必烈派遣耶律阿海率兵疏浚昌平双塔河漕渠。居庸关南北屯军立千户所，两处粮饷由双塔仓拨付。

同时，元大都的粮食供给问题也促进了运河的发展。《元史·食货志》记载："元都于燕，去江南极远，而百司庶府之繁，卫士编氓之众，无不仰给于江南。"《草木子》也说："元京军国之资，久倚海运，及失苏州，江浙运不通；失湖广，江西运不通；元京饥穷，人相食，遂不能师。"至元十六年（1279），元政府利用坝河往大都运粮。但是一条坝河不足以支撑京城的粮食供给，于是在至元二十九年（1292），由郭守敬主持修建了通惠河。通惠河的开凿创造了两个成就，第一个成就就是通惠河上的二十四道闸，三道闸或两道闸一组，应用了现代船闸技术。虽然不是中国最早的，但是这个技术在世界上也是水平很高的。第二个就是我们经常忽视的白浮瓮山引水工程，《元一统志》云："（通惠河）上自昌平白浮村之神山泉，下流有王家山泉，昌平西虎眼泉，孟村一亩泉，西来马眼泉，侯家庄石河泉，灌石村南泉，榆河温汤龙泉，冷水泉，玉泉诸水毕合。"从白浮泉大致沿着50米等高线引水到昆明湖，科学技术水平是非常高的，其他国家的运河只有一条运河可以跟我们的白浮泉相媲美，就是法国的米迪运河。米迪运河是欧洲最古老的运河之一，被称为17世纪最伟大的运河工程项目，是路易十四王朝的荣耀。米迪运河开凿于1667年，竣工于1681年，米迪运河将法国南部城市图卢兹与地中海连接起来，从图卢兹向东沿加龙河可达大西洋，因此米迪运河又称双海运河，也称朗格多克运河。米迪运河黑山引水工程中的山地沟渠也是沿等高线设计导流线路，将上游的四条河的河水引到下游的水库中，与白浮瓮山河引水工程颇为一致。白浮泉引水工程于13世纪建造，而米迪运河是17世纪建成的，差了将近400年，郭守敬建造的白浮山引水工程放眼世界同样是非常出彩的引水工程，把中国的运河科技推到了世界前沿水平。

四　明清昌平与运河

通州民间传说："先有张家湾，后有北京城。"建设北京城的各种木料都需要运河的运输，包括楠木、樟木、松木、柏木、花梨木、檀木、竹子等。根据史料记载和现存明代宫殿实物，明代宫殿建造的木材基本上纯用楠木，间或使用杉木，此外松、柏、樟木等木材也作为建筑基础材料和辅助材料，位于昌平的明十三陵也是如此。楠木等木料来自于云贵川，通过运河运到通州，运进北京城，再运到十三陵。明长陵的祾恩殿木件全部使用楠木，楠木在北方并无分布，均是由南方运到通州的。通州有两个皇木厂，一个是张家湾皇木厂，一个是通州北关皇木厂。文献记载张家湾皇木厂是往北京城里运送皇木的，而北关皇木厂则记载不清，我猜测可能与十三陵有关，因为它就在温榆河的河口，可以通过温榆河将木料运抵十三陵。修建十三陵所用的石料也与运河有关。修建十三陵的石料主要来自北京附近地区，汉白玉石产自房山大石窝，青砂石产自马鞍山、牛栏山、石景山，紫石产自马鞍山，豆渣石产自白虎涧。明十三陵建筑用石还从顺义牛栏山、怀柔石塘山等地开采。但是有一种石头北京没有，就是花斑石。花斑石多来自今江苏徐州、河南浚县等地的山区，部分花斑石料还来自于北京附近的三河、遵化、丰润一带。这些地区都在运河沿线，石料均是通过运河运至昌平。

隆庆《昌平州志》云：昌平"东为诸口之屏蔽，西为各区之军饷，北为陵寝之护卫，南为京师之屏障，较诸他郡城池，诚重且大焉"。自朱棣选中天寿山作为陵园之后，昌平成为陵寝重地，并于正德年间升为州城。嘉靖三十年（1551），分蓟镇置昌镇，其职能除了防守边关以外，更为重要的功能之一就是护视皇家陵寝。明十三陵作为皇家陵寝有大量驻军，同时，昌平处于明长城防线，同样有军队驻守。大量驻军吃的粮食需要从运河上运来。明朝后期，这些军粮有一部分经潮白河运至牛栏山，然后一部分从牛栏山运到密云的长城沿线，另一部分通过温榆河运到巩华城，再陆运至昌平长城沿线和明陵。

五　总结

首先，昌平是北京地区运河文化起源较早的地区，昌平运河是中国古代运河科技含量最高的地区之一。昌平运河文化遗产相对来说也比较多，但是没有人整体梳理。地处昌平的运河水源地有龙山、白浮泉，河道有温榆河等。其次，我们还需要挖掘昌平运河文化，例如长城跟运河的联系。昌平的运河涉及长城和皇陵，是运粮的重要保障。再次，就是十三陵跟运河的关系。十三陵的建筑很多与运河有关，未来可以更加深入地挖掘这种关系。第四，昌平运河具有重要的民生作用，值得我们去挖掘。最后，昌平运河文化有待深入开发和利用，为将来整个昌平区的文化旅游产业发展提供了新方向。

［作者单位：北京联合大学北京学研究所］

明代家具浅论

周京南

中国的家具文化是一条滔滔不绝的大河，每一个历史阶段的家具就是这条大河的支流，奔腾不息、奋勇向前。作为中国传统文化之承载者，我们传统家具的风貌深受当时政治、经济以及文化、工艺之影响，打下了各自鲜明的时代烙印。在中国家具漫长发展的历史长河中，明代家具以其造型优美、选材考究、制作精细而闻名中外，在中国家具史上书写了浓墨重彩的辉煌篇章。

一　明代家具产生的历史背景

明代家具的形成，离不开当时的社会条件，明代建国之初，面对百废待举的现实，明朝中央政府采取一系列有利于发展生产的措施，奖励农耕垦荒，移民屯田、兴修水利，大力鼓励农民种植桑、棉、漆、桐，使农业生产很快得到恢复，调动农民的积极性。

明代以降，解除了元朝时期对手工业者的人身限制。将全国居民分为"民户""军户""匠户"三类。匠户主要有轮班匠和住作匠两种。轮班匠的数目大约总维持在二十三四万的水平，他们归隶工部，住在外地，每若干年轮班到京服役一次，一次三个月。工匠就有了一定的人身自由。住作匠的制度从永乐时代开始，成化年间，有六千余名，以后数量倍增。他们归隶内府的内官监，居住京师及其附近，政府给以食粮，每月服役十天，其他时间基本可以自由支配。由于明代对匠户的支配管理方式相对较为自由，所以"匠户"的手工业者不仅可以自制产品出售，而且可以请求改业，或农或商不受限制。

这些措施提高了手工业者的生产和创造的积极性，为手工业的发展提供了条件。所以，明代的竹刻、玉器、陶瓷、漆器、木雕等手工业，均得到了长足的发展。

二　明代工艺美术发达，为家具的发展打下了良好的基础

在明代海外贸易繁荣、民间追求奢华生活享乐的基础之上，明代各个工艺美术得到很大的发展，尤其是民间工艺得到了繁荣发展，如《陶庵梦忆》作者张岱在他的书里写道，"王二之漆竹，

苏州姜华雨之籥篆竹，嘉兴洪漆之漆，张铜之铜，徽州吴明官之窑，皆以竹与漆与铜与窑名家起家"。万历时袁宏道在《瓶花斋杂录》中也提到"近日小技著名者尤多，然皆吴人。瓦瓶如龚春、时大彬，价至二三千钱，龚春尤称难得，黄质而腻，光华若玉。铜炉称胡四……锡器称赵良璧……"此外尚有不少能工巧匠的作品遗留至今，如陆子冈制玉，朱松麟祖孙三代制竹等，难于一一罗列。艺人们从各个不同角度，施展其精湛技艺，在明代工艺美术园地中大放异彩。

明代的文献中有大量工艺美术的记载："玩好之物，以古为贵，惟本朝则不然。永乐之剔红，宣德之铜，成化之窑，其价遂与古敌。盖北宋以雕漆擅名，今已不可多得，而三代尊彝法物，又日少一日。五代讫宋，所谓柴、汝、官、哥、定诸窑，尤脆薄易损，故以近出者当之。始于一二雅人，赏识摩挲，滥觞于江南好事缙绅，波靡于新安耳食。诸大估曰千曰百，动辄倾橐相酬。真赝不可复辨。以至沈、唐之画，上等荆、关；文、祝之书，进参苏、米，其弊不知何极。"（明沈德符《弊帚斋余谈·时玩》）

三 家具专业书籍的出现

伴随着明代工艺技术的飞速发展，大量工艺技术的著作问世。比如我国古代最著名的百科全书《天工开物》和一些园艺、工艺等方面的专著《园冶》《髹饰录》《鲁班经》等。

《鲁班经》，成书于明代，由当时北京提督工部御匠司司正午荣汇编，是一本民间匠师的业务用书。全书由建筑与家具两部分内容组成，是一部建筑的营造法和对家具制造经验的总结。有图一卷，文三卷，介绍行帮的规矩、制度以至仪式，建造房舍的工序，选择吉日的方法；说明了鲁班真尺的运用；记录了常用家具、农具的基本尺度和式样；记录了常用建筑的构架形式、名称，一些建筑的成组布局形式和名称等。

《髹饰录》，由明隆庆年间的漆工黄成所撰，是我国仅存的一部古代漆工的专著。《髹饰录》全面地论述了漆的历史、工艺、分类、特点等，如"漆之为用，始于书竹简"。对于漆的用途，书中写道："用诸乐器、或用诸燕器，或用诸兵仗，或用诸文具，或用诸宫室，或用诸寿器。"饰漆的目的是："取其坚牢于质，取其光彩于文。"我国漆器历史悠久，到了明代又有新发展，产生了新品种。正如杨明在《髹饰录》序中所说；"今之工法，以唐为古格，以宋元为通法。又出国朝厂工之始，制者殊多，是为新式，于此千文万华，纷然不可胜识矣。"

除此之外，明代文人也著书立说，阐释自己对家具的理解。如文震亨所编的《长物志》卷六中，对椅、凳、杌、几、方桌、书桌、橱、床、榻、架、箱、屏等都作了具体的分析和研究，同时对家具的式样及用材也给予了优劣雅俗的评语。如凳，"凳亦用狭边镶者为雅，以川柏为心，以乌木镶之最古，不则竟用杂木，黑漆者亦可用"。

这些专业书籍的出现，丰富了家具的制作理论，指导了家具设计，对家具的制作与生产都起到了直接或间接的推动作用。

四 对外贸易交流的频繁，促进大量优质木材进入国内

由于经济的繁荣，明代对外交流也非常频繁。为了扩大对外影响，发展对外关系，明朝非常重视国际交往。洪武、永乐间，统治者多次派遣使臣刘叔勉、马彬等人分赴爪哇、暹罗、满刺加、苏门答腊等国访问。明成祖继位之后，对东南亚各国实行"怀柔"政策，通过厚往薄来的政策招徕各国积极入明朝贡，并于永乐元年（1403）在浙江、福建、广东设置市舶司，还下令"凡外国朝贡使臣，往来皆宴劳之"。以此同时，明成祖还派遣郑和"总率巨舰百艘"，"浮历数万里，往复几三十年"。郑和前后七下西洋，历时28年，到达亚、非30多个国家和地区，船队每到一处，除了宣谕皇帝诏书，向各国国王颁赐银印、冠服、礼品等，鼓励他们遣使入明朝贡外，还同当地居民进行贸易。伴随着郑和下西洋，产于东南亚一带的优质木材源源不断地输入国内，正如周起元所著《东西洋考》中所记载的那样："我穆庙（即明穆宗）时除贩夷之律，于是五方之贾，熙熙水国，剞鲹艎，分市东西路，其捆载珍奇，故异物不足述，而所贸金钱，岁无虑数十万，公私并赖，其殆天子之南库也。"

五 明代家具原材料来源充足，家具行业兴旺发达

在家具器用方面，由于材源充足，民间的能工巧匠们可以心随所欲，纵情驰骋于斧凿之间，生产了大批硬木家具。由此，无论是宫廷贵族、富商巨贾，还是广大的市民，社会各阶层出现了搜罗硬木家具的习尚，相沿成风。据明人范濂《云间细目钞》记载："细木家伙，如书桌、禅椅之类，余少年曾不一见，民间只用银杏金漆方桌。自莫廷韩与顾宋两家公子用细木数件，亦从吴门购之。隆万以来，虽奴隶快甲之家，皆用细器，而徽之小木匠，争列肆于郡治中。即嫁妆杂器，俱属之矣。纨绔豪奢，又以椐木不贵，凡床橱几桌，皆用花梨、瘿木、乌木、相思木与黄杨木，极其贵巧，动费万钱，亦俗之一靡也。"王志性《广志绎》也讲到："姑苏人聪慧好古，亦善仿古法为之……又如斋头清玩，几案床榻，近皆以紫檀花梨为尚。尚古朴不尚雕镂。即物有雕镂，亦皆商、周、秦、汉之式。海内僻远，皆效尤之，此亦嘉、隆、万三朝为始盛。"

当时，各地区家具业的生产都非常兴旺发达。根据有关文献记载，被称为六大古都之一的南京，木器行业大多集中在市内应天府街之南的钞库街，应天府街之北又有木匠营，生产和经营盛况空前。明代河南的省城开封，在五胜角大街路西，"俱是做妆奁、床帐、桌椅、木器等物"的店铺，在城隍庙的东南角门外，也全是卖桌椅、床、凳、衣盆、木箱、衣箱、头面小箱、壁柜、书橱等木器的市场。在全国最富庶的江南苏州地区，不仅木作、漆作行业兴旺，而且出现了一批专做硬木家具的小木作行业。店铺内不仅生产出售各种硬木家具，店主还常常根据用户的要求到顾客家中加工制造。这一点从明末的言情小说中也有反映。如冯梦龙的言情小说《醒世恒言》卷二十"张廷秀逃生救父"描写了一个江西人张权在苏州开木器店："间壁是个徽州小木匠店，张权幼年间终日在那店门首闲看，拿匠人的斧凿学做，这也是一时戏要。不想父母因家道贫乏，见儿子没甚生理，就送他学成这行生意。后来父母亡过，那徽州木匠也年老归乡，张权便顶着这店。

因做人诚实，尽有主顾，苦挣了几年，遂娶了个浑家陈氏，夫妻二人将就过活。怎奈里役还不时缠扰。张权与浑家商议，离了故土，搬至苏州阊门外皇华亭侧边开了个店儿。自起了个别号，去那白粉墙上写两行大字，道：'江西张仰亭精造坚固小木家火，不误主顾。'"从上文中可以看出，当时家具制作小作坊在江南发达地区的城市里已经比较普遍了。

六 明代内府官办手工业与明代宫廷御用家具

明代宫廷内府除了规模庞大、分工详细的官营手工业以外，明代在皇城之内还设立了手工工场，主要负责生产满足皇家需求的手工业品，这种生产叫做"内府制作"，也是官办手工业中一个极为重要的组成部分。按照不同工种分出二十四个衙门——二十四监局。其中司礼监下属的御前作、御用监等机构，承担着部分皇家家具的制作。

司礼监，系二十四衙门中的首席衙门，其下属的官有手工业制造者御前作，该作"掌作官一员，散官十余员……专管营造龙床、龙桌、箱、柜之类"。

御用监，其属有典簿、掌司、写字、监工等，职掌"凡御前所用围屏、摆设、器具，皆取办焉。有佛作等事，凡御前安设硬木床、桌、柜、阁及象牙、花梨、白檀、紫檀、乌木、鸂鶒木、双陆、棋子、骨牌、梳栊、螺钿、填漆、盘匣、扇柄等件，皆造办之"。从相关档案记载来看，御用监曾制作了不少明代宫廷家具。《明世宗实录》卷四九记载："嘉靖四年三月……御用监太监黄锦等言，成造龙床及御用等器木料不敷，乞行南京守备太监委官于芜湖抽分厂并龙江瓦屑坝抽分局将抽下杉木板枋，选择印记，令彼中军卫有司运送应用。"《明神宗实录》卷一七一记载：万历十四年（1586）二月，"工部题：御用监传造天灯万寿灯及春联门对等项，估算工价计十万余两，即见无大工亦必竭库藏之储，方可办此"。《爝火录》卷七记载：崇祯十七年（1644）十月十六，"以李永茂为都察院右佥都御史，巡抚南、赣、汀、潮等处。御用监太监诸进朝请给工科钱粮，置龙凤几榻诸器物及宫殿陈设、金玉珠宝，计赀数十万。工部尚书何应瑞、侍郎高倬合疏言：'点金无术，恳祈从俭'！不听"。

七 木工皇帝朱由校

明代宫廷家具，不能不说到明熹宗朱由校。明朝自嘉靖以来日渐衰退，逐渐埋下了灭亡的祸根。特别是到了天启时，阉党专权，更是腐朽不堪。国内各种社会矛盾激化，加上来自辽东后金对明王朝的威胁，灭亡只是迟早的事情。而阉党专权的根源不是别人，正是那个年轻贪玩的木匠皇帝——朱由校。明熹宗朱由校，明代第十五位皇帝，在位七年（1620—1627），年号天启。1620年，不满16岁的朱由校因父亲朱常洛当上皇帝一个月就驾崩而继承帝位。这是一位没有受过多少教育，不懂治国之术，以"倡优声伎，狗马射猎"为乐，特别喜好油漆木工、房屋营造的木匠皇帝。

据明杨循吉《苏谈》中载："明熹宗天性极巧，癖爱木工，手操斧斨，营建栋宇，即大匠不能及，又好髹漆器皿，朝夕修制，不惮烦劳，学造作得意时，解衣盘礴，非素宠幸，不得窥视。

或有急切本章，令左右读之，一边手执一斤削，一边侧耳注听。读奏毕，命曰：'你们用心行去，我知道了。' 所以太阿下移。"清王渔洋《池北偶谈》中载："有老宫监言：明熹宗在宫中，好手制小楼阁，斧斤不去手，雕镂精绝。魏忠贤每伺帝制作酣时，辄以诸部院章奏进，帝辄麾之曰：'汝好生看，勿欺我。' 故阉权日重，而帝卒不之悟。"明熹宗虽然治国无术，但是对于家具的制作却是十分内行。上有所好，下必甚之，明代的宫廷家具也是代表了当时家具的最高水平。

另外在杨士聪所著的《玉堂荟记》里记载，明思宗崇祯帝的袁贵妃曾花高价令人制作一件紫檀纱厨。"袁妃近作一紫檀纱厨，费七百金，其管事内珰奏曰：奴婢为娘娘节省三百金，如万岁临问，宜云千金，不可言少，恐照样再作，便作不来。后上见之，果问，妃对言千金，上细视良久曰：果值千金，前中宫以千金作一厨，尚不及此。盖宫中费用，大略如此。"一件贵妃所用的紫檀纱厨，竟耗费白银七百两，可知，在当时的明代宫廷里，紫檀家具的制作成本是相当高的。

八 文人的审美对明式家具的影响

作为中国家具的发展高峰，明式家具有着别具一格的形体特征。家具通体采用圆材制作，委婉圆润，造型简洁、单纯、质朴，并强调家具形体的线条形象，在长期的形成、发展过程中，确立了以"线脚"为主要形式语言的造型手法，体现出明快的艺术风格。

同时，明式家具不事雕琢，装饰洗练，充分地利用和展示了优质硬木的质地、色泽和纹理的自然美；加上工艺精巧，使家具显得格外隽永、古雅、纯朴、大方。整体比例适度和谐，各部件之间采用榫卯结构的工艺，如夹头榫、插肩榫、棕角榫，可拆可装，合理连接，严丝合缝，使家具坚实牢固，经久不变，充分地反映了"明式"的卓越水平。除了造型、结构、用料的特点，明式家具由内而外散发的文人气质更是为世人称叹，这就不得不提到明代文人对明式家具的影响。苗玲玲在《晚明士人嬗变探析》中分析认为，明中叶以后，士人阶层出现了前所未有的现象：弃儒从商人数日益增多，以文营商成为社会潮流；明代后期出现了文士与匠人的合流倾向。明代中晚期何以发生"失意文士"与"工艺高超工匠"之间社会交往密切、社会地位出现合流的倾向？明代社会是一个流动性较大的社会，既有地域之间的人口流动，又有社会阶层之间的流动。晚明社会文化的"活力"与"多样性"，显然也可以从这种广泛的社会流动性中找到根源。这期间，文人雅士与民间工匠的关系密切，也建立了深厚的友谊。比如唐顺之与龙游装订工胡贸甚相契，二人"相与始终，可以莞然一笑"。汪道昆与墨工方于鲁结成了姻亲。李日华曾请景德镇瓷工吴邦振做盏，赠之以诗："凭君点出流霞盏，去泛兰亭九曲泉。"（《紫桃轩杂缀》卷一）再如张岱与海宁刻工王二公，魏学洢兄弟与常熟微雕艺人王叔远，诸多士绅名流与华亭园林建筑师张涟，都有一段友谊佳话。

文人同各行各业的艺匠交往，对于了解手工匠人的生活、提高自身审美鉴赏能力、培养多方面的艺术才能都大有裨益。从工匠方面来说，和文人雅士打交道，可以提高自身审美和创作水平。这种沟通与交流是双向的，体现了明代雅文艺与俗文艺的相互影响，相互交融。"雅"与"俗"不再是对立的，而是讲究"度"与"转化"的问题。"雅""俗"并举的审美观念流行，使得文化艺术与社会生活有了更为紧密的联系。文人士大夫把参与工艺美术设计与制作作为乐趣和享受，甚至作为一种谋生的手段。然而正是这种参与使文人审美情趣内涵融入工艺美术作品的设计之中，并通过那些能工巧匠的精湛技艺表达出来，从而极大地丰富了工艺美术的审美层次。

而明代文人热衷于家具制作与当时的政治环境也有着一定的联系。李志勇在《由明清家具论明代中晚期文士与匠人合流倾向初探》一文中谈到："明代中晚期的大量文士因为在政治上未能得志而决意离开仕途，只好将他们满腔热血寄托于各种文化创作的形式上，以舒展其人生情怀、宣泄其澎湃的文采。文士们心里有生不逢时、怀才不遇的落寞。因此，只能转而追求借物寄情，将许多的文人思想注入到日常生活使用的家具设计制作上。于是，文人气质与世俗的家具用品巧妙结合起来。由此可知，明式家具是一个媒介，文士将自己满腹的文采，抒发于家具设计上，透过巧匠制作出深具文人气质的生活用品——家具。"明式家具有别于以往的家具特色，追求的是"文心匠气""崇尚简约、尽弃繁缛"的风格，讲究"天人合一"的宇宙观，木材选用与制作采用"发乎于情，由乎自然"的古朴原则。

从现在流传的明代文人书札、文集和诗书、绘画中还可以看出，由于明代文人在与匠人发生密切的接触交往后，从家具匠师那里学到了不少实践知识，他们在家具的形制、尺寸、材料、工艺、装饰以及家具的审美标准等方面都留下了大量的文字记载，更有明代文人画家自行设计家具并绘留后世者。例如明末江南名士文震亨在《长物志》中提及文人用的书桌应"中心取阔大，四周镶边，阔仅半寸许，是稍矮而细"，家具装饰只能"略雕云头、如意之类，不可雕刻龙凤花草诸俗式"。他在序文中还提出家具的陈设与设计的基本准则，"几榻有度，器具有式，位置有定，贵在精而便，简而裁，巧而自然也"。

明末清初人李渔，心灵手巧，有自己独特的设计思想理念。《闲情偶寄》是李渔61岁时，总结了自己一生众多美学理论观点的专著。这本专著论述了词曲、演习、声容、居室、器玩、饮馔、种植、颐养八大领域的美学思想，汇集戏曲理论、养生之道、园林建筑设计等内容。《闲情偶记》中记录了李渔关于抽屉、隔板、暖椅、凉杌、橱柜等家具的设计思路，这些思路是建立在实现家具功能的基础上的，在文人士大夫的"形而上"思想中独树一帜。比如，隔板是为解决案类家具使用过程中的麻烦而设计。古代文人们冬日伏案疾书，常需在案下设火炉取暖，书案的大理石台面经常被火炉烤得发黑，甚至发生崩裂现象。于是，他在书案面下设计了一个隔板以防止火烤大理石台面。此外，为了使用方便，李渔制作出悬挂或插接隔板的构件，如此一来，可以按照所需随意置换案面下的隔板。书中还记录有李渔设计的功能性极强的暖椅，并有效果图稿。

除李渔外，明代众多的文学家、戏曲家、诗人等文化人，著有大量有关家具的论著，如：曹明仲的《格古要论》，高濂的《遵生八笺》，屠隆的《考盘余事》和《游具雅编》，谷应泰的《博物要览》，王圻、王思义的《三才图会》，戈汕的《蝶几图》，等等。这些家具论著，与《鲁班经》的立足点不同，不是侧重于研究家具的尺寸和形制，而是着眼于探讨家具的风格与审美，宣扬提倡家具的"古雅风"，具体讲就是倡导"古朴"和"精丽"两个主要标准。"古朴"就是崇尚远古人的质朴之风，追求大自然本身的朴素无华，这是文人追求古人典雅风范的典型表现。

这一审美观点，从明式家具珍品中也可得到一一印证。我们看现存的明式家具珍品，不论是桌案椅凳，还是箱橱床柜，都突出地表现为造型简练，不为装饰而装饰，充分显示出木材本身自然美的质朴特点。这些特点的形成，与文人提倡"古朴""古雅"的审美观有直接的关系，也可以说，明式家具的简练质朴风格是浸润着明代文人的审美情趣的，也是明式家具文人气质的由来。

明代家具在长期发展过程中，形成了以下几大类：卧具类、坐具类、承具类、存储类、屏蔽类和其他类别。卧具类家具：床、榻。坐具类家具：宝座、椅、墩、杌凳。承具类家具：桌、案、香几等。存储类家具：箱、柜、匣、闷户橱、提盒。屏蔽类家具：屏风。其他类：盆架、衣架、都盛盘等。我们今天所看到的中国传统家具的很多经典类型，都是在明代形成的。

综上所述，明式家具在继承前代的基础上取得了辉煌的成就，明代家具的形成受到当时社会经济和工艺美术的发展影响，又得益于这一时期对外贸易的繁荣，来自殊方异域的优质木材源源不断地流入国内，使匠师们随心所欲，纵情驰骋于斧凿之间，生产了大批硬木家具，再加之明代文人审美对家具制作的影响，使明代家具最终形成了自己独特的表现手法和语言。到了明清之交，明代家具已是品种齐全、造型丰富，艺术风格渐趋成熟，特色鲜明，在世界家具体系中，占有着重要的地位，被誉为东方艺术的一颗明珠。而且这种家具风格，一直沿续到清初。从清代顺治、康熙以及雍正初年，家具还保留着明代的造型风格，后世所说的"明式家具"，其实就是指明代以及清前期的这批家具。

明式家具的主要特点是造型简洁、单纯、质朴，并强调家具形体的线条形象，在长期的形成、发展过程中，确立了以"线脚"为主要形式语言的造型手法，体现了明快的艺术风格。同时，明式家具不事雕琢，装饰洗练，充分地利用和展示优质硬木的质地、色泽和纹理的自然美，再加上工艺精巧，加工精致，使家具显得格外隽永、古雅、纯朴、大方。明式家具比例的适度和谐；体现了完美的尺度与人体工学的科学性；合理、巧妙的榫卯结构和加工工艺，这些特点都充分地反映了明式家具的卓越水平。

九 明式家具在世界家具中的地位

明式家具的美，超越了国界和文化的壁垒，深深影响着西方近现代家具的设计。"明风"流行于欧洲18世纪，硬木家具开始进入西方，法国宫廷对"中国风"十分钟爱，使得"明风"的生活用具在全欧洲范围内流行，结合法国本土文化，最终诞生了"洛可可"式家具，引领了欧洲家具界的时尚之风。

18世纪英国著名家具设计大师托马斯·齐彭代尔（Thomas Chippendale，1718—1779）在其1754年出版的《绅士与家具指南》中，还专门谈及明式（中式）家具风格，称英国曾一度流行"中国热"的家具风潮，并成为一种时尚。出身木匠世家的托马斯·齐彭代尔是英国乔治时期家具界的泰斗，他打破了长期以来以君主名字为家具风格命名的惯例，是欧洲史上第一次以平民身份冠名家具风格的大师，甚至有着"欧洲家具之父"的美誉。他的创作从18世纪30年代开始，此时正处于桃花心木时代，桃花心木受到贵族圈的热烈追捧。这种木材质地坚硬，性能稳定，便于加工和雕琢，使用寿命长，且木色古朴，纹理华美，与明清家具中常用的硬木性状类似。同时，洛可可风格也刚刚取代原本的巴洛克风格，中国传统家具也还只是刚进入欧洲人的视野。齐彭代尔精准地捕捉到其中中国园林艺术与明式家具甚至中式建筑的精髓，将其化作自己家具设计中的灵感，制作出了一大批带有中国风味的家具。

十　北欧极简主义：汉斯·威格纳和他的中国风格家具椅

明式催生了北欧"极简主义"。直到近现代，明式（中式）家具依然是现代家具设计运动中的重要流派，名曰"中国主义"（Chineseism）。20世纪40年代，丹麦设计师汉斯·威格纳（HansJ. Wegner）从明式圈椅中得到灵感，设计出中国椅，推动了北欧家具风格走向现代简约风格，并影响到诸多其他北欧设计师。他们借鉴明式家具中的设计理念和造型特点，逐渐形成后来的"极简主义""后现代"等北欧风格，这股时尚风席卷全球，影响至今。

十一　永不过时的明代家具：对今天新中式家具的设计的启发

今天随着人们物质生活和文化水平的提高，民族文化自信心的增强，中式家居已经越来越受到年轻人的欢迎，它是中国传统文化在当前时代背景下的一种演绎，它将传统中式元素巧妙地融入了现代设计当中，为现代家居生活注入新的传统气息，既传承了传统中式风格的精髓，也通过与现代潮流的碰撞从而产生一种装饰形式上的创新，成了现在的新中式。明式家具造型简洁，比例合理，线条流畅的特点带给人们的第一印象是：简洁而不简陋，素雅而不繁琐，质朴而不夸张，内敛而不张扬，恰恰符合了当代人们的"天然去雕饰、清水出芙蓉"的审美需求，在明式家具基础上设计的新中式家具予人一种落落大方的复古怀旧而非陈旧的"时尚感"。明式风格的家具最大特点就是无论是布置在现代化装修的居室内部，还是传统的仿古建筑内，都是相得益彰，没有任何违和感和冲突的"百搭"家具，明式家具永远不过时。

十二　明代家具与当代书房陈设

在现代家居生活中，最能体现出一个人的内涵和文化品味的空间就是书房，而书房的陈设如果以简洁明快、委婉圆润、大美不饰、清冷内敛的明式家具为主，更能表现主人的志存高远、恬淡虚泊的思想意境。明式家具可以放在任何空间里陈设，都会是画龙点睛的神来之笔，如果住宅是现代化的居室环境，在不破坏居住大环境的情况下，可以单独把书房挑出来，把自己的书室雅斋做成明代文人风格的家具陈设，顿时会让室内焕彩生辉。

今天我们回顾明式家具的经典历史，研究明式家具的风格特点，总结明式家具的工艺技法，就是要把明式家具的精华在我们这代人手里发扬光大，续写辉煌。

［作者单位：故宫博物院］

数字人文视野下的明北京宫殿营建时间考察

徐 斌

《明实录》记载，永乐四年（1406）和十四年（1416）各有一次关于营建北京宫殿的诏书。其中，永乐四年诏书的内容涉及采木、造砖瓦、征匠作、选军士、择民丁等营建的前期准备工作：

闰七月壬戌，文武群臣、淇国公丘福等请建北京宫殿，以备巡幸。遂遣工部尚书宋礼诣四川、吏部右侍郎师逵诣湖广、户部左侍郎古朴诣江西、右副都御史刘观诣浙江、右金都御史仲成诣山西督军民采木，人月给米五斗，钞三锭。命泰宁侯陈珪、北京刑部侍郎张思恭督军民匠造砖瓦，人月给米五斗。命工部徵天下诸色匠作，在京诸卫及河南、山东、陕西、山西都司、中都留守司、直隶各卫选军士，河南、山东、陕西、山西等布政司、直隶凤阳、淮安、扬州、庐州、安庆、徐州、和州选民丁，期明年五月俱赴北京听役，率半年更代，人月给米五斗。其徵发军民之处一应差役及闸办银课等项，悉令停止。

永乐十四年诏书，则反映出营建所需的交通（漕运）、费用（储蓄）、材料（木材）、人工（军民）均已到位，开展北京宫殿建设的时机已经成熟：

十一月壬寅，复诏群臣议营建北京。先是，车驾至北京，工部奏请择日兴工，上以营建事重，恐民力不堪，乃命文武群臣复议之。于是公、侯、伯、五军都督及在京都指挥等官上疏曰："臣等切惟：北京河山巩固，水甘土厚，民俗淳朴，物产丰富，诚天府之国，帝王之都也。皇上营建北京，为子孙帝王万（世）之业。比年，车驾巡狩，四海会同，人心协和，嘉瑞骈集，天运维新，实兆于此。矧河道疏通，漕运日广，商贾辐辏，财货充盈，良材巨木，已集京师，天下军民，乐于趋事。揆之天时，察之人事，诚所当为而不可缓。伏乞上顺天心，下从民望，早敕所司兴工营建，天下幸甚。"六部、都察院、大理寺、通政司、太常寺等衙门尚书、都御史等官复上疏曰："伏惟北京，圣上龙兴之地，北枕居庸，西峙太行，东连山海，南俯中原，沃壤千里，山川形胜，足以控四夷，制天下，诚帝王万世之都也。昔太祖高皇帝削平海宇，以其地分封陛下，诚有待于今日。陛下继太祖之位，即位之初，尝升为北京，而宫殿未建。文武群臣，合词奏请，已蒙俞允。所司抡材川广，官民乐于趋事，良材大木不劳而集。比年，圣驾巡狩，万国来同，民物阜成，祯祥协应，天意人心，昭然可见。然陛下重于劳民，延缓至今。臣等切惟：宗社大计，正陛下当为之时，况今漕运已通，储蓄充溢，材用具备，军民一心，营建之辰，天实启之，伏乞早赐圣断，敕所司择日兴工，以成国家悠久之计，以副臣民之望。"上从之。

两次诏书在时间上相隔十年，并且永乐十四年诏书有言："陛下继太祖之位，即位之初，尝升为北京，而宫殿未建。……然陛下重于劳民，延缓至今。"说明永乐四年虽有"请建北京宫殿"的诏书，但很可能并无建设行为。这就造成了学界对明北京宫殿始建时间的争议。

一 关于明北京宫殿营建时间的三种观点

（一）永乐四年（1406）始建

贺树德认为，永乐四年下诏营建北京宫殿城池，永乐十八年宫阙告成，前后长达十五年之久。单士元认为，应以永乐四年为可信，十五年之说只能是指西宫而言。十五年到十八年则是明北京宫殿的施工时期。

（二）永乐五年（1407）始建

李燮平认为，宫殿动工开始于永乐五年（按照永乐四年诏书所说"期明年五月俱赴北京听役"），先做基础、城墙、桥梁等。永乐十五年不是北京宫殿的起建时间，而是十王府和皇太孙宫的正式起建时间。

（三）永乐十五年（1417）始建

欧志培认为，北京故宫筹建于永乐四年，始建于永乐十五年。王剑英、王红同样认为，永乐四年诏建北京宫殿，但未曾施工。直到永乐十四年复诏群臣议营建北京，仍有宫殿未建的上疏。永乐七年至十四年，主要在营建长陵。永乐十五年至十八年，是营建北京宫殿的起止时间。

争议不下的原因，在于从工程量计算，北京宫殿即使是平地新建，也不需要十多年的时间。规模大于明北京的元大都，基本是平地新建，其营建时间从至元四年（1267）四月兴工，到至元十一年（1274）正月宫阙告成，仅用时不到七年。再比较明初三都的营建时间，明南京为三年（其中吴王新宫一年，改建大内宫殿二年）；明中都为六年，但明中都的宫城规模大于南京和北京。

值得注意的是，永乐十四年诏书反复谈及漕运，将其作为营建北京宫殿的最基本保障。"河道疏通，漕运日广"，"今漕运已通"，位列费用（储蓄）、材料（木材）、人工（军民）之前，充分反映了漕运的重要性。漕运作为调运粮食（主要是公粮，服务于宫廷和官兵）的交通手段，其数值直接反映了北京地区的人口数量。而人口数量的变化，又可作为考察宫殿营建等需要大量人力工程的重要指标。《明实录》中包含了较为完整的漕运数据，并已有一些学者扎实的研究成果。

以漕运数据为重点分析对象，辅以官员任职、工匠派遣、工程进展等材料，可以从侧面勾勒出明北京宫殿的营建情况，推断明北京宫殿的实际建造时间和主要阶段。

二　漕运数据显示的北京宫殿实际营建时间

明初运往北京地区的粮食，部分通过海运，部分通过漕运。从永乐七年开始，《明实录》中持续记载了各年的漕运数据。王培华的研究，还原了这一时期官方对海运和漕运的不同观点。黄仁宇的研究，选取永乐十四年（1416）至天启五年（1625）的漕运数据，显示出明初漕运量的波动与当时重要历史事件的紧密关联；并指出随着漕运制度的建立，明代中后期的漕运量稳定地控制在每年400-500万石之间。吴辑华的研究补充了永乐元年至十三年（1403—1415）的海运和漕运数据，再现了整个明王朝时期北方地区的漕运情况。对于本研究而言，选取永乐七年（1409，始通漕运）至永乐二十二年（1424，朱棣去世）期间的漕运数据，可以较为真实地反映出北京地区的人口变化情况（表1）。

表1　永乐七年至永乐二十二年漕运数据表

年份	漕运数据（石）	年份	漕运数据（石）
永乐七年（1409）	1836852	永乐十五年（1417）	5088544
永乐八年（1410）	2015165	永乐十六年（1418）	4646530
永乐九年（1411）	2255543	永乐十七年（1419）	2079700
永乐十年（1412）	2487188	永乐十八年（1420）	607328
永乐十一年（1413）	2421907	永乐十九年（1421）	3543194
永乐十二年（1414）	2428535	永乐二十年（1422）	3251723
永乐十三年（1415）	6462990	永乐二十一年（1423）	2573583
永乐十四年（1416）	2813462	永乐二十二年（1424）	2573583

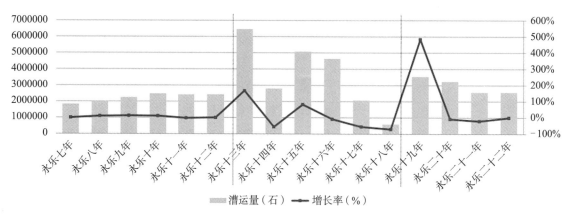

图1　明永乐七年（1409）至二十二年（1424）的漕运量及增长率

从图1可以清晰地看出，永乐七年至二十二年的数据被分为三个时期。一是永乐七年至十二年的平稳期：这一时期的漕运量分布在200万石左右。二是永乐十三年至十八年的变动期：

首先，这一时期的漕运数据变化剧烈。永乐十三年是所有数据的最高值，这一年漕运量达到646.2990万石，是前一年（242.8535万石）的2.66倍。而永乐十八年则是所有数据的最低值，这一年漕运量仅为60.7328万石，是后一年（354.3194万石）的0.17倍。其次，这一时期的漕运数据，除了永乐十四年的突然跌落，总体呈现出递减的趋势。三是永乐十九年至二十二年的稳定期：这一时期的漕运量分布在300万石左右，相较于前一个平稳期，出现了100万石左右的增长。

永乐十九年（1421），是明王朝正式迁都北京的时间节点。正月戊寅，明成祖朱棣在正朝奉天殿诏谕天下：

> 诏曰：朕荷天地祖宗之佑，继承大宝，统驭万方，祗勤抚绥，夙夜无间。乃者，仿成周卜洛之规，建立两京，为子孙帝王永远之业。爰自经营以来，赖天下臣民殚心竭力，趋事赴工。今宫殿告成，朕御正朝……

可以猜测，第一个平稳期和第二个平稳期，分别表征了营建北京宫殿之前和迁都北京之后的人口情况。而二者之间的变动期，才是北京宫殿的实际营建时间。从数据的变动来看，又可细分为四个阶段：一是永乐十三年的突增，表示人口大量增加，北京宫殿建设大规模开启；二是永乐十四年的回落，说明人口突然减少，其具体原因还需进一步探究；三是永乐十五年至十六年的重新增高，表明北京宫殿的建设重新迎来高峰期；四是永乐十七年至十八年的降低，说明北京宫殿建设进入尾声。

下文即通过梳理永乐十三年之前、永乐十三年至十八年之间与宫殿营建相关的历史事件，验证这一猜测是否合理。

三 永乐十三年之前北京地区的营建

首先对永乐十三年之前北京地区的营建活动进行梳理，分为洪武年间和永乐年间（十三年之前）两部分，目的是摸清这一时段的建设行为和建成情况。

（一）洪武年间

洪武元年（1368）八月初二，明军夺取元大都，封元故宫殿门。八月至九月徐达命华云龙主导建设了新的北城垣，并加固了元大都西北城垣，将元大都北面两门改名（安贞门改为安定门，健德门改为德胜门），确定了新的外城范围。继而命叶国珍度量了北平南城（即金中都）；命张焕度量了故元皇城（即元大内）。

> 八月庚午，大将军徐达命马指挥守通州，进师取元都。师至齐化门，命将士填壕登城而入……封其府库及图籍、宝物等。又封故宫殿门，令指挥张焕以千人守之。
>
> 八月丁丑，大将军徐达命指挥华云龙经理故元都。新筑城垣，北取径直，东西长

一千八百九十丈。

八月己卯，督工修故元都西北城垣。

八月戊子，大将军徐达……令指挥叶国珍计度北平南城，周围凡五千三百二十八丈，南城故金时旧基也。

八月癸巳，大将军徐达遣指挥张焕计度故元皇城，周围一千二（百）十六丈。

九月戊戌朔，大将军徐达改元都安贞门为安定门，建德门为德胜门。

洪武二年（1369），朱元璋阅览了工部尚书张允所取"北平宫室图"，下令将"元旧皇城"改造为"王府"：

十二月丁卯，改湖广行省参政赵耀为北平行省参政……耀因奏进工部尚书张允所取北平宫室图。上览之，令依元旧皇城基改造王府。

洪武三年（1370），册封朱棣为燕王，诏建王府。诏书进一步明确了以"元旧内殿"改造"燕王府"，并于次年开始营建。以上文献也明确了洪武燕王府是依元大内旧址改造，而非隆福宫。

四月乙丑，册封诸皇子为王。……第四子棣为燕王。

七月辛卯，诏建诸王府。工部尚书张允言：诸王宫城宜各因其国择地，请……燕用元旧内殿……上可其奏，命以明年次第营之。

洪武四年（1371），始建燕王府，仍以徐达为负责人：

正月丁亥，命中书右丞相魏国公徐达往北平操练军马，缮治城池。

洪武六年（1373），燕王府针对停止王府造作的诏书上书，请求继续完成王府城门的铺砖，以及社稷、山川坛望殿的修建，获得允许。这也表明洪武北平的建设，不仅仅是燕王府，还包括对元代社稷、山川坛的重建。

三月己未，燕相府言："先尝奉诏，以土木之功，劳民动众，除修城池外，其余王府公厅造作可暂停罢。今社稷、山川坛望殿未覆，王城门未毕，恐为风雨所坏，乞以保定等府宥罪输作之人完之。"上以社稷、山川望殿严洁之地，用工匠为之。命输作之人但甓城门。

洪武七年（1374），华云龙在前往北平的路上去世。他的传记表明，燕王府和北平城的规划和营建，实际上均由其负责。

六月癸亥，召淮安侯华云龙于北平，未至而卒。……云龙镇北平，威名甚著，建造王府，增筑北平城，其力为多。

建燕邸，增筑北平城，皆其经画。洪武七年，有言云龙据元相脱脱第宅，僭用故元宫中物。

洪武十二年（1379），燕王府建成，共历时九年。王城四门，门楼廊庑共二百七十二间。核心建筑采用"前三殿—后三宫"的格局，"前三殿"为承运殿、圆殿、存心殿，各为十一间、九间、九间。承运殿前还有承运门，并有周庑，二者共计一百三十八间。"后三宫"只称前、中、后三宫，并无殿名，皆为九间。也有宫门和周庑，共计九十九间。王城之外，还有一圈城垣，也有四门，南门称灵星门，其余三门与王城对应之门名称相同。周垣之内，包含堂库等一百三十八间。王城总共八百一十一间。

六月庚辰，北平布政使司请以北平府顺承、安定二门与丽正等门一体，各设兵马一人。从之。

十一月甲寅，燕府营造讫工，绘图以进。其制：社稷、山川二坛在王城南之（左）右。王城四门，东曰体仁、西曰遵义、南曰端礼、北曰广智。门楼廊庑二百七十二间。中曰承运殿，十一间。后为圆殿，次曰存心殿，各九间。承运殿之两庑为左、右二殿。自存心、承运周回两庑至承运门，为屋百三十八间。殿之后为前、中、后三宫，各九间。宫门两厢等室九十九间。王城之外，周垣四门，其南曰灵星，余三门同王城门名。周垣之内，堂库等室一百三十八间。凡为宫殿室屋八百一十一间。

这段重要文献揭示出洪武燕王府的格局及其与旧元宫城和皇城的关系。王城"前三殿—后三宫"的布局，与元大内大明殿—延春阁两组核心建筑群的布局类似，但也有差别：承运殿、前宫的开间数与大明殿、延春阁相同，但主殿以外的部分逐渐向明清故宫布局形式演变。其"一百三十八间"和"九十九间"的门楼廊庑数，也与明清故宫前三殿、后三宫的相应数据非常接近。可以认为，燕王府虽然依元大内而建，在核心建筑上受制于元大内的基础，但整体布局上，却创造了新的模式。同时，王城具有两圈城垣的事实，还表明洪武燕王府不仅利用了元宫城，也利用了元皇城，其南门灵星门直接沿用了元皇城南门之名。结合前述外城新建城门沿用元大都城门名称的记载，洪武年间北平的建设，除了新筑北城垣这一显著变化外，基本保持了元大都的格局。

（二）永乐年间（十三年之前）

永乐七年（1409），由于朱棣将巡视北京，特将燕王府各殿改为与南京宫殿相同的名称。如下文所示，将燕王府承运殿改为奉天殿，承运门改为奉天门。

正月癸丑，礼部言："皇上将巡狩北京，旧藩府宫殿及门宜正名号。"从之。

　　三月壬戌，车驾至北京，于奉天殿丹陛设坛告天地，遣官祭北京山川、城隍诸神。上御奉天殿受朝贺。

　　十月乙卯，奏："近古百官每日于正衙常参，今每日常期上御奉天门，百官行叩头礼……"

　　永乐十二年（1414），随着朱棣在北京居住的时间增多，定都北京的想法越来越强烈，首先，命令南京和北京的工匠都归家休息，为第二年大规模开展北京营建做好准备。

　　正月己亥，命工部停运营造砖，罢遣军夫悉归休息。

　　二月癸酉，命行在工部：凡营造夫匠悉罢遣归，期明年赴工。

　　这一阶段，从文献来看，王城形制更加趋于完备。除了前述奉天殿、丰天门之外，还出现了关于太庙、南郊、文华殿、午门、右顺门、东华门、光禄寺等建筑的记载。

　　正月壬子，享太庙，命皇太子行礼。

　　正月癸未，以将祀南郊，百官受誓戒于文华殿。

　　正月元宵节，是夕，上御午门观灯，赐文武群臣及耆老宴。

　　二月癸亥，百官奏事毕，上退坐右顺门。

　　十一月甲寅，……开馆东华门外，命光禄寺给朝夕馔。

　　王城之外，还修建了位于海子桥东的真武庙，开凿了南海子（下马闸海子）。

　　三月己卯，建真武庙于北京皇城之北。

　　九月癸未，开北京下马闸海子。

四　永乐十三年至十八年北京宫殿的营建

（一）永乐十三年（1415）

1.修北京城垣

关于永乐十三年为明北京宫殿营造的开端，可以从永乐十二年对北京工部的一道谕旨看出来：

　　二月癸酉，命行在工部：凡营造夫匠悉罢遣归，期明年赴工。

　　文中所言"明年"，当是指永乐十三年。无独有偶，永乐十三年二月，又下了一道命工作囚徒"秋成后赴工"的谕旨：

二月乙未，释工作囚徒四千九百余人。先是，命出击囚输作赎罪，既而多亡者，有司请捕之，上谓工部尚书吴中曰：逼于饥寒，虽慈父不能得之于子，今亡者必其衣食空乏，出不得已，遂命见役者俱还家，期秋成后赴工。令下，有不愿者七百余人，上悯其感恩急于趋事，并其欲回者，皆释之。

以上二则，似乎暗示北京宫殿的建设将从永乐十三年秋成后正式开始。但事实上，北京地区的建设，从永乐十三年三月"修北京城垣"之时即已开始。

三月丁巳，修北京城垣。

此时北京城垣的范围，其北界已经在元大都北墙基础上向南缩进了五里，其南界从南面丽正、文明、顺承三门的名称来看，仍然沿用元大都南墙。可见此次"修北京城垣"的内容应是对已有城墙进行加固。

二月癸未，置南北二京城门郎。北京：丽正、文明、顺承、齐化、平则、东直、西直、安定、德胜，九门。

2.漕运全线贯通
除"修北京城垣"的主要工程外，永乐十三年还实现了漕运的全线贯通：

五月乙丑，开清江浦河道。凡漕运北京，舟至淮安，过坝度淮，以达清江口，挽运者不胜劳。平江伯陈瑄时总漕运，故老为瑄言："淮安城西有管家湖，自湖至淮河鸭陈口仅二十里，与清和口相直，宜凿河引湖水入淮，以通漕舟。"瑄以闻，遂发军民开河，置四闸，曰移风，曰清江，曰福兴，曰新庄，以时启闭，人甚便之。
七月丙辰，修沿河驿舍，自南京抵北京，凡四十五所。

3.人口激增，食盐告急
随着工程的开展，人口的激增，北京地区的食盐开始出现供不应求的情况：

七月己未，监察御史萧常言："北京食盐，旧例验口支给，无商人货卖。今车驾幸北京，军民辏集，往往有以私贩取罪者，宜定为常法，募商中纳，以绝私贩之币。"上命行在户部尚书夏原吉等议之。

4.任命官员
永乐十三年秋，考察了宋礼、吴中两位已在北京工部工作九年的官员，命其继续担任相关职务：

> 九月丙辰，行在工部尚书宋礼，历三考，复职，命宴于礼部。
> 九月辛酉，行在工部尚书吴中，九载考绩，命复职，宴于礼部。

其中，宋礼从永乐四年即开始负责为北京宫殿采木。当年的诏书记载，"遂遣工部尚书宋礼诣四川、吏部右侍郎师逵诣湖广、户部左侍郎古朴诣江西、右副都御史刘观诣浙江、右佥都御史仲成诣山西督军民采木。"永乐五年八月甲申又下谕旨，"敕尚书宋礼、侍郎金纯、古朴、师逵、副都御史刘观等曰：'朕以营建北京，命卿等取材于外。'"从永乐四年至永乐十三年，宋礼正好任职满九年，即"历三考"。

（二）永乐十四年（1416）

永乐十四年，北京宫殿的营建并未停滞，而是仍在继续：

1. 分番赴工，盐不足用

根据《明实录》的记载：

> 七月甲寅，行在户部尚书夏（原）吉言：北京户口食盐，惟足本处军民之用，今扈从官军人众，盐不足用。
> 八月丁丑，诏天下军民预北京营造者分番赴工，所在有司人给钞五锭为道里费。

如前所述，尽管永乐十四年的漕运量较十三年有大幅度的跌落，但其数值仍高于十二年，说明北京宫殿的修建并未停止。漕运量减少的真正原因，应是朱棣于十四年九月起即离开北京，返回南京：

> 九月戊申，车驾发北京。
> 十月癸未，车驾至京师。

2. 撤而新之，营建西宫

永乐十四年最主要的工程，是营建西宫：

> 八月丁亥，作西宫。初，上至北京，仍御旧宫。及是，将撤而新之。乃命工部作西宫为视朝之所。

此处的"旧宫"，应是指燕王府。考察《明实录》中关于"撤而新之"的解释，均是指原址重建。如，永乐十五年（1417）八月，修建曲阜孔庙，"命有司撤其旧而新之。"永乐二十二年

（1424）三月，修建南京天禧寺，"国家洪武中，撤而新之。"正统八年（1443），修建北京国子监，"命有司撤而新之。"可以判断，燕王府与明北京宫殿是基于原址的重建。再往前推溯，燕王府则是"依元旧皇城基改造王府"，直接利用了元大内的基础。由此可以确定三者在空间上的延续。那么，西宫的位置与格局如何？学界目前主要有两种观点，一种认为西宫位于与元大内隔海子相望的元西内处；另一种则认为西宫位于明清故宫西路。本文支持第二种观点，并认为元大内、燕王府、西宫、明北京宫殿存在空间上的重叠或部分重叠。从文献来看，西宫实际上是明北京宫殿的一部分，在前文所引永乐十四年十一月的诏书中，群臣议论的是"营建北京宫殿"，最终择日兴工的也是"北京宫殿"。而紧接着的十二月，朱棣下旨，"赐营西宫官军夫匠钞有差"：

> 十二月癸酉，赐营西宫官军夫匠钞有差。

这说明，营建西宫隶属于营建北京宫殿这一综合工程，也即西宫应包含在明北京宫殿范围内。

（三）永乐十五年（1417）

1.任命新官员

永乐十五年，西宫的建设进入高峰期。《明实录》记载了陈瑄运粮和运木赴北京，并任命陈珪"掌缮工事"：

> 正月壬子，命平江伯陈瑄充总兵官，率领官军儹运粮储并提督沿河运木赴北京。
> 二月壬申，命泰宁侯陈珪掌缮工事，安远侯柳升、成山侯王通副之。

2.历时九月，西宫建成

三月，朱棣离开南京，前往北京。五月，到达北京。

> 三月壬子，车驾发京师。
> 五月丙戌，至北京。

就在朱棣到达北京之前，西宫落成。这一工程历时九个月，共建成房屋"一千六百三十余楹"。西宫以前朝奉天殿为主体建筑，形成"承天门—午门—奉天门—奉天殿—后殿"的轴线序列，后宫部分的仁寿、景福、仁和、万春、永寿、长春六宫也已经建成。对比前述燕王府"宫殿室屋八百一十一间"的数量，西宫增加了八百一十九间，基本是燕王府建筑规模的两倍。

> 四月癸未，西宫成。其制：中为奉天殿，殿之侧为左右二殿。奉天殿南为奉天门，左右为东西角门。奉天门之南为午门，午门之南为承天门。奉天殿之北有后殿、凉殿、暖殿及仁寿、景福、仁和、万春、永寿、长春等宫，凡为屋千六百三十余楹。

五月丙戌朔，朱棣在西宫奉天殿"受朝贺"并祭祀天地、山川、城隍诸神。

> 五月丙戌朔，车驾至北京。于奉天殿丹陛设坛、告天地，遣官祭北京山川、城隍诸神，御奉天殿，受朝贺。

3.抚恤营造军民夫匠

西宫建成之后，朱棣下诏遣返部分"服役京师者"，但仍留部分"军民夫匠"在北京继续开展营建工程。

> 八月辛巳，上谓行在工部臣曰："四方之人服役京师者，水土异习，加以寒暑勤劳，盖有致疾而医药久未瘳者，此皆尽力奉公，当加恤之。今天气已寒，其给行粮，遣人护送还家，仍令有司善存抚之。
>
> 十月甲申，给赐营造军民夫匠胖袄、裤、鞋及绵布、绵花。

4.沿用元大内水系

从《明实录》的记载来看，建成后的西宫，沿用了元大内的水系——金水河和太液池。

> 十一月壬申，金水河及太液池冰凝，具楼阁、龙凤、花卉之状，奇巧特异，上赐群臣观之。

这条文献再次证实，西宫不仅位于明北京宫殿范围之内，而且与金水河及太液池相距不远。

（四）永乐十六年（1418）

永乐十六年，北京宫殿的建设仍在继续。

1.抚恤营造军民夫匠

> 三月甲子，命行在礼部：北京营造工匠过期未得代者，一月以上人，加赏钞二锭、米一斗；十月以上，加绵布二匹。
>
> 十月丁丑朔，敕平江伯陈瑄曰：天气向寒，漕运士卒久劳，可悉遣归休，俟春暖复令就役。
>
> 十月甲申，赐营造军民夫匠胖袄、裤、鞋。

2.附属建筑和水利仓储设施建成

这一时期的主要工程，是宫殿之外的附属建筑和水利仓储设施，如后军都督府、国子监、古今通集库、琉璃河桥、七仓等。

三月乙卯，赐进士李骐冠服、银带，余各赐钞五锭，是日赐宴于后军都督府。

三月丙子，行在礼部言：北京国子监大成殿帷幔敝坏，命工部新之。

五月庚戌朔，监修实录官行在户部尚书夏原吉、总裁官行在翰林院学士兼右春坊右庶子杨荣等上表进《太祖高皇帝实录》，上具皮弁服，御奉天殿受之，披阅良久，嘉奖再四，曰：庶几少副朕心。又顾原吉等曰：此本朝夕以资览阅，仍别录一本藏古今通集库。

七月丙辰，行在工部言：滹沱河决及滋沙二河水溢坏堤岸，命有司修筑。

七月丙寅，修顺天府琉璃河桥。

九月乙丑，设北京坝上、义河北、高汗、石桥南、石渠、黄土北、草场七仓，置仓大史、副使各一员，隶北京顺天府。

（五）永乐十七年（1419）

永乐十七年的数据显示，北京宫殿的建设，开始进入收尾阶段。

1.抚恤营造军民夫匠

四月己卯，命行在工部月给营造夫匠木梯。

四月庚辰，赐营造军民夫匠胡椒鱼鲞。

五月丁卯，命礼部：营造军民愿留服役者，人赐钞五锭，绢布各一匹，苏木、胡椒各一斤。

十月壬申朔，赐营造军民夫匹胖袄、裤、鞋、胡椒、苏木各有差。

2.官员变动

永乐十七年，负责北京宫殿建设的两位主要官员陈珪去世，宋礼老疾。

四月甲辰，泰宁侯陈珪卒。珪，杨之泰州人，少隶行伍，以善射充骁骑右卫骑兵总旗。洪武元年，从大将军徐达等平定中原，授龙虎卫百户。调燕山中护卫，尝从上征北虏，为前锋，以功升武德将军本卫千户。又从平内难，数有功，后侍世子居守严督守备，夙夜不懈，累升中军都督佥事，封泰宁侯。及营建北京，置缮工，命珪总其事，珪经画有条理，甚见奖重。年八十有五卒。上辍视朝三日，赐祭追靖国公，谥忠襄。

九月辛酉，敕工部尚书宋礼曰：卿采材于蜀数年，殚竭心力，可谓劳矣。今材已足用，可回京视事，卿既老疾，特免朝参事，有当上闻者，今侍代之。

3.拓北京南城

这一时期的主要工程，是修筑新的南城墙，即将原来元大都的南墙（长安街以南一线），向南拓展至明清北京内城南墙一线。

十一月甲子，拓北京南城，计二千七百余丈。

拓展的城墙总长度为"二千七百余丈"，按照1步=5尺，1里=360步，1丈=10尺的明代尺度计算，2700丈恰合15里。减去明清北京内城南墙长度12.11里，得到2.89里。再平分到东、西墙上，则各为1.45里。可知"拓北京南城"，是在元大都南墙的基础上向南拓展了约1.45里。这1.45里，合522步，大约是一个千步廊的长度。这正是明北京宫殿依照南京规制，对元大内进行改建的重要证据。"拓北京南城"的时间节点，标志着明北京宫殿在经历燕王府、西宫的状态之后，正式形成。

都城南墙的新建，必然涉及南面三门的新建。需要指出的是，新建成的南三门，仍然沿用了元大都南三门的名称，直到"正统初"，才将丽正、文明、顺承三门更名为正阳、崇文、宣武：

永乐中定都北京，建筑京城，周围四十里。为九门：南曰丽正、文明、顺承，东曰齐化、东直，西曰平则、西直，北曰安定、德胜。正统初，更名丽正为正阳、文明为崇文、顺承为宣武、齐化为朝阳、平则为阜成。余四门仍旧。

（六）永乐十八年（1420）

永乐十八年的数据显示，北京宫殿营建完毕，开始遣返工匠，搬迁临近皇城的居民，并命钦天监、礼部、兵部等为永乐十九年（1421）的正式迁都做准备。

1.营建结束，准备迁都

三月己巳朔，诏在外军民夫匠于北京工作者，咸复其家。

三月丙子，命工部：京师民居近皇城当迁者，量给所费，择隙地处之。

九月己巳，北京宫殿将成，行在钦天监言：明年正月初一日，上吉，宜御新殿受朝。遂遣行在户部尚书夏原吉赍敕召皇太子，令道途从容而行，期十二月终至北京。

九月丁亥，上命行在礼部：自明年正月初一日始，正北京为师，不称行在。

十一月丁卯，上谓行在兵部尚书方宾曰：明年改行在所为京师，凡军卫合行事，宜其令各官议拟以闻。

之前在南京监国的皇太子和皇太孙，也在十二月抵达北京，准备参加来年的迁都仪式。

十月壬子，皇太子发南京。

十一月乙酉，皇太孙发南京。

十二月己未，皇太子及皇太孙至北京。

2.新都建成，昭告天下

十一月，朱棣昭告天下，北京宫殿建设已经"告成"，这标志着北京宫殿营建工程的结束。最终建成的北京宫殿"规制悉如南京，而高敞壮丽过之"，共有屋"八千三百五十楹"，与前文记载的西宫"一千六百三十余楹"相比，又增加了六千七百二十楹。这增加的部分，包括庙社、郊祀、坛场、宫殿、门阙，以及位于皇城之外的皇太孙宫、十王邸等。

> 十一月戊辰，上以明年御新殿受朝，诏天下曰：开基创业，兴王之本，为先继体守成，经国之宜尤重。昔朕皇考太祖高皇帝，受天明命，君主华夷，建都江左，以肇邦基。肆朕缵承大统，恢弘鸿业，惟怀永国，眷兹北京，实为都会，惟天意之攸属，寔卜筮之攸同，乃做古制，徇舆情，立两京，置郊社、宗庙，创建宫室。上以绍皇考太祖高皇帝之先志，下以贻子孙万世之弘规。爰自营建以来，天下军民，乐于趋事，天人协赞，景贶骈臻，今已告成，选永乐十九年正月朔旦，御奉天殿，朝百官。诞新治理，用致雍熙于戏。天地清宁，衍宗社万年之福。华夷绥靖，隆古今全盛之基。故兹诏示，咸使闻之。

> 十二月癸亥，初，营建北京，凡庙社、郊祀、坛场、宫殿、门阙，规制悉如南京，而高敞壮丽过之。复于皇城东南建皇太孙宫，东安门外东南建十王邸，通为屋八千三百五十楹。自永乐十五年六月兴工，至是成。

需要指出的是，从前文来看，永乐十五年四月，西宫落成；五月，朱棣在西宫奉天殿受朝贺。而此处关于北京宫殿营建"自永乐十五年六月兴工，至是成"的记载，显然是将西宫独立于北京宫殿之外。但从上文关于实际工程进展的梳理来看，西宫应隶属于北京宫殿。永乐十五年六月之后的建设，主要是西宫之外的宫殿、附属建筑、水利设施、仓库、城墙、皇太孙宫、十王邸等工程。因此，明北京宫殿的营建时间，并非始于上述引文所指的"永乐十五年六月"，事实上，无论是《明实录》《明会典》或《明史》，都没有关于这一时间点开始营建北京宫殿的具体事件。本文综合史料，将明北京宫殿的始建时间确定为"永乐十三年三月"。

经过整理再现出明北京宫殿的营建和空间演变过程，（表2）证明朱棣营建明北京宫殿的行为，实早于永乐十四年官方宣布的诏书。具体来看，明北京宫殿的营建过程，先由外及内、又由内及外。从修北京城垣开始，到营建西宫，再到西宫之外的宫殿建筑、附属建筑、水利和仓储设施，最后以拓北京南墙结束。

表2　永乐十三年至十八年北京宫殿营建情况

年份	营建诏书	官员任职	工匠派遣	工程进展
永乐十三年		任命宋礼、吴中	人口激增，食盐告急	修北京城垣
永乐十四年	营建北京宫殿诏		分番赴工，盐不足用	营建西宫
永乐十五年		任命陈瑄、陈珪	抚恤营造军民夫匠	西宫建成
永乐十六年			抚恤营造军民夫匠	西宫以外的宫殿建设，国子监大成殿、古今通集库、水利设施、七仓建成

续表

年份	营建诏书	官员任职	工匠派遣	工程进展
永乐十七年		陈珪去世、宋礼老疾	抚恤营造军民夫匠	西宫以外的宫殿建设，拓北京南城
永乐十八年	北京宫殿告成诏		营造军民夫匠咸复其家	北京宫殿建成，迁近皇城居民，皇太孙宫、十王邸建成

四　结论

元明之际宫城地区的时空变迁，是北京城市历史研究的一个重大问题。这一时段，既是明北京的营建之始，对厘清燕王府、西宫等明北京宫殿的前身具有重要意义；又能反观元大内的最终格局，为推进元大内的规划复原提供证据。

针对明北京宫殿始建时间的争议，本文采用数字人文（digital humanities）的研究方法，重点分析《明实录》中永乐年间的漕运数据，判断明北京宫殿的实际营造时间为永乐十三年至十八年。进而梳理这一时期官员任职、工匠派遣、工程进展等史料，将明北京宫殿的营建划分为五个阶段：一为永乐十三年，修北京城垣；二为永乐十四年至十五年，营建西宫；三为永乐十六年，营建西宫以外的宫殿建筑、附属建筑和水利仓储设施；四为永乐十七年，继续营建西宫以外的宫殿建筑，拓北京南墙；五为永乐十八年，北京宫殿及附属建筑建成，迁近皇城居民。

依据上述结论，进一步提出元大内、燕王府、西宫、明北京宫殿实为基于原址的利用、重建或扩建，否定了西宫建于元西内基础上的观点。如果结合洪武年间和永乐十三年之前的文献进行考量，明北京宫殿、燕王府与元大内的核心建筑，应是完全的叠压，而西宫则相对偏西和偏南，坐落于明清故宫的西路。（图2）

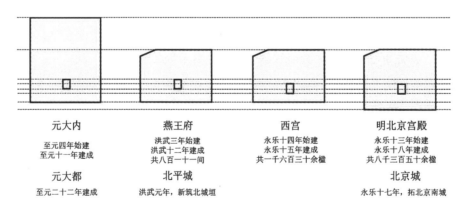

图2　元明之际北京城墙和宫殿位置的变迁

来源：作者自绘

[作者单位：故宫博物院]

明文化的特点、地位和价值

刘少华

一 明文化的特点

第一，明文化具有继承性和总结性，是传统儒家文化的集大成者。

儒家文化是中国传统文化的主干。春秋战国时期，诸子百家争鸣，造就了中国历史上少有的思想大繁荣。自西汉董仲舒提出"罢黜百家，独尊儒术"开始，儒家文化成为两千多年中国传统文化的主流，但是魏晋南北朝、隋唐时期，玄学、佛学相继盛行。从西汉到隋唐的一千多年间，由于受到今文经学和古文经学争辩的影响，儒家学者侧重名物制度和训诂之学，对经文义理没有进行自由解析和发挥。自宋朝以后，理解经义内涵的理学开始产生，形成了以朱熹为首的理学和以陆九渊为首的心学两大派别。明朝中期之后，王阳明发展的心学逐渐占据思想界的统治地位，他提出"心外无物""致良知""知行合一"等学说，影响深远。以王艮为首的泰州学派进一步阐释发挥了王学，改变了思想界陈陈相因的局面，表现出自信本心，敢于反对外在权威，冲破既定道理格式的状态，是思想领域的一大解放。明末清初三大思想家黄宗羲、王夫之、顾炎武提倡经世致用，并对传统儒学进行了猛烈的批评。清代由于统治者的高压政策，走向学术考据，思想更加保守僵化。可见，明文化继承了两千年儒家思想的传统精髓，延续宋代理学扭转了的儒家文化的发展趋势，将儒家思想文化推向顶峰，成为中国传统文化的集大成者，并影响到朝鲜、日本以及东南亚各国，促进了东亚儒家文化圈的形成。当前我们所论及的中国传统文化是在中华民族5000多年文明发展中孕育、积淀下来的。明文化是中国传统文化的重要组成部分，完善了中国传统文化的思想精髓和精神气质，在当前传统文化中占主导地位，传统文化中许多核心思想内涵、传统道德、人文精神都是经过了明文化的洗礼而发展完善起来的。

第二，明文化具有开放性和包容性。明朝初年，明成祖以高度的自信和开阔的气魄派郑和七次下西洋，设立四夷馆，翻译各国文字，加强了明朝与亚非各国的文化交流，在这样背景下的明文化是开放的、包容的。万历以后，西方传教士进入中国，他们不但在中国传教，还带来了先进的科学技术，许多中国高级官员如徐光启、李之藻等接受洗礼，信仰天主教，他们还与利玛窦等传教士一起翻译西方科学著作，接受西方文化。而这些文化慢慢被中华文化所吸收，变成了中华文化的一部分。

第三，明文化是中国传统文化处于向近代文化转型中的文化，具有开创性。明代中后期，社会经济发展迅速，商人地位提高，市民阶层兴起，出现了社会转型，这也导致了文化的转型。主要表现在两个方面，一是从僵硬的精英文化向活泼的大众文化转型。明代前期，政府主导和官员引领的文化占主要地位，教育、文学、艺术等领域的翘楚大部分都是政府官员。中后期，思想领域的王学、泰州学派，文学中的公安、竟陵派，艺术界的江南四家，都是平民出身，文化形态转向活泼开放，小说、戏曲、出版等方面表现得尤为明显。二是表现出反传统性，从李贽的"异端"思想到徐渭的猖狂，从东林党人的秦淮风流到士人举子的狎妓言欢，都体现了对传统思想的反抗。

二　明文化的当代价值

明文化作为中国传统文化的重要组成部分，仍然具有重要的当代价值，在中国特色社会主义建设中发挥着重要作用。

第一，明文化注重思想道德的个人修养和经邦济世的责任担当，体现了儒家文化修身、齐家、治国、平天下的核心思想，有利于继承和弘扬传统美德，树立社会主义核心价值观，建设社会主义文化强国。明代大儒王阳明吸收了先前思孟学派和佛学思想的营养，继承了南宋陆九渊的主张，成为心学的集大成者。他提出了"致良知"和"知行合一"的思想理念，号召人们要正心修身，达到道德意识和道德实践的统一。明末清初的顾炎武强调学问要"经世致用"，他"天下兴亡，匹夫有责"的呼喊振聋发聩。在当前经济社会发生深刻变革、各种思想文化交流交锋的关键时期，宣传和弘扬明文化，能够积极引导人们提高自身修养，恪尽职守，自觉遵守党纪国法和道德规范，担当敢为，牢固树立社会主义核心价值观，积极追求高尚的道德理想，建设社会主义文化强国，增强国家文化软实力。

第二，明文化具有兼容并蓄、活泼开放的文化品格，体现了中国传统文化强大的吸引力和向心力，有利于吸收一切优秀文化成果，繁荣中华文化，增强文化自信。中华文化包罗万象、兼容并蓄的品格使其吸收了包括佛教、伊斯兰教等文化在内的丰富营养，具有强大的生命力。明朝万历以后，西方传教士进入中国，他们不但在中国传教，还带来了先进的科学技术，许多中国高级官员如徐光启、李之藻等接受洗礼，信仰天主教，他们还与利玛窦等传教士一起翻译西方科学著作，接受西方文化。而它们最终也都成为中华文化的一部分。宣传和弘扬明文化，继承其开放包容的品格，吸收世界上一切有利于国家发展和人民幸福的优秀文化成果，能够不断增强中华文化的生机与活力，对于展现大国气质、增强文化自信有重要借鉴意义。

第三，明文化蕴含的积极进取、勇于探索的豪迈气概，体现了中华民族不屈不挠、艰苦奋斗的民族精神，有利于团结全国各族人民，埋头苦干，砥砺前行，为实现伟大的中国梦而不断奋斗。中华民族从不缺乏向外探索、冒险进取的勇气，明代郑和下西洋在全球化的起步阶段，开启了大航海时代的到来，中国开始了融入世界的步履。新近发现的《丝路山水地图》(又名《蒙古山水地图》)描绘了明朝嘉峪关以西的陆路交通线路,反映了当时明朝人在中亚、西亚地区的商贸往来和探索经营情况。明代中后期,福建、广东等沿海地区的百姓远涉重洋,到南洋谋生。他们带去了先进的生产技术,从事矿产开采、农业种植、商业经营等,对南洋地区的开发做出了重要贡献。明朝积极向外探索的冒险精神,能够激励人们在今天更加开放的国内外环境中,脚踏实地、吃苦耐劳、创业干事,为实现伟大的中国梦而不懈奋斗。

第四,明文化奉行平等友好、和谐共荣的对外关系,体现了中华文化崇尚和平、天下大同的理想信念,对于进一步推进"一带一路"倡议,实现中华民族伟大复兴有重要的借鉴意义。明成祖在位时,明朝国力强盛,但与各国平等相待,在平等互惠的基础上开展贸易,他派郑和下西洋时即下令"循礼安分,勿得违越,不可欺寡,不可凌弱,庶几共享太平之福"。明成祖还派遣陈诚出使西域帖木儿帝国、哈烈、撒马儿罕等国,加强了中国与西亚各国的联系。这些友好往来的历史佳话是我国发起"一带一路"倡议的重要历史渊源,而"一带一路"秉承的共商、共享、共建原则,也是明代中国和平友好对外政策的延伸和发展。以明文化为纽带,可以加强中国与"一带一路"国家的文化交流,增强文化认同和政治互信,实现共同发展、共同繁荣。明朝作为当时世界上的大国、强国,宣传明文化有利于提高中国文化的国际影响力,为实现中华民族伟大复兴贡献力量。

三 明文化在北京的历史地位

第一,明代巩固了北京作为统一多民族国家的政治中心地位。明代以前,北京作为首都的朝代有辽、金、元三朝,其中辽、金为北方割据政权,元朝国祚短暂,明成祖迁都北京后,再一次将统一多民族国家的政治中心北移,巩固了北京的地位,一直延续到现在。

第二,明代奠定了当今北京的行政范围和城市格局。明代北京为顺天府,下设大兴、宛平两个京县,同时兼领昌平州、通州、房山县、密云县等20多个州县。目前北京的行政范围处于明代顺天府的范围中,顺天府的管理运行机制对于当前京津冀一体化有重要的借鉴意义。另外,北京以中轴线为中心,对称分布的城市格局是在明代北京城的基础上发展而来的,至今影响着北京的城市规划。

第三,明文化培养了北京和平友好、开放包容的精神气质。明朝奉行和平友好的外交政策,郑和下西洋加强了明朝与亚非各国的交往,许多国王仰慕中国文化来到中国,永乐十五年(1417)苏禄东王、西王和峒王妻带领家属随从300多人来到北京,明成祖接见了他们,临走时还赐给大量的珠宝、黄金和衣物等。可惜的是,东王在返途中病逝于山东德州,明成祖按照亲王礼节厚葬东王,亲自撰写碑文,东王葬于德州,又令王妃及仆人守墓,直到现在此地仍有东王后裔。明朝万历年间,传教士利玛窦在北京传教,并与徐光启等人交往甚密,利玛窦病逝北京,并埋葬于此。利玛窦墓成为明文化开放包容、兼容并蓄的见证。

第四,明文化孕育了北京抵抗外侵、保卫家园的爱国情怀。正统十四年(1449),明英宗在土木堡被瓦剌军俘虏,瓦剌军队乘胜出击,攻打北京。北京军民在于谦的带领下,同仇敌忾,打退了瓦剌军的进攻，取得了北京保卫战的胜利。如今德胜门外的箭楼、建国门外的于忠肃公祠表明了北京人民的爱国情怀。

第五，明文化为北京留下了大量的文化遗产和艺术珍品，为北京全国文化中心建设和三个文化带建设提供了宝贵的文化资源。目前，北京拥有七个世界文化遗产，其中故宫、天坛、十三陵、长城、大运河五个遗产都与明文化有直接的关系，正在准备申报的北京中轴线也是在明朝确定下来的。此外，北京还拥有大量的明代寺庙、园林、村落、墓葬、碑刻等遗址遗迹，这些都是北京宝贵的文化遗产。艺术品方面，书法、绘画、金银器、漆器等不可胜数，宣德炉、景泰蓝闻名遐迩，其数量之大、价值之高令人叹为观止。

综上所述，北京作为明朝的都城，既是明文化的创造者，又深受明文化的影响。明朝是个开放的时代，挖掘和弘扬明文化对于北京规划城市建设、塑造城市形象、培育城市气质、传承城市文化有重要意义。

[作者单位：北京联合大学北京学研究所]

专题讨论二　明十三陵世界遗产保护与活化利用

新时代文物工作方针指引下的
明十三陵文物保护工作思考

肖　东

各位在会场和线上的朋友们好！我非常荣幸能够受邀请参加2022明文化论坛。

我作为第一个发言人，无疑是抛砖引玉了，希望后面各位老师能够有更好的发挥！我今天想跟大家交流的是关于在新时代文物工作方针指引下，对明十三陵文物保护工作的思考，是基于我近些年对明十三陵文物保护工作的了解、学习以及参与基础上，而产生的一点粗浅认识。

一　文物工作方针沿革

我国近现代文物保护单位开放利用，特别是能够契合上当代文物工作方针的事项，可以追溯到1914年10月10日社稷坛对普通民众的开放，当时甚至改名为中央公园。后来因为孙中山先生的灵柩在此停放，则在1928年改名为中山公园以示纪念。社稷坛是北京最早成为公园的皇家园林之一，是当时北京城内第一座公共园林，意义无疑重大。自此，我国文物保护单位向公众开放和加以活化利用就郑重开始了。

接下来有很多这样的案例，我就不细数了。具有标志性的文物保护事业成就是1961年国务院发布的《文物保护管理暂行条例》，成为我国建国后的第一部文物保护法规，这个时候还没有我们后来文物工作方针的相关内容。

20世纪80年代，全国各地均有被长期不当占用的文物保护单位，经过腾退修缮以后，向社会开放。比如河北省保定市市委机关从文物保护单位直隶总督府迁出后，就以文物点向公众开放，在当时是有较大影响力的案例。

到了20世纪90年代时，由于经济迅速发展，对文物建筑开放利用的意识有了更大提高。但同时，又出现了过度利用、不当利用的问题。很快，国家意识到这个问题需要马上整顿，于是在1992年的西安全国文物工作会议上，就提出了"保护为主，抢救第一"这个最初的8字文物工作方针，距离今年已有30年的时间跨度。

1995年的全国文物工作会议再次在西安召开时，就在这8字基础上，提出了"有效保护，合理利用，加强管理"的12字文物工作方针。在2002年修订《中华人民共和国文物保护法》时，又将这一方针加以凝练，成了我们在2022年新时代文物工作方针出台之前，一直沿用的"保护为主，抢救第一，合理利用，加强管理"16字方针，它在20年来的文物保护工作中发挥了非常重要的作用。

在2005年，国务院印发了《关于加强文化遗产保护的通知》。我们知道，从文物到文化遗产是一个质的飞跃，在很多方面都有了一些认识上和方法上的提高。

2008年，全国博物馆向社会免费开放，这是文物事业的一个重大转变。一些文物保护单位被辟为博物馆，开始实施免费开放。当然不同文物类型的开放模式是不一样的，如不同地方的文庙，曲阜孔庙作为文物保护单位和世界文化遗产地，不是免费开放；吉林文庙和哈尔滨文庙，都是我前些年开展的保护修缮工程，均作为免费开放的博物馆场所，一个是吉林文庙博物馆，另一个是黑龙江省民族博物馆。

2011年，国家文物局发布了《国有文物保护单位经营性活动管理规定（试行）》，对国有文物保护单位的经营性活动进行了一定规定和加以规范。2012年，国务院发布了《关于进一步做好旅游等开发建设活动中文物保护工作的意见》的通知，显然又是在权衡文物利用和保护之间的关系。2013年，国家文物局发布了《关于开展文物保护样板工程的通知》，意味着国家自上而下有一个明确的方向，或者是通过开展一定示范性的工作来引导整个行业。

2015年，国家文物局启动了《文物建筑开放导则》编制工作，旨在为应用实践和项目落地提供宏观指导。2016年，国务院发布的《国务院关于进一步加强文物工作的指导意见》，对文物工作落实责任、加强保护、拓展利用、严格执法等方面做出了部署。2017年，国家文物局印发了《文物建筑开放导则（试行）》的通知。

发展到2018年时，文物保护利用工作不但有了较大进展和提升，同时形成了中共中央办公厅、国务院办公厅联合印发的《关于加强文物保护利用改革的若干意见》《关于实施革命文物保护利用工程的意见》这样两份重要文件。这是全面加强新时代文物保护利用改革的一些纲领性文件，此时，我们就看到了如"让收藏在禁宫里的文物、陈列在广阔大地上的遗产、书写在古籍里的文字都活起来"一类宣传，是从国家战略层面提出的指导方针。

到2019年第八批全国重点文物保护单位公布时，我国的第一到第八批全国重点文物保护单位多达5058处。这里面有古建筑2162处、近现代重要史迹及其代表性建筑943处，两类合计的3105处占全国重点文物保护单位总量的61.39%，显然是超过了半数。同时，以全国第三次文物普查的76万多处文物保护单位来计算，其中文物建筑约26万余处，占总量的34.21%。这些文物在经过陆陆续续的抢险加固和保护修缮之后，就要充分利用起来，不要让它闲置。2019年，国家文物局印发了《文物建筑开放导则》，便对文物展示利用提供了充分指导。

在2019年杭州全国文物工作会议上发布的《文物建筑开放利用案例指南》，给业界提供了一个明确的从文献到资料的案例指导。2022年11月，国家文物局召开了《文物建筑保护利用案例解读》图书发布及交流会。

2022年的7月22日，全国文物工作会议在北京召开时，会上提出了"保护第一，加强管理，挖掘价值，有效利用，让文物活起来"这22字新时代文物工作方针。这个方针的重要意义在于进一步突出了文物工作的重要社会价值，为做好新形势下文物工作指明了方向。

自从新的文物工作方针出台以后，我也在跟踪学习相关解读。到目前为止，还没有太成熟的文件或资料以供参考。在国家出台新时代文物工作方针后，中国经济网官方账号很快就发布了《从16字到22字意味着什么？》一文，我接下来要解读的五段话标题和概括性文字，都是从这里引用的。

二 以"保护第一"为前提

随着2021年我国全面建成小康社会，国家综合实力迈上了一个大台阶，文物工作也上了一个新台阶。

数据显示，"十三五"时期，我国完成了第一次全国可移动文物普查、石窟寺等专项调查，长城、大运河、丝绸之路、传统村落等重大文物保护工程也相继竣工，预防性保护、系统性保护积极推进；数以万计馆藏珍贵文物、重要出土文物得到抢救修复，博物馆标准化库房建设基本完成，文物保存状况持续改善。此次方针不再刻意地突出抢救，这并非因为抢救性保护不需要，恰恰相反，是将抢救性保护和预防性保护整合在大保护框架里，不再做区分，这不仅因为文物保护的理念已深入人心，更因文物保护已成为一种社会共识。

那么，在这样的大局情势下，我们明十三陵的文物也好、文化遗产也好，该怎样去开展文物保护工作呢？

明十三陵是1961年公布的古墓葬类第一批全国重点文物保护单位，是1982年被国务院公布为国家级风景名胜区——八达岭-十三陵风景名胜区中的核心景区，是2003年被列入《世界文化遗产名录》的明清皇家陵寝系列遗产的组成部分，是2011年被国家旅游局批准为国家5A级旅游景区中的明十三陵景区；当然了，它还有其他一些资源类型和优势。

明十三陵的主要文物构成可以概括成下面的"明十三陵主要文物本体构成表"（表3），基本包括陵区整体布局设施、帝王陵寝建筑群、陪葬墓建筑群、陵寝附属建筑遗址、附属文物、其他等几大类别，其中还可划分出表中所列的小类别及其所包含的若干具有文物属性的对象，即明十三陵文物本体。

表3　明十三陵主要文物本体构成表

分类		构成
1.陵区整体布局设施	1.1陵区主神道	神道自南向北依次建有石牌坊、三空桥、下马碑、大红门、长陵神功圣德碑亭、石望柱2座、石像生18对、棂星门、南五空桥、七空桥、北五空桥等
	1.2山口及兆域边墙	灰岭口、贤庄口、锥石口、雁子口、德胜口、西山口、榨子口、中山口、东山口和老君堂口，原有城垣、拦墙、敌楼等工事
2.帝王陵寝建筑群		长陵、献陵、景陵、裕陵、茂陵、泰陵、康陵、永陵、昭陵、定陵、庆陵、德陵、思陵
3.陪葬墓建筑群		东井、西井、万贵妃坟、悼陵（沈、文、卢三妃坟）、四妃二太子坟、贤妃坟，郑贵妃与二李、刘周妃坟，王承恩墓

续表

分类		构成
4.陵寝附属建筑遗址	4.1 建筑遗址	陵监、时陟殿遗址、九龙池遗址、新行宫遗址、神马房遗址（康陵、茂陵、定陵、庆陵、泰陵）、宰牲亭遗址（献陵、定陵、康陵、德陵、庆陵）、附属建筑遗址（裕陵、茂陵、泰陵、康陵）
	4.2 历史遗迹	具服殿、祭祀署、朝房、果园、回料厂、旧行宫遗址、圣迹亭遗址、工部厂遗址、龙王庙、老君堂、长春亭遗址、松露殿、肃静殿、修仪馆、饰容馆、长生迹、长生亭等
5.附属文物	5.1 陵区人工河道、沟渠、挡墙、护坡	略
	5.2 散落建筑构件、石刻	略
	5.3 可移动文物	略
	5.4 古树名木	略
6.其他	略	略

对于这些明十三陵文物本体，明十三陵文化遗产管理中心在过去的若干年里，已经从未间断地做了非常多的保护工作。中国文物信息交流中心的赵古山主任在上午报告时，列举了很清晰的两个数字，我也记住了。他说国家对明十三陵的"三防"工程已经投入了一个亿左右的专项资金，仅在近三年就有28项文物保护工程，不但数量非常多，而且类型也非常丰富。

对文物或文化遗产保护除了这些属于文物本体的保护和防护之外，还应包括文物或文化遗产的环境整治。在由周围山口围合的明十三陵范围之内，除了文物本体之外的其他构成对象，都是文物或文化遗产环境要素。对明十三陵整体保护，早期必然是以文物本体为主、为先，这也符合以前"保护为主，抢救第一"的文物工作方针。到现在，除了继续循序渐进地开展文物本体的保护与防护，应该也要同时全面系统地启动文物环境整治工程。

对于明十三陵来说，除了已经取得的一些工作和成就之外，我想可以进行下一步项目统筹、项目立项的工作还是非常多的。当然了，我们这些工作的开展不能够靠拍脑门儿，要依据相关规划和文物状况等，如《北京城市总体规划》《昌平分区规划》《八达岭-十三陵风景名胜区总体规划》《昌平区十三陵镇国土空间规划》《北京明十三陵保护总体/专项规划》，以及明十三陵发展的方向和愿景来加以概括和总结。

从这点来说，我既有体会，也吃到了一定甜头，那就是在2009年开始，我受邀做广西桂林靖江王陵文物保护工程。此处全国重点文物保护单位也属于明清皇家陵寝中的一处藩王陵寝，靖江王陵也跟我们明十三陵一样，是在桂林东郊的尧山西麓，坐东朝西，在100多平方千米范围之内整个分布有大大小小的王爷王妃墓、次妃墓、宗室墓等300多处，延续长达228年。

我当时面对这样一处文物本体众多且分散、文物环境复杂且混乱、保护工作基础薄弱且无序的情况，就想到首先要进行梳理，要进行统筹，要进行总体工作布局。于是就编制了《广西桂林靖江王陵保护工程总体方案》。实际上就是把这些工作加以不同类型地分类，形成一个科学系统的工作方案，并上报桂林市和广西壮族自治区文物管理部门，乃至向国家文物局进行报备。以至于在后来每年都基本上要向国家文物局申报相应项目时，基本上都得到了准许批复。从2010年开始按照《广西桂林靖江王陵保护工程总体方案》落实至今，已经开展的、现在正进行的以及明年后续的工作，都是按照这样一个总体方案按部就班地去开展的。所以我想，这无疑对明十三陵文物保护工程科学有序开展具有一定借鉴作用。回想我在2018年为明十三陵做项目计划时，虽然也是按照明十三陵当时比较急需的文物保护与防护工程，一次性编制了5个项目计划书，但得到的反馈是缺少明十三陵整体保护工作计划性统筹而基本没有被批准。

三 以"加强管理"为保障

这几年一些文物安全问题的出现，很大程度上是因为法人违法，加强管理是实现文物安全工作的重要保证。国家文物局局长李群同志在全国文物会议上表示，随着文物安全"严防严打严管严治"机制不断完善，各级各类文物资源保护管理制度不断完善，打击文物犯罪、查处法人违法、整治火灾隐患也取得重要成果，城乡建设中破坏文物的行为得到坚决纠正，同时文物防灾减灾和应急管理体系正在加快构建，文物安全形势持续向好。

对文物"加强管理"，除了进行法人违法这样的行政性处罚和管理，还要特别强调对一些文物防灾减灾的工作内容和应急管理，这些也都要纳入我们加强管理这个层面里去。我查了一下相关资料，想知道对于明十三陵来说，存在一个什么样的有可能导致灾害和次生灾害的因素呢？比如《北京市昌平区十三陵镇地质灾害详查工作报告》里明确写到："经调查，确定该镇主要存在崩塌、泥石流、地裂缝3种地质灾害隐患，共37处"，其中就有涉及明十三陵文物本体及其环境安全的地质灾害治理工程。这是"加强管理"工作中需要重视的工作。

四 以"挖掘价值"为基础

今天上午，我们与会的多位专家老师，都提到了挖掘价值的工作。"挖掘价值"是新时代文物工作方针新增加的内容之一，也是文物事业发展主题中的要义之一，更是保护和传承文物的基础。

文物是历史文化资源，是中华文明的载体，每一件文物都是一串神奇的密码，通过挖掘其历史价值、艺术价值、科学价值等，解锁其中的秘密，可以不断地提升人们对中华文明的认知，增强我们的文化自信。发掘文物的多方面价值和文化内涵，是"让文物活起来"的前提。

明十三陵的价值包括文物价值的历史价值、艺术价值、科学价值、社会价值、文化价值等；如果用世界文化遗产价值标准来衡量，包括明十三陵在内的明清皇家陵寝符合世界遗产突出普遍价值标准的（i）（ii）（iii）（iv）（vi）条。我想说的是，我会前在"知网"上检索了一下关于明十三陵的一些基础性研究到底做到什么程度？什么阶段？我输入了几个关键词，如明十三陵、明十三陵建筑、明十三陵风水、明十三陵保护、明十三陵价值，已经有一定数量的研究成果；但相对于我们81平方千米（还有说是87平方千米，上午还有专家说是89平方千米）的明十三陵保护区划而言，现有的这些研究成果，我认为还远远不够，还有很多可以进行信息织补的研究空间。

五　以"有效利用"为路径

从"合理利用"变成"有效利用",虽然只有两字之改,但是涵义更深刻;在对文物的"利用"上,步子可以再大一点,不仅要合理,更要有效,这也将进一步激发文物工作者的创新性和创造力。

关于有效利用,我刚才在梳理文物保护工作方针时已经说到,从国家层面来说,也一直非常重视,已经出台了相关导则。2019年发布的《文物建筑开放导则(2019)》,是一个具有具体指导意义的文件,共分五个部分、22条、4个附件,包括(1)文物建筑开放参考流程;(2)文物建筑开放使用功能分析表;(3)文物建筑阐释与展示参考要点;(4)文物建筑开放使用建设与设施布置参考要点。

明十三陵虽然在全国重点文物保护单位中被归为古墓葬类型,但是除了定陵这处地宫之外,更多的还是地上古建筑,是一些我们可以更进一步充分利用的对象。那么在对这些文物建筑进行保护利用时,就可以参考《文物建筑开放导则(2019)》编制相应的保护利用方案。

我们现在针对一处文物开展保护工程时,应该是具有兼顾性的综合统筹,在制定保护与防护方案以及进行实施时,都要加以综合考虑。我举的这个例子,是我在2018年做明十三陵康陵神宫圣德碑亭遗址保护设施时,不仅仅是做一个简单的文物防护设施,一个看起来跟陵门比较协调的建筑;同时,我还要考虑康陵神宫圣德碑亭遗址所留下的这些文物信息,主要包括明代神功圣德碑亭的台明和柱顶石,同时还有清乾隆年间所进行的一些改造而留下的墙基痕迹。所以,我一方面是做保护性设施建设工程设计,同时还要展现出里边的一些文物信息。这就是一个综合性的保护、防护以及展示措施。

［作者单位：北京建筑大学北京长城文化研究院］

明十三陵文物保护实践

黎冬青

明十三陵位于北京市昌平区北部的天寿山麓，是明永乐迁都北京后在此建设的皇家陵寝的总称。明十三陵从1409年至1644年经历了二百余年营建历史，此后又经历清朝和民国等朝代更迭和战争等影响，保存至今，现已成为我国古代陵区体系较为完备、遗存较完整的一处帝王陵墓建筑群。明十三陵遗存是中国墓葬文化传统，特别是明代帝王丧葬、祭祀等文化的重要载体，是研究明代陵寝制度、建筑技术以及明代社会政治、经济、文化等方面的丰富的实物资料，同时是清朝、民国直至解放的沧桑历史的见证，是珍贵的世界文化遗产。明十三陵管理中心（原昌平区十三陵特区办事处）围绕明十三陵文物的保护、利用、管理、研究，开展了大量的工作，形成了完整的保护体系，下面我结合保护实践工作，阐释一下明十三陵文物保护的布局和成效。

一 夯实基础、摸清现况

明十三陵管理中心非常重视文物保护基础工作，启动了大量的基础调研，夯实文保工作基础、摸清文保现况。以《明十三陵兆域边墙现状勘察》为例，明十三陵管理中心于2018年启动了这项工作。调研人员完整地走完了十个山口的兆域边墙，并得到很多新的发现。

明十三陵兆域边墙是随着明长陵的修建而开始，经过历代明帝王不断扩建而成，是十三陵陵区的外侧屏障及地理边界，它保护着明十三陵的安全，防止北方游牧民族侵扰，时称边城。十三陵兆域边墙因山利势，主要通道设有二门（大宫门、小红门）、十口［东山口、老君堂口、灰岭口、贤庄口、锥石口、雁子口、德胜口、西山口（包括小红门）、榨子口、中山口］。

明朝灭亡后，各部边墙逐渐颓坏。榨子口、中山口均在清代时被拆通，以过行人。民国时期因风雨侵蚀及战乱破坏等原因边墙遭到进一步破坏。建国后随着周边村民的开荒耕种及十三陵水库的建设，也拆除了部分边墙。十三陵兆域边墙建成至今，仅有部分文献记载，未有人做过系统完整的勘察。边墙及各关口形制、做法及保存现状不清，且因年久失修和城村建设影响，边墙及关口损坏严重，局部已无存。明十三陵作为世界文化遗产、全国重点文物保护单位，兆域边墙保存情况模糊，使得整个陵区面临着历史边界不清的问题，保护规划范围划定不明确的困扰。因此，昌平区十三陵特区办事处启动了明十三陵兆域边墙及山口现状勘察项目，北京市文物建筑保护设计所受托，于2018年11月到2019年1月对明十三陵兆域边墙进行了实地测量及勘察，完成了勘察调研报告。

调研人员首先通过查阅历史资料对明十三陵兆域边墙相关情况进行充分了解，根据从历史资料中了解到的基本情况，采用GPS仪及全站仪等现代测量设备和传统手工测量相结合的方式对明十三陵兆域边墙及山口进行实地踏勘、测绘，并在实地踏勘过程中走访当地老人，采集相关信息。结合文献资料、走访信息和实地勘察测量数据，梳理出了明十三陵兆域边墙的历史沿革、分布范围、形制做法、保存情况等重要内容，并把新发现的水关、拦马墙收录在内。

按地势情况，陵区可分为南北两部分。陵区南部位于天寿山地区的山口位置，地势开阔、较为平缓，明代建造者在这一地区的川地和小山山脊修筑坚实高大的边墙来围合、保护陵寝。这段边墙西南起自小虎峪山腰，中间蜿蜒曲折经过五座山峰（云彩洼山、凤凰山、虎山、龙山、汉包山），因这几座山山势较低缓，故在其山上均修筑了边墙。渡过四道山口（西山口、榨子口、中山口和东山口），最后至陵区东南方向的莽山山腹终止，并在陵寝南侧主通道上设有大宫门、小红门（在西山口内，现已无存）作为进出陵寝的主通道。陵区北部，因"山列东、西、北三面，山石陡峭险不可升"，所以"因山为城，水口垒水门，山口砌城堞"，以险峻陡峭的山峰自然为城，其余则把截山口修建成关城，修建了6处山口，分别是：德胜口、雁子口、锥石口、贤庄口、灰岭口、老君堂口。各山口从明永乐年间到天启年间陆续建成，但其建制各不相同，分别依据山势及地理位置而定。

目前，除大宫门保存较好外，其余各口现均已无存。其中小红门由于人为开荒种田，导致其坍塌、缺失，现遗址无从考证；东山口后期由于基础设施建设，修建水库，拆除其原有关城；中山口因后期人为拆除，现关口已无存；榨子口因修建道路，拆除原有关城；西山口因开垦农地，村庄、道路及部分基础设施扩建，拆除了原有关城。德胜口因基础设施建设，修建水库，拆除其原有关城；雁子口因关城坍塌，后期旅游开发，在其基址上后又修建了关城；锥石口、贤庄口、灰岭口及老君堂口后期由于开垦农地，村庄、道路及部分基础设施扩建，拆除原有关城。

各口关城虽已无存，关城两侧均保存有边墙遗迹。本次勘察调研工作对遗存进行了详细勘察测绘及调研。现存兆域边墙主要分为两种形式，一种为山石砌筑边墙，一种为自然山险代替边墙。山石砌筑边墙有两种做法，一类为采用白灰或掺灰泥分层砌筑毛石墙芯，加白灰砌筑大块毛石、卵石外包石墙，麻刀灰勾缝；另一类为自然山石白灰浆砌筑墙芯，墙体外侧方整条石进行包砌，墙顶为城砖铺墁，且边墙两侧砌有跺墙及宇墙。

调研可见，兆域边墙围合总长45996米（直线投影长度），其中自然山险代替人工边墙长度为33253米，人工砌筑边墙长度12743米。人工砌筑边墙损毁严重，目前地面尚有遗存的长度为2677米，仅为全部人工砌筑边墙的21%，仅占围合总长的5.82%。兆域边墙形式及保存状况统计见表4。

根据现状勘察的边墙保存情况，勘察调研给出了针对性的保护建议：

近期（1—3年）：对存在结构安全隐患，出现歪闪、松动，局部坍塌的I类、II类边墙，尽

表4 明十三陵兆域边墙形式及现况统计表

分类	边墙直线投影长度（米）	保存状况	占围合总长的比例
I类	645	人工边墙，保存较好，边墙形制、构造、走向保留完整，局部存在轻微的安全隐患	1.4%
II类	2032	人工边墙，保存一般，边墙形制、构造、走向均可辨识，局部出现坍塌、缺失	4.42%
III类	4644	人工边墙，仅存基址，地面以上仅存墙基，形制及构造无法识别，其走向可辨识	10.1%
IV类	5422	人工边墙，地面以上边墙无存，地面以下基础痕迹不明显	11.78%
V类	33253	以自然山险作为边墙	72.3%
小计	45996	—	100%

快编制抢险加固方案，开展抢险加固工程，消除结构安全隐患，保证明十三陵兆域边墙文物安全。对现有边墙周边环境进行巡查，清除影响边墙及关口结构安全的树木。在明十三陵兆域边墙及关口处竖立保护标志碑。细化文物构成及保护区划，将兆域边墙遗存全部在明十三陵文物构成中予以明确，并完整纳入明十三陵保护区划中予以保护。

中期（3—5年）：对缺失的III类、IV类边墙及关口进行考古清理，明确缺失边墙、关口的形制、做法及走向。启动明十三陵兆域边墙保护修缮工程，对其进行全面修缮。对明十三陵兆域边墙及关口周边环境进行全面整治，拆除后期紧挨兆域边墙搭建的房屋，对影响边墙及关口的树木及杂草进行清理。

远期（5—10年）：实施明十三陵兆域边墙及关口的日常保养及监测。完善管理机制，培训巡查人员，定期对明十三陵兆域边墙及关口进行巡查。南部边墙及山口（东山口—西山口段）紧挨昌平城区，建于丘陵上，高度较低，宜于游人参观，建议开展明十三陵兆域边墙遗址公园建设，对公众开放。

通过本次现状勘察与调研工作，较为全面地实地勘察、测量了明十三陵兆域边墙及山口的地理位置、形制做法，记录边墙的真实保存状况和准确数据，并进行了系统梳理、分析评估，形成了详实的文物调查档案资料。迄今为止，对于兆域边墙，这是首次全面、系统、完整的调查研究，不仅摸清了已知边墙及山口的基本情况，也印证了历史文献对兆域边墙的记载，北部主要因地制宜，以险峻陡峭的自然山峰作为边墙，只把截山口砌筑边墙、修建关城，修正了兆域边墙为整个环陵人工修建的不当说法。另外还在实地勘察中走访当地村民，在老君堂口东北方向，发现了文献中记载的5处挡马墙，遗憾的是目前仅存2处。经比对，本次调研兆域边墙走势与分布整体与明十三陵保护范围及建控地带图基本吻合，但西山口—德胜口段及锥石口—贤庄口段自然山险存在局部偏差，因此随山势划定保护范围及建控地带存在一定偏差的可能。

本次勘测调研成果，首次完整查明了兆域边墙的构成、分布与现状，将为明十三陵陵区历史边界勘定，保护区划范围划定和陵区的保护管理提供科学的数据支撑。

明十三陵有着丰富的文物遗存，过去我们主要关注陵寝核心建筑，但陵寝之外的兆域边墙、陵监、石桥等附属建筑及遗存都是明十三陵的重要组成，它们也具有极高的文物价值，通过这些扎实的勘察调研，丰富和完整了我们对明十三陵的认识。

二　保护第一、分步推进

明十三陵管理中心始终把文物保护放在第一位，按轻重缓急分步推进，实施各个陵寝的保护修缮工程。建国后陆续启动了对十三处陵寝的大修工程，具体见"明十三陵陵寝地面建筑修缮时间表"（表5）。

表5　明十三陵陵寝地面建筑修缮时间表

陵寝	皇帝	建造年份	建国后修缮时间
长陵	成祖朱棣	1409年	1955年、1983年
献陵	仁宗朱高炽	1425年	1994年
景陵	宣宗朱瞻基	1435年	1955年
裕陵	英宗朱祁镇	1464年	2012年
茂陵	宪宗朱见深	1487年	2009年
泰陵	孝宗朱祐樘	1505年	2006年
康陵	武宗朱厚照	1521年	2003年
永陵	世宗朱厚熜	1536年	1955年
昭陵	穆宗朱载垕	1538年	1987年
定陵	神宗朱翊钧	1584年	1982年修祾恩门
庆陵	光宗朱常洛	1621年	2003年抢险
德陵	熹宗朱由校	1627年	2002年
思陵	思宗朱由检	1643年	1992年修复思陵陵墙

1955年修缮长、景、永陵；1982、1983、1987年修缮了定、长陵，修复了昭陵；1994年修缮献陵；2002、2003、2009年修缮德陵、庆陵、康陵、茂陵。经过几十年的修缮，明十三陵陵寝地面建筑完成了基本修缮，消除了坍塌、倾倒等险情。1955年修缮过的景陵、永陵因树木生长、自然力破坏，目前又出现一些新的险情，2022年国家文物局批准了景陵修缮工程计划，将很快启动修缮。

三　科技赋能、助力保护

现代检测技术和结构评估方法也同样应用到了明十三陵保护中。在文物修缮保护中，经验判断加定量勘损，能使文保工作更为精准，通过科学的检测及验算，原先可能被更换的原始构件更多地被保存下来，真正做到科学保护，最小干预。

明十三陵裕陵是明朝第六位皇帝明英宗朱祁镇和皇后钱氏、周氏的合葬墓，始建于明天顺八年（1464）。最后一次大修是清乾隆五十年（1785），现状残破严重，2010年启动了裕陵修缮工程。

裕陵修缮的主要目的是从价值保护出发，修整建筑的残损、消除结构安全隐患，最大限度地保留原始构件等一切历史信息及载体；勘察设计及施工指导过程中，采用传统经验判断与现代科技手段相结合的方案，坚持不改变文物原状，既坚持传统材料工艺及做法，又积极引进现代科技，用于结构等检测、加固及补强，最大程度地保留原始构件，同时保证结构安全，延长修缮周期。

首先是开展方城结构安全检测，方城墙体存在鼓闪开裂、券洞开裂、券顶下沉的问题，采用现代技术进行了结构安全检测及评估。主要有：试验室检测明楼城台粘土砖的抗压强度，三个试件的抗压强度为11.8MPa、8.0MPa、10.2MPa，平均值10.0MPa。检测了宝城墙及明楼主体结构的外观坏损情况；钻孔检查方城城台主体内部构造；探地雷达探测方城城台砖墙构造、损伤及程度；探测主体结构裂缝及变形；评估方城明楼城台及宝城墙结构安全。重点检测了明楼城台砖拱洞中部的陈旧性变形和裂缝情况；检测了城台西北角明显的外鼓闪墙面。检测可见：方城城台西北角上部墙面鼓闪，由树根挤胀所致，雷达探测其剥离面的深度较浅。

明楼为清乾隆时期将木结构改造为砖砌体结构，上部荷载大幅增加，上部室内石墙厚约3米，石墙上方的荷载约2000吨，传至下部方城城台门洞砖拱券，墙下沿洞深每延米作用100吨荷载，造成券洞中部（偏南）砖拱顶明显下沉变形，并产生大量裂缝，查明了裂缝产生的病因。

经检测，明楼的方城城台砖券洞评定为结构整体性安全隐患，城台西北角明显的外鼓闪墙面，评定为结构局部危险点。根据检测结果，设计针对荷载增加导致的券洞内墙体的开裂，增加了方城券洞的结构加固措施，保证了方城明楼的安全。

其次开展明楼木构件树种及缺陷检测。明楼为砖石结构，但仍保存有檩条、斗拱等大量木构件，部分仍保留了明清原始构件。为妥善保护好这些原始木结构，进行了明楼木构件树种及内部缺陷检测。

树种鉴定分别于2011年11月9日（第一次取样）、2012年4月19—26日（第二次取样）对裕陵关键木构件进行取样，取得试样并进行树种鉴定共59组。鉴定结果表明，裕陵方城明楼木结构由两种树种组成，分别是杉木（Cunninghamia Lanceolata）和琼楠（Beilschmiedia）。其中檩多为杉木，挑尖梁、角梁、斗拱等多为琼楠。由此可以确定需要补配的新木构件的树种，以及力学性能指标。

开展木构件内部缺陷检测。一是外观检测：根据GB 50165-92和GB 13942.2-2009，通过目测、敲击、尺寸测量等手段，对木构件外观缺陷状况进行判断，并进行木构件初步分等。二是开展木构件内部缺陷检测：采用非破损检测方式，借助应力波检测仪和微钻阻力仪进行。首先根据应力波检测结果，判断木构件被测截面内部是否有腐朽、空洞、裂纹等缺陷；对有内部缺陷存在的截面，再利用微钻阻力仪判别其内部缺陷形式。三是开展含水率检测：对每个木构件，选取两端、中间至少三个位置，分别检测其含水率。几个位置含水率平均值作为该木构件含水率。四是进行裂纹检测：木构件绝大部分裂纹都是从构件表面开始的。利用探针等工具，检测木构件表面裂纹位置、形状和尺寸。五是进行木构件残损状况分级：根据GB 50165-92和

GB 13942.2-2009，结合裕陵检测木构件的实际情况，对梁、枋、檩，制定了木构件缺陷分等标准。根据分等标准，通过外观检测和详细检测，确定了62个木构件分等情况，并对其中29个拟回用木构件进行详细的缺陷检测，其中共有7个存在严重缺陷，需加固后方可留用。

科学详细的检测，查明了裕陵关键木构件的树种，以非破损方式探明了木构件内部糟朽等缺陷的部位及程度，为设计确定原始木构件是否可继续使用、是否需要加固提供了科学依据。

修缮目标还包括妥善处理祾恩门保护设计。祾恩门现存明清两代遗址遗存的保护手段需要考虑满足陵寝封闭管理的需要，设计通过多轮方案挑选，最终采用明代式样祾恩门作为明清两代遗址保护设施，以价值保护为目标，在最大限度保存明清两代台基及墙体等遗址遗存的基础上，满足陵寝安全管理等功能需要。

项目整体从进场实测勘察到竣工历时3年圆满完成，通过修缮裕陵原始构件最大限度地得以保存，并以健康状态延续，其价值得到保护。

四　科学评估、精准落实

明十三陵管理中心一直秉承规划先行，并从实际出发，科学评估，合理解决文物保护与区域发展建设的现实矛盾，科学评估周边建设对明十三陵文物本体及环境的影响，为精准地控制文物保护控制区内的建设提供支撑，做到文物保护与区域发展双驱共进。

《2018年度十三陵特区办事处生态环境整治项目文物影响评估》的项目为改善定陵周边环境，增加长陵停车场位，更换老化的供暖系统管道而开展实施，我所配合项目审计及报批编制了文物影响评估报告。通过分析项目的主要内容与涉及的明十三陵定陵、长陵以及居庸关云台的保护区划关系、文物位置关系等，判断项目符合《中华人民共和国文物保护法》《北京市长城保护管理办法》和《北京市文物保护单位保护范围及建设控制地带管理规定》等相关法律法规的规定；同时通过绘制项目与文物位置关系的现场模拟分析图和场地实施后效果与现状对应分析图，评估认定该项目对文物安全无影响，对文物及周边环境风貌有增益性影响。

《北京市昌平区十三陵镇文物保护影响评估》项目以解决十三陵镇国土空间规划编制过程中的用地指标确定、村庄及国有单位调控等问题为背景，力图解决因社会经济的不断发展和当地居民对生活居住条件不断提高的需求与明十三陵的现有保护区划和管控要求产生的矛盾，提出相应的措施建议。

此次评估以涉及明十三陵保护区划的34个行政村（含2个街道）为评估对象，通过收集研究十三陵环境的历史影像资料、文献档案以及相关成果，深入研究评估对象的历史，分析评估对象的文化传承性、文物本体安全、文物格局影响以及文物景观环境影响，评估34个行政村（含2个街道）对明十三陵的影响程度。

文化传承性分析：评估对象的文化内涵是否与全国重点文物保护单位十三陵的文化内涵存在内在关联，是否为十三陵的价值组成要素，并以此作为主要依据确定评估对象是否保留、控制或者搬迁。

　　文物本体安全分析：分析评估对象是否对全国重点文物保护单位十三陵的相关保护对象安全产生危害，包括直接危害和间接影响，产生安全威胁的，应予以拆除或搬迁；未产生安全威胁的，根据综合评估结论采取相应措施。

　　文物格局影响分析：分析评估对象是否对全国重点文物保护单位十三陵的历史格局产生影响，即评估对象是否为全国重点文物保护单位十三陵整体格局的组成部分。

　　文物景观环境影响分析：分析评估对象是否对全国重点文物保护单位十三陵的景观环境风貌产生影响，对评估对象的景观风貌分析主要从建筑形制风貌和可视性等两个角度进行分析，并综合判断评估对象对十三陵的景观风貌影响程度。

　　此次《北京市昌平区十三陵镇文物保护影响评估》工作的主要成果：

　　（一）提出了保护区划调整和管理规定的建议，并通过与《明十三陵文物保护总体规划》编制团队的数次协调和对接，将此次的区划调整和规定成果成功地纳入到总体规划中，为明十三陵环境的保护、控制和引导提供了法规依据，为明十三陵镇国土空间规划的编制夯实了基础。

　　（二）通过采用现代技术分析手段，如地形雷达可视域分析、地形线剖面分析等，科学地判断了此次涉及的34个行政村（含2个街道）和范围内的国有建设用地单位对明十三陵的影响程度。依据评估分析的成果，将原有规划中的搬迁村落由13个减少至9个，节省了大量的经济成本；同时将对明十三陵影响程度较小的5处行政村的新建及改建建筑高度由平房提高至9米，解决了当地居民对居住条件改善的需求，有效保障了在文物保护的基础上科学管控建控地带内的建设强度和风貌。

　　（三）提出了新建选址建议。通过科学分析和判定拟建设场地对明十三陵文物的影响，结合当地居民意愿，将小规模的搬迁及新建需求选址在位于核心陵区周边的5处行政村，将大规模的搬迁及新建需求选址在位于明十三陵南侧的新城区域，满足不同的新建需求。

五　结语

　　上述多样的明十三陵保护实践，只是明十三陵众多保护工作中的几项，随着明十三陵保护利用工作继续系统化、科学化、有计划的推进，明十三陵这一珍贵的世界文化遗产将得到更加妥善、严谨和科学的保护和延续，其珍贵的价值也将得到更加深刻和广泛的阐释。

［作者单位：北京市文物建筑保护设计所］

长江中下游南京城墙砖官窑遗址调查与发现

——以江西黎川砖官窑遗址为例

周　源

　　我的分享分为四个部分，首先介绍一下南京城墙的概况；其次，谈一谈南京城墙砖官窑的定义及相关调查；第三，重点介绍江西黎川砖官窑遗址的发现与收获；第四，谈一谈南京城墙砖官窑的大遗址保护及南京城墙近期的重要工作。

一　南京城墙概况

　　首先是南京城墙的概况。南京是六朝古都、十朝都会，在这十朝当中最重要的就是明朝。明朝是大一统王朝，而南京是中国古代大一统王朝定都于南方的唯一都城，所以明代对于南京有着非常重要的意义。明代的南京城墙也因此区别于以往各个时代，有着完全不同的规模与气魄，正如朱元璋所说的"一代之兴起，必有一代之制作"。

　　我们通常所说的南京城墙指的就是南京明城墙，它始筑于公元1366年，历时28年建成。由内向外由宫城、皇城、京城和外郭四重城垣组成。明外郭是南京四重城垣中最外面的一圈城墙，正如贺云翱先生所说"明代南京京师城外城遗址是反映中国古代都城在制度上发展到巅峰时期的重要实证性遗产，它使南京成为存有宫城、皇城、京师内城和京师外城四道城垣遗迹的古代都城空间规划与构筑体制的都城遗产，也证明明代南京都城是中国也是世界古代都城中最为宏大的城市"。

　　南京城墙，最里面的是宫城和皇城，现在城墙虽然已经不存，但是它们的护城河及相关的城门还在。皇城外面是京城城墙，京城城墙原长35.267千米，现存25.091千米。现存的城墙分为七个段落，分布于南京的主城区。京城外面是外郭城墙，原长60千米，现存30千米。很幸运的是，目前外郭还有约30千米保存了下来，保存下来的城墙自民国以来一直被作为环城公路的路基而使用，至今造福于南京人民。由于外郭围合的城市面积达到了惊人的230平方千米，这使得明代的南京成为当时世界第一大城。

　　可以简单比较下南京、北京两京的城墙：南京城墙呈不规则的形状，是南方"自然型"城墙的典型代表；北京城墙基本上还是一个规整的城墙，是北方"方正型"城墙的典型代表。

二　南京城墙砖官窑的定义与调查

下面我来谈一谈南京城墙砖官窑的定义与近二十年来的调查情况。所谓"南京城墙砖官窑"，即在元末明初，由朱元璋下令、工部组织，地方府、州、县层层贯彻，主要以"均工夫"役召集民夫，采用铭文责任制，沿长江中下游水系修筑的，主要为南京城墙供砖的砖窑。这是我们给它下的定义，之所以这么说，是根据我们近些年来对南京城砖铭文的研究及砖窑遗址的调查所总结出来的。

南京城墙可以说是中国古代用砖量最多的一座城市城墙，初步统计它的耗砖量达到上亿块，这些城砖不仅仅用来修筑城墙，还用来修建明孝陵、开国功臣墓、中央衙署、寺庙等高等级建筑。所以生产明城砖的窑自然也与明代的皇家陵寝有着非常重要的关联，也是我选择这个话题的原因。

每块城砖上都有字数不等的文字，从1个到70个字不等，这些文字主要是责任制的体现，成熟期的责任制我们称之为"九级责任制"，它们是中国古代物勒工名制度在城砖制作上达到巅峰的产物。通过砖文我们也可以看到每块城砖的来源，南京城墙的城砖来自于今天长江中下游五省，即江西、安徽、湖南、江苏、湖北。具体来说，巨量的城砖是来源于长江中下游五个省170多个县的"窑厂"。这些窑厂把砖烧好以后，工人装运上船，由基层提调官员押运，通过大小河流、湖泊水系，最终汇集到长江，再沿长江顺流而下运到南京，交到中央工部验收。在650多年前的运输条件下，这一过程可谓千难万险，九死一生。

从1998年开始，研究人员结合各地的报道，经过20多年的努力，分别对十余处砖窑遗址进行考察，确定了它们南京城墙砖官窑的身份。一些特色比较鲜明的窑址，比如说安徽繁昌窑址，我们给它的定位是"首次发现"，这次调查拉开了城墙中心对砖官窑遗址为期20多年调查的序幕；湖南岳阳窑址，我们给它的定位是"璀璨的明珠"，它有着非常多的活态化的非物质文化遗产；南京本地还有栖霞官窑，我们给它的定位是"官窑示范"，因为它的规模比较大，保存完整，一些细节显示其等级也较高。由于时间的关系，还有很多窑址我们难以一一展示。如此多的积累，既为南京城墙砖官窑乃至明初政治、移民、官制、徭役制度史的深入研究打下基础，也为南京城墙博物馆提供了珍贵的展陈材料。

三　江西黎川砖官窑遗址的调查与发现

在这20多年的调查发现中，我个人认为比较重要的一次，就是江西黎川砖官窑遗址的调查与发现，我也有幸参与其中。黎川县隶属于江西省抚州市，具体调查区域位于黎川县中田乡的洪门水库。黎川县在明代叫做新城县，新城县在明代又隶属于建昌府，"新城县""建昌府"这两个地名对我们判断调查中发现砖文的价值很有帮助。

窑址群被发现是因为洪门水库维修，导致自1958年水库修建以来第一次水位大规模下降，大量河滩两岸的砖窑露出，被当地一位窑业工作者识别并报告，接到相关线索后，城墙中心迅速派员前去调查。

2017年2月14日至3月24日，我中心在一个多月的时间内，组织团队，先后三赴黎川，对当地窑址群进行了抢救性的调查。经初步调查，砖窑遗址群位于江西省黎川县中田乡渔潭、老公口，及日峰镇八都村，属洪门水库下游淹没区。这一区域的砖窑遗址在百座以上，多位于黎滩河河岸两侧坡地上，海拔在80米至100米之间，基本分三层分布。

我们的调查仅限于洪门水库位于黎川县的部分，主要集中于水库南端。其北端位于南城县境内，尚未开展调查。已经调查的区域显示，砖窑数量惊人，每个河汊都密密麻麻分布着规制、形态、大小差不多的三烟道馒头窑，非常的壮观，也可以遥想当年窑工在黎滩河两岸日夜不停，热火朝天生产城砖的场景。

当从窑底一块残砖上释读出"建昌府"三个字之后，我们如释重负，这和我们南京城墙上的砖文完全对上了。令人吃惊的是我们竟然还发现了650年前的砖坯码放场，对砖坯进行尺寸测量后，发现与南京城墙砖尺寸完全一致。这进一步证实了在黎川发现的城砖曾运往南京的史实。

在这次调查中，除了窑址和城砖，我们还发现了当年运砖道路和港口遗迹，发现了很多的散落于河滩各处的铭文砖以及疑似窑工使用的铁叉。尤为重要的是，我们在一座窑的边上，发现了洪武通宝，这枚当年使用的实用币可以有力佐证窑的使用年代就是明洪武时期。

除了南京城墙砖官窑，我们在调查中还发现了很多与南京城墙无关的各类窑址，可见黎川地区悠久的窑业发展史。到黎川老县城去看看，房子也都是用铭文砖砌筑，上面的文字各种各样。

对于江西黎川砖官窑，我的初步认识有六点：第一，砖窑遗址群无论是从规模还是从数量上来看，在目前国内同类发现中是比较罕见的。第二，初步确定该遗址群中三烟道馒头窑形制的砖窑是明初主要为南京城墙烧砖的官砖窑。这类官砖窑数量众多、产品唯一、用途明确，是明初官砖窑及长江中下游五省100多处南京城墙制砖场所的突出代表。第三，首次发现明城砖砖坯码放场，历史与科研价值较高。第四，南京明城砖中唯独涉及建昌府所辖四县的砖文均没有提调官制度，对建昌府新城县（今黎川县）城砖及窑址的考察有助于解开这一历史之谜及揭示其背后所蕴含的大量历史文化信息。第五，发现疑似与制砖有关的道路、房址、港口、工具等，有助于完整还原明城砖制砖及运输过程。第六，大量各类型窑址及窑址旁"洪武通宝"的发现有助于复原当地文献中所缺载的窑业史。

本次黎川调查成果丰硕，我们发表了调查报告，出版了《南京城墙砖官窑遗址研究》，该书获得华东地区图书出版奖二等奖。整个调查过程我们请新华社派员全程跟拍，在保留大量原始素材的同时，制作成《寻根》四集纪录片，获全国大奖。

四 南京城墙砖官窑大遗址保护及南京城墙近期重要工作

第四点，我来谈谈南京城墙砖官窑大遗址保护及南京城墙近期的重要工作。我们认为，南京城墙是典型的长江文物和文化遗产，是长江文化的传承载体与地域标识。要把长江文化保护好、传承好、弘扬好，就要对南京城墙砖官窑大遗址进行保护和研究。

近20多年来南京城墙砖官窑遗址的调查现状告诉我们，前景不容乐观，目前我们调查的砖窑遗址还不及当年的十分之一。随着时间的流逝，这些幸存的窑址也越来越少。之所以窑址得不到很好的保护，是因为这些窑都是土窑，一般民众难以识别其用途，且没有什么经济和观赏价值，在当地不受重视。部分已经发现的窑址也非文保单位，没有纳入到南京城墙保护规划当中，更没有进入中国明清城墙联合申遗的视野。

南京城墙砖官窑遗址的调查与研究已经历时20余年，在这一过程中无论是南京城墙保护管理中心还是相关各地、市文物考古部门，乃至普通的文化遗产爱好者及守护者都付出了很多。在加大南京城墙基础研究、提炼城墙文化遗产价值的同时，我们持续呼吁全社会对这些饱经风霜的砖官窑遗址进行保护，守护好南京城墙的根，同时促进更宏伟保护计划的推出，即长江中下游五省南京城墙砖官窑大遗址保护的形成。唯有五省联动，齐心协力，我们才能完整地阅读南京城墙，体会650多年前筑造它的艰辛与不易，从而全面守护好南京城墙所有遗存，不愧对先人伟大的劳动创造。

下面再向大家汇报一些南京城墙近期开展的重要工作。南京城墙1988年列入全国重点文物保护单位，目前正在申报世界文化遗产。申遗的项目名称是"中国明清城墙"，这是一个团队，目前是"8+6"模式。所谓"8"，就是8座已经被国家文物局列入申遗预备名单的城市城墙，所谓"6"，就是6座正在积极申请加入的城市城墙。2022年5月18日，南京城墙博物馆正式开馆，它是全国最大的城墙类专题博物馆，也是中国明清城墙联合申遗的展示地。在此，我们也要特别感谢宋局，感谢国家文物局的领导，正是在国家文物局领导的高度关心与支持下，南京市大幅度地追加了南京城墙博物馆的建设投资。

2023年是南京城墙博物馆正式开馆一周年，我们还筹备了特展，名字初定为"日月映山河——永乐时代的超级工程"。这个展览也是配合明年明孝陵申遗成功20周年的庆祝活动。明孝陵是朱元璋的陵墓，我们做一个永乐的大展与之呼应，同时也为南京城墙申遗助力。明年南京城墙博物馆将会有一系列的活动配合这个主题。明年我们还将召开南京城墙国际论坛，欢迎各位老师能够关注并参与到论坛当中。另外，《中国城墙》主要是由我们城墙中心和南京大学文化与自然遗产研究所联合主办的专业领域内第一部学术期刊，目前已经出版了四辑，受到了各界的广泛好评，也欢迎各位老师积极为我们投稿，共同开创中国城墙学研究的事业。

最后，明年7月3日也是南京明孝陵申遗成功20周年的纪念日，会有一系列的庆祝活动，在此我们共同祝贺北京和南京，愿两地的文化遗产保护事业取得更大的成绩。谢谢各位老师，感谢你们的聆听！

[作者单位：南京城墙保护管理中心]

"让文物活起来"：
明十三陵的建筑形制研究与保护利用设计
——以永陵为例

王　兵

非常荣幸参加2022明文化论坛，分享北京建筑大学建筑与城规学院在明十三陵世界文化遗产保护与活化利用工作方面的一些思考与成果。

北京明十三陵是第一批北京"市保"和"国保"单位，世界文化遗产，也是著名的旅游目的地之一，并且始终有专门的管理机构与人员。总而言之，北京明十三陵的文物等级高、开放时间早、国内外影响力大，享有盛誉。1957年，北京市人民政府公布十三陵为北京市第一批重点古建文物保护单位。1961年，十三陵被公布为全国重点文物保护单位。1982年，国务院公布"八达岭 - 十三陵"风景区为全国44个重点风景名胜保护区之一。1991年，十三陵被国家旅游局确定为"中国旅游胜地四十佳"之一。1992年，十三陵被北京旅游世界之最评选委员会评为"是世界上保存完整埋葬皇帝最多的墓葬群"。2003年，明十三陵被列入《世界遗产名录》。2011年，国家旅游局批准明十三陵景区为国家5A级旅游景区。

一　背景

明十三陵的建设时间长、分布范围广、文物构成丰富、整体保存完整、现状情况复杂。十三座帝王陵墓保存状况好，但大多数尚未完全对外开放；陪葬墓、陵监村和石桥等构筑，由于与聚落关系密切，历史构筑与遗存成为村民生活空间的一部分。虽然保存状态、开放程度与模式具有不同程度的问题与缺点，明十三陵仍然在保护利用方面具有巨大的潜力与优势，特别是文化遗产体系化、完整度和价值等方面。

同时，随着新时代文物工作方针的调整，明十三陵迎来巨大的机遇。"保护第一、加强管理"，特别是在"挖掘价值""有效利用"和"让文物活起来"方面，明十三陵管理中心的成立可谓正逢其时。仅就文物工作而言，在档案整理、历史研究、修缮维修、保护利用与影响评估等方面，都有很多工作可以进一步开展。

二 北京建筑大学的研究性工作

明十三陵管理中心作为北京建筑大学长期的合作单位和人才实践培养基地，为建筑遗产保护高级人才的培养提供了资料、课题、场地等诸多方面的支撑。自2014级"历史建筑保护工程"专业学生以"十三陵东井妃子坟保护与展示设计"作为设计课题开始，已经有6届本科生和多名硕士研究生以十三陵作为背景进行课题研究。这些课程设计的周期为8周，学生组成4人左右的小组，在两位专业教师的指导下进行相关设计工作。

从类型上看，设计选题共分为五类。首先是明清建筑的复原研究，特别是根据各陵祾恩殿、祾恩门遗存总体尺寸、柱础间距、柱础尺寸等进行建筑的样式设计，进行过复原设计研究的包括景陵、永陵、定陵、庆陵、德陵的祾恩殿及东井的享殿等建筑；第二类为保护设计，即对建筑遗存进行勘察与测绘，对其残损现状、病害类型、范围、原因等做出统计与绘图，并进行保护设计；第三类为开放利用设计，包括帝王陵墓、陪葬墓等对象及区域的线路设计、设备设施配置、展示模式与内容研究等方面；第四类为区域遗产保护与建成环境提升，主要是在开放利用的前提下，针对区域的道路交通、功能布局、基础设施更新、陵监村环境整治与建筑提升设计；第五类为展示馆与博物馆的设计。主要探讨展示类建筑的选址、功能、内容与展品布置等。

三 明永陵的案例

明永陵作为明世宗的陵墓，其占地面积大、建筑体量宏伟、材料精美、工艺等级高。更重要的是，其选址改变了神道与之前诸陵的关系，其背后的历史、文化与遗产的价值都值得研究，能够包容从历史研究、现状勘察、价值挖掘，到保护利用全过程的选题。本次和大家交流的共包括四个部分，分别为现状勘察、形制研究、保护设计和开放利用四部分。

（一）现状勘察

现状勘察是了解文化遗产和保存状况的开始，是开展后续所有研究与设计的基础。现状勘察共包括五点，分别为文物构成与现状、周边环境情况、价值及其载体、区位及周边关系以及身处其中的"场所感"。在明永陵的现状勘察中，详细记录建筑遗址，包括外陵墙遗址、重门、祾恩门和祾恩殿遗址、棂星门、石五供、方城明楼、院墙。除对以上进行记录外，还特别关注了与文物遗址关系密切的树木。其中一部分树木，特别是挂牌树木，与文物的关系成为关注的重点。在重门的建筑遗产记录中，采用了三维激光扫描和摄影测量的方式，真实、准确地记录文物的形制、尺寸与保存状况等，特别注重祾恩门、祾恩殿、棂星门等遗存的材料与构造做法，这些特点构成了价值的载体，也是开放利用中需要重点展示的对象。

（二）形制研究

形制研究与复原设计既构成建筑历史研究的课题，也是展示利用的内容来源，能够回答观众对于建筑的空间、材料等建筑方面的问题。永陵的形制研究包括明清祾恩门、祾恩殿，共4座建筑。以上建筑的形制研究，以长陵祾恩殿、故宫建筑和其他明代建筑作为参照，以柱础遗存的间距、地盘格局及其尺寸为依据。在地盘数据不充分、或完全无迹可寻的情况下，大木结构则主要依靠相关的案例研究进行。

形制研究的成果可以用图纸或者多媒体的效果呈现，是展示与利用的重要元素之一。展示的手段包括实物展示牌及虚拟展示牌。实物展示牌包括静态说明式，这种展示手段几乎不受时间与空间的限制；透明背景展示牌，展示复原的建筑与真实背景相融合，给观者以身临其境的场所感。这类展示牌受到地点的影响大。为了既能融合场所感，同时兼容信息，在未来发展中可以考虑VR展示技术，即通过特定的设备，实现文物、场所、观者、文化的融合。

（三）保护设计

保护设计的目的是最大限度地保留构筑遗存，为了达到这个目的，需要对遗存的劣化类型、发育速度、病害原因进行研究与分析。对明永陵的劣化与残损勘察研究以重门和方城明楼为对象，以三维激光扫描和摄影建模所获得的三维模型和影像位图为基础，做砖石建筑专项勘察。

勘察结果与病害成因在此不多介绍，需要分享的是对勘察采用标准的讨论。在科研与教学中，除了采用北京市文物局组织编写的《古建筑砖石结构现场勘查技术规范（征求意见稿）》《GB/T 39056-2020古建筑砖石结构维修与加固技术规范》等国内技术规范外，还采用了ICOMOS的《石制构件劣化模式图解词汇表（*ILLUSTRATED GLOSSARY ON STONE DETERIORATION PATTERNS*)》，以及意大利的《1/88号标准》(*Normal 1/88*)为参照，较为全面地分析其病害。

（四）开放利用

开放利用除了具体的设计外，对其原则的思考十分关键。因为开放利用中不可避免地涉及对既存物的干预，而如何在更新设备设施和功能的情况下，使参观者仍能感受到历史的真实性和完整性，而不至于将考古遗址简单化、公园化、庸俗化，是始终需要思考的问题。同时，开放利用的原则与保护工程的原则有联系也有区别。保护工程中，需要坚持的"最小干预"和"不改变文物原则"，在开放利用中应该如何理解呢？

由于这一问题仍处于探索阶段，没有广泛认可的原则，因此它可以被称为"开放的问题"。开放利用过程中会涉及两个根本的问题。首先是遗址身份的转变或者兼容问题。从作为考古遗址或者建筑遗产存在的构筑物，成为一种参观的对象、一种类似"艺术品"的存在。这种身份的转变是建筑遗产的"第二次"转变，第一次是其脱离原始身份与功能，成为携带信息和价值的文化遗产。其次是"添加"的问题。为了满足上述身份的转化，让信息能够清晰、准确地从遗产中转移向公众，必然需要添加道路、指示牌、服务设施、公共设施等一系列的构筑，同时需要添加具有意向的标识物，甚至是被广泛批评的"复建建筑"。这会引发两个设计问题，第一是平面的重新布置，第二是设备设施的植入。对于标识物的构筑，主要以历史研究、形制研究的成果为基础，对其进行演绎与创造。例如在永陵祾恩门、祾恩殿的设计中，采用现代木构进行的创造，让观者能够在思想上与历史产生联系，但关键是指向未来。

四　结束语

在此感谢明十三陵管理中心的组织，能够分享北建大关于就十三陵为课题的相关工作，相信未来在档案整理、历史研究、修缮维修、保护利用与影响评估等方面，有更大的合作空间与机会，也希望能够将研究成果向现实进一步转化，"让文物活起来"！

［作者单位：北京建筑大学建筑与城规学院历史建筑保护系］

走出定陵发掘的"历史困境"

——关于明十三陵考古及博物馆发展的思考

朱 伟

我的发言主要围绕定陵发掘及持续的争议展开。这场考古行动的争议对十三陵工作而言，特别是对我们的遗产展示利用与宣传推广来说，一直是一个沉重的历史包袱。60多年过去了，我们能不能走出这个"历史困境"？

报告的要点主要分为三个部分，第一部分"重读定陵考古的遗产"，主要是重新审视定陵发掘成果的现实意义；第二部分"唤醒明陵考古，焕新明十三陵博物馆"，是希望从明陵考古的大视野和明十三陵博物馆场馆建设的具体视角来谈十三陵的保护与活化利用；最后是关于明年申遗成功20周年纪念活动的一点期待。

近年来，明文化成为影视创作的热点主题，衍生出一些颇具热度的话题。例如，明朝皇帝的皇冠——金翼善冠到底是明器还是实用器。学界观点倾向于"明器说"，实际并不用于日常服饰组合。从南薰殿藏帝王画像也可一见端倪，明朝历代皇帝的画像都是头戴乌纱翼善冠，区别主要在于是否有龙纹装饰。金翼善冠，目前仅见定陵孤例，据此下定论还很难。不过针对这样的网红话题，其实很需要作为第一当事方的金翼善冠保管机构——十三陵管理中心参与讨论。进一步来看，就是我们该如何通过实物材料阐释明文化，以回应广大受众的关切。我想作为公共文化服务机构，我们有责任做好相关研究，讲好包括这一问题在内的明文化故事。

一、重读定陵考古的遗产。2021年，北京明定陵入选中国考古"百年百大考古发现"，再次让我们关注定陵。半个多世纪来，"定陵发掘"一直处于争议的漩涡之中。但不可否认的是，那场考古行动给我们留下了丰厚且多维的遗产，投射出中国考古发展的特殊时期与明代物质文化认知的高光时刻。重新审视定陵发掘成果的现实意义，有助于我们走出"历史困境"，更好地传播十三陵世界文化遗产的价值。

具体来看，定陵发掘的直接成果就是让一批珍贵的文物重见天日，这是已发现的等级最高、体系最为完整的陪葬器物组合，不仅在中国，在全球范围内都极其罕见。另外就是我们关于明代帝陵整体的认知，特别是玄宫形制及葬仪的系统认识也来源于这场发掘。而由此衍生出来一系列成果也值得我们重新认知，第一部考古纪录片《地下宫殿》、第一部最高等级墓葬（大一统王朝帝陵）考古报告《定陵》，以及后续一系列围绕定陵文物的展览，此外还有定陵丝织品的修复与复制，推动了云锦织造技艺的复兴，对于云锦成为人类非物质文化遗产代表作也做出了贡献。

当然，最重要的还是定陵发掘争议本身，引发了对于帝陵陵墓发掘的反思，这对于中国考古实践的价值取向有着深刻影响。在定陵发掘后，不主动发掘帝王陵墓成为中国考古坚守的一条铁律。从考古事业发展来看，"定陵发掘"是一座分水岭，是书写中国考古学史绕不开的里程碑。定陵发掘留下的种种遗憾，也为我们后来更理性地开展考古工作提供了明确的参照系，这个意义是积极且深远的。

事实上，我们现在所说的不主动发掘帝王陵墓，主要是指不主动发掘帝王陵墓的墓室。从陵墓考古的实践来看，围绕帝王陵墓的形制布局与制度演进，持续的考古工作是必要的。例如秦汉帝陵，墓室之外的考古工作持续至今，一系列实物证据让我们对于陵园结构的认知不断深化与拓展。回头来看，我们在钦佩郑振铎先生、夏鼐先生当初反对发掘长陵的远见卓识的同时，也不能太过苛求长陵发掘的首倡者吴晗先生，毕竟从一个明史学者的角度来看，希望获得更多实物资料，展现了其对于新材料的渴求和对于史学研究的追求，只能说当时的想法有一定的历史局限性。

另外，就是定陵出土的这一批珍贵文物，很早就在"扩大中国文化国际影响力"方面发挥了重要作用。我曾在网上淘到过一张老照片，1973年，定陵地下宫殿宝物展作为中日邦交正常化重要纪念活动之一，在日本东京开幕，引起了轰动。

整体来看，从皇家禁地到世界遗产，开放是第一关键词。然而，在部分陵寝面向公众收费开放的同时，陵区内的可移动文物（包括一些散落或维修替换下来的建筑构件）却一直没有一个适宜的保存环境和面向公众的展示场所。直到2015年，原存放于定陵院内小平房里的定陵出土文物3000余件搬入新建文物库房；原散落各处的石碑、石刻、木质及琉璃等建筑构件2000余件全部移至思陵院内，才算还上了这笔历史欠账。不过，这些文物依然没有得到很好的展示，还是藏在深闺人难识。值得一提的是，这次配合明文化论坛，在游客中心举办了"世遗宝藏 大明风华"展览，但也是权宜之计，无法从根本上改善文物展示的条件。我们需要正视定陵发掘的积极性，充分挖掘、阐释、展示定陵文物的价值。

二、唤醒明陵考古，焕新明十三陵博物馆。承认定陵发掘的积极意义，也表明了我们对于明陵考古重启（需要强调的是，不是再发掘哪座帝陵的地宫）与深化的期待。围绕陵区遗存的相关调查和持续研究，将为十三陵景区和博物馆建设带来积极而持续的动力。

价值挖掘需要更持续的研究，价值阐释需要更多维的视角，价值展示也需要更适宜的载体。从定陵到整个天寿山陵区乃至于北京明代都城体系，还有许多学术问题需要系统的考古工作来解决，而包括定陵文物在内的十三陵历史文化遗存也需要一个更富想象力的博物馆空间进行系统阐释与展示。

几年前《中华遗产》杂志的十三陵特别策划"看不见的十三陵"，我对其最大的感受是，看不全的十三陵。目前，十三陵景区仅有长陵、定陵和昭陵开放，康陵实行预约制开放。更重要的是，整个景区，缺乏一个集中性的展示场所，系统性地阐释、展示十三陵的价值。要与十三陵现有的实物藏品和十三陵关联的宏阔时空背景相匹配，这个展示场所需要相当大的体量。目前，明清皇家陵寝组成部分中，仅有明孝陵拥有自成一体的博物馆空间，这是利用原南京手表厂旧址改造而来，目前来看，展览展示有待提质升级。明显陵没有独立的博物馆空间，相关展示主要位于钟祥市博物馆内，对于一个县级市来说，能做到这样已经相当不错了。

长期以来，十三陵的文物展示主要利用现存古建筑的室内空间，但受制于古建保护要求和软硬件设施，无法充分展现十三陵丰厚的历史文化内涵，当然也没有条件系统展示定陵出土的一大批珍贵文物。也正因为我们没有一个设施完备的展览场地，错过了很多扩大影响力的机会。

紫禁城600年，大家都很关注。谈到永乐迁都，肯定绕不开天寿山，这里埋藏着迁都北京的决心——永乐五年（1407），徐皇后薨逝，按照先逝皇后与皇帝合葬的祖制，徐皇后葬地与都城所在有着必然的联系。2021年香港苏富比春拍，一方残损的明代皇后谥宝引起广泛关注，这是目前仅见的明代帝后玺印。据残留的印文可知，这方谥宝是明仁宗为生母徐皇后所制，应该是原存于太庙的。类似的热点，我们都应该抓住，展开专题宣传，甚至举办专题展览。

这些年，明文化主题展览在国际上热度很高。大英博物馆的"明：盛世皇朝50年"受到广泛关注，图录持续热销。印象中，首都博物馆"回望大明——走进万历朝"展之后，似乎就再没有以定陵文物为主角的展览了。2020年，"1420：从南京到北京"的展览先后在首都博物馆、南京市博物馆举办，定陵文物也有出镜，但这批文物与明朝前期迁都的历史关联并不大，仅仅是陪衬。

定陵文物以外，十三陵还有很多故事可讲，例如永陵与嘉靖时代。《大明王朝1566》这部剧的豆瓣评分极高，这部高分历史题材电视剧取景永陵方城明楼，这是笔者印象中第一次在影视剧里看到永陵遗存，更为重要的是，剧情所指场景正是嘉靖皇帝的万年吉壤，也就是后来的永陵。这也体现出这部剧在细节方面的匠心。对于我们而言，就是一个可以制造话题的切入点。其他热门话题还包括关于《永乐大典》正本的下落、大礼议与兴献皇帝迁陵的提议以及不断增扩钟祥显陵的过程等。至于整个明陵制度，嘉靖时期完成了明代五大陵区及山神祭祀格局，天寿山（十三陵所在）、纯德山（显陵所在）、神烈山（孝陵所在）、基运山（祖陵所在）、翔圣山（皇陵所在），陵山的定名与祭祀制度的进一步确定对整个明陵体系发展有着重要意义。另外就是嘉靖十九年（1540）修建了神道最前的大牌坊，延伸了整个陵区的神道。而关于神功圣德碑，嘉靖朝之前，除长陵以外，献陵以下诸陵均没有树立神功圣德碑，嘉靖二十一年（1542）给诸陵补上了，但嘉靖皇帝并没有为列圣书写碑文，这也造成了今天看到的除长陵外，其余诸陵的神功圣德碑都是无字碑。林林总总，假设十三陵有一座现代化的展示场馆，有很多内容可以置入，有很多主题展览可以在这里展出。

推而广之，其实就是老牌世界遗产地遗产价值阐释和展示的问题。如果没有一个基本陈列，对于公众而言，要理解十三陵这样一处占地近百平方千米、延续六百余年的文化景观（帝陵秘境＋村落生境）是很困难的。

近年来，很多世界遗产地都在大力兴建博物馆，形成馆舍集中展示与原址景观展示相匹配的展示体系。如大运河，借着大运河文化带、大运河国家文化公园的东风，扬州、洛阳、北京、杭州四地形成文化竞争，四座大运河主题博物馆相继亮相，已开放投用的扬州中国大运河博物馆、洛阳隋唐大运河博物馆迅速成为网红打卡热点，成为引领当地文旅融合发展的新增长点。依托良渚古城遗址的良渚博物院，现在已经进入二期建设的新阶段，设计方案已经确定，目前在做深化设计。殷墟遗址博物馆也在建设新馆。总体来看，建设一个更具表现力的现代化展示场馆，是世界遗产地展示利用的刚需，也是大趋势。需要特别强调的是，前述部分博物馆在立项时并没有很好的藏品基础，这与场馆建设的大投入并不匹配，相比而言，十三陵如要建博物馆，在藏品方面有着得天独厚的优势。

最后就是关于明年申遗成功20周年的一点期待。是否可以启动选址与论证工作，并在明年申遗成功20周年纪念活动举办期间，正式启动明十三陵博物馆（可以加挂"中国明文化博物馆"牌子，并争取成为北京三大文化带交汇的重要地标和国际明文化传播与交流中心）新场馆建设的立项工作。

我自己的工作室距离明孝陵不远，也期待明年两京两山（北京天寿山与南京神烈山）的互动，让人想到顾炎武的两句诗"问君何事三千里，春谒长陵秋孝陵"。其实，围绕这两句诗，南北两地就能办一个很有意思的展——明清鼎革之际，在明遗民心中，明陵的角色与意义。

［作者单位：南京实迹文化遗产保护有限公司］

基于遗产价值分析的明清皇家陵寝展示
利用提升路径研究

——以清东、西陵为例

燕海鸣　解　立　张　畅　付梓杰

各位领导、各位专家、各位同行：

　　大家下午好，我是来自中国古迹遗址保护协会秘书处的项目专员付梓杰，今天，我谨代表协会项目组成员，为大家汇报"基于遗产价值分析的明清皇家陵寝展示利用提升路径研究"课题，以与明十三陵同属于世界文化遗产"明清皇家陵寝"框架的清东、西陵为案例，对有关展示阐释的现状和工作思路进行分析，从而为我国老牌的陵寝类世界文化遗产的可持续发展，切实发挥世界文化遗产的角色与作用提供思路。

一　项目背景与技术路径

　　首先是项目背景和技术路径。作为老牌的世界文化遗产，同时也是明清皇家陵寝重要组成部分的清东陵、清西陵为何要开展遗产展示利用提升工作，是项目组切入研究的契机，同时也是判明工作方法的先导要素。经过分析和与遗产地的沟通，项目组认为，当前促成清东、西陵开展遗产展示利用提升的契机如下：一是陵寝类遗产的独特属性。如何通过展示阐释，实现其从历史皇家禁地到面向公众的世界遗产的角色转化，不仅是东西陵面临的问题，更是文化遗产展示阐释领域的国际性难题。二是遗产展示利用条件与遗产价值之间的矛盾。部分陵寝尚不满足开放条件，但其又是遗产价值的重要构成，两者间的矛盾，构成了阐释困境。三是公众对陵寝类遗产的普遍好奇和对相关知识的追求。近年来，网络小说、自媒体和短视频平台的逐渐兴起，不断激发乃至诱导着公众对遗产产生好奇心和认知欲，其中又以陵寝类遗产尤甚，而这种日益增长的认知需求，逐渐与当前遗产地丰富度和多样性欠缺的展示利用现状相矛盾，使得东西陵无法完全发挥世界文化遗产的社会文化功能作用。

　　在遗产展示阐释层面，ICOMOS《文化遗产阐释与展示宪章》的目标，要求文化遗产的展示阐释工作，要将遗产地的价值置于核心，展示阐释工作应展示价值、保护价值、传播价值。以此为背景，项目组对症下药，依据当前遗产地的展示阐释需求，基于遗产展示阐释工作的目标与原则，确定了基于遗产价值为主轴的工作方法。项目从明清皇家陵寝和清东、西陵的价值出发，细化遗产的价值表现和系列—单体遗产的价值贡献，基于价值明确载体，从而确定展示内容和目标。以此为基础，全面调研不同展示内容和展示形式的现状，明确公众需求，从而实现全面系统的展示阐释现状评估，进而分析当前以清东、西陵为代表的明清皇家陵寝遗产在展示内容和形式方面的可提升之处。充分发挥协会立足国内、链接国际的视野，分主题引入国内外可供借鉴的展示阐释优秀案例，从而形成具有针对性的展示利用提升建议。

二　清东、西陵世界遗产价值及其载体分析

接下来我便从整个项目的基础，也就是清东、西陵的世界遗产价值及其载体分析出发，对清东、西陵遗产展示阐释内容和目标进行梳理。首先，我们看到，在世界文化遗产的体系下，清东、西陵，与明孝陵、明显陵、十三陵以及盛京三陵一样，同属于"明清皇家陵寝"这个大的遗产帽子之下，而根据世界遗产价值标准，"明清皇家陵寝"系列遗产符合标准（i）（ii）（iii）（iv）（vi）。基于价值阐释，我们随即对不同标准的价值主题进行了提炼，分别为标准（i）：天才杰作；标准（ii）：交流融合；标准（iii）：见证传统；标准（iv）：建筑、景观代表作；标准（vi）：关联性价值。基于系列遗产的共有价值主题，项目组对清东、西陵在整体价值中的贡献进行了分析，厘清清东、西陵独特的价值构成。我们认为，清东、西陵对前朝陵寝尤其是明十三陵的继承和发展，使其成为具备整体性、建制严谨完备的皇家陵寝。

清东、西陵对传统的昭穆制度进行重新阐释，形成了东陵与西陵遥相呼应、并行发展的独特格局；同时，清东、西陵也展现了清朝满族统治者的独特的民族和宗教特色；其营建反映清代多位帝王的性格偏好、生平命运和重大政治事件，见证了清朝由繁荣走向衰亡的独特历史。与此同时，清东、西陵营建、布局、设计，也代表了清代官式建筑艺术发展的最高水平。

基于对其价值的分析，项目组厘清了清东、西陵的价值载体，包括：1.山水环境；2.陵寝布局；3.陵寝建筑；4.附属建筑；5.工程遗址；6.可移动文物；7.非物质遗产。其中对应清东、西陵独特价值构成的载体，其阐释要素包括风水理念、陵寝建筑、墓葬制度、历史人物四项。综上，我们基于遗产价值、价值载体和体现独特价值的重点阐释要素，对于需重点阐释的价值要素和对应的价值主题进行了对应，厘清了不同价值载体最适合展示阐释的价值主题，从而为展示阐释策略的提出提供基础。

三　清东、西陵展示利用现状与现有问题分析

在明确了清东、西陵的价值构成与载体之后，紧接着，项目组便在价值框架的基础上，对东西陵的展示利用现状与问题开展了调研和分析。基于清东、西陵丰富的遗产构成，项目组一方面对其包括山水环境、陵寝布局、陵寝建筑、附属建筑、工程遗址、可移动文物、非物质遗产等价

值载体的展示阐释利用情况进行走访调研，另一方面，对遗产地的其他展示阐释形式，包括基本导览系统、展览、主题活动、旅游产品及其他利益相关方开展的展示阐释活动现状进行了调研，并对问题进行了分析。

我们可以看到，当前清东、西陵的展示利用问题主要集中在四个方面。一是展示阐释与世界遗产理念融合层面尚有不足，具体表现在系列遗产展示方法和基于价值的阐释框架两点上。二是清东、西陵内部联系不明确，在现有的展示阐释框架中，调研组发现，清东、西陵均很少提及对方的相关信息，这种展示阐释内容的独立，不仅割裂了清东、西陵作为关内清代帝陵的发展演变连续性，使清代帝陵的遗产价值无法得到全面、妥善的阐释，更是会在参观者心目中造成更深的疑问，如东、西陵两者为何分设在遵化、易县两地等。三是当前清东、西陵多样遗产类型要素无法很好地支撑其遗产整体的价值叙述问题，清东、西陵两者各自包含多种类型的遗产要素，有着丰富的价值内涵，覆盖着巨大时空跨度的复杂完整的遗产体系，不同价值载体与遗产地整体价值之间有着明显的支撑关系，但东西陵当前在部分价值的阐释层面有着明显的缺失。四是展示阐释与遗产地可持续发展的融合还有所欠缺。

这些问题的出现可能与明清皇家陵寝系列遗产申报较早，本身不是统一联合申报，没有统一的协调联动机制，没有共同建立整体的阐释展示体系等先天条件有关。但作为个体遗产地仍有很大的空间从各个层级以系列遗产阐释展示的路径来完善自身阐释展示，用专业方法帮助公众获得更加整体性的遗产认知，即使仅在清东、西陵遗产地内部都还有很大提升空间。

（一）展示阐释与世界遗产理念的融合问题

在系列遗产展示方法上，调研组发现，清东、西陵中的遗产价值阐释思路不甚明确，在展示阐释内容上，清东、西陵与明清皇家陵寝系列遗产整体较为脱节，缺少陵寝类遗产，尤其是清代帝陵形态、规制等要素自明孝陵、十三陵以来的演变发展历程。

在基于价值的阐释框架上，调研组发现，作为我国老牌的世界文化遗产地，清东、西陵对传统国保单位和旅游景区展示方法的沿用，虽在一定程度上能够实现、兼顾遗产本体和景区环境的保护与展示，但体系性较差，尤其是在价值认知方面，当前的展示阐释内容没有遵循价值—载体/特征—遗产构成要素的逻辑框架，导致参观者所认识的遗产地仍是多种遗产构成要素的堆积，而没有形成完整的遗产价值、尤其是世界遗产价值展示框架。二是清东、西陵研究成果转化程度不足的问题，虽然，近年来清东、西陵管理部门自身研究能力强、积累了丰厚的研究成果，但这些没有精准转化为对清东、西陵自身世界遗产价值的提炼和再界定，而仍停留于对其传统科学、艺术、历史价值的抽象描述和多种含混版本的价值传播。如何进一步提炼现有研究成果，发挥世界遗产价值的框架作用，是推动清东、西陵遗产价值展示阐释的向前迈进的重要基础。

（二）展示阐释与遗产价值特征的呼应问题

与前者相同，其问题具体表现为两点，一是展示阐释对象和内容的完整性上，清东、西陵超大尺度的价值载体，如前文提及的山水环境、陵区布局等展示缺失，相关研究成果转化较为零散，无法形成系统的展示内容。同时，遗产地重点展示和辅助展示要素阐释设施信息较为模糊，除已开放的陵寝外，其他建置设施与标准（vi）相关的历史内容和非物质遗产展示信息也有所缺失，无法实现对遗产价值的网站展示。二是展示阐释与遗产构成的关联性问题，世界文化遗产地的首要属性是不可移动的物质文化遗产，其核心价值是通过真实可感的遗产地的物质遗存来体现的，因此，以阐释展示的内容即使是抽象的历史知识和价值，也应该用上述世界遗产的价值—载体分析体系，将其与清东、西陵现场可感知的遗产本体更准确地对应和关联，使公众对遗产价值和遗产本身都有更深刻的认知，例如某位帝王的个性和命运实实在在地影响了陵寝的选址、营建、用料、设计、装饰等，这些都是在现存陵寝建筑上清晰可见的。加强这些信息传播与遗产价值和构成的关联性，将提升遗产现场的参观体验，尤其是对遗产地本身的体验，不仅仅是对埋葬于此的一位帝王的各种故事内容的了解。

（三）展示阐释手段的有效性和丰富性问题

在展示阐释手段的有效性方面，项目组认为，当前，清东、西陵遗产本体的展示基础较好，体系较为完备，但针对不同展示目的的手段有效性亟需提升，丰富现有展示阐释内容与形式，丰富说明牌、语音导览等展示手段的信息承载量，优化导览系统中的游线设计，从而为不同需求的参观者提供更多选择余地。

此外，清东、西陵当前作为展示阐释手段的主题展览多设于遗产地的文物建筑本体内，如不同陵寝的祾恩殿、东西配殿内，展览规模不仅要受到文物建筑本体的规模和保护状况影响，相关专业展陈设备的安装使用，也需要考虑文物建筑保护要求，使得展览的观感、展示效果受到不同程度的影响。

再者，清东、西陵的多媒体对外宣传内容与遗产地联系不够紧密，新媒体推广和引导比较局限，公众吸收了大量来自民间渠道的庞杂碎片化信息，导致对历史人物、盗墓、风水等内容的猎奇理解盖过了对清东、西陵世界文化遗产认知，在展示阐释手段的丰富性方面，清东、西陵的展示阐释手段相对传统，手段丰富性不足，原状展示与导游讲解等展示手段获取信息效率差异过大，数字和智能展示手段发展相对不足，在线导览APP缺乏引导，信息丰富程度较为一般，仍有较大的提升空间。

（四）展示阐释与遗产地可持续发展的融合问题

在遗产地展示阐释与研究、保护管理层面，清东、西陵自身研究能力较强，在申报世界文化遗产后，稳定产出了大量的研究成果，但目前来看，这些研究成果没有很好的被转化利用到遗产地的阐释展示工作中。另外，展示阐释与遗产地保护管理工作联动尚未形成，需要加强遗产地保护管理各部门形成联动，促成更多有利于保护的多元展示方式的开发，例如现有未开放陵寝和遗产地的阐释展示。正在实施保护工程中的未开放遗产地是否有条件在专业设计下作为公众教育场所。保护工作和修复过程的展示，一是可以让公众了解到很多修复完成的遗产地无法了解到的细节信息，也可以让公众了解到保护修复的专业性和遗产的脆弱性，从而启发对遗产保护更大的理解和支持。

在遗产展示阐释与旅游及区域政策规划层面，清东、西陵地处偏远，尤其需要遗产地所在更大区域的资源整合、支持和联动，遗产地自身是无法孤立发展的，仅靠政府财政拨款维持一个老牌文保单位或者景区的运营是非常被动的。当前，区域支持配套设施不足，一方面无法留住参观者，为遗产地展示阐释提升提供动力，另一方面无法与遗产地形成旅游资源联动和配套，限制了遗产地内部旅游资源的充分开放与展示。

在展示阐释与当地社区发展层面，作为遗产地重要组成部分和可持续发展驱动力的社区居民没有充分参与到遗产地的展示阐释活动中。对于清东、西陵而言，大多数满族村村民就居住在世界遗产区或缓冲区范围内，遗产地同时是他们生产生活的场所，也成为对参观者来说无法回避的人群和活动，在遗产地本身的保护和发展过程中，他们是直接利益相关方。目前，部分社区居民虽然在通过餐饮、住宿、土特产和网络直播服务等方式参与遗产地保护和发展过程，但如何进一步将其纳入、引导参与到遗产地的保护管理与展示阐释工作中，促成遗产地的可持续活态发展，是清东、西陵需要考虑和面对的实际性问题。

四 国内外展示利用案例提炼

在厘清当前清东、西陵所面临的展示阐释困境后，项目组基于中国古迹遗址保护协会立足国内、放眼国际的视野，依照清东、西陵的遗产类别、价值主题和遗产类型，对国内外相似的遗产地的优秀展示阐释案例进行了梳理，从中遴选出了具有较高可参考性和借鉴性的案例，分类阐释，以供清东、西陵展示阐释提升作为参考。

首先是皇家陵寝类的遗产，我们这里挑选了和清东、西陵同样是老牌世界文化遗产地的埃及孟菲斯及其墓地金字塔和前些年新近列入《世界文化遗产名录》的日本百舌鸟及古市古坟群，二者在展示阐释方面的优秀之处各异，但都值得清东、西陵借鉴。在埃及金字塔的案例中，我们可以看到其充分利用包括射线成像、红外热成像法、3D扫描建模等高新技术，在对遗产本体尽可能小的干预情况下调查金字塔的核心心脏部位。2015年，由埃及文物古迹部（Ministry of Antiquities）发起，开罗大学工程学院和法国遗产创新保存所共同设计和合作开展的"金字塔扫描计划"便是这一工作模式的体现，该计划对金字塔的内部和外部结构和肌理进行了细致的研究，为考古、遗产保护以及埃及历史等课题的研究提供了材料，并在项目结束后，及时将工作过程和成果报告、视频记录等文件上载至"金字塔扫描计划"官方网站，一方面对遗产地部分不具备展示阐释条件的要素通过另类形式进行了呈现，深化了参观者对遗产地和遗产保护工作的理解，另一方面，则通过这种方式建立起了"研究＋阐释"的良性工作模式，通过研究的深入和成果转化反哺遗产的展示阐释工作。

此外，孟菲斯及其墓地金字塔也建立了丰富且完善的博物馆展示阐释体系，无论是具有百余年历史的古埃及历史博物馆，还是新规划的大埃及博物馆，均是专业化的博物馆展示阐释空间，大埃及博物馆在埃及政府的规划中还将成为同时开展遗产保护、文化、旅游、教育等产业重要综合体，在完善推动遗产保护展示的同时，以点带面，推动其他相关体系的发展。

其次，对日本百舌鸟及古市古坟群而言，其值得清东、西陵借鉴的地方则在于对系列遗产展示阐释的处理上。日本的百舌鸟及古市古坟群为系列遗产，遗产点在百舌鸟、古市地区的不同城市均有分布。日本古坟分布范围广、表现形态各异且历史悠久，迄今为止，其共有1600多年的历史，古坟外形从较大规模的山丘到小型的人造土堆不一而足，亟需进行全面且细致的遗产阐释。早在申遗工作开始之前，在包括堺市、羽曳野市以及藤井寺市在内的诸多城市中，相关博物馆和设施便已经开始借助当地的历史和文化来进行古坟遗产的初步阐释展示工作，播放古坟建造过程的视频以及陈列相关历史的展板和展品等，从系列遗产的角度对时空分布遗产点进行了系统性的展示，易于给参观者以整体的遗产价值认知。此外，百舌鸟及古市古坟群也从遗产整体的角度，及时搭建了面向全球参观者的、信息覆盖全面、有多种语言渠道的官方网站，参观者可通过该平台，获取全面、真实、权威的有关古坟遗产分布、信息、保护管理体制、保护利用措施在内的一系列信息。

再者是考古遗址类遗产，我们遴选了我国近年来申报的良渚国家考古遗址公园和日本北部的绳纹史前遗址群，从其开展的遗产展示阐释工作中看值得借鉴的工作模式。在良渚国家考古遗址公园中，除开采用现场展示和场景还原等多层次的展示阐释手段外，其在展示阐释工作中也加入了对考古发掘工作的展示和体验，如在良渚公园中游览路线的南城墙站所展现的南城墙的考古遗址展示点，以及莫角书院"考古天地"等面向青少年儿童的考古工作体验区，通过具有参与感的形式，强化丰富参观者对考古工作的认知。针对布局、环境等既承载遗产价值，又不易于被参观者感知的遗产要素，良渚公园巧妙地结合了观景与格局模型展示的形式，如位于古城中心的莫角山台，即采用了该种展示模式，参观者站在大莫角山上，良渚古城内外景观一览无遗，结合模型展示，有助于对五千年前这种以莫角山为中心的城市营建的理解，理解统治阶层"以中为尊，以高为崇"的理念，深化参观者对于较为抽象的遗产价值认知。然后，良渚遗址在阐释过程中所开展的持续研究与展示工作和包括良渚博物馆在内的博物馆展陈空间的建立，也同样值得清东、西陵参考借鉴。

而日本北部的绳纹遗址群，作为以考古遗址为主要表现形式的遗产地，大部分承载其价值的重要遗存/遗产组成部分多埋藏于地下，往往并不能直接被遗产地的参观者所感知或了解，进而为大遗址类遗产的展示和阐释带来了严峻的挑战与困难。针对这种情况，日本的绳纹遗址群采取了以"展览"（Exhibition）、"解释"（Explanation）、"参与"（Hands-on，Participatory）为主的遗产展示阐释工作体系。"展览"主要集中在突出普遍价值（OUV）及其承载要素的现场展示。遗产地会直接展示考古遗存，并针对考古现场工作向公众讲解；同时也会对考古遗址中具体空间、景观视野、以及出土文物进行展示阐释。对于"解释"，遗产地则通过"书面材料、文字阐释""视觉阐释""导游讲解""纸质印刷材料""特殊展览""相关信息"等形式，运用诸如手机APP、CG视频、VR沉浸式体验等工具，系统性地阐释遗产的突出普遍价值以及承载价值的遗产要素。而在"参与"部分，包括在遗产地实地开展节庆活动（如绳纹节）、实践项目（泥塑制作等）、研讨会/讲堂、文库（阅读材料、图书、录像出租、阅读）等参与互动性活动，增强对遗产地传统、文化、技艺，以及地下的遗存的公众教育，进而实现由浅入深，由被动到主动的遗产价值感知体系。

五 公众开放与展示利用策略建议

综合前文清东、西陵的遗产价值，展示阐释现状与问题，国内外展示利用案例提炼等内容，协会从构建世界遗产理念的展示阐释体系，提升展示阐释手段的有效性和丰富性，以及促进世界遗产地可持续发展的展示阐释层面，对以清东、西陵为代表的公众开放与展示利用策略提出了建议。

第一，从构建世界遗产理念指导的展示阐释体系层面上，协会认为像清东、西陵这样的老牌明清皇家陵寝遗产地应加强系列遗产间的联系。在展示阐释过程中，展示其整体发展脉络的同时，凸显其独特的价值定位，分别从中国古代皇家陵寝中的清东、西陵，明清皇家陵寝中的清东、西陵，东西陵遗产系列中的清东、西陵，清东陵、清西陵自身作为大型系列遗产地的时空界定和遗产构成，建立多层级、系统性的技术框架。此外，近年来，随着文化景观等遗产类型研究认知的不断完善，我们可以在已有的遗产价值认知中引入文化景观的视野，通过人地互动的角度，有机梳理整合清东、西陵皇家陵寝兆域范围内多样的遗产类型和遗产要素，从而确保展示阐释的整体性和科学性。再者是巩固价值分析的逻辑，正如开篇展示阐释宪章中所明确的那样，展示阐释工作的核心是遗产价值，清东、西陵之所以列入《世界遗产名录》所符合的突出普遍价值，明确落实到每一条价值标准，再到承载价值的每个价值载体/特征，再对应到更具体的遗产构成要素，建立起价值—载体/特征—遗产构成要素的完整的逻辑链条。从而帮助我们尽可能明确所有的阐释对象，确保阐释内容的完整性，即向公众展示所有使遗产地成为世界遗产的价值信息，同时，也确保这些价值不是流于抽象的概念和文字说明，而是可以一一对应到在清东、西陵遗产地实在可见、可感的遗产构成。最后是借鉴文化线路的理念，虽然清东、西陵本身并不属于线路遗产，但可以在阐释展示上借鉴文化线路的理念和方法。区域范围内的历史祭祀线路和沿线的遗存和历史故事都可以被挖掘、整合和展示，扩展清东、西陵展示的时空背景和故事资源。陵寝内部的祭祀礼仪线路目前也在展示上不够详实和清晰，也是可以朝加强挖掘、阐释的方向推进。

第二，从提升阐释展示手段的有效性和丰富性层面上，针对前文中提到的清东、西陵的展示阐释现状与问题，项目组建议，清东、西陵可以通过建设遗产地博物馆/展示中心，通过标识系统进行整体提升设计，设计更多元高效的交通游线等形式，完善专业有效的导览系统；补充对大尺度景观，建筑内部陈设，装饰、非物质遗产等要素的展示覆盖，补充对特定内容的展示；加强对考古、保护、修复等工作区的展示，针对不同需求，联合专业机构，提供多元内容服务，完善遗产地纪念品等文化旅游产品等形式，提升展示手段的丰富性和公众吸引力；充分借助新媒体的自由、灵活、互动性和趣味性强的属性，将更多利益相关者纳入到展示阐释搭建新媒体交流良性共享机制等模式中。

　　第三，从促进世界遗产地可持续发展的展示阐释的层面上，推动多方协作，推动遗产资源创造性转化利用，对现有研究成果进行系统整理，建立数字资源平台，作为阐释利用的基础，以世界遗产价值传播为主线，策划已有成果转化利用系列旗舰项目，联合合作机构及清东、西陵管理机构相关部门，共同推动项目实施，同时搭建更高效的遗产资源和研究成果转化利用机制，推动多形式转化、多渠道传播、多平台合作创新，实现多方协作，推动遗产资源创造性转化利用。加强对利益相关者的参与引导，促进遗产保护展示更广泛的社区参与，拓展文化遗产保护与传播队伍的生力军。同时，发挥旗舰作用，参与推动地方可持续发展，在其他明清皇家陵寝、地方博物馆、省级博物馆、旅游宣传平台、文化传播平台等增加宣传展示内容，加强世界遗产的区域乃至全国文化品牌影响力，发挥世界遗产旗舰作用，结合并争取地方发展政策、规划的配套支持，争取地方政府和社会各界力量的支持，在基础设施、旅游配套、区域游线设计、旅游文化产品开发等方面积极融入和贡献区域可持续发展，推动老牌世界遗产地的可持续发展。

[作者单位：中国古迹遗址保护协会秘书处]

明十三陵陵监的调查与研究

解博知

各位好，我是解博知，是一名在读的博士研究生。今天向大家介绍的，是我跟清源团队在2018年到2020年开展的对明十三陵陵监的一次系统的调研。我将向大家介绍我们调查了什么、研究了什么，以及调查和研究的成果，能为明十三陵的保护与利用提供怎样的贡献。

在介绍我们的工作之前，我想简要地说一下过去我们对十三陵陵监的认识。过去我们对陵监并非一无所知。在一些方志里，包括胡汉生先生的书里，都提到了作为陵寝管理建筑的陵监。只不过这些材料里的陵监是作为十三陵的附属建筑出现的，描述比较简略。另外最近十几年也有很多针对陵监村落的研究，但它们一般关注于今日村落的空间和利用，没有探索历史上陵监的发展和演变情况。

因此我们这次的调查研究，第一个目标就是系统地摸排陵监到底还有多少遗存保留至今；第二个是对陵监自身的发展脉络与建筑形态做一个梳理。

调查包括文献调查和实物调查两部分。通过阅读明代史料，可以整理出陵监这个宦官机构在朱元璋时期的形成过程。陵监是在洪武二十八年（1395），从负责太庙洒扫的神宫监这个部门里独立出来的，常驻陵下，负责陵墓的维护工作。那么陵监的建筑，本质上应该和神宫监等明代十二监一样，是宦官的衙署。按照这条线索，结合《酌中志》，可以在清代乾隆京城全图上找到太庙南侧的奉祠署，这组建筑很有可能是沿用了明代的神宫监建筑。它的核心建筑是一组工字殿，这是衙署建筑的一个典型特征。右侧的图像是乾隆京城全图里的户部衙门，同样以工字殿为核心。

在明实录里，我们也发现了能够证明陵监建筑形态的直接材料。宪宗实录里对裕陵的描述，明确提到神宫监有前堂五间、穿堂三间、后堂五间、左右厢房四座二十间、周围歇房并厨房八十六、门楼一、门房一、大小墙门二十五、小房八、井一。其中前堂五间、穿堂三间、后堂五间，应该是一个工字殿，左右厢房四座二十间，则是配殿的状态。

我们还梳理了明朝灭亡后陵监的衰败过程。在清初的文人笔记里，有很明确的对陵监的描述。陵监的建筑被附近的百姓使用，慢慢演化成了今天的各陵监村落，只有定陵监大概是因为李自成和多尔衮的破坏，已经成为了遗址，这或许是十三陵陵区内没有定陵村的原因。

说完文献部分，接下来再说说实地调研部分。这部分是陵监调查里最重要的工作。现场调查主要在2019年开展，我们去了很多次，通过无人机了解了陵监的整体情况，通过实地的测量登记了每一段监墙的保存情况，并对它们的保存状况做了评估。

从整体上看，陵监的位置大多数在陵墓前的神道一侧。因为各陵墓是在山脚建设的，陵监往往也建在坡地上，通过垫高低处、削减高处的方法给监内地面找平。

虽然各陵监内现在基本没有明代的建筑遗存了，但陵监的监墙与道路格局还算保存得比较完整。这里以德陵监为例。内、外两圈监墙组成一个"回"字形的平面，围绕内圈监墙，布置陵监内的主要道路，呈环形。内监墙以内红色的部分，是衙署格局的核心建筑群，外围黄色的部分，再被一些墙体分隔成几个小院，当地人叫所，这些所应当就是守陵宦官们日常生活居住的空间。

现有的遗存大概可以分成以下几类：内外监门，内外监墙和所墙，影壁，柱础等附属文物，还有古树。

首先是监门。各陵监在外监墙上只开一道砖门，是外监门；内监墙上开的正门是一座木结构的门，叫内监门。外监门保留至今的比较多，内监门只有景陵监还保留着一座。

监墙，按照它分布的位置可以分成三类。第一类是外监墙，比较高大，保存至今的也比较多；第二类是内监墙，就是"回"字形格局里面的那一圈，比较低矮，保存情况比外监墙差；第三类是分隔各个所的所墙，状态和内监墙相似，现在只在泰陵监里有较多的遗存，茂陵监里也有一段。

监门和监墙是陵监最主要的遗存。除此之外，永陵监、德陵监保留了两座影壁；永陵监外还有一口水井；各个陵监里散落了很多柱础石。

一些陵监还生长着古树。康陵监的古树还被赋予了精神内涵，这也是比较有趣的现象。

根据上述调研的结果，我们给所有监墙分了段，以表格的形式登记了每段监墙的基础信息。还对现有遗存的保存状况、周边影响因素等内容做了评估，每个陵监都有一些图纸去直观地表达这些信息。

根据遗存的特点，我们分析了陵监在规划设计时可能的规划思路，发现了一些共性和变化。根据这些信息，我们把明十三陵的陵监大概分成这四个发展阶段。从长陵监到裕陵监，陵监处在形成的过程中，各陵监的差异比较大。从茂陵监开始，陵监的整体格局和模式基本确定了，进入了一个稳定时期。但到了嘉靖皇帝的永陵监，伴随着陵墓本身制度的改革，陵监的形态也发生了变化，后来的昭、定、庆三座陵监基于永陵监的特点又进入了一个稳定时期。到最后一个德陵监，由于政府财政出现问题，陵监的规模缩小了、比例也有所变化。

另一项重要的工作是对十三陵陵监的核心建筑群做了一个复原，以裕陵监为例。就建筑格局来看，当时按照太庙奉祠署和户部衙门的格局，复原了两版方案。第一版是类似于太庙奉祠署的，四个配殿分别位于工字殿两头；第二版是类似于户部衙门，后面的两个配殿放在了工字殿连廊两侧。

在2021年，定陵监遗址完成了土地流转，原来的遗址暴露出来了一部分，我们也去现场做了调查。这个遗址也是以工字殿为核心的。根据遗址现场，它应该更像户部衙门的平面格局，但更多的证据还需要对遗迹进行彻底的清理甚至考古才能确定。随着更多遗迹现象或者文献材料的发现，我们对无论是陵监还是十三陵的认识都会越来越丰富。

我用了很长时间向大家介绍了我们对十三陵陵监遗存的调查和研究工作。对现有遗存的系统调查和登记，恰恰是保护与利用开展的前提条件。只有摸清了十三陵现有的遗存究竟有多少、处在什么状态，我们才有坚实的基础去开展后续的保护和利用工作。

以上就是我发言的全部内容了，谢谢大家！

［作者单位：清华大学建筑学院］

世界遗产保护管理规划框架下
对明十三陵保护管理策略的探讨

吕 宁

一 关于世界遗产保护管理规划

世界遗产，作为文化遗产领域的高地，近些年来越发受到人们的关注，申遗热这种现象，不仅出现在中国，也出现在世界许多国家——越来越多的国家都试图使世界遗产成为可持续经济文化发展中的一股积极的力量。但列入《世界遗产名录》后并非高枕无忧。事实上，保护管理状况作为突出普遍价值三大支柱（价值标准、真实性完整性、保护管理状况）之一，在列入名录后受到两种方式的监督。一种是主动形式的监督，即为六年一轮的遗产地定期报告；另一种是被动形式的监督，即为反应性监测。近年来，因保护管理状况不佳而启动反应性监测程序、进而被列入濒危名录甚至被除名的遗产地屡有出现。比如，列入濒危名录且被广泛讨论的维也纳历史中心，又如被除名的德国易北河谷遗产地。世界遗产保护管理规划正是在这种背景下出台的一种重要保护管理工具。在国际层面上，保护管理规划是秉承《实施〈世界遗产公约〉操作指南》的要求、按照教科文组织相应指导手册而编制的，体现的是缔约国对《保护世界文化和自然遗产公约》和对教科文组织保卫世界遗产的承诺，同时能够有效地防御反应性监测或被列入遗产地濒危名录这些不利状况的发生。与此同时，在国内层面，虽然早期相当一部分世界遗产与全国重点文物保护单位范围、对象基本重叠，但也有相当多的遗产地并不能与国保单位画等号。比如乐山国保单位仅是大佛本体，最多加上两侧摩崖，而世界遗产遗产地范围则包括凌云山、乌尤山、三龟山、三江汇流范围内的乐山大佛、灵宝塔、离堆、麻浩崖墓等4处国保单位，1处省保，2处市保单位和3处文物点，与单一的乐山大佛国保点完全不同。明十三陵遗产地也是如此，其于2003年列入明清皇家陵寝的重要组成之一时，较之1961年列入第一批全国重点文物保护单位，其范围规模、保护对象、涵盖价值等，都有明显的扩展。

二 明十三陵的价值认知及其发展

CHCC团队自2006年开始展开明十三陵的保护规划工作，2018年开展世界遗产保护管理规划工作，这两项规划的基础就是对其价值认知的分析。

明十三陵位于北京市昌平区北部的天寿山麓，始建于永乐七年（1409），最后一座帝陵思陵完工于清顺治二年（1645），历时236年，至明王朝覆灭，是明代迁都北京后13位皇帝的陵墓总称。这些陵墓继承了明孝陵的陵寝规制，以最早建造的明成祖朱棣的长陵为核心有组织地分布在群山环绕的山谷中，总占地面积约83.11平方千米。明十三陵是明王朝在北京的唯一正式的皇家陵寝，也是明代规模最大的皇陵建筑群，是我国古代规模最大、保存最完整的皇家陵寝之一。除有13座帝陵外，十三陵还有7座妃子坟、1座太监墓，以及陵监、行宫、工部厂、九龙池等附属设施和山口兆域边墙等军事防御设施的遗迹。帝陵包括明成祖长陵、仁宗献陵、宣宗景陵、英宗裕陵、宪宗茂陵、孝宗泰陵、武宗康陵、世宗永陵、穆宗昭陵、神宗定陵、光宗庆陵、熹宗德陵、思宗思陵；妃子坟包括东、西二井，宪宗贵妃万氏坟，悼陵（世宗沈、文、卢三妃坟），世宗四妃二太子坟，世宗贤妃郑氏坟，神宗皇贵妃郑氏及二李、周、刘四妃坟；太监墓为明末司礼监秉笔太监王承恩墓。

明十三陵与自然山形地貌密切结合的陵墓选址布局，系统的神道脉络和理水设施以及完善的丧葬祭祀功能设施，显示出整个陵区在中国传统精神信仰、风水理念和明代帝王陵寝制度下的精心规划和建造发展历程。各帝陵建筑格局严谨，气势恢宏，工艺精湛。明十三陵不仅是中国帝陵建筑的杰出代表和典型范例，显示着中国古代灿烂的文明成就和精神信仰，也是中国乃至世界历史上极为重要的明王朝两百多年历史最集中和完整的见证。

明清皇家陵寝为系列申报的世界遗产，项目共包括位于江苏省南京市的明孝陵，湖北省钟祥市的明显陵，北京市的明十三陵，以及位于辽宁省新宾满族自治县的清永陵、沈阳市的清福陵、清昭陵，河北省遵化市的清东陵和保定市易县的清西陵。其中，明十三陵、明孝陵于2003年作为系列申报扩展项目列入《世界遗产名录》。

明清皇家陵寝依照风水理论，精心选址筹划，将人工环境与自然山水巧妙结合，形成布局合理、规模宏大、建筑形式多样且内涵丰富的建筑群，并完好地保存至今，成为明清两代最高等级的丧葬制度、官式建筑艺术和技术成就的杰出实例，同时也为中国14世纪至20世纪的历史变迁提供了独特的见证。明清皇家陵寝符合世界遗产突出普遍价值标准的（i）（ii）（iii）（iv）（vi）条。其中，明十三陵的具体贡献如下：

标准（i）：明十三陵的选址、整体的山水布局、建筑空间格局、建制要素、古建筑群和植物配置的设计和综合运用，将人工环境和自然山水有机融合，充分体现出中国古人卓越的营建智慧。

标准（ii）：明十三陵代表了中国封建社会皇家陵墓的重要发展阶段，以明十三陵为代表的明代皇家陵寝在风水布局、空间序列、建筑格局、营建技术、装饰艺术等方面对于宋代以来形成的皇家陵寝制度有所继承，但更重要的是创新和发展，如以形势派风水理论为主的选址标准、取消上下宫、"前朝后寝"的陵宫布局、圆形宝顶封土、方城明楼、更加紧密的陵区制等，从而基本奠定了明清皇家陵寝的基本制度，对后世皇陵发展产生深远影响。

标准（iii）：明十三陵是集中体现明代皇家独特的陵寝制度、宗教文化、墓葬习俗和建筑特征最为杰出的实物见证。

标准（iv）：明十三陵是现存格局最完整、规模最宏大、制度最完备的明代皇家陵寝建筑实例，在其漫长的建设历史中汇集了多处具有代表性和独特性的皇家陵墓，又将中国传统建筑完美地融入自然环境，构成了一处结构清晰层次丰富的文化景观。

标准（vi）：明十三陵是明代皇家墓葬习俗和风水观念的杰出例证，其设计和建造贯穿了明王朝统治的始终，与明朝一系列历史事件紧密相连，生动地反映出明王朝乃至此后包括清代、近代跌宕起伏的历史发展过程。

除此之外，明十三陵还具有其他国保的文物和文化价值，主要包括以下几点：

历史价值：明十三陵陵区包含明朝13位皇帝、其后妃以及一位太监的陵墓，保留了陵监和附属建筑的遗迹。其建设过程和内部蕴含的丰富历史信息对应着明代两百余年的历史发展，明代很多重大历史事件都在十三陵的营建上留下深刻烙印。明十三陵是明王朝历史发展的见证者，具有很高的历史价值。明十三陵遵循中国古代风水理论，精心选址，因地制宜地将数量众多的建筑物巧妙地安置于自然环境中，形成规模宏大、布局合理、形式多样、内涵丰富、保存完整的建筑群，序列统一又呈现出种种差异，阐释了封建中国持续五百余年的世界观与权力观，是中国封建社会的最高丧葬制度的具体体现，同时也是封建社会礼制秩序，宇宙、生死等哲学观念的体现，以及人伦道德的精神象征符号。明十三陵是明代皇家建筑的重要例证，尤其是在南京、北京明代宫殿遭到破坏或被清代改造的情况下，成为明代皇家建筑最重要的代表之一，体现这一时期皇家营造机构的设计以及执行能力。明十三陵的物质遗存从不同侧面展示了15世纪初至17世纪40年代中国陵寝建筑艺术风格及皇家宗教信仰的重大发展、变化，对中国古代陵寝建筑的创新与发展有重要贡献，它在明孝陵的基础上奠定了明清皇家陵寝的基本形制。这些实物遗存和文字史料，是研究清代陵寝规制、丧葬制度、祭祀礼仪、建筑技术与工艺的不可多得的实物资料。

艺术价值：明十三陵是中国皇家陵寝建筑代表性的实例之一，其选址布局、空间规制、建筑形式、室内装修、附属文物、植物种植等展现出明代官式建筑艺术发展的典型特征和最高水平。

科学价值：明十三陵的设计和建造过程反映出明代官式建筑营造的高超技术水平，体现出明代陵寝建筑设计、建筑形制、营造技术、装饰艺术、景观设计中的科学性与严谨性，对明代官式营造技艺的研究和传承具有极其重要的意义。

社会价值：明十三陵是北京北部城市绿带的重要组成部分，景观优美，是文化旅游、休闲活动的重要目的地，对改善北京的生态环境、拓展城市外部空间、提高人民生活质量都有重要作用。明十三陵是昌平地区的重要文化资源，除旅游直接经济收益外，还可以为当地提供就业机会，并带动附属产业的发展，促进当地经济的发展。明十三陵周边乡镇居民对明十三陵的价值具有极高文化认同感和自豪感，明十三陵的保护和合理利用涉及地方民生问题，并有助于提高地方社区的历史责任感和社会凝聚力。

文化价值：明十三陵是明代官式营造技艺非物质文化遗产的实物证据，相关营造技艺佐证了明代建筑技艺的发展，具有较高的文化与研究价值。

梳理这些价值，我们可以看出，随着文化遗产理论的发展，人们对十三陵的价值认知也在不断深化。1961年列入首批国保单位时，明十三陵的类型是古墓葬，这一时期包括定陵发掘等在内的考古与保护，明显更侧重十三陵的墓葬属性和文物价值；而在2003年列入世界遗产时，明十三陵的类型则变为古建筑，说明这一时期，除地下墓葬之外，人们已经认识到了地上建筑的价值；而到了2000年之后，十三陵人文和自然景观的和谐结合所体现的整体景观价值，开始被强调和重视，这一时期，十三陵不再是单一的遗产，而是一处拥有古建筑、古遗址、古墓葬及其他重要景观在内的形态极为丰富的文化景观。这种层层递进的认知，对我们理清遗产地保护对象，将以前所遗漏的重要景观视线、重要风水要素及其他服务型建筑遗址、陪葬墓等均纳入整体保护管理范围，有着重要的意义；也为后续保护管理规划的规划策略、保护措施、展示利用定位等奠定了基础，后续措施都是基于这些价值出发。最终要呈现给公众和社会看的是第三种十三陵。

三　保护策略的特殊性——宝城与方城上树木与文物的关系

对于十三陵的保护对象体系，规划分析了其面临的种种威胁，包括长期的自然威胁和人为威胁。这些威胁造成的普遍性问题，诸如结构失稳、风化开裂歪闪等，均可按照国家有关规定和行业标准，一一实施保护工程来解决。而对于十三陵存在的一类特殊问题，即生长在宝城与方城上的树木威胁到文物安全的问题，出于环境保护，甚至是古树名木保护法的要求，无法轻易移除树木，因此，园林部门与文物部门长期存在分歧。在本次规划中，为解决这一难题，特聘请专业团队，通过现场测量和取样，对不同位置的树木建立模型，进行了荷载的定量计算。

通过对自重、风荷载、雪荷载的计算和对树种的分析表明，目前古树虽然保持稳定，但随着古树生长，其对墙体与夯土的弯矩作用逐渐变大，其中生长在墙体中部和墙体底部的两种类型正在接近墙体倾倒、坍塌的极限，应当采取有效的措施；而该类树木的数量并不多，仅占总数的7%。通过这种科学计算的方式，可以为今后古树的具体处理方式，提供了行之有效的参考。

四　关于规划衔接

管理是遗产地保护管理规划中非常重要的组成部分，也是对管理部门最有操作性和指导性的依据。世界遗产的有效管理涉及内容丰富庞杂，包括管理架构、管理体系、管理法律法规、保护区划、能力建设等，限于篇幅，这里仅介绍对规划实施最有影响的规划衔接部分。

十三陵作为其范围内拥有34个村落、2万多人口的大型遗产地，其任何措施的落地都需考虑具体社区和村落未来的发展。在上一版风景名胜区总体规划中，计划将17个村落都进行外迁，但随着《北京市总体规划》的落地，全部外迁既不符合经济利益，也不符合村民需求。在遗产地规划编制过程中，编制团队与《十三陵镇国土空间规划（2022—2035）》进行了长达两年的充分对接，就环境整治、村落搬迁、交通线路调整、用地性质规划等各个部分进行了充分而详细的交流，最终得以确定各方都较为满意且具有可操作性的措施，具体分为搬迁、整治完善、规模控制和特色提升四类，其中搬迁的村落确定为威胁文物安全的9个，近期搬迁更是落实到院落，为436宗院落。这大大提升了规划的可操作性和落地性，为具体执行奠定了基础。

最后，我们希望通过世界遗产保护管理规划这一工具的尝试，转变十三陵传统的问题导向保护状态，希望问题和价值导向并重，关注对变化的管理，解决遗产与社会在一起的健康状态，让未来的十三陵切实成为明清皇家遗产保护示范基地之一，文化旅游重要目的地，生态旅游、风景游赏重要目的地，特殊文化教育基地、家庭休闲和体育户外运动基地，同时也不改变其延续当中的传统社区定位。

十三陵的明天必将更加美好。

[作者单位：北京国文琰文化遗产保护中心、清华大学国家遗产中心]

专题讨论三　十三陵区域发展与文旅融合

十三陵文旅融合发展的创新思维

李 忠

一 旅游业进入行业洗牌的关键时期，文旅内容的打造必须思维创新

（一）文旅项目越来越呈现出"瓤"重于"壳"的趋势

首先，当我们今天在讨论文旅产业的时候，要知道的是，中国现在很多景区都面临亏损。但我想说的是，越是在这种情况下，我们越要拒绝躺平，因为竞争不是由躺平的人决定的，而是由那些不躺平的人决定的！我们看两个案例，不论是大唐不夜城，还是杭州的宋城，这两年的经营业绩都相当不错。2021年的五一小长假期间，大唐不夜城的游客人数达到了100万。为什么呢？因为他们抓住了一件事儿，就是不是去做壳儿，而是去做瓤儿。咱们中国的文旅局在相当长的一段时间内，其实更像建设局，干的都是搬砖头、搞建筑的活，真正旅游的活反而没有干多少，往往都是那种宏大叙事，认为建个像贵州独山县那种一千米见方的祭坛，游客就会来。现在，这种宏大叙事和重视建设的模式，其实已经逐渐被淘汰了。

我再跟大家对比两个人，一个是擅长宏大建筑的李宏进，另一个是擅长内容运营的叶文智。这两位都被称作"湘西鬼才"，但是他们的命运却有很大的不同。专注做"壳"的李宏进，呕心沥血搞的宏大建筑，如贵州独山县的水司楼、张家界九重天吊脚楼等等，最终都以失败告终，他自己也陷入困局，被列为了失信人。而专注内容的叶文智，则因为专注做"瓤"，通过一系列开创性运营，巧让景区名动天下、人气财气迅速提升。比如大家都知道的《阿凡达》拍摄取景地——张家界武陵源，叶文智通过借势"阿凡达"营销，带火了武陵源景区。

（二）文旅项目呈现出客群年轻化、审美爱好多元化、圈层化、分众化的特征

首先我们要明白一个事儿，今天是一个内容为王的时代。在内容为王的时代，旅游者关心什么呢？今天这些"Z世代"的人，和我们这些这一代的人很不同，我们是按照阶层进行交往的，而他们是按照圈层进行交往的。用他们的话说，对上这个暗号就是自己人，他们管自己同一圈子的人叫做"同好"。在他们看来，"和什么人一起上路，比去哪里更重要！"总结而言，就是"兴趣为王"。对他们而言，"爱好是刚需，事业是补充。"所以，在这个逻辑之下，十三陵最需要引

入的就是创新，只有明白了客群的爱好，才能真正进行赋能和焕新。

二　十三陵要实现文旅融合发展，要在人和、地利、天时三方面实现创新

（一）人和：要抓住对明文化感兴趣的核心客群，坚持通过年轻化、时尚化的方式实现文化传承目标

近年来众多案例证明，只有年轻人的参与才能让传统文化火起来。随着圈层消费兴起，一小群人的热爱也能撑起传统文化生存的"一片天"。例如，近年崭露头角的汉服经济，吸引了一批汉服爱好者的目光，逐渐成为创业新热点，催生了"妆娘""簪娘"等相关细分职业。对个性化的极致追求及对汉服文化的关心，让绒花、花丝镶嵌、点翠等非遗技艺再次成为广受热捧的汉服首饰制作元素，工艺繁复、制作精良的"簪子"可以卖出数百甚至数千上万元。

再比如一些热爱传统铠甲制作的年轻人，形成了他们的"甲圈"。在一些热门社交平台上，有20多万人常年关注这个圈子。不少人身体力行，将"炼铠"作为自己的职业，从业余爱好者一步步成为铠甲设计师、制作师。其中有一个非常有名的人叫做温陈华，他被称为中国唐宋甲胄复原第一人。电视剧《长安十二时辰》中，所有军官甲胄都是他一个人做的，一共制作了40多套甲胄，比如旅贲军统帅崔器穿着的甲胄。

除了制作铠甲之外，这些甲胄发烧友，还会去参加全接触甲胄格斗比赛。比如诸国之战，就是世界上级别最高、强度最大的全接触甲胄格斗比赛，每年都有很多的甲胄发烧友花费巨资前往塞尔维亚，参加世界全甲胄格斗比赛，满足内心的"甲胄情节"。现在，咱们中国也有很多"发烧友"愿意参与这类的活动，并且已经取得了不错的战绩。

我们继续看，现在因为年轻人的喜爱和参与，使得国粹京剧如今重焕生机。我们呼吁保护京剧已经很多年了，但其实没什么成绩。但是，最近很多年轻人忽然喜欢起京剧了。

我给大家举两个例子，第一个就是来自上海戏剧学院戏曲学院的5个00后女生成立了一个叫做"上戏416女团"，她们以京剧戏腔翻唱古风歌曲，引发年轻人对京剧的喜爱，仅京剧相关视频累计点赞量已突破2000万。一曲《探窗》，在短视频平台上播放总量就超过5000万，点赞量超过250万。

第二个例子是《武家坡2021》。来自上海戏剧学院戏剧导演专业的一名95后研究生李政宽，使用流行音乐的方式重新演绎了经典京剧选段《武家坡》。很多网友表示："越听越上头，感觉错过了很多我们自己的文化精粹。"

可能很多人会问，难道我们的国粹就是这样的吗？我想说，这些人恰恰是不懂国粹的，当年我们的国粹京剧，最早的时候，就是一种流行时尚，京剧这个名字，不是北京人起的，是流行到上海以后，上海人给它起了个名字叫"京剧"，因为是来自北京的。

现在，这些年轻人都是为了自己的兴趣爱好而深入学习中国传统文化，所以，我想说的是，任何一种文化遗产，只有当它成了一种时尚，它才能真正流行起来，才能被传承下去。

那么，如何焕新明文化如何激发年轻人参与？重点利用好"朝代粉"！

对我们而言，最可以利用和团结的一批人，叫作"明粉"。中国历史上有许多王朝，每一个王朝都有一种专属的魅力，于是便产生了"朝代粉"群体。"朝代粉"具有粉丝的普遍特征——狂热！

而"朝代粉"中的"明粉"对外战斗力极强，对明朝极为推崇。在"明粉"心中，"大明终其一朝276年，不和亲，不赔款，不割地，不纳贡，天子守国门，君王死社稷"是中国历史上"最有骨气的王朝"，"明朝无论遇到多大压力，既没有屈膝投降，也没有割地赔款。有人总结，"一个明朝粉能吊打两个"清朝粉"，三五个"唐宋粉"，其他朝代八个以内问题也不大"。

而且，这些"朝代粉"他们知行合一，历史考据和动手实践的能力兼备。为什么现在那些戏说类型的电视剧越来越不受欢迎了？反而是那些真实呈现历史的电视剧越来越受欢迎了呢？就是因为现在的粉丝水平提高了。比如说飞鱼服，其实并非锦衣卫专属服饰，而是属于二品官的赐服。其分为曳撒和贴里两种形制。很多电视剧里拍的其实都是错的，香港很多电视剧里拍的飞鱼服是黑色的，这明显是错误的。这些细节都被年轻人考据了出来。

因此，十三陵可以通过用好"明粉"，以年轻时尚的方式打造"同袍"狂欢之旅。

以西塘汉服文化节为例，立足爱好者的"圈层"，通过年轻化、时尚化的方式进行文旅打造，能聚集全国粉丝，最终实现文化的创新传承。

浙江西塘的汉服文化节特别值得我们昌平和十三陵来借鉴。他们利用汉服这个非常好的消费热点，更重要的是让它活起来，利用古镇的风貌举行了非常多的活动。其中，方文山和徐娇在这其中起了很大的作用。但是最妙的是，这个朝代嘉年华相当于利用了不同粉丝的竞争心理，"唐粉"和"明粉"互相来比一比，在这一过程中越比越深入，原来是静态展示，后来变成了动态展示，所有人的服装以及礼仪都做得特别到位。

兴趣是最好的老师，这些孩子不用你去教，自己就把这些宾礼、嘉礼、丧礼之类的全部考据出来，做得相当到位，并且举办了各种极有人气的活动，比如说汉服相亲会，结果发现相亲的成功率很高，为什么呢？因为相同的爱好都能拉近他们的距离，这就是我说的人和。

（二）地利：导流"明粉"，打造真实化、沉浸化的文旅场景，实现城区全域激活

中国历来倡导走进真实的时空去实际感受历史，"与祖先对话"。比如孟浩然在《与诸子登岘山》所说的："江山留胜迹，我辈复登临。"李白在《把酒问月·故人贾淳令予问之》中说的："今人不见古时月，今月曾经照古人。"

如今，国家也强调"讲好中国故事，展示真实、立体、全面的中国"。因此，吸引"明粉"不能只靠十三陵一个主角，还需要"群演和舞台"。在众多旅游资源中，居庸关长城、十三陵和大运河源头，是最亮眼的金字招牌。所以，我们应该充分以金字招牌为龙头，进行专项的文化主题延展，以点带线，以线带面，全景展现更多主题细分的明文化故事，形成昌平独有的明文化的主题文化线路和全域资源激活。

科技和信息时代助力下，现在的"明粉"可以同时做到"考据万卷书"和"考察万里路"。比如微博网友对"白羊城防御体系考据"，做到了综合利用扫描史料、卫星定位、无人机拍摄等手

段。所以，想要吸引"明粉"，也需要更加真实化、沉浸化的文旅场景打造。文化线路是世界著名旅游区普遍采用的主题线路开发模式，十三陵可以借助文化线路打造理念，全域串联明文化节点，在沉浸体验中开展文化传承教育。

在这方面，有一个很经典的案例，就是美国波士顿的自由之路。

虽然美国的故事不多，历史不长，但是他们特别擅长讲故事，讲得特别到位。波士顿是美国独立战争的发源地，散布着众多历史遗存，是美国重要历史的发生地。但与有着深厚历史传承的欧亚大陆城市相比，波士顿的历史却是单薄、零碎的，散落在波士顿的各个角落，缺乏历史自然形成的聚集。波士顿通过人工方式来"强制"关联，巧用一根"红线"，将分散的历史遗迹串联成了一条文化线路。

这条红线是真实存在的一条红线，波士顿在地上漆出一条红色的线，长约2.5英里（约4千米），也叫自由之路，是最关键的旅游线索，充当着历史公园的说明书。游客可以沿着这条红线大约步行三个小时，游览观看包括博物馆、教堂、历史建筑、公园、码头和历史标记等重要历史遗迹，真切感受波士顿的历史文化。

而且，只要你沿着地上这条真实的"红线"一直走，就能走完所有的历史遗迹。走到一个地方后，会有人扮演美国革命史上真实存在过的人物，以革命人物的视角向你讲述当时发生过的革命事件。在这里，讲解者还会带着孩子们重演历史事件，一起参加革命活动，一起宣誓革命口号。

这种亲历式的历史教育，对孩子们尤其具有教育意义，孩子们也非常喜欢这种旅游项目。虽然，美国的历史不长，但对历史教育非常重视，文化线路众多。波士顿自由之路，非常值得我们学习。

此外，还可以进一步通过场景的"虚实融合"，进一步吸引粉丝现场打卡。也就是通过游戏的手法，吸引粉丝前来打卡。

大家千万不要排斥游戏在历史展示中的作用。我给大家分享一个例子，动作冒险游戏《刺客信条》的第三部，就是基于美国大革命历史的场景制作的。游戏中强化历史考据，还原了波士顿倾茶事件，其中80%的人物都是有历史原型的，游戏制作组把每一个场景都做了精确的考据，正是基于这样扎实的考据，粉丝们才买账，才会在这里"我辈复登临"。游戏发行后吸引了大量玩家到现场考察打卡，实地感受历史。

十三陵已经有了一些明主题的旅游线路，但是我想说，现在我们有更多的同盟，比如说文字策略游戏《大明王朝1789》，都是力图实现全面复原的，可以逐渐丰富完善的。目前，国内已开发多款大明主题的策略游戏，未来可以借鉴《刺客信条》经验，将线上与线下融合，通过游戏引流"明粉"和"游戏粉"，在以十三陵镇为核心的昌平全域设计主题串联的红线旅游。

（三）天时：赋能"明粉"通过明文化创新挖掘跨界融合新产业机遇

最后说一说天时，天时非常重要。围绕十三陵，昌平一直以来重视明文化的保护与传承。但是，明文化的传承，不仅需要保护，更需要文化产业化，让文化能赚钱。

我们现在为文物保护花了很多的心思，也花了很多的钱，但我想说，将来我们还要把文化产业化，让文化能赚钱，一切没有回报的东西都是很难持久的。我们说了这么多年的非遗，效果并不明显，为什么借助于国潮，现在的非遗变得这么火呢？我们国家现在已经有14个非遗产业带在淘宝天猫的成交量过亿，这是值得我们深度挖掘的。

下面，我就跟大家说说这里面的3个产业机遇：

机遇1：明文化＋数字文保，围绕明文化跨界融合出新的产业机遇，激活经济价值，让文化传承可持续进行

随着文保数字化的进程，许多博物馆已经具备了生成文物数字产品的能力，很多的博物馆都在不断推出考古盲盒之类的产品，数字文创无疑是文创的下一个发展方向。

NFT（非同质化代币）作为重要的数字资产，在国内以数字藏品的形式迅速发展，已有国内博物馆试水数字藏品。2021年10月29日12时，湖北省博物馆镇馆之宝"越王勾践剑"的数字藏品正式对外发行，以3D建模和2D高清图片作为藏品，单价19.9元。用户上支付宝搜粉丝粒小程序购买、鉴赏和分享。该批数字藏品共10000份，引来60万人在线抢购，上线即售罄。

这件事情给了我们一个非常大的一个启示。

但是，由于国内禁止文物NFT二级交易，可采用NFT方式支持"数字供养人"的文保模式。例如2018年敦煌推出了一个NFT产品，属于募捐性质，也是瞬间售罄，因为有太多的人希望通过购买产品也为敦煌保护尽一份力。

我们定陵的发掘，是中国考古史上争议最大的事情之一。但既然定陵已经被发掘了，也出土了2000多件的文物，我们能不能利用好这些文物，借鉴"数字供养人"模式，做一些数字产品，推进文物的数字化保护呢？我觉得是值得探索的。

机遇2：明文化＋影视制作——探索明文化IP与影视拍摄结合的产业机遇

过去，其实有很多的历史剧是漏洞百出的，比如在94版的《三国演义》中，诸葛亮出祁山伐中原的时候，队伍的旗子上写的是"蜀"，这个逻辑绝对是错的，其实应该是"汉"，没有"蜀"。这件事，在过去大家看了也就过去了，没有人这么较劲。

但是，现在这种剧越来越少了，反而出现了很多讲质感、严考据，告别粗制滥造的影视作品上线，比如《天下长河》，就是难得正确呈现清初女性装束的剧集，而这些做工考究的影视作品背后，是众多由年轻人组成的文化小圈层。

比如"明粉"代表——控弦司。控弦司就是由一群爱好华夏传统文化，并以射艺的研习为纽带聚集在一起的有志青年们组成的文化团体，也是传统射艺考据、复原、展演、传承的重要民间力量。自2006年成立以来，控弦司成员们一直致力于传统射艺、明制汉服复原（飞鱼服、曳撒、明制官服、祭服、梁冠、玉带、绣春刀等）、礼仪考据恢复及众多真正传统文化的传承、宣传与发扬。同时，他们参与了很多影视作品的拍摄。

未来，我们完全可以十三陵镇为核心聚集相关文化企业，发展明文化产业聚集区。这不但是一个事业，也是一个产业；不但是一个使命，也是个商机。

机遇3：明文化＋潮流消费，探索明文化IP与时尚消费结合的产业机遇

当前，国内一些城市通过挖掘激活本地文化，成功带动地方的旅游发展。比如西安靠《长安十二时辰》俘获"唐粉"的心，成为"唐粉"心中圣地。2019年，电视剧《长安十二时辰》全网爆红，一度点燃了全国观众对古都西安的旅游热情。根据马蜂窝旅游网大数据显示，剧目播出一周后，西安旅游热度爆涨22%。

当前，十三陵景区正积极利用明文化激活潮流消费。同时，我们也有很多像《明朝那些事儿》这样的文化IP，我们能不能也做一些主题消费场景，进一步对明代风土人情进行全景复刻，以文化赋能潮流消费呢？

比如西安的长安十二时辰主题商业街区，它就是紧抓知名影视IP，进行"全景复刻"的成功案例。

长安十二时辰主题街区占地2.4万平方米，是全国首个可沉浸、可触摸、可体验、可消费的唐风市井生活街区。在坐拥唐大慈恩寺、大雁塔、大唐不夜城、大唐芙蓉园的西安唐文化资源聚集区内，长安十二时辰主题街区一经亮相便火爆出圈，成为西安乃至全国现象级的文旅IP，创造了"中国唯一售票的商业街区""古风类街区吸引全龄段客群""排队超百米""演出8分钟，排队三3小时"等奇迹。

它是怎么做的呢？

首先强IP赋能——热门影视IP《长安十二时辰》重磅加持，是该项目成功的首要核心。

2019年，电视剧《长安十二时辰》全网爆红，一度点燃了全国观众对古都西安的旅游热情。借此契机，陕文投将《长安十二时辰》这一热门影视IP引入了商业空间，以唐代都城长安为蓝本，打造出了极具沉浸感的国风主题街区——长安十二时辰主题街区。

其次，差异化定位，以唐市井文化为核心，展现不一样的烟火长安。也就是说，它这里做了错位竞争——大唐不夜城讲的是皇家气象，而这里《长安十二时辰》主题街区做的是烟火，它复原了各种场景，找了《长安十二时辰》的剧组班底，复原了其中的市井生活。

最后，全维度沉浸——创新营造深度沉浸式场景，让游客一秒入唐。邀请《长安十二时辰》原班美术置景团队，复原了电视剧里的各种场景。但是更重要的是，这里还非常好玩。这里的商业业态"全唐化"，街区负一层作为全唐市井生活体验空间，不仅将美食进行唐朝化包装，还有各类唐朝手作、文创、银器、琉璃、香料、唐绣、陶器等唐风特色店铺，让游客全方位感知唐朝市井生活。

除此之外，还瞄准"Z世代"旅游需求，营造"入戏式"沉浸体验——全感官体验，在这里可以穿唐服、观唐艺、遇唐人、遵唐俗、玩唐趣、品唐味、购唐礼。

在整个街区里面，有近70名NPC（非玩家角色）演职人员，会在游客面前演绎《长安十二时辰》剧情。而且，游客也可与NPC自由互动，如聊天、下棋、做任务等，NPC会根据各自人设与游客对话。在这里，你可以和手握佛珠的"玄奘"擦肩而过；可以在靖安司、羊血粉丝铺子和后街偶遇"崔器"；可以在兰亭雅集与"杨贵妃"聊天对弈、品茶畅谈；也可以到武侯铺、太白酒肆与"李白"对诗。另外，街区里还推出大型沉浸式实景游戏《大唐永不眠》，活动范围涵盖整个街区2.4万平方米，是目前全国室内最大体量的沉浸式实景游戏，每天只有晚上（9点—12点）一场，每次最多容纳200名游客。

但这些都不是最关键的，这里面最关键的有两点：一是考据很过关；二是"不崩人设"，这是最重要的事。在长安十二时辰主题街区，当游客问古装打扮的人是不是NPC时，被回答："我们是大唐将军，NPC是何物？"当游客拿着杜甫的扇子跑去找李白签名，李白会很生气地直接把这个扇子扔掉。但是反过来，要是拿着李白的扇子去找杜甫签名，说不定杜甫能激动得晕过去，因为杜甫极为崇拜李白。"飞扬跋扈为谁雄"就是杜甫写给李白的，这是非常不一样的。

最后，再给大家做个总结，在文旅项目"瓤"重于"壳"的大势下，十三陵若要实现文旅融合发展，就应把握客群的圈层化特征，在人和、地利、天时三方面实现创新——抓住"明粉"，通过年轻化、时尚化的方式，实现文化传承目标；导流"明粉"，打造真实化、沉浸化文旅场景，实现城区全域激活；赋能"明粉"，通过明文化创新挖掘，跨界融合新产业机遇。

[作者单位：华高莱斯国际地产顾问（北京）有限公司]

古树文化助力文旅融合发展

李　莹

一　北京古树资源丰富，文化底蕴深厚

北京是世界上拥有古树名木资源最多的城市，是名副其实的"世界古树之都"，树种丰富，分布集中，且显现出北京作为文化中心和政治中心的特点。全市拥有古树名木41865株，其中300年以上的古树有6198株，千年以上的则有62株。

北京的树种也是非常的丰富，是世界上生物多样性最丰富的大国首都之一。北京古树名木的种类在北方城市中最为丰富，树种共计33科、56属、74种。北京作为北方地区保存生物多样性的代表性城市，是非常有意义的。比如青檀、漆树、车梁木等，在历史上非常常见，但在今天却很难在城市里发现了。

不同于南方城市，北京的古树与文物古建相伴相生，是北京城历史变迁的见证者。古树也成了整个城市的一个有生命的活地标，苍松翠柏掩映下的红墙碧瓦已成为古都北京的文化符号。另外，北京的古树跟南方不太相同，几乎80%都是人工种植的，它和文物古迹关系非常密切。北京坛庙寺观中的古树共有13482株，占古树总量的33%；位于皇家园林的古树有11733株，占古树总量的29%；以十三陵为代表的历史陵园内的古树6792株，占古树总量的17%。

我们也从时间线上对于整个古树的历史进行了一个梳理，可以说北京的古树承载着非常丰富的历史人文信息，它既是时间也是空间的地标。早在3000年之前，北京地区包括整个淮北平原地区是一片湖泽、洼地、水乡泽国。燕山山脉分隔了南北方的原始文化群落，他们仅能通过燕山山脉的山口往来，其中主要有两条线路：一个是古北口，也就是现在密云古北口所在的位置，还有一个就是昌平的南口。这是历史上非常有名的两条大通道，侯仁芝先生称之为人文地理通道。有意思的是，北京现在仅存两棵的3000年以上古树就生长在这两条大通道上，一棵是密云新城子镇的"九搂十八杈"，是一棵有3500年树龄的古柏树，另外一棵是位于昌平南口潭峪村的古青檀，也是3000多年。

我们把整个北京的城市发展历史和古树的分布做了一些分析，发现在北京的每一个发展阶段都有古树的见证，包括古树的数量分布、树种特色的选择，其实都和当时的历史人文，包括一些

历史事件相关。如表6"各时期北京古树分布情况表"所示，从隋唐五代开始，相应的知名古树就多了起来。但是因为从唐朝开始，佛教文化传到了北方，寺庙的建设带来了古树种植热潮，带动了北京寺庙园林的兴起，千年古树也多生长于此。留存至今的法源寺、戒台寺、云居寺等，都建于这一时期。寺观的山门、大殿前，常对植松、柏、银杏之类大树，院落周边栽植成片松柏林，围合形成隐逸之所。之后的辽金时代，包括我们今天可以看到的北海公园、大觉寺中的古树，很多都是这一时期种下的。孔庙、国子监和东四、西四的胡同里面也可以见到一些树龄在300年以上的一级古树，是在元代城市建设时候遗留下来的。明、清两朝北京城大规模建设，中心城区包括西山一带主要的城市建设区域也有大量古树遗存。

表6　各时期北京古树分布情况表

时代	古树
商朝（前1600—前1046）	九搂十八杈
西周（前1046—前771）	昌平古青檀
汉朝（前206—220）	雁栖湖汉槐
三国（220—280）	西峰寺银杏
南北朝（420—589）	上方山柏树王
唐朝（618—907）	潭柘寺古树、国家植物园古树、北京银杏王、戒台寺古树、北海团城古树、关沟大神木
五代十国（907—960）	日坛九龙柏、红螺寺古树
宋朝（960—1279）	法海寺白龙松、中山公园古树、凤凰岭迎客松、大觉寺古树、孙各庄银杏、景山古树、花市酸枣王、东岳庙古树
元朝（1206—1368）	孔庙、国子监古树
明朝（1368—1644）	天坛古树、太庙及劳动人民文化宫古树、长寿岭榆树王、十三陵卧龙松、珍稀黄连木、五塔寺古银杏、苏家峪古流苏、密云范公柏、延寿寺盘龙松、故宫古树、旋风柏、文天祥古枣树、安定银杏、元圣双柏、干妈柏、李自成拴马树、南口镇酸枣王
清朝（1644—1911）	宝山槲树、纪晓岚故居古树、碧云寺古树、先农坛古树、香山古树、霹破石村车梁木、御林古桑园、八角西街古银杏、原恒亲王府古槐、孚郡王府古树、颐和园古树、麦子店古桑树、大庄科色木槭、宋庆龄故居西府海棠、慕田峪迎宾松、古枫杨、柏林寺蝴蝶槐
民国时期（1912—1949）	古黄金树、房山十字寺古银杏、古文冠果

二　明十三陵地区古树资源与文化价值挖掘

明十三陵景区现存古树共计4753株，是北京生态涵养区的四大古树群之一。陵寝选址的自然条件得天独厚，背山面水，森林茂密，但是这4000多株的古树，其实都是人工种植，这与中华民族传统的文化形式是分不开的。皇帝陵寝采用的都是地宫深埋，然后在陵寝之上广植松柏，这也侧面体现了中国人对于自然的尊重、寻求自然和谐精神追求的侧面写照，这和其他国家尤其是皇家陵寝的文化形式是截然不同的。古树栽植的形式，包括树种的选择，也充分体现了古代文化思想，包括礼制、等级、时代特征，每个时期都不一样。

皇家陵园内的树木种植要求十分严格，帝陵的神道两侧及祾恩殿前"均封以树，十株或九株为行，各行之间，或间二丈，或间三丈"（《钦定大清会典事例》卷九四三），排列成整齐雄壮的仪仗队，这些树被称为"仪树"。北京中轴线重要区域均一致种植仪树，充分体现了礼制等级森严。明朝时明十三陵神道两侧曾栽植松、柏树各六行，明朝灭亡后被砍伐殆尽。新中国成立后神道两侧的仪树得以补植，遗憾的是种植的是柳树，没有延续松柏林的皇家陵园礼制要求。

在各皇帝陵的明楼、宝城、宝顶和陵垣内外依据地势栽种数以千计的树木，称为"海树"。"海树"的种植相对自由灵活，讲究树种多样、参差错落、远近疏密、前后掩映，其主要作用除了烘托建筑的气势恢宏，还有防止风沙侵蚀建筑的防护作用。明十三陵的"海树"曾经规模浩大，《昌平山水记》中记载"自大红门以内，苍松翠柏无虑数十万株"。

明十三陵内还曾经种植了经济林。守卫陵园及树木的养护需要耗费大量的人力物力，明朝设置有神宫监、陵卫、陵户等机构保障陵园的正常管理。据史料记载，明仁宗于永乐二十二年（1424）建长陵卫，领五千户所。之后的各陵在修建之后，守陵卫皆以五千户为标准，由此可推断陵园管理人员不下数万人。这些人生活清苦，为了补贴用度，守陵人在陵区附近种植果树。《帝陵图说》中记载，朝廷让各陵陵监能有"果园之利，榛厂之利，晾果厂之利，神马厂之利，回料厂之利"，主要是考虑到"其资用之不给"。同时，果园的收成每年还要向皇宫进贡，《北游记》一书中记载"各陵并有园，树桃梨等殷荐，以寺人领之"。很多北京常见的一些水果，比如桃、李、梨，其最古老的品种都来自于昌平一带。

明代皇帝陵园内还栽种了为数不少的观赏林，其中很多是来自海外进贡的稀有树种。为了丰富陵寝环境景观的空间层次，避免陵区建筑单调重复而使人产生压抑感，同时也使陵区景致显得错落有致，天寿山陵区内栽种了多种观赏树木。例如，昭陵（明穆宗陵）附近就种植了数百株海棠树，花开时节，满山遍野的姹紫嫣红，十分绚丽。陵区内观赏树木主要有柳、槐、枫、椿、檀、黄栌、海棠等，同时还有一些盆栽，比如金橘、兰花、桂花等。虽然现在这些都已经不得见，但是也说明曾经的十三陵不光是庄严肃穆的皇家陵寝，也是一个大众踏春游赏的活动区域。

松园位于昌平城东门外1千米处，是明代为天寿山陵寝种植松柏树苗的地方。其地方圆数里，南距亢山1.5千米，北面一直到山脚下，东北至朝凤庵1千米。明朝时种满松柏，无一杂木。据崔学履于嘉靖四十三年（1564）编写的《昌平州志》中记载，"燕平八景"的"松盖长青"指的就是明陵附属机构松园苗圃的景观。清朝定鼎中原后，于顺治四年（1647）四月命工部修葺明陵，同时，昌平城内的衙署也要重建，这两项巨大的工程皆需要大量木材。清王朝建立之初百废待兴，不可能耗费巨资去多方采购，只能从松园和陵区内就地取材，于是一代胜景"松盖长青"就此消亡，但松园这个地名保留至今，位于昌平区松园小区附近。

三 明十三陵地区古树文化价值转化

明十三陵地区的古树所承载的文化信息是多方面的。如何利用这些古树的文化信息与文旅结合起来，这是一个值得探究的话题。探究历史本身就是一件非常有意思的事情，试想，我们站在一棵古树之下，畅想在同一个地点百年、千年以前，这个地方发生过什么？谁来过这里？这是一个非常有吸引力的话题。文旅项目更多的是要创造一些新奇感，或者说不同于日常的一些体验。我们可以考虑从下面四个方面来增强明十三陵吸引力：

第一是遗产之树，也就是作为世界文化遗产的景观的提升。十三陵地区的景观资源有待于提升。同样作为世界文化遗产，天坛公园春季的二月兰已经成为了网红打卡地，市民乐于接受适合日常郊游的、轻松的氛围，现在只有柏树，显得过于庄严肃穆。

第二是精神之树，我们可以做一些类似于禅修的场所，将这里建设成为远离喧嚣的心灵感悟之所、沁人心脾的森林康养之所。斯德哥尔摩斯库格林地公墓是一个很好的示范：这里不光起到了公墓的作用，也是日常人们寻找宁静的场所。墓园中的植物、地势和轴线共同营造出静谧、空灵的景观氛围，生命、自然、时间在这里交汇，人们可以在这里寻找到心灵的平静。明十三陵核心景区的周边是可以结合现有的林地去创造一些这样比较高端静僻的场所，也可以考虑在周边的村庄引入一些禅修、清修的疗养型机构。比如日本高野县的总持院，被联合国教科文组织列入世界遗产，也是日本最活跃的寺院之一。人们到这里来跟僧人一起居住，短暂逃离当下生活，这也是一种旅游的方式。明十三陵同样有这样的条件，比如康陵、茂陵村，在历史上是守陵太监居住的区域，历史文化底蕴相对深厚，村庄内保留有古树，是放松身心的绝佳场所。

第三，地标之树。古树可以作为一种地标来做旅游线路的策划，我们可以再放大一些尺度去看，就十三陵景区和整个昌平地区其他的古树，可以形成若干的旅游线路，比如长城、大运河。我们去年给密云做了一条线路，是结合北京最古老的古树打造的一条旅游线路，把密云新城子镇的古树、民宿、特色美食、农产品等做成一个导览地图，然后结合新媒体的宣传，组织定向越野、打卡活动，带动地方经济。

第四是丰收之树，就是利用历史上经济林的文化特色，来发展一些现代的能源。这里举的例子是德国法兰克福近郊一个历史悠久的苹果园，它一方面是一个种植苹果的园地，另一方面是结合市民当下休闲生活，尤其是面向青少年儿童举办课程、进行家庭活动的场所。

以上就是很简单的一些从古树文化角度挖掘的对于十三陵保护开发的建议。

[作者单位：北京市园林古建设计研究院规划所]

世界文化遗产保护与乡镇发展共荣的十三陵实践

袁　方

今天非常荣幸有这个机会跟各位专家学者交流，本次分享内容聚焦的是历史文化保护视角下的国土空间规划的编制方法，研究交流的题目是《世界文化遗产保护与乡镇发展共荣的十三陵实践》。

一　趋势研判

2017年《北京城市总体规划（2016年—2035年）》批复后，北京市确立了"三级三类四体系"的国土空间规划总体框架，其中"三级"为市、区、乡镇三级，"三类"为总体规划、详细规划、相关专项规划三类。2019年昌平分区规划批复，目前各镇的镇域国土空间规划陆续开展。镇域规划作为国土空间规划体系的中间层，起到上传下达的作用，将各类指标和空间管控要素进行刚性传导。北京城市总体规划中明确了文化中心建设的整体空间格局在市域层面以三条文化带为抓手，统领各类历史文化资源。三条文化带的保护要求该如何贯彻到乡镇国土空间规划中，并落实到实施，这是一个值得研究的问题。

2021年8月，中央办公厅国务院办公厅印发《关于在城乡建设中加强历史文化保护传承的意见》，提出统筹保护利用传承，要做到空间全覆盖、要素全囊括，既要保护单体建筑，也要保护街巷街区、城镇格局，还要保护好历史地段、自然景观、人文环境和非物质文化遗产。因此，我们需要在城乡建设中做到空间全覆盖保护和要素全囊括保护。当前，历史文化传承有两大趋势：第一要守好保护底线，做到系统的完整的保护，坚持以价值为导向的保护，做到空间全覆盖、要素全囊括的保护，统筹做好本体、历史环境和山水格局的保护，坚持分类型、精细化的保护，坚持采用"绣花""织补"的微改造方式，注重多方参与，推动共保共建共治共享；第二就是要以用促保，充分发挥遗产保护价值，统筹城乡空间布局，妥善处理新城和老城关系，多层次、全方位、持续性挖掘其历史故事、文化价值、精神内涵，让历史文化资源能够绽放新魅力、焕发新活力和赋予新动力。

2020年北京市规划和自然资源委员会发布了乡镇域国土空间规划编制导则，提出全市除中心城区和通州区以外的139个乡镇按照乡镇区位和发展方向划分为四种类型：疏解提升型乡镇、平原完善型乡镇、浅山整治型乡镇、山区涵养型乡镇。浅山整治型的50个乡镇应重点落实历史文化保护要求，可作专题性研究。这50个乡镇是历史文化资源最丰富、保存最完整的地区，十三陵镇就是这样的乡镇之一。十三陵从1960年作为第一批全国重点文物保护单位到2003年申报了世界文化遗产，一直都在编制与文物保护相关的规划，对十三陵镇本身的发展关注较少。十三陵镇相较于其他的49个乡镇来说，应该更注重跟世界文化遗产的统筹协调关系。同时，十三陵镇的一小部分在昌平新城范围内，即CP00-0101街区，这个街区作为十三陵镇的平原重点发展地区是规划关注的重点。十三陵镇的面积非常广袤，镇域面积158.84平方千米，下辖38个行政村、2个社区，常住人口约2.82万人。

二 编制重点

新时期的历史文化传承要求"保护好底线"，十三陵镇国土空间规划编制中的历史文化篇章应强调"强特色、守承诺、控底线"。新时期的历史文化传承要求"以用促保"，那我们在编制时应该去寻找传承和文化特色的方法。那么将这些历史保护的传承要求放到国土空间规划的编制框架当中，我们该如何去实现呢？其中有以下五个编制重点。

第一，是以"强特色"为目标的整体认知。十三陵镇特色最突出的是明文化，但十三陵镇发展最早可以追溯到南北朝时期，镇北部现存有北齐长城遗址，是北京三大文化带之一的长城文化带的重要组成部分。同时，十三陵水库是首都建设的代表性工程，水库的水通过东沙河补充了白浮泉的水源，是大运河文化带的一部分。因此，十三陵镇是两大文化带交汇的地区，它承载着千年文脉。十三陵镇地理格局绝佳，是人与自然和谐共生的典型代表。天寿山一带的地理环境符合中国传统山水美学，又位于边关要塞，因此被选址为明代皇室陵寝。十三陵始建于长陵，长陵四面环山，中间一带是平原，水流交错，是古代文化中所认为的"风水吉地"。强化以上两大特色，落实分区规划的发展要求，提炼十三陵镇的发展定位：建设历史文化底蕴深厚、明文化主题突出、生态品质卓越、文旅融合发展的国际文化旅游名镇，我们要努力将其打造成为全球明文化的交流中心。在此定位下，合理规划十三陵镇"两轴、两心、三片、多点"的空间发展格局，即在世界文化遗产范围内要以保护联动发展为主，在昌平新城内重点发展新镇区，世界文化遗产与新镇区间依托昌赤路形成主要发展轴；新镇区东西向发展，延伸到昌平新城和南口地区，形成次要发展轴。

第二，是以"守承诺"为前提的核心保护。守承诺主要就是要遵守对世界文化遗产的申遗承诺，主要有六条，其中要求遗产及其历史景观和背景环境将受到更为完整的保护。文化遗产是由遗产本体和遗产环境构成的，我们保护的是一个整体，遗产环境是乡镇国土空间规划中需要关注的重点。我们提出的是分先后顺序清除对文物可能造成的影响，分为近期、远期、远景。近期（至2025年）要搬迁清理对文物影响比较严重的建筑，做抢救性保护。具体保护实施方法是在神道和主要游览路线两侧扩展150—350米，划定通过性视廊，在观测点和其对应文物本体的连线两侧扩展50—150米，形成观测性视廊，对该区域内严重影响风貌的建筑予以拆除，风貌不符的进行改造。通过视线影响分析，我们建议精准搬迁4个村和436宗宅基地。远期（2026年—2035年）是持续性保护，就对文物产生一般影响的区域进行搬迁。我们建议落实文物保护的建控要求，搬迁12个村，缩小13个陵监村至陵墙范围，重点引导陵监村内风貌格局，延续传统格局，引导陵监墙外村民腾退，逐步恢复陵监肌理；严控建筑高度和风貌，塑造"陵寝—村落—山水"交融共生的整体序列；以现状村落肌理为基础，结合传统陵监空间格局，突出历史要素，优化空间布局；延续明清时期民宅建筑特点，与文物协调，外观应采用双坡顶，建筑色调灰、白、红传统民居色彩。远景（2036年—2050年）是整理与提升，主要对对风貌产生的影响较弱的万娘坟村、老君堂村进行整理。

第三，是以"控底线"为基础的格局管控。这里重点突出的是文化遗产安全和综合用地适宜性的安全评估，总体评估出高、中、低三种安全格局。果庄村、大岭沟村、上口村、碓臼峪村、麻峪房村、东水峪村等六村宅基地位于低安全格局，应严格控制各类城乡建设活动。德胜口、锥石口、石头园、黄泉寺、悼陵监、长陵村、景陵村、永陵村、德陵村等九村部分宅基地位于中安全格局，应有条件地开展必要的城乡建设活动。涧头村-西山口-石牌坊-大宫门片区、泰陵园-康陵园-王庄-胡庄片区，这类集中连片的高安全格局片区适宜开展城乡建设。在生态安全格局基础上优化了两线三区全域空间管制，加大生态控制区，缩减限制建设区。最后，在对国土空间治理上，我们认为应以历史环境的修复为主。史料记载，明十三陵陵区植被以常绿的松柏树为主，帝陵神道及陵宫植有松柏和橡树，行宫、衙署则植以国槐或银杏等树种。在陵寝、陵监村以及翻建新建项目周边等应尽量按照历史树种种植，通过种植高大乔木对现有建设项目进行有效遮挡，降低对十三陵景观环境的影响。另外对于历史水系，应对锥石口沟、老君堂沟等截流较多的河道评估其截流坝的功能与影响，对无明显用途、造成水体缓滞影响水质的截流进行拆除或生态化改造。

第四，是以"促传承"为主旨的镇城统筹。历史类乡镇的城乡统筹跟一般的乡镇有区别，始终是以文化保护与传承为主旨。在这个过程中，我们需要遵循三个原则：一是保障能实施、好实施；二是新镇区要为文化展示利用和村民安置留足余地；三是与昌平新城的捆绑联动是最终出路。我们做了多版方案并进行比较，最后规划了镇中心区"一廊两带，两核三心"空间结构。"一廊"指依托昌赤路，纵贯十三陵，打造大明文化传承走廊；"两带"指沿南涧路连接南口工业区和昌平新城的横向协同创新发展带、连接城市商业服务节点的城镇活力带；"两核"指提供游客综合服务的旅游服务核心、实现文化资源的创新性开发利用的文化科创核心；"三心"指轨道微中心、活力社区中心、明文化研究中心。同时为保障民生，充分发挥镇中心区的服务作用，配置了各类公共服务设施、交通设施和市政设施等。

第五，是以"扬文化"为引领的协同发展。以明文化大观替代明皇陵，全域强化明文化主题，重振首都第一条国际精品游线。对十三陵镇的产业定位是依托世界文化遗产的保护，以文旅为主要形式，推动集体产业的发展，通过挖掘生态农业的价值，实现一三产联动发展。

三 思考展望

我希望通过这次交流表达一些自己的想法。首先就是对于国土空间规划，我们建议此类乡镇能从保护与建设的冲突，通过国土空间规划走向遗产与城乡的融合发展。通过制定适宜的保护措施、控制实施节奏、创新城乡统筹思路等方式，使遗产保护与城乡融合成为互促的关系。其次，就是镇域国土空间规划促使单点的文物保护走向山、水、林、城的整体格局的传承。规划中识别了山水林城的特色，建立了山水林城的保护框架。最后，从治理模式上，条块分割的管理走向明确主体后的统筹推动。实际上，经过十几年的努力，十三陵的管理权限和管理范围得到了统一，明确了十三陵镇政府作为一个实施统筹的主体，因而可实现对十三陵镇内规划工作的有力调度与统筹。规划组织上，形成由国土空间规划为引领、多个专项规划支撑的组织方式；规划实施上，建立了由镇级责师为主导，11个区级责师辅助的"1+11"工作模式。这套机制保障将国土空间规划的实施任务逐层传导，落实到项目层面，保障了世界文化遗产的保护与镇域国土空间规划的有效实施。

［作者单位：北京市城市规划设计研究院］

十三陵区域发展与文旅融合

张德欣

一提到十三陵，大家马上会想到哪些关键词？我想第一个想到的就是明陵，这也是大众的认知，然后会是什么呢？好像就没有了。但明十三陵这么知名的IP，不能只有这点东西。陵寝型景区的困境，我想问题的核心，就是难以突破大众的常规认知。不光明十三陵，清西陵、清东陵、西夏王陵等也是如此。

我想基于以下几点引发思考：

1.文化和旅游的关系：从事旅游工作的人，大多知道一个说法，即"文化是旅游的灵魂，旅游是文化的载体"。

2.文旅融合的工作方针：2018年3月部委大调整后出现文化和旅游部，2018年12月，时任文旅部部长的雒树刚在"2018旅游集团发展论坛"主旨讲话中谈到：文旅部"宜融则融，能融尽融，以文促旅，以旅彰文"的工作思路。2021年8月，文旅部胡和平部长在新闻发布会上介绍文化和旅游赋能全面小康有关情况时提到：坚持"以文塑旅、以旅彰文"，推动文化和旅游融合发展，以文化引领旅游发展、用旅游促进文化繁荣，推动文化和旅游工作开创新局面，为建成社会主义文化强国、建设社会主义现代化国家做出新的更大贡献。

3.2022年10月党的二十大报告中首次列入旅游业内容：推进文化自信自强，铸就社会主义文化新辉煌。坚持以文塑旅、以旅彰文，推进文化和旅游深度融合发展。

4.双循环与全国统一大市场：2020年4月，在中央财经委员会第七次会议上，习近平总书记强调要构建以国内大循环为主体、国内国际双循环相互促进的新发展格局。2022年4月10日，《中共中央国务院关于加快建设全国统一大市场的意见》发布。

关于文旅融合的说法，从"以文促旅"到"以文塑旅"，一字之差，对于文旅融合是种何样的转变？"促"，促进，文化是工具。"塑"，塑造，文化是意识。从"塑"的角度，更加凸显文化是旅游的灵魂，但一直以来，旅游却不是文化的核心载体和唯一载体。旅游在宣传、推广及弘扬文化上的重要作用是不可否认的，而且这种作用愈加明显。自2020年以来，疫情让出入境旅游一直暂停，跨省旅游面临随时熔断的不确定性，旅游业处在国内旅游大循环、省域旅游内循环及市域旅游小循环的发展格局之下。而正是这个市域旅游小循环，支撑起国内旅游的大壁江山及生存底线。

今天论坛的主题是"十三陵区域发展与文旅融合"，关于区域发展，还是区域协调发展一体化之类的命题，区域协调发展，是目标和方向，但难点在于区域共同体在付出和收益上的分配机制问题，这涉及的区域大到京津冀长三角珠三角大湾区，小到景区周边区域。从全域旅游的角度来看，同样是区域内各业态能否协调发展的生态圈构建问题。这里先不展开，先来聊聊文旅融合创新问题。

十三陵区域的文旅融合创新，还是要从科技赋能文旅角度来看。从旅游数字化到智慧旅游，再到数字文旅和文旅元宇宙，科技变革一直在推动旅游业的更迭与升维。所谓趋势才是最大的优势，如果你不能够引领或跟随趋势，则原有的优势会逐渐丧失，最后导致被边缘化或被淘汰。而创新的一种定义为：在原有资源（工序、流程、体系单元等）的基础上，通过资源的再配置，再整合（改进），进而提高（增加）现有价值的一种手段。而创新又分成颠覆式创新、微创新、节俭式创新等。不管何种方式，重新盘点原有资源，梳理现有客群，加强精准定位，精细游客需求，创新供给方式，优化服务质量，从而实现文旅融合创新高质量发展。

我在抖音上搜索了十三陵、清西陵及清东陵，结果如表7所示。可以看出官方账号普遍粉丝量偏少，与其名号极度不匹配。清东陵很有意思，官方账号粉丝才两千多人，但清东陵的民间大号粉丝量却有过百万的。

表7 陵寝型景区抖音账号数据表

官方账号名称	粉丝数量	作品数	获赞数	民间大号	粉丝量
明十三陵	23万	120	25万	无	小于1万
清西陵景区	11.3万	478	37.5万	清西陵景区—那炜	1.4万
世界文化遗产清东陵	2163	277	9100	清东陵东哥	102.5万
				清东陵—东哥	233万
				清东陵二姐	14.6万
				清东陵满族格格	234万

以下观点不新，回归常识，内容有新：

1.转变发展思路，从粗放到精细：高质量发展是未来一段时间重要的工作目标，但从粗放的现状到远期的高质量发展不是一蹴而就的，中间需要一个非常重要的过渡阶段，就是标准化，先达到标准化再谈高质量。首先要重新审视自身定位，"抓大放小"，集中精力圈定主力群体。陵寝类景区的主要客源是年轻人和老年人，不适宜小孩子。老年人主要是寻古探幽，慨叹朝代更替，"各领风骚两三百年"。年轻人就是图个新奇刺激，玩出不一样。针对年轻人群体，可以基于陵寝素材的密室、剧本杀，露营及飞盘等室内外活动，在保证安全的前提下主力开展；而针对老年人群体，突出访古寻迹，钩沉历史，明史专家上课等。

2.创新营销方式，从线下到线上：老说法了，景区也知道，但明显领导们从思维意识上没有真正地重视起来。比如上面那个抖音号简单数据看得出，三个陵寝抖音号的粉丝量、作品数、点赞量等数据根本不能与其5A的名号相匹配，甚至有些远比不上当地大号的媒体影响力。景区应给予这些民间大号免票权并定期邀请他们参与景区营销的座谈，充分发挥这些KOL（关键意见领袖）们的影响力。景区内部不设专班也需要设专人来做线上的新媒体营销，并给予跨部门调动权力，提供经费，保证直播及短视频的视觉与传播效果，与5A身份匹配。

3.创意内容呈现，从传统到国潮：都知道内容的重要性，但内容的呈现方式不同或有大相径庭的呈现效果。正儿八经的讲解员和导游讲解是必要的，但更应考虑内容呈现方式的创新。我也多次讲过"厚重文史的时尚表达"，厚重的历史文化有时会带来很大的压力，造成受众根本不想听，所以需要用时尚时髦、有趣有料的方式来传达有用的内容。比如宣传目的地，用"各地上分"的方式更易形成洗脑传播。近几年河南在文旅融合创新创意上成绩斐然，从《唐宫夜宴》《洛神水赋》到《龙门金刚》，还有河南·戏剧幻城等节目、项目，都给人耳目一新、大开眼界的感觉。这些都是值得大家认真思考和学习的，重点是学习人家对于传统优秀文化挖掘、整理及展现的方式方法。

4.科技赋能文旅，从现实到虚拟：时下正是第二代移动互联网普及深入与第三代虚拟互联网（元宇宙/灵境）发轫并行的时期，对于元宇宙在文旅的行业应用，文旅元宇宙应予以及时关注并进行一定的尝试。比如基于国外NFT移植国内成为了数字藏品，在剔除投机价值外，在景区事件营销及媒体传播上，都是很不错的尝鲜方式。作为行业热点的数字藏品，种类丰富，如数字图片、音乐、视频、3D模型、电子票证、数字景区门票纪念品等多种形式。蚂蚁、腾讯、百度在内的各大互联网巨头及文旅业景区、文旅集团、博物馆及高校、报社、出版社、杂志社、保险公司等也纷纷推出自己的数字藏品。如果不能引领潮流，那就紧紧跟随。风险与机遇同在，观望一方面能减少失误，同时也错失抢占先机的头筹。

［作者单位：中关村智慧旅游创新协会］

十三陵的保护与可持续发展
——八达岭-十三陵风景名胜区十三陵景区详细规划

吴婧洋

一 引言

十三陵位于北京市昌平区，南距北京二环约35千米，北依军都山，南面昌平城，东西两侧以蟒山、虎峪为界，毗邻银山塔林、居庸关长城等景区。

1961年，明十三陵列入全国重点文物保护单位；1982年，八达岭-十三陵风景名胜区成为第一批国家级风景名胜区；2003年，作为增补项，明十三陵列入《世界文化遗产名录》。其中，作为风景区核心景区的十三陵景区，面积83.57平方千米，范围与历史陵区大体一致。

多年来，受"重陵寝，轻格局"的保护思路的局限及镇区发展的影响，十三陵的建设和管理出现了点状保护、"有景无区"等问题，导致十三陵陵寝整体优势正逐步丢失。而在发展层面，十三陵游览方式单一，资源利用极其不足。随着各地旅游目的地的多样化发展，十三陵景区游客量已持续多年呈下降趋势。

在此背景下，通过规划编制，对十三陵景区进行系统性梳理和布局，明确其发展导向、利用方式和管控要求，有利于逐步解决问题，促进景区资源保护和可持续发展。

二 历史与现状

永乐五年（1407），朱棣皇后徐氏病故，朱棣遣官员、风水术士至北京城郊卜选陵地。十三陵区域以其突出的、十分契合中国传统风水形势宗要求的山水格局脱颖而出（见图3）。1409年，长陵在天寿山下破土动工，至1413年建成。1424年，朱棣下葬，是十三陵葬入的第一位皇帝。

直至明末，在两百余年的时间内，陵区范围内共葬入皇帝13位、皇后23位、妃子数十人（具体人数不详），形成由一条主神路、若干条支神路联系的扇形分布区域（见图4）。出于守卫、祭祀等目的，陵区内兴建了一系列配套设施，包括13座陵监村，分别对应长陵至德陵12座皇帝陵寝和悼陵（世宗三妃坟），以及神马房、行宫、时陟殿等。在陵区外围，沿10个山口设防，并

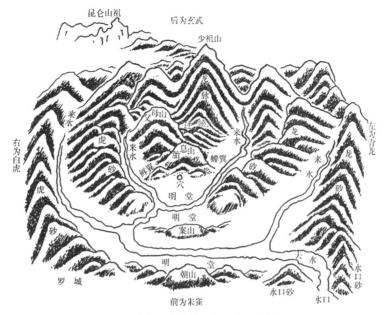

图3　形势宗风水术龙、穴、砂、水关系图

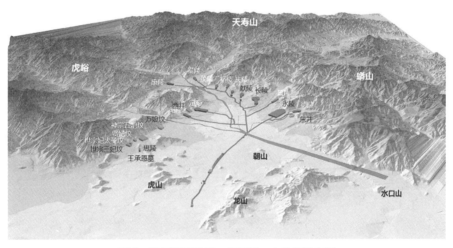

图4　陵区皇帝陵寝、妃子坟、太监墓分布图

在东西山口间兴建了陵墙。

自明末起，原本封闭管理的陵区变成了开放区域。之后二三百年间，陵区管护机构时有时无，管护力度时大时小。由于木构建筑自身特点、战争及当地居民生活需求等原因，陵寝及地面建（构）筑物遭受到各种持续性的破坏。曾经的"数十万株"苍松翠柏在明末时几乎被砍伐殆尽，清兵、李自成起义军对陵区地面建筑皆有破坏；民国时万娘坟、西井、思陵被盗。

在此期间，管护机构也曾对其修缮，但总体来说修缮速度远未跟上损毁速度，同时还存在拆小修大的现象。因此，到目前为止，陵区内资源及环境保护情况参差不齐。从大环境来看，整体风水体系，即山水格局基本完好，但部分水系断流。从陵寝系统看，皇帝陵寝保存较好，不曾被盗，但部分地面建筑被毁；神路构筑物基本完好，但地面仅少量路段尚有遗存；陵监、陵墙存有部分遗址，其中陵监完全被民居占据，又给保护工作带来了严峻的考验。

三 问题与挑战

（一）被忽略的文化景观体系

十三陵从资源本体来说，是全国文保单位、世界文化遗产，具有极高的历史文化价值；从资源利用形式来说，十三陵是风景区核心景区、5A级旅游景区，具有独特的游赏利用价值。但在这之中，十三陵的文化景观特性被忽略了。

国际古迹遗址理事会（ICOMOS）评价明清皇家陵寝，是"独一无二的文化景观组合"。十三陵作为其中传统风水观与陵寝的完美结合，应当是这一系列文化景观中的典范，其陵寝系统与山水格局是不可分割的有机整体。

即便如此，世界遗产界定的保护范围仅为8平方千米，约占陵区面积的10%；而现行《明十三陵文物保护规划》（1990年版）也仅将皇帝陵寝、部分妃子坟及其临近山体划为保护范围。因此，长期以来，陵区内得到有效保护的仅有皇帝陵寝及部分主神路，面积约0.8平方千米，约占陵区面积的1%。直到近些年，妃子坟的保护情况才逐步得到改善，而其他神路路面、陵墙、陵监村等遗址依旧处于缺少实质性保护的境况下（见图5）。

图5 陵区保护现状（左为德陵监村内监墙，右为永陵前神路）

利用方面，长期以来，景区内开放供游客参观游览的只有长陵、定陵、昭陵（时有关闭）及部分主神路，总面积约0.5平方千米，约占陵区面积0.6%。偌大十三陵体系，展示给普通人的仅为陵区内几个散落的点。

忽略了十三陵文化景观的特质，将视野局限在陵寝，甚至只是皇帝陵寝本体上，是近几十年十三陵体系未能得到充分保护和利用的根本原因。

（二）镇区发展的影响

从明末起，陵区逐步演替为当地村民的生活区域，陵监、陵园变成自然村落。加之保护中"重陵寝，轻格局"的思路影响，十三陵陵区、十三陵景区实际上已经发展为一个典型的城郊村镇。

据统计，现十三陵景区内有1个镇区（十三陵镇）、34个行政村（含1个城市居民点）、约2.7万常住人口、上百家各类机构或企事业单位，并有4条公路穿景区而过，包括1条高速、1条国道和2条省道。各类建设用地总面积约11平方千米，占景区面积的13%左右，已经占据景区实质性的主导地位。

其中，部分建设已对资源本体或格局造成不可逆转的破坏。如民居对陵监村墙体的损毁，道路选线对神路格局的破坏等。

因此，十三陵目前与其说是历史陵区或风景区核心景区，不如说是城郊建设发展区。地方有发展的诉求需要得到满足，但因为缺乏系统性资源保护思路，在这之中对如此重要的历史文化资源造成的破坏确实令人惋惜。

（三）被轻视的文化内涵

根据国际古迹遗址理事会（ICOMOS）的评价，我国明清皇家陵寝不仅体现了传统的风水观，也是文化传统的见证，是重大事件发生的舞台。

然而，令人遗憾的是，景区目前对十三陵的展示停留在对皇家墓葬、风水、文物的初级介绍层面，游客无从了解其中深厚的历史渊源与文化特质。加之某些有失偏颇的外界观点、以点带面的介绍方式，更造成了一些误读。

例如风水。十三陵陵区自是"风水宝地"无疑。但即便长陵，也是迁都在前，建陵在后。其他陵寝的选址，吉壤争议比比皆是。神宗曾下诏"我祖宗山陵即卜于天寿山，圣子神孙，千秋万岁，皆当归葬此山，安得许多吉壤？朕志定矣！"到底"圣意所注，即为吉壤"，宗法礼制站在了风水前面。

历史发展不是单线的，文化不是二相的，读懂十三陵，要从200余年前的明代入手。

四 策略与措施

（一）从世界遗产切入

通过分析国内既有世界文化遗产、文化景观遗产和自然文化双遗产，可以发现，十三陵是其中少有的较为纯粹的明文化遗产，且规模最大，时间跨度最长，具备集中展示明文化的良好先天条件。

在此基础上，规划将"中国明文化博览"确立为十三陵景区的核心定位。这既符合十三陵的资源特质，又契合其空间格局特点，有利于充分利用现存或已不存的陵寝、陵监、附属建筑、神路等资源空间，对遗产进行活化利用。通过政府、主管机构、社区、企业、媒体、学校等多方努力，力求将十三陵景区发展为国内独一无二的、以明文化为核心的，集遗产保护、研究与游览、教育、体验、宣传为一体的文化圣殿。

保护方面，任何资源及其环境都不能缺失。不论是已经得到重视的文物本体，还是尚缺乏统一管控的整体环境，都必须纳入保护体系中，并加强对散落遗存的界定工作，对十三陵及相关明文化的研究工作。利用方面，需向世界知名博物馆学习，充分利用遗址园、场景再现、文物故事、体验教育、文创宣传等多种手段，逐步将"留下的遗产"转变为"活着的遗产"。

（二）从空间规划落实

十三陵景区整体作为风景区核心景区，从规范角度是可以以统一标准进行管理的。但从实际情况来看，景区面积过大，陵寝系统资源分散，与村镇建设空间交叉严重，历史遗留问题较多，难以一次性解决，必须分步实施，这要求在景区范围内需进一步划定最为紧要的管控空间。

不难识别，景区内最为重要，受到威胁最大的资源是陵寝系统，且呈现出点线分布的特点。由此，规划确立了从点线状重点资源界定到面状重点环境区域判定，再对面域内的各类功能、建设进行管控的基本技术思路。

具体来说，规划通过对陵寝、陵监、神路的景观敏感区、视域进行分析（见图6），叠加得到景区内最为关键的区域，将其界定为明文化展示区（见图7），作为集中落实景区定位——中国明文化博览的区域，将其他区域界定为山水田园区，作为景区环境控制区。

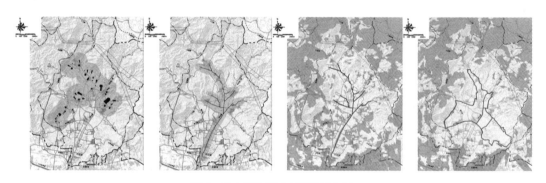

图6　核心资源重点环境区域分析

这一分区，成为规划中居民社会调控、道路交通、风貌引导、建设控制等专项规划的基本依据。居民调控方面，在落实《八达岭-十三陵风景名胜区总体规划》要求的基础上，将位于明文化展示区内或对景区发展已经造成重大干扰的村庄调整为搬迁型村庄，安排逐步外迁，以减少景区发展压力。社会调控方面，将各类机构、企事业单位按经营类型、规模、位置、地权等划分为四种调控类型，以逐步疏解不符合风景区要求的建设和经营业态。道路交通方面，依托相关规划，对过境国道、省道进行改线，以降低过境交通对景区的干扰。建设控制方面，从用地类型、用地规模、建设强度、风貌、容量等方面对景区进行全面管控，以确保景区内各类建设活动有序展开，既有利于资源保护，也有利于景区可持续性发展。

五　总结

世界遗产从最初的自然遗产、文化遗产分立，到后来的自然文化双遗产，再到文化景观遗产，人与自然的关系也从割裂走到了融合。而在强调遗产保护的同时，世界遗产也愈发注重遗产

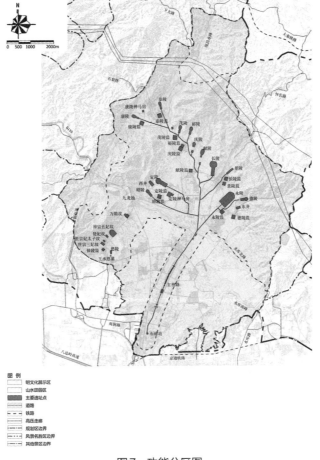

图7　功能分区图

与社区关系，注重旅游产业的有序发展及遗产与地方的共赢。

对于风景名胜区而言，游赏是其天然属性，没有游赏价值则谈不上风景资源。风景区致力于风景资源的"永续利用"，这必须建立在资源的有效保护的基础上。与世界遗产一样，合理发展旅游产业、文化产业，是解决资源保护与利用矛盾的一个重要途径。

中国的风景名胜区及许多传统风景资源，从资源特点和内涵来看，都应属于典型的文化景观。然而中国直到2011年才申报成功了第一处世界文化景观遗产——西湖，距离世界遗产组织确立文化景观的概念（1992）已经过去了将近20年。这导致许多如十三陵一样的文化景观，因资源价值未被完整识别，在发展建设中留下了难以修复的遗憾。

十三陵发展中出现的问题是具有代表性的。规划在符合风景区、世界文化遗产要求的基础上，以文化景观的定位为基本出发点，从活化遗产、空间规划等角度对十三陵进行全面引导，以促进实现十三陵资源与地方的和谐有序发展。这样的探索，对其他遗产地、保护地的工作都有着十分重要的借鉴意义。

［作者单位：中国城市建设研究院有限公司］

北京市昌平区十三陵镇城乡风貌整治提升规划

冀 林 闫 恺

一 项目综述

在十三陵镇的国土空间规划的编制过程当中，针对整个乡镇建设和美丽乡村建设，我们在风貌方面做了总体的研究，今天就这个研究成果给大家做一个简单的介绍。风貌是在区域发展过程中，由历史积淀、自然条件、空间形态、文化活动共同构成的，具有区域特殊性的风土人情、传统习俗等方面的表现及物质环境相关要素的综合。我们做这个研究的前提，是希望将十三陵的历史文化在风貌的层面得以延续和传承，并且营造一个与未来相匹配的整体的风貌。

十三陵镇位于昌平区北侧的军都—天寿山脉及山麓区域，共涉及38个行政村，镇域面积约158.84平方千米。从风貌角度来看，十三陵镇可以概括为两大特征及两大问题，两个特征是历史文化比较厚重、自然条件比较优渥，两个问题是格局机理相对模糊、建筑风貌比较混杂。

在自然条件方面，十三陵镇青山环抱，明堂开阔，水流屈曲，契合古人风水理想观念。十三陵镇山脉从东到西有蟒山、天寿山、笔架山、双龙山、虎峪山等，其中天寿山麓属于太行山脉，西通居庸关，北通黄花镇，南向昌平州，是十三陵及京师之北面屏障。在水系方面，十三陵镇域东南有十三陵水库，西北有德胜口水库，陵周东有老君堂沟，西有上下口沟、锥石口沟，谓"小水夹左右"，两水在七孔桥西汇为一股，整体陵周绿水环绕，水流绵长，弯曲蜿蜒，抱着整个皇陵。

在历史文化方面，十三陵镇拥有皇陵、长城两大文化片区，历史文化厚重，有近千年的文脉传承。这里的长城是重要的军事关隘和京都的重要屏障，居庸关为明朝重要长城关口，是长城防御体系的重要组成部分；八达岭长城为居庸关重要前哨，古称"居庸之险不在关而在八达岭"。同时，明十三陵是具有世界影响力的完整皇家墓葬群，2003年被列入《世界遗产名录》，陵区占地面积达40平方千米，是中国乃至世界现存规模最大、帝后陵寝最多的一处皇陵建筑群，其中包括长陵、献陵、景陵、裕陵、茂陵、泰陵、康陵、永陵、昭陵、定陵、庆陵、德陵、思陵等。以明十三陵为核心，形成了不同功能的村庄，其中陵监村更是陵寝文化的重要组成部分，它是明代负责看护陵寝的神宫监的日常生活住所，随着功能的逐渐演变，最终形成了以居住功能为主的村落。

但是现在的陵监村存在着一些问题。村庄与陵监紧密相连，陵监内部格局肌理尚存，但村庄在自发生长过程中，使得陵监范围逐渐模糊。陵监以外的肌理慢慢被破坏掉了，我们本次风貌总体研究针对陵监村也提出了相应的管控的策略。再一个就是建筑风貌方面，建筑风格无特色、色彩材质多样，建筑体量过大，整体不协调。这也是随着历史的逐渐演变出现的，尤其到了近代之后，建筑风格相对来说比较杂乱。材质选取比较多样，建筑体量也过大，和整体的生态景观不太协调。

综合以上这些特点与问题，我们提出了未来管控的重点，结合不同区域特征，明确各区域风貌导控的重点。首先是从区域的角度来讲，未来管控的区域被分成了三个方面，就是在大的陵寝与生态的基底之下，我们重点需要管控的区域包含位于昌平新城范围内的0101街区，前面重点提及的陵监村，再有就是涉及风貌保护、涉及文物保护的村庄。0101街区是昌平新城北部街区，是十三陵镇的门户区域，我们需要关注的问题是如何将历史文化与现代生活空间有机融合。陵监村是依托陵监发展而来的村落，陵监范围内的区域需要予以保留更新，陵监范围外则需要逐步腾退。如何传承原有历史文脉，是我们需要解决的问题。最后是保留村和搬迁村，有一部分村庄是需要进行搬迁，另一部分村庄没有对文物保护带来影响，予以保留。保留村如何融入山水格局，优化整体的一个生态环境？搬迁村如何搬迁？这些问题也包含在我们本次的研究当中。

二 规划内容

我们的研究分成了宏观、中观、微观三个层面。在宏观层面明确一个整体的目标，提出规划的一个重点；在中观层面划定了不同的分区，提出了不同的管控策略；在微观层面从建筑的不同要素提出了不同的引导要求。

第一个层面是要明确整体的规划目标，我们提炼了陵、城、山、水四大要素。陵是文化传承和旅游观光的核心。陵区位于镇域中部，皇陵三面靠山，是整个镇最突出、最重要的风貌要素。目前共涉及长陵村、康陵村、茂陵村等13个行政村，其兼具历史文化保护与现代旅游的功能。城是现代生活和文化交融的试验区。街区位于镇域西南部，为昌平新城北部街区，涉及小宫门村、西山口村和涧头村，也是全镇对外的形象门户，其既承载着现代居民生活又体现了文化的创新发展。山是全镇基本地形格局的保障。十三陵镇地处中低山区的盆地中，地势西北高、东南低，主要山脉包括天寿山、双龙山、虎峪山等。山中村落依山傍谷、顺势而建，有着独特的山谷村落风貌。水是风貌景观的重要一环。镇域水文资源较为活跃，以东南部的十三陵水库为主，同时多条河道口水汇集于此，为镇域整体的风景添上浓墨重彩的一笔。

综上，我们提出以明十三陵保护为主要脉络，遵从山形水势，打造文化与自然共生、现代与历史交融的城镇风貌。在陵方面，主要是传承明代历史文化，恢复陵监基理格局；在城方面，我们要建设新时代百年民居，打造十三陵文化门户；在山方面，主要是尊重山水景观格局，延续自然地貌特色；在水方面，要协调各类生态要素，营造蓝绿交织的总体格局。

　　第二个层面是划定一个整体分区。首先我们是构建了"一带、一轴、四片区、多节点"的风貌结构。

　　"一带"是历史文化展示带，它以主神道为依托，串联十三陵门户区、陵区主轴线、陵寝核心区及山脉屏障，还原皇家陵寝宏伟壮观的历史风貌，展现典雅古朴的文化底蕴。十三陵门户是整个文化展示带的最南端，是十三陵的重要门户，我们要围绕位于这里的轨道交通站点，以明代的典型建筑风格为主打造十三陵的文化门户区，延续历史文脉。在这个范围内，我们计划打造观湖公园、大明龙街、大明盛世城门等建筑，通过这些节点的设置来体现明文化。陵区主轴线以主神道为依托，串联石牌坊、大红门等众多历史遗迹，还原疏密有致、富有节奏韵律的空间布局，彰显明代皇陵的气质，营造厚重的历史氛围，这中间有大量的村庄是已经建成的，但是为了更好地凸显陵区的主轴线，一些村庄将进行整体的搬迁。同时要突出神道、石像生及七孔桥等要素，增强历史的厚重感，在石牌坊、大红门之间营造一个观山廊道，我们也搬迁了观山廊道上涉及的村庄，使整体的主轴线风貌得以突出。陵寝的核心区主要需要协调周边环境与皇陵之间关系，突出陵寝等历史遗存、复种古柏等历史景观，塑造苍松翠柏中掩映红墙黄瓦的视觉效果。

　　"一轴"指创新城镇发展轴。它位于靠近昌平新城的位置，以南涧路为依托，串联高校和东部门户，以明代北方建筑风格为主，融合两侧功能布局，突出各自特点，营造丰富连续且独具特色的城镇界面。

　　"四片区"是指活力新城风貌区、皇陵历史风貌区、深山谷地风貌区、田园水岸风貌区。

　　首先是活力新城风貌区。我们要在这里打造明代传统文化和现代物质文明交融共生的活力新城，古今交融，和谐有序。在空间上延续传统的肌理，以围合式布局为主，结合轴线布置绿地、公共服务设施及活动场所，打造一定的开放空间。高度控制也符合北京市浅山区的保护规划的要求，体现显山、露水、透绿的特点，建筑高度整体上由南向北逐步降低。

　　其次是皇陵历史风貌区。我们将尊重明十三陵山水格局和历史文脉，延续传统格局肌理，引导陵监范围外与陵区不协调的功能逐步腾退，恢复陵监肌理，以陵监墙为边界，优化陵监墙以内的村庄，搬迁陵监墙以外的村庄，塑造"陵寝—村落—山水"交融共生的整体风貌。以现状村落肌理为基础，结合传统陵监空间格局，突出历史要素，优化空间布局。我们也针对陵监墙以内的村庄提出了相应的管控要求，对陵监范围内建筑进行引导，以建筑质量为依据，划分保留、改建两类，其中保留不改变院落内原有建筑布局，不随意扩建、翻建，改建时需与整体风貌相协调，以期能够更好地延续历史的文脉，体现历史文化。按照修旧如旧的原则，我们对陵监墙、陵监门、古建筑、古树等历史遗存进行保护与修复。

　　再次是深山谷地风貌区，这一区域以生态环境为重要特色，尊重自然山水格局，延续地势地貌特色，顺应山形水势，协调村庄聚落与生态环境的关系，逐谷嵌坡，带状延伸，打造紧凑有致的生态园林式村庄聚落。

　　最后是田园水岸风貌区，这一区域延续村庄集聚式布局形式，处理好村庄与田、园、水、林的关系，预留发展空间，防止村庄扩张与粘连，保证蓝绿环境的持续生命力，利用十三陵水库还有整个镇域范围内的水系资源，发挥整体特色。

　　第三个层面，针对具体要素进行引导。建筑上延续明清时期民宅建筑特点，对街区建筑风貌进行指引。延续原有村庄合院式的院落布局，新建院落面积不超过167平方米，以三合院为主，辅以四合院，并同步明确建筑的尺寸。为避免高强度建设对风貌的影响，对院落内的建筑密度、建筑面积和建筑体量提出管控要求。为保证整体风貌的协调，对接浅山区保护与文物保护要求，对建筑层数及高度提出管控要求并以原有村庄的传统民居色彩为基础进行优化提炼，体现简洁大方、质朴实用的风貌特色。对院落的门窗、立面、院墙、屋顶和装饰等细节进行管控和引导，以体现建筑风貌的特色。场所上，结合本村本土文化特点，完善相关配套设施，与周边风貌协调，优先利用本土材料，打造灵活多样的景观小品并提倡使用乡土树种、野花野草等，乡土树种比例宜大于70%，做到四季常绿，三季有花。最后将分级分类细化要求，将成果纳入国土空间规划方案中，保障落地性。

［作者单位：北京汉通建筑规划设计有限公司］

十三陵区域发展与文旅融合促进高质量发展

陈妙冲

　　非常荣幸受邀参加明十三陵管理中心举办的2022明文化论坛，作为分论坛"十三陵区域发展与文旅融合"的研讨嘉宾，倍感欣幸。通过参加十三陵镇乡村振兴规划编制工作，深刻感受到十三陵镇政府领导班子对"国土空间规划、风貌规划、产业发展规划、城乡统筹规划、世界遗产保护规划"的重视程度。作为参编单位，清华大学建筑设计研究院领导高度重视本项编制工作，从全院选拔经验丰富的策划、规划和建筑研究专家成员组成项目设计团队，经过前期深入踏勘相关村落，逐户调研、采集现状信息，广泛深入乡村了解村民意愿，多次座谈并收集十三陵镇政府领导班子和城乡规划部门的意见，统筹考虑国土空间规划、城乡统筹规划、产业发展规划、世界文化遗产保护规划，认真研究中共十九大、中共二十大关于乡村振兴、区域发展、文旅融合相关会议精神，结合并借鉴国内类似项目设计经验，先后完成十三陵镇"德胜河谷"产业策划和乡村风貌概念规划、启动区精品民宿建筑设计、0101街区风貌概念规划前期研究等工作。随着各项规划设计工作的深入，我们也从其他参编单位学习到很多宝贵经验。

　　中共二十大报告指出：全面推进乡村振兴，坚持农业农村优先发展，坚持城乡融合发展，发展乡村特色产业，统筹乡村基础设施和公共服务布局，建设宜居宜业和美丽乡村。结合十三陵镇独有的世界文化遗产和良好的自然生态资源，围绕明十三陵景区遗产保护，实施陵村环境整治提升，需部分民宅实行异地搬迁安置。0101街区整体风貌研究阶段，我们充分考虑交通先行、街区配套先行的发展理念，结合明代北方经典民居建筑特色和乡村民俗习惯，除注重民居基本的居住属性，还充分考虑以传统村落为单位的城市公共空间、道路交通系统、绿化景观系统、停车配套系统、街区邻里中心公共配套设施、市政服务设施等必要的功能需求，力争做到不同街区风貌多元化、配套设施标准化，打造新时代社会主义经典民居。具体实施过程中，还要进一步深入研究明代北方建筑元素、街巷空间尺度、街区文化标志标识、便民邻里中心等详细功能构成和面积指标、停车及充电设施、污水处理系统、采暖方式、被动式绿色节能建筑技术、城乡智慧管理平台等软硬件设施，同时充分考虑村民现代生活方式。可以尝试以启动区为样板，将交通、景观、公共服务设施、市政配套设施、道路和综合管廊先行建设，各街区、组团统一规划，分期实施，各陵村陵监墙外侧需搬迁的村民根据镇政府统一安排，分批选定新民居地块，按对应的民居建筑图纸和风貌管控导则建造即可，使搬迁工作更为高效、快捷。结合区域发展和文旅融合的战略思想，规划之初就考虑设置文旅产业片区和文创产业片区，同时利用十三陵景区和西山口两处地铁站的交通优势，以产业和交通为先导，让搬迁村民充分感受到0101街区的便利性、文旅产业片区和文创产业片区的未来发展前景和商业辐射带动作用，村民自然会积极主动配合政府完成搬迁安置工作，实现世界文化遗产保护和乡村振兴双赢。文旅、文创产业片区依托于迁建区庞大的常住人口优势实现产融城自循环；借助京内外游览明十三陵、八达岭长城、居庸关长城的过境客群，0101街区更容易实现短期迅速孵化和中长期日趋成熟的良好效果。明文化还可以依托文旅、文创、经典民居三大片区建筑街区风貌载体，将明代古典建筑文化和现代建筑元素相融合，最终实现新时代经典街区发展目标。通过一系列明代文创产品和衍生品的展示，分布在主要街区节点行进式情景剧、角色扮演模拟穿越体验、游客定制沉浸式体验、基于VR和元宇宙虚拟现实、时空地图情景AI导游、明代服饰和虚拟货币游览体验等多种方式相结合，为不同年龄不同需求的游客带来全新的明文化视觉盛宴，形成中国版的明文化主题乐园，向国内外游客传播明代文化、讲好中国故事。

习近平总书记强调："促进区域协调发展，深入实施区域协调发展战略，推进以人为核心的新型城镇化，加快农业转移人口市民化，加强城市基础设施建设，打造宜居、韧性、智慧城市。"0101街区风貌规划结合地块区位优势，打造以明文化为特色、文化创意与旅游业协同发展的十三陵明文化旅游综合区，提升城市功能和形象，弘扬中华优秀传统文化，进一步提升昌平区文化创意产业发展质量和内涵，擦亮明十三陵世界历史文化遗产"金名片"，使十三陵镇成为历史人文、现代科技、创新精神交相辉映的文化魅力重镇。利用北京北部丰富的旅游资源，形成昌平、延庆跨区域联动融合发展。以明十三陵、八达岭长城为代表的5A级景区，以居庸关长城、德胜河谷、十三陵水库、七孔桥"花海"、蟒山国家森林公园、碓臼峪自然风景区、大岭沟猕猴桃谷为代表的高品质景区，以麻峪房、仙人洞为代表的七大民俗旅游村，以康陵春饼宴、仙人洞素食宴为代表的六大民俗美食，结合区域旅游特色，结合0101街区打造北京北线休闲度假旅游目的地、北京明文化之窗、世界明文化中心。京内外自驾游客和团体游客集聚0101街区，为游客提供吃、住、游、娱、购五位一体解决方案，白天办理入住手续后，游客自驾或随团乘坐观光旅游专线大巴去往各个景点，傍晚时分乡村民俗游客选择入住乡间民宿，体验乡野田园生活，都市活力游客选择回到0101街区，体验大明文化盛世城丰富多彩的夜游盛宴，品尝九铺十八坊民间特色美食，观看明文化露天情景剧、行进式沉浸剧、水秀剧场、再现大明剧场等演出，进入大明御府书院体验梦回大明的学子科举制度，通过角色扮演、虚拟中榜、殿试等剧情，让更多游客感受古代选拔人才的场景。通过大明水街、幸福河水街、大明文化广场等场景，再现明代画家仇英《清明上河图》明代苏州城的社会生活场景，使更多游客感受到明文化的博大精深。大明新乐汇商业街区将明文化和现代时尚元素结合，既让游客体会到明代建筑的元素，又融合了现代建筑材料和工艺，结合新业态，满足不同年龄游客的需求。文创街区通过衍生品、艺术品、文创产品、非遗传承等多种形式，将明文化从饮食、社会、科学、民俗、服饰、建筑、艺术、文学等多维度做了全新的诠释和呈现，使北京明文化得以挖掘和传承，最终走向国际。0101街区从概念到规划，再到设计，最终到落地实施和后期招商运营，整个过程需要一张蓝图绘到底，责任规划编制单位陪伴式成长、政府合理引导管控、产业和运营单位严格执行显得尤为重要。我们相信，只要各尽其责、同心协力，不久的将来，0101街区启动区和中远期项目必将完美落地呈现，实现最初的设计构想。0101街区必将成为中国共产党领导下的新时代经典建筑集群、北京明文化窗口、世界明文化中心。

最后，衷心感谢明十三陵景区游客中心盛情邀请，感谢各位领导、嘉宾、朋友们的耐心聆听，预祝2022明文化论坛取得圆满成功。

［作者单位：清华大学建筑设计研究院文旅分院］

昌平区十三陵镇国土空间规划文旅发展专题研究

郑　天

　　昌平区十三陵镇国土空间规划文旅发展专题研究，通过理念、产品、产业三大更新，从提升地方发展动力出发，明确十三陵镇文旅发展方向、目标、路径以及空间支撑需求。在国土空间规划体系内，作为产业发展战略重要专题，支撑国土空间规划编制，打造十三陵镇的"文旅核动力"。本研究立足镇域，通过衔接文化研究与空间规划，切入文旅产业、产品。重点针对可落地、可商业化的文化重构产品目录，落实空间，发挥镇平台优势。

　　首先，我们对十三陵镇的优势、机遇、问题、挑战进行分析。资源方面，十三陵镇呈现出文化底蕴厚实、旅游资源丰富、交通条件便利等优势条件。问题方面，在除去明皇陵观光游外，乡镇产业单薄，文旅产品观光属性单一，配套设施严重不足。机遇方面，可以看出世界文化遗产、皇家陵寝的IP辨识度高，各项政策鼓励支持传承优秀文化、推广文旅融合，旅游市场规模不断增长，历史文化、娱乐康养等旅游门类呈现增长态势。挑战方面，主要面临着保护与开发不容易协调，景区与乡村发展空间交错、发展战略分离，区域游线体验固化，文旅产品竞争多样化等挑战。

　　通过埃及孟菲斯、日本百舌鸟、印度泰姬陵两正一反三个案例的研究，提出以文化为核心营造品牌、以旅游为手段聚集人气、以产业为载体创造效益的文旅产业构架理念。通过将传统单一、负面认知的陵寝IP，转变为受众更广、接受度更高的大明文化，优化文化品牌"京郊明珠十三陵，璀璨明韵四十村"，形成以明文化为主题的世界文旅目的地、大遗址保护与乡村发展共生示范区、未来创意社群集聚的生态休闲小镇的三大目标。形象定位为"护遗世明珠，现盛明繁华"，表达了保护第一，并深入挖掘文化内涵的美好愿景。

　　十三陵镇文旅产业在空间结构上形成了"一带一环，两心四区多村"的全域发展格局，重点打造四大明文化主题片区，分别为以"大明韵·世遗芯"为特色的十三陵世界文化遗产核心区，以"国潮雅韵"为特色的明文化创新发展区，以"长城古韵"为特色的长城关隘文化区，以"国土仙韵"为特色的国文养生度假区。以此四大片区，打造大明历史博物小镇、大明繁华活力小镇、大明军事科技小镇、大明多彩文化小镇四大项目包。

　　结构中的"一带一环"分别指依托昌赤路，纵贯十三陵，向北联系慕田峪、司马台长城，向南联系颐和园、故宫而形成的世界文化遗产发展带，依托京青线、昭陵路等镇域干道，串联主要景区的全镇域文旅环线，"两心"则是综合旅游服务中心与十三陵文化展示中心。

首先，以"世遗芯"为特色的大明历史博物小镇，突出4大主题，9大文化村载体。通过徒步一段276载的岁月光阴，感受王朝余韵。在这一文化区中，重点结合各个陵寝所代表的明朝历史为脉络，构建"盛世大明—王朝中兴—晚明风雨"三大主题段，进行明陵遗址及明朝历史文化的全面展示。结合进入陵区必经的"明陵神道"，共同打造四大主题鲜明、体验丰富的明文化博览园，创新"遗址游览+主题馆打卡+特色民俗体验"三位一体的深度文化体验游模式。并在相应的昭陵村、长陵村、泰陵村三个节点位置，规划以科技互动为主的盛世大明主题馆、以演艺为主的王朝中兴主题馆、以沉浸密室为主的晚明风雨主题馆，并带动周边村落形成包括明代建筑、科技、民俗等多个明文化村。

在以"清新雅韵"为特色的大明繁华活力小镇里，则重点展现"大明交往"和"明潮创意"两大主题，形成5大文化村。依托所处的西南门户优势，以"国潮轻时尚、明文化的新演绎"为主题，将传统文化、特色民俗融入时下年轻人的精神与消费场景中，打造街景新潮印象打卡路线。这一主题区以涧头村为载体，结合十三陵地铁站，发挥集旅游接待、导游服务、售票引导、智慧旅游、交通集散、特色商业、休闲观光于一体的综合服务功能。以康陵园村为载体，混合"国潮+文化+商业+休闲"业态，融入国潮艺术表演、特色美食体验、儿童游乐、国潮手办制作、汉服体验等多元化特色功能，打造明代市井文化村。

在以"边塞古韵"主题的大明军事科技小镇里，形成体现"幽州古韵、边塞田园、长城奇趣"的3大主题的7个文化村。依托长城关口遗存，深入挖掘军事、牧马、边塞文化内涵，联动八达岭、居庸关等周边景区，打造体现明代"边塞古韵"的十三陵长城关隘文化主题游线。重点打造以大岭沟村北齐长城展示馆为核心的"长城奇趣"主题体验村，以德胜村"边塞烽火"主题乐园为建设重点的的德胜军旅体验村，以下口村自然风光探险乐园建设为核心的明徐霞客地理文化村，以及以麻峪房村为主的特色精品民宿聚落。

最后，在以"国士仙韵"为主题的大明多彩文化小镇中，打造了原乡素养、耕读世家、明医道养3大主题、6大文化村。依托丰富的山水资源，以国医养生为切入点，结合王阳明、汤显祖、冯梦龙等名家文化内涵，以明代药圣李时珍所述"药食同源、动静互涵、形神共养"之养生理论，打造特色中医养生度假区。策划建设包括面向全年龄段客群，融入"互联网+人工智能"，提供全方位定制化养生养老服务的全代际国际康养中心，开展展现明代水利、山水、耕读文化的明文化水活力耕读园等项目。

通过上述旅游产品的体系打造，以研创文、以学促旅、以产兴镇，构建可持续发展的文旅产业体系。通过积极联动周边高校，打造文创产业研发园，通过明文化的活态传承、创新利用，实现文化资源向文化资产的转变。依托明文化及各村特色资源，开展青少年研学旅游，促进十三陵旅游产业的进一步发展。以现代社群的方式，打造特色艺创聚落，提供定制化创作创业空间，构建可持续的创意产业社群发展体系。全镇域内重点策划4大文化片区，12大主题特色以及27大明代文化集聚村，并提供相应的项目策划支撑与空间落位建议。项目策划以现状保留提升和现状改造为主，涉及建设用地面积77公顷，总建设规模19万平方米，数据与国土空间规划全程更新，最后形成相应的实施行动计划与近期重点建设项目建议。

［作者单位：浙江大学建筑设计研究院有限公司］

以明文化为中心针对昌平文旅未来落地项目的思考及建议

吉恩煦

一　昌平文旅的巨大优势

昌平区坐拥丰富的文旅资源，包括明十三陵、居庸关长城、银山塔林、巩华城、白浮泉遗址等诸多自然风光与文化背景并存的景点，文旅项目开发具备巨大的潜力，具有不可替代、不可复制性，根据每处景点的特色，可以配套开发不同的项目。

明十三陵景区与居庸关长城是展示中国传统文化的重要窗口，蕴藏着大量有关明代政治历史、军事防御、礼仪制度、生活习俗的文化线索，是古代中国、尤其是明代中国文明成就的高度体现，也是中华民族呈献给世界的文化瑰宝，适合呈现如祭祀、射礼、服装复原展示、开闭城门仪式等活动。

"银山塔林"为明清时期"燕平八景"之一，原名"铁壁银山"，因悬崖陡峭如同高大的墙壁一样，色黑如铁，而大雪之后漫山皆白，山色如银而得名，特点是山美、树美、塔多。山美源于漫山遍野的松、柏、橡树，颜色也随着树种的变化而呈现深绿、浅绿等不同色彩。银山南麓有众多古塔林立于峡谷之间，最为壮观的是华禅寺内的金代佛塔。银山塔林适合以短视频为载体，打造"汉服+古塔"为特色的热门打卡地。

明成祖朱棣迁都北京后，于永乐十九年（1421）在京北沙河镇建起一座行宫，作为皇帝巡狩和后代子孙谒陵驻跸之所。嘉靖十六年（1537），明世宗朱厚熜驻跸天寿山陵寝，驻沙河视察行宫遗址，采纳了严嵩的建议复建行宫和修筑环抱行宫的方形城池，于嘉靖十九年（1540）十二月完工，御赐名曰"巩华城"。从此南护神京、北卫陵寝、东可蔽密云之冲、西可扼居庸之险，成为京师北门的一重镇。复建行宫时，吸取了前次被洪水冲毁的教训，建巩华城，除了有军事上的意义，还具有防洪保护行宫的功能，因此此处适合展示军事、武备、进出城仪仗等项目。

白浮泉曾是京杭大运河最北端的起点，2013年，大运河白浮泉遗址被列为全国重点文物保护单位。白浮泉是北京唯一一座"都龙王庙"的所在地，周边在历史上还曾建有龙泉寺、白衣庵、甘露亭、观音洞、九龙池等古迹。因此以"传统祭祀与现代背景相结合"的活动形式举行白浮泉都龙王庙祭祀仪式，是弘扬优秀传统祭祀文化和发展现实文化的有机结合的实例。

二　明文化节特色与发展

（一）历史重演项目介绍

历史复原（Living History）和史实重演（Historical Reenactment）活动，在西方世界有着极其深远和悠久的历史文化传统。从古典时代的罗马帝国到维多利亚时代的大不列颠，再到当今21世纪的欧美各国，这种包含历史教育、公众娱乐、社交互动、家庭亲子和人文旅游等多重元素的实景融入式历史文化体验活动扎根于庞大的社会受众基础，得益于众多的专业俱乐部社团，在互联网信息时代的现代社会其影响力日益扩大；国际化、市场化、专业化和跨界化的特点也日趋突出。

在国外，尤其是欧美发达国家，历史重演活动所涉及的时代跨度非常大。从公元前20世纪的迈锡尼文明到公元20世纪90年代的车臣战争，历史重演活动几乎可以涵盖绝大部分人类文明史。全球范围内知名的节日活动及社团组织包括英国黑斯廷斯战役、英国玫瑰战争系列、法国罗马帝国第八"奥古斯塔"军团、法国圣米歇尔骑士团、德国帕维亚战役、波兰格隆瓦尔德战役、波兰沃林维京斯拉夫节、捷克莉布辛战役和俄罗斯涅瓦河战役等，东亚文化圈中，韩国、日本等国也具备鲜明民族文化特点的常态化活动。

（二）活动项目巡演

出警入跸仪仗展演：活动在十三陵神路再现明代名画《出警入跸图》中的明代皇家仪仗。由演员身着明代服饰与甲胄，手持金瓜斧钺等礼器，沿神路全程进行巡游，中途进行定点表演，并在表演期间与观众进行交流。

大射礼：射礼是我国重要的传统礼仪，其主要目的是评选合乎礼乐要求的人才参与祭祀。主要内容是将射士分为两组比试箭法，以此提高射艺水平。射礼，尤其是大射礼，在服装、道具、仪式上都具有高度的美学价值，观赏性极强，历次射礼的群众好评度极高。

长陵祭祀：明朝时的陵寝祭祀活动主要有两种形式。一种是皇帝在某节亲赴山陵行礼，简称为"躬祭"；另一种是朝廷按节序派遣官员到陵园祭祀，简称为"遣祭"。本次活动采用"遣祭"的礼仪，届时将严格参考明代历史资料，布置祭器等现场陈设，参照明代"遣祭"仪程要求，进行祭祀展演。

先蚕礼：中国是最早发明种桑饲蚕的国家，古代男耕女织的农业社会经济结构中，蚕桑占有重要地位，所以无论是古代统治阶级还是普通的汉族劳动人民都对蚕神有着很高的敬意。先蚕礼是由皇后所主持，率领众嫔妃祭拜蚕神嫘祖，并采桑喂蚕，以鼓励国人勤于纺织的礼仪，和由皇帝所主持的先农礼相对。

（三）明文化节的特色及对于昌平文旅发展的重要性

明文化节具有以下特色：1.严谨的历史考据；2.精美的铠甲与服饰：玄缪战甲、礼乐嘉谟、控弦司等；3.流量加持：例如作为协办方的控弦司团队，在新媒体平台粉丝数量超过300万，作为支持单位的史图馆团队，在其主流运营平台Bilibili上拥有粉丝数量超150万。

2019年清明假期，明十三陵景区接待游客5.48万人次，同比增长4.38%，实现收入177.58万元，占全区旅游收入的7.75%。新浪微博"明文化节"话题讨论度170万，活动期间抖音"明文化节""明十三陵"等相关话题讨论热度2000余万，腾讯视频、优酷视频、哔哩哔哩等主流视频播放器相关视频播放量超千万，参与报道的主流新闻媒体超20家。

首届明文化节根据《明会典》等古籍记载，高度还原了明代宫廷服饰及阵列，是1981年成立特区办事处以来，首次进行的大规模展演，是国内首次参与人数最多、服装道具最精美、最复原的明文化主题礼乐活动。

三 文旅产业闭环模式分析

（一）西塘模式——游购娱一体化模式大型同袍线下交流会

西塘模式的代表活动有西塘·汉服文化周、平乐古镇汉服节、云台山·汉服花朝节。

西塘模式的优势是通过投入执行费用带动景区收益。西塘汉服文化周执行费约830万元，2016年西塘古镇全年游客接待量达到778万人次，比2012增长了300万人次。2017年，西塘正式升级为国家5A级旅游景区，跻身中国旅游景区的最高等级，意味着西塘被官方承认为拥有世界级的旅游资源和一流的景观价值。《2021年五一假期出行预测报告》显示，在今年五一假期十大自驾热门古城（镇）中，西塘古镇排名第二，仅次于湘西凤凰古城。

但西塘模式也存在劣势：活动内容缺乏不可替代性，活动参与度不强。

（二）成都模式——网红流量+平铺活动

成都模式的活动模式有成都国际汉服节、动漫展、服装秀场、地产活动、商场活动等。

这种模式的特点是平铺各类活动，以新媒体平台炒作网红，孵化MCN（多频道网络）公司，从MCN公司角度进行带货，依靠川内低廉的汉服制造成本，打造廉价平民的汉服，形成产业下沉，政府主导给予店铺及活动资金、场地扶植，活动炒作网红品牌，品牌进行产业垄断，流量炒热，再吸收其他商业投资，从而形成闭环。成都模式也存在劣势，即活动内容缺乏文化底蕴。

（三）青岛模式——打造文化功能区带动就业和房产发展

青岛模式的代表有青岛即墨古城、西安大唐不夜城。

青岛模式的特点是在城市内部打造古城，通过文化包装，把地块炒热，政府加大基础设施扶植，从而炒热周边房地产项目，形成地方政府盈利，带动周边就业和房产发展。

（四）故宫模式——超级IP打造记

故宫模式的代表是故宫淘宝、综艺《上新了·故宫》。

故宫模式的特点是炒热自身文物IP，开发实物文创跨界联名产品、IP影视化等，重点是"实物文创+图像文创（纪录片、综艺等）"。同时存在劣势：没有历史重演时的文化项目，仅仅炒热文物IP，仅是文创项目，没有旅游项目。

四　昌平文旅模式探索

昌平文旅要结合四家文旅模式的优点，打造属于昌平的优势。作为明文化重镇，打造符合昌平特色的文化名片。

目前明文化爱好者在当前传统文化爱好者群体中占比最重，其次是汉文化、唐文化（西安、洛阳为代表）、宋文化，清代因独特的历史因素在传统文化爱好者中占比最低。而同为明文化代表的城市是南京，但南京文旅部门在明文化打造上并不重视，故而国内文旅活动中以明代文化为特色暂时还较为空白，这也正是第一届、第二届明文化节在传统文化爱好者群体中口碑良好的原因。

昌平文旅模式主要有以下5个发展方向：1.铺开全年范围内的活动：如在清明节举办明文化节，以明十三陵为主阵地，结合居庸关长城、银山塔林地点；在中秋节举办"居庸山月"晚会，每月的传统节气、传统节日形成全年活动常规化，促进旅游。2.文创产品：打造符合昌平自己特色的文创产品，对标故宫淘宝模式，前期需要投入一定的人力成本进行产品的研发，打造爆款，消费方面抓住25—40岁人群。3.文化衍生媒体方向：打造年轻人接受的纪录片、影视作品，邀请带有文化IP符号的公众人物合作，创作属于昌平本身的文化主题歌曲。4.硬核知识性科普：与Bilibili知识科普区、历史文化区合作，包括纪录片《历史那些事》团队（播放数3959.6万）、史图馆团队（粉丝151万）等，打造昌平本地的硬核科普知识，搞纯粹性文化。5.树立学术权威，依托北京打造学术重镇和文旅权威性。

当然，昌平文旅模式探索还需要相应的支持：一是长久有效的项目资金扶持，用于全项工作人员、项目孵化、产品研发等；二是打造商业化纽带。

［作者单位：中国人民大学孔子研究院礼学中心］

十三陵0101街区风貌规划研究

宋　丹

各位领导专家大家好，我是清华大学建筑设计研究院文化旅游分院主任建筑师宋丹，负责十三陵0101街区风貌规划的设计工作，很高兴和大家分享我们在规划设计中对于明代文化风貌在新时期下体现的一些研究成果。

0101街区是十三陵景区的文旅门户接待区、文化产业聚集区，更是承载了陵监村安置居民的品质生活社区。在0101街区整体风貌打造上，我们以十三陵"隐陵显明"的总体文化方针策略为纲领，将整体0101街区的风貌主题定位为：大明文化盛世城——新时代明代风情历史文化街区，以明文化为背景，以明代元素为主线，以高质量发展为核心，着力打造集生态宜居、文化旅游、商务休闲、文创产业为一体的空间载体。传统明代文化与现代物质文明交融共生的街区空间，具有强烈中华文化识别特质，传承弘扬中华文化的品牌战略。

规划基于0101街区三山两水，北有靠山左右相拥，水系环抱的总体地貌特征，设计结合自然山水环境，通过明代文化建筑风貌的体现，实现明代传统文化的复兴，打造明代传统文化内核。

文化方面，我们也是通过对明代包括人文、建筑、艺术等多方面文化的梳理，试图以规划街区到建筑装饰层面作为文化载体，全方位体现明代文化。

规划结构上，我们依托明代"两京十三省"的空间结构，以和而不同为策略，街区划分成2+13个片区，代表不同特色的中华文明，以地域文化的丰富性，映射中华文明的多样性，彼此包容，欢聚一堂。在规划分区上，我们主要体现"明代意向"对中国明代建筑元素的空间及审美情趣的提升与提炼，而非单纯的符号模仿。最终达到以明代文化"寄情山水"来体现中国式的自然观，解读0101街区有山有水场所的特征，与自然融合，对自然开放，强调在观景与被观中的意境流动，以尊重自然的姿态来表达建筑的可持续性。

为了研究明代建筑要素特征，我们联合我院文化专家，对明代建筑文化进行了深入的挖掘，从明代建筑界画以及明代存世建筑出发，研究明代建筑的要素特征，明代建筑上承宋代营造法式的传统，下启清代官修的工程做法。制式无显著变化，但建筑设计规划以规模宏大、气象雄伟为主要特点。明初的建筑风格，与宋代、元代相近，古朴雄浑，明代中期的建筑风格严谨，而晚明的建筑风格趋向繁琐。

最终呈现的设计方案体现明代文化的大明文化盛世城的整体风貌，希望通过我们的研究能够达到文化塑城，文化兴城，让明代文化在未来能够赋能0101街区的高质量发展。

感谢各位，我的发言结束了，请各位领导专家多多指正。

[作者单位：清华大学建筑设计研究院文化旅游分院]

十三陵区域发展与文旅融合

田 林

非常荣幸能够参加2022明文化论坛，明十三陵是全国重点文物保护单位，也是世界文化遗产。明十三陵是我们研究明代古建筑的重要基地，也是展示明文化的重要场所。

上面几位专家学者围绕"十三陵区域发展与文旅融合"建言献策，提出很多精彩的论述和精辟的见解，我深受启发，谈4点体会：

1.从明文化承载地，到明文化首选之地和明文化研究重地。守好保护底线，在保护好文化遗产、空间环境、古树环境等全要素资源的前提下，近年来，昌平区十三陵在明文化研究、文化遗产保护、文化遗产展示利用、提高国际影响力等方面取得了丰硕的成就。明十三陵长期以来一直是明文化的承载地，是我国北方研究明文化的首选之地；昌平区十三陵已经举办两届"明文化研究论坛"，设立了明文化研究专家库，90多名相关领域的专家学者进入了专家库，现今，明十三陵已经成为明文化研究的重地。

2.以文塑旅、以旅彰文，塑造文旅融合的示范之地。党的二十大提出，"以文塑旅、以旅彰文，推进文化和旅游深度融合发展"，为文旅融合发展指明了方向；文化是旅游的灵魂，旅游是文化的载体，通过对十三陵明文化的研究，以展现大明风华，塑造北京文化特质；为全国文旅深度融合提供样板。

3.以规划编制为契机，以明文化研究为引领，助力美丽乡镇建设。以明十三陵及周边规划编制为契机，协调特色民居、产业片区和文创组团的布局、合理设置功能分区，借助情景体现、情景地图的新型科学技术，将十三陵镇打造成世界明文化中心，形成主题乐园、核心景区、特色民宿聚落等，以"大明韵、世遗芯"助力美丽乡镇建设。

4.借助社会力量，立体、全方位地讲好明文化故事。利用当前我国文化复兴的天时、地利、人和，全面借助社会力量，包括企业事业单位、社会团体、广大群众等，特别是大量明文化粉丝，积极引导组织、提高群众的参与性，借助事件推动主题，讲好明文化故事。充分利用文物旅游资源，从粗放到精细，从传统到国潮，创新文旅营销模式，与时俱进利用科技前沿技术，适应不同层次群体的需求。将明文化与当代潮流消费相结合，推广民族风系列产品，用好明文化IP，赋能十三陵，共享明文化研究成果。

总之，明文化既是厚重的历史文化，也是当代文化发展的宝贵财富。弘扬明文化优秀传承，将之融入当代生活，吸引社会人员广泛参与，使文旅深度融合，让明文化研究成果惠及广大民众。

最后，预祝明文化论坛圆满成功！

［作者单位：中国艺术研究院建筑与公共艺术研究所］

专题讨论四　文化遗产与新媒体

三维信息采集技术促进文化遗产数字化保护与传承

戴 俭 刘 科

一 三维技术应用与数字保护简介

中国文化历史悠久，建筑遗产丰富，传统建筑以其独特的建筑风格、结构与工艺屹立于于世界建筑之林，其中具有丰富的历史信息和珍贵的科学、艺术以及文化价值，是历史的百科全书，需要我们保护好、传承好。

2014年2月，习近平总书记在北京考察工作时强调："历史文化是城市的灵魂，要像爱惜自己的生命一样保护好城市历史文化遗产。"历史正是一个国家精神、文化及自我认同的起源和根基，作为承载历史的现实载体，古代建筑的保存与保护越来越受国家重视。

当前文物建筑的保护工作不尽如人意，依然存在许多缺憾。自然损坏与人为因素破坏时有发生，包括残损变形、老化糟朽、建设不当拆除、火灾损毁。同时，我国古代建筑数量多、分布广，也给保护工作带来了困难。中国国土面积巨大，历史文化发展多元化，中国古代历史建筑分散极广，遍布山西、陕西、内蒙古、云南、西藏、广东、新疆、宁夏等多个省市及偏远地区。文物建筑数量多、区域跨度大，气候、地理条件的巨大差异使得实体文物保护工作的进行工作量巨大，实施难度极高。仅以山西为例，共有木质结构古建筑18118处，其中国家级文物保护单位有119处。截至2016年底，由国务院公布的全国重点文物保护单位已认定到第七批，总计4296处。省级文物保护单位上万处，还有市、县级保护单位及未列入各级文物保护单位的不可移动文物数十万处。

文物建筑保护工作分为实体保护与数字保护两种类型。实体保护包括无损检测技术、动态监测技术、修缮加固技术、灾害防护技术等；数字保护包括三维激光扫描几何信息采集与储存技术、虚拟修复与展陈、数字化资料转换应用等。现阶段，除了加紧针对中国古建筑的保存技术研究，有必要利用先进的数字技术对依然存在的古建筑进行快速、准确、完整的几何形态信息采集记录。近年来三维激光扫描技术，由于其非接触、快速、准确、高效、全覆盖的信息采集的特点，正逐步被广泛地应用于中国古代建筑的保护修缮复原领域，为我们实现几何矢量数据信息的数字保护提供了可行之路。

2019年北京时间4月16日，巴黎圣母院大火，幸运的是，在四年前的2015年，艺术历史学家安德鲁·塔隆就曾利用激光扫描仪，精确地记录下了巴黎圣母院的全貌，创建了一个完美精确的大教堂模型。这使得之后的复原和修缮工作有了珍贵的精确数据。巴黎圣母院所采用的是徕卡Scantation C10地面三维激光扫描仪进行空间数据采集。这是一台发布于2009年第四季度，并于2010年开放购买的机型，其官方标称测距精度4mm，点位中精度6mm，噪声及Remesh模型精度2mm，基本算是地面扫尾激光扫描仪能达到的较高精度了。即使是放到2019年，4mm测距精度依然在地面激光扫描仪里属于旗舰机型阵营。有趣的是，安德鲁·塔隆当时采集数据是为了在即将发布的电子游戏《刺客信条》中使用的，无意中成为最后的也是最宝贵的数字档案。

西方对于激光三维数字化采集的研究较早，从2000年后逐步应用于遗产保护领域。但由于东西方建筑遗产的巨大差异，研究的方向、重点和需求也差异很大。西方建筑遗产中，由于建筑主体结构较为简单，装饰性构件较为复杂，因此大部分的三维采集流程采用了激光三维扫描对建筑主体结构进行中等精度采集，再利用摄影测量技术或多角度摄影实景建模技术采集装饰构件，最终，通过手绘、人工建模的办法建立正向的整体建筑模型。而以中国古建筑为代表的东方木构建筑，其结构本身就非常复杂，互相遮挡严重，形状也不是规整的球、圆柱、圆锥、正方体等，而是具有复杂关系的斗、拱、椽、檩等卯榫拼接，从数据采集的难度上及采集种类的丰富性上来说都有别于西方建筑。

2000年左右，基于光飞（Time Of Flight）原理的相位三维激光扫描仪（Phase 3D Laser Scanner）进入商用市场并逐渐应用于城市规划、建筑设计等行业的测绘应用，三维扫描技术走进中国建筑遗产保护领域的视野。与西方相关技术的引进以高校为主的模式不同，引领中国三维扫描技术叩开建筑遗产大门的，是中国最大古代文化艺术博物馆，也是拥有大量珍贵古建筑资源的故宫博物院。

从2004年5月起，故宫博物院成立了"古建筑数字化测量技术研究项目组"，开始对太和殿、太和门、神武门、慈宁宫和康寿宫院落五处古建筑实施三维数据采集工作。在当时接触并使用三维扫描技术应用在文物建筑保护上具有相当的前瞻性。在当时的研究中已经提到了由于三维激光数据格式的不同及测绘原理不同，从而引起的数据不匹配、精度不匹配等问题。

2007年，天津大学的白成军通过对多台当时主流的三维激光扫描仪进行详细的精度测试对比试验，以及针对点云数据本身进行了一系列的材质反射和单点偏差实验，理清了仪器标称精度与实际精度的误差及产生原因，纠正了当时许多研究者在技术使用上的误区，并提出了"适宜精度"的概念。相关文章在中国建筑三维激光扫描采集领域里具有相当的前瞻性和现实意义，它提出了许多在之前没有深入研究的点云数据及三维扫描仪的许多问题，并细化了最终评判数据的标准，不应是靠"标称精度"来衡量三维古建采集测绘工作。文章提出应以古代工匠施工时的允许误差及最终出图比例，即以测绘目的为主导的"适宜精度"标准，并根据点云数据的误差和分辨率分析得出"仪器无法取代手工测绘""假高精度测量无法否定法式测绘"等结论。

2010年，国家文物局启动了指南针计划——"中国古建筑精细测绘"专项研究，旨在"利用三维激光扫描、近景摄影测量、激光测距等先进科学仪器、设备，结合传统测量手段，针对珍贵古建筑进行精细测绘，全面、完整、精细地记录古建筑的现存状态及其历史信息，为进一步的研究、保护工作提供全面、系统的基础资料"。指南针计划精细测绘专项组也对三维扫描技术及精细测绘方法进行了深入的反思与探讨，确定了二维图纸作为主要表现手段的传统测绘方法已经不能满足当今遗产保护和研究工作的需求，而新技术的开展则需要汇总大量工作经验，建立完善的工作方法和记录体系。最终，专家一致认为，高科技测绘手段无法替代传统测绘方法，而应该是现有研究工作的有力补充和不可或缺的组成部分。

2015年至2016年，北京工业大学课题组开展了"北京文物保护建筑三维数据信息采集与存储"项目，对总计85处文保单位的建构筑物进行三维采集与处理，是迄今为止国内一次性范围内最大规模的采集记录工作。围绕此项目课题组还开展了采集精度、采集技术规程等专项研究，并出版了第一版技术研究专著和首部《北京市文物建筑三维信息采集技术规程》。2016年之后与十三陵管理处、北京市古代建筑研究所、故宫博物院、北京市计算中心、园林博物馆、宁波博物馆等单位继续开展数字采集和影像记录工作。

这种利用高精度全覆盖快速获取海量矢量数据的方法有利于文物建筑关键性几何形态信息的获取，从而初步实现了最宝贵的建筑尺寸数据的记录，其成果的"原真性"和"完整性"是以往任何测绘方法都难以实现的。如此则为建筑复原和研究留存了最宝贵的信息。目前随着这一技术在文物建筑中的广泛应用，文物建筑的数字保护的目标正在逐步实现。

二　三维数字技术应用的拓展

除了数字信息的采集与数据档案的存储，三维数据在文物建筑安全、风化等病害检测、虚拟复原以及文化价值传播等三维数字化文化遗产保护与传承领域，国内也进行了进一步深入探索和拓展。下面通过国内三维信息采集技术的拓展应用的几个案例加以说明。

1.第一个案例是利用三维信息采集技术对明十三陵总神路华表望柱倾斜状况进行的检测监测工作。检测中发现华表望柱存在以下问题：（1）4个华表与2个望柱均发生了不同程度的倾斜。（2）华表A-3（西北华表）倾斜最为严重，倾斜角度为北偏西约19.50°，顶部倾斜量约202mm；望柱B-2（西侧望柱）倾斜最为严重，倾斜方向北偏西约43.21°，倾斜角度1.68°，顶部倾斜量约185mm，监测时段内（约1年），有细微变化趋势。（3）在监测时段内（约1年），华表A-3（西北华表）有细微变化趋势。其他华表无明显变化趋势；2个望柱均有细微变化趋势。（4）4个华表与2个望柱倾斜方向呈现明显的中心放射型。针对这些问题，课题组提出了三点建议：

（1）建议对部分华表和望柱进行纠斜处理，同时根据地基等方面的勘测结果进行评估，分析论证倾斜原因及可能的劣化趋势，为进一步采取保护措施提供依据。

（2）建议继续进行定期检测和监测。

（3）建议进一步加强本体环境的检测和监测。

2.课题组还在不断探索利用三维技术快速诊断古建筑健康安全状况的新路径。如对东岳娘娘庙进行三维精细扫描，开展结构变形分析工作。整体性快速三维扫描可以获取文物建筑全部真实几何信息，基于三维点云分析建筑结构变形、歪闪、沉降等病害，深度解读并尝试挖掘出结构病害、结构安全影响因素以及环境问题，有效地支持了古建保护修缮工作。

3. 三维技术在文物虚拟复原中的应用。故宫博物院奉先殿后殿神龛构件虚拟拼装项目中应用了虚拟复原技术。1966年，故宫奉先殿内安置的11座雕刻精美的清代历代帝王神龛以及室内隔扇、板墙被拆散为2000余件构件存于库房。为展示这些具有珍贵历史价值的神龛原物，故宫决定将散落构件重新组装恢复原状。项目主要工作内容和目标为奉先殿后殿室内神龛构件首先通过三维信息采集获取三维模型，再进行参数化模型转换，之后进行虚拟拼装。虚拟拼装的目的是为奉先殿的神龛整体修缮复原工程提供科学数据与信息，有效支持相关复原工程。由于构件存放多年，数量庞杂，期间又转移地点，同时由于构件变形等，如采取直接实物拼装的方式，一方面反复搬运试错将对文物造成二次破坏，另一方面由于构件数量庞大，大量构件体积和重量都很大，直接盲目搬运干扰太大。北京工业大学"北京市历史建筑保护工程技术研究中心"组织文物保护及数字化领域的专家团队与故宫密切合作，运用近年来研发的高精度三维采集及拼合设备，图像分析识别技术，数据自动比对和相应的机器学习算法等，历经三年多，终于完成了这项具有挑战性的工作，首次实现了11座神龛的虚拟拼装，这项成果得到了故宫方面的充分认可。项目开展以来，教师和研究生们无论是身心或是学术上都得到了锻炼和提升，尤其是找到的一条利用三维信息采集和数字技术拼合海量无序构件的虚拟拼装技术路径。这是一次三维信息采集应用的有益探索，为今后此类保护复原工作的开展积累了宝贵的经验。

4. 数字拓印技术也是几年来拓展的三维信息采集技术应用方式之一。拓印术本是在技术条件不成熟的历史条件下，为了保护文物所发明的技术，以相对较轻微的损伤获取碑面文字信息，更易于复制、传播。然而经过千百年的演化发展，拓印技术以其精湛的工艺手法，多种多样的拓印效果，以及一套严格而赏心悦目的体系流程，已经逐步演变成为宝贵的非物质文化遗产。现如今，传统拓印技术已经超越了保护技术本身，成为了古代文化艺术及保护理念的文化象征传承下来。利用手工拓印技术制作的拓片也同样超越了"内容记录"的范畴，成为了文化遗产领域的精美艺术品。但是由于传统拓印方法需要使用有腐蚀性的液体覆盖碑体或石刻表面，在如今空气污染较为严重，酸度偏高导致石碑石刻加速风化现象，而现代数字化非接触无损信息采集提取技术的出现则有可能取代或部分取代传统的拓印技术。数字拓印技术主要分为三个部分：（1）数据采集及处理；（2）核心算法设计；（3）软件开发及应用。利用专用三维扫描仪采集点云数据，将数据导入拓印软件，利用拓印软件进行处理，最终导出拓印图片。有别于传统拓印技术，数字拓印技术可以在不损害文物的前提下拓印文物，同时可以清晰拓印浅纹饰及曲面。

三维高精矢量数据信息的获取和进一步应用具有广阔的前景，希望从事文物保护工作者共同研究拓展。

［作者单位：1.戴俭，北京工业大学城建学部建筑系、北京市历史建筑保护工程技术研究中心；2.刘科，北京市计算中心］

文化遗产与新媒体

赵古山

很荣幸在明十三陵即将迎来申遗20周年之际受邀参加本次2022明文化论坛，并被聘请为专家智库成员。我谨代表中国文物交流中心，对本次论坛的召开及邀约表示热烈的祝贺及诚挚的感谢！

我国历史日久岁深，文化源远流长，截至2021年，我国拥有包含明十三陵（明清皇家陵寝）在内的世界遗产共56项，其中文化遗产38项，自然遗产14项，文化和自然混合遗产4项，位列全球第二（意大利58项）。一个多月以前，党的二十大胜利闭幕，党的二十大报告明确提出要"加大文物和文化遗产保护力度""深化文明交流互鉴，推动中华文化更好走向世界"，这为文博事业发展指明了方向。

近年来，随着信息技术的不断迭代，我国以网络媒体、手机媒体等为代表的新兴媒体目前已基本实现对于传统媒体的整合及替换，并构筑、融合成为新型媒体传播矩阵，它为文化遗产在更广阔的时间与空间维度上的延伸提供了无限的可能性。作为从事文物展览交流工作数十年的文博人，我深刻认识到，顺应潮流，借助新媒体矩阵、融媒体平台赋能文化遗产的保护、传承与发展是当下文物工作的必然趋势之一。现就新媒体与文化遗产的保护、传播谈几点粗浅的见解，不足之处请大家批评指正。

一 新媒体与文化遗产的保护

首先，何为新媒体？1953年，麦克卢汉首次提出了"新媒体"，作为与旧的传播效能较低的媒体做区别的概念，并没有实指某类或某几类信息传播媒介，其核心特征之一是"对现有传播能力的提升"，从当时的科技发展水平来看，电视机似乎最符合"新媒体"的概念。而当下的新媒体，普遍意义上指网络媒体、社交媒体（移动传播）和数字媒体，其表现形式纷繁多样：互联网站点、数字杂志报纸、触摸媒体、手机APP，等等。这就意味着，将新媒体运用到文化遗产保护的实践中来，最早也许可以追溯到20世纪末。

1992年，联合国教科文组织发起"世界记忆项目"（Memory of the World Program），旨在鼓励使用计算机及网络技术建立珍贵历史文献数据库，一年后美国国家图书馆便实施了"美国记忆"数字化平台建设计划。之后全世界众多高校、文化遗产研究机构开展了新媒体应用项目的实践：1994年日本国会图书馆实施数字化建设；1995年法国国家图书馆开始构建数字化图书、检索、图像数据库；1999年欧盟启动以文化遗产数字化为核心的项目……我国相关实践也许可以以国家文物局2001年启动的"文物调查及数据库管理系统建设项目"为起点，这20年间，中国文化遗产领域的新媒体应用取得较大进展。2010年，文化部将"非物质文化遗产数字化保护工程"纳入"十二五"规划。2013年，制定完成非遗数字化保护标准，并建成国家非遗数据库。2016年，数字创意产业被纳入"十三五"国家战略性新兴产业发展规划。2017年，国家文物局在《国家文物事业发展"十三五"规划》提出建设智慧博物馆云数据中心、公共服务及业务管理的支撑平台和体系。2021年9月，习近平总书记在教育文化卫生体育领域专家代表座谈会上的讲话中强调，"要顺应数字产业化和产业数字化发展趋势，加快发展新型文化业态，改造提升传统文化业态，提高质量效益和核心竞争力"，鼓励文化领域的工作与数字化科技相结合，实现高质量数字化发展。可见，强有力的政策支持和制度性保障可能是我国文化遗产保护领域新媒体应用发展的一大优势和特色，新媒体技术已普遍运用到文化遗产保护管理和社会教育服务等公共文化领域。

但是它的发展并不全面，存在不平衡之处，其一是受存在形式所限，非物质文化遗产对于新媒体的应用多于物质文化遗产；其二是受体量所限，物质文化遗产中，可移动文物保藏机构（如博物馆）对新媒体的应用多于不可移动文物管理机构。而且大多数文化遗产的新媒体数字化产品仍以视频、照片、3D建模等记录形式为主，主要目的也是记录并存储相关的文物数据，而面向公众开放的大型文化遗产数据库、数字博物馆、移动终端APP等数字化平台总体上数量有限、并不互通，部分内容缺乏交互性和延展性，即"保护有余，传播不足"。

二 从保护到传播

鉴于此，2021年7月18日，在第44届世界遗产大会通过的《福州宣言》强调"数字技术在有效改善遗产地管理和实施能力建设项目方面的潜力"，进一步加强新媒体相关技术在文化遗产保护领域的使用。文化和旅游部副部长、国家文物局局长李群在第44届世界遗产大会上还特别指出，要鼓励社会参与，坚持惠及民生；让文化遗产成为公众的共有记忆和共同财产是可持续保护的根本。从可持续保护理念出发，我国文化遗产领域的新媒体应用发展，不仅要强调技术层面的研发，还应注重社会层面的宣传、推广、传播，让文化遗产通过新媒体真正地融入群众的日常生活中去，这是未来文化遗产新媒体应用发展的主攻方向和目标之一。

值此"互联网+"时代，大数据、云计算、人工智能、VR、AR等各种先进的数字技术及可视化手段为文化遗产通过新媒体平台赋能群众文娱生活提供了"十八般兵器"，然而实践并不尽如人意，要想熟练运用这"十八般兵器"，大部分文博机构的内力尚需修炼。

第一个问题，难以把握专业性与大众化之间的平衡。文化遗产的保护及管理机构（如某某博物馆、某某遗产管理中心）绝大多数是政府下辖机构或事业单位，虽能为文化遗产的保护、传承提供坚实的工作基础，但也容易局限于研究文化遗产的历史内涵、文化价值，对其更易于传播的大众化内容的挖掘略显不足。如果委托给以追求经济价值为主要目的的商业主体，则有可能导致一味追求传播效能及经济效益，轻视对文化遗产的文化内涵的研究，导致出现片面化甚至偏差性解读，出现不利于优秀传统文化传承与发展的乱象。

第二个问题，在新媒体平台的呈现形式难以把握。当代快节奏的生活方式，高频率运转的工作和学习氛围，导致受众更愿意利用碎片化时间快速浏览信息，而非沉浸式阅读。因此文化遗产在新媒体平台上的数字化传播形态多为图片、视频等视觉化的呈现，整体以视觉体验优先，相较于文字表达，文化内涵的阐释相对单薄。

第三个问题，对互联网的适应性略显欠缺。疫情以来，各博物馆、遗产管理机构拥抱新媒体平台的积极性显著增强，纷纷推出"云展览""云游遗产地"等互联网云游体验，有多家知名博物馆策划的参与人数总计超千万人次的线上活动。但大部分中小型文博机构由于相关经验的缺乏，存在着对互联网受众偏好的把握失准、缺乏互联网思维等阶段性问题。

三 成功案例借鉴

面对如此形势和种种困难挑战，故宫博物院和敦煌研究院，针对"文化遗产＋新媒体"的命题作文，交出满分答卷。故宫作为明清两朝皇权至高无上的代表，"庄严恢宏的紫禁城"，通过"打破刻板印象""搭建新媒体矩阵""制造新媒体话题点"的组合拳成功破局，融入了寻常百姓尤其是年轻人生活的点点滴滴，受到众多年轻人的热烈追捧，这为后来者提供了极为宝贵的参考经验：抓住年轻人的关注点，将"雍正""乾隆"的形象活化，通过加入流行元素、网络用语、表情包等，用诙谐戏谑的语言拉近故宫"虚拟形象代言人"与年轻人的距离，消除大众对于故宫"庄严肃穆、气势恢宏"的刻板印象和距离感；通过故宫博物院官方网站、官方微博、官方微信、故宫展览APP、故宫陶瓷馆APP、系列综艺节目和纪录片，搭建了一个能覆盖线上线下游览故宫全流程服务的新媒体矩阵，综艺节目和纪录片更是游览体验的回味、补充和延伸；通过制造网络热门话题点，给游客一个重复游览故宫的理由，提高游客黏度——春天要看故宫的玉兰花（"故宫的玉兰花开了"话题阅读次数1.2亿，众多游客慕名而来并打卡拍照），秋天是拍故宫角楼的绝佳季节（拍摄一张故宫角楼的风景照已经是必备的游客照之一），冬天白雪覆盖的故宫绝美（故宫是"北京每年第一场雪"话题的唯一网红打卡地），就连"故宫的猫"都是一个经久不衰的网络热议话题，许多游客提前做好攻略只为能抓拍到"御猫"上传微博、朋友圈……

与故宫博物院"千手观音"式的组合拳不尽相同，敦煌研究院在文化遗产新媒体传播方面别出机杼：解构对于普通游客来说"高深莫测"的壁画，推出"敦煌动画剧"，让静态的壁画"活起来"，采用壁画斑驳质感的画风＋现代叙事表现手法，为古老故事注入鲜活灵魂；鼓励线上访客活用莫高窟的石窟艺术元素DIY敦煌丝巾，并将收益用作石窟的数字化保护……

从故宫博物院和敦煌研究院的成功案例中，还能发现两者的关键共性，即"紧抓移动端多媒体（手机APP）的传播力度和用户黏性"。

　　近日世界知名游戏公司暴雪突然宣布和网易解约，从2023年1月24日起，暴雪将停止大部分暴雪游戏在大陆市场的服务，这则新闻如一石激起千层浪，迅速占领各大新闻软件的热搜榜。关于这两位多年来深度绑定的合作方分道扬镳的原因众说纷纭，有"暴雪提出网易无法接受的极其苛刻续约条件"，有"暴雪一如既往的傲慢态度"，还有"暴雪要求拥有上百万中国玩家的数据信息库"，归根结底是盈利问题：PC端游戏近年来的营收被手机端逐渐挤占，在收益不景气的情况下暴雪急于将大陆地区的全部营收收归己有。2021年，仅7月至11月，动视暴雪的股价暴跌35%，凭空蒸发了264亿美元，换算成人民币约1681亿元。2022年，动视暴雪第三季度净营收同比减少14%，净利润同比减少32%，月活跃用户同比减少5.6%。大陆作为暴雪最大规模海外市场，可以预见到经历过与网易解约，其第四季度及来年的盈利将再次呈断崖式下跌。

　　在手机端"短平快式"娱乐逐渐替代电脑端深度娱乐的趋势下，暴雪并不是唯一一家受到冲击的巨头，被众多玩家亲昵称作"波兰蠢驴""欧洲之星"的著名游戏公司CDPR，2020年12月至今市值已经蒸发75%以上。"几家欢喜几家愁"，2021年全球移动游戏（即手机端游戏）消费者支出超过900亿美元，2022年上半年即高达412亿美元，到2024年有望超过1160亿美元，2019至2024年五年间的年均复合增长率约为11.2%。电子娱乐作为新媒体的重要功能之一，其盈利和用户群体增长量最直观地反映了未来新媒体的发展趋势，可以断言，"谁抓住了手机端，谁就抓住了未来"，对于游戏公司如是，对于探索与新媒体相结合以实现高质量发展、高效能传播的文化遗产亦如是。

　　2022年7月22日，全国文物工作会议在京召开，会议上提出文物保护工作二十四字方针（即"坚持保护第一、加强管理、挖掘价值、有效利用、让文物活起来"的工作方针），进一步突出了文物工作需重视社会价值，为做好新形势下的文物工作指明了方向。当下，新媒体赋能文化遗产保护、传承与发展的前景广阔，同时也面临诸多亟须探索解决的现实问题，涉及遗产数字化保护传播、文创产品开发、遗产旅游、非遗生产性保护、非遗扶贫、非遗社会教育与公共服务等诸多领域。在这瞬息万变的新媒体时代，文博人正应迎难而上，把握机遇，把文化遗产和优秀传统文化"保护好、传承好、弘扬好"，不断增强中华优秀传统文化的生命力和影响力，坚定文化自信，延续历史文脉。

　　永乐七年（1409）明十三陵开始营建至今，已逾六百余春秋，世遗宝藏，大明风华，相信在明十三陵管理中心的精心保护下，在昌平区委、区政府领导的殷切关怀下，在各文博专家学者的大力支持下，明十三陵遗产区定能活力新生。再次感谢本次论坛组委会的盛情邀约，预祝本次论坛圆满成功！谢谢大家！

［作者单位：中国文物交流中心］

文物+新媒体传播

仇　岩

　　新媒体是在新技术、新媒介支撑体系下的新业态，文物是承载中华民族生生不息文化基因的最古老的载体，"文物+新媒体传播"代表的是中华文明的传承与发展，也是向世界传播中华文明赓续传承、历久弥新的深厚底蕴，涵养文化自信的深厚沃土和精神源泉。

　　近年来新媒体发展态势迅猛，不仅极大的丰富了传媒形态，改变了媒体传播格局，也为互联网文化事业迎来新的生机。传播是一个非常宽泛的概念，是人与人沟通交往的基础，是人们对事物的认识、态度、情感和表达，是信息的传递、交流和反馈。那么，新媒体传播和传统媒体最大的区别是什么呢？我认为最主要的有以下三点：第一是时效性，新媒体传播和传统媒体都有时效性要求，时效性是新闻工作的重要因素之一，用最快速度将新闻传递给读者，是新闻发布和传播的核心，新媒体以其更加灵活便捷的传播路径和相对简单的内容发布方式，大幅提升了传播的时效性，这也是新媒体传播最大的优势。第二是内容呈现方式，传统媒体对内容的选题、策划要求更高，更加专业和严谨；而新媒体在内容呈现方式上，更加注重公众的阅读习惯和接受方式，图文和短视频已成为主流新媒体传播的主要方式。第三是互动性，传统媒体时代对公众的信息传播以传授为主，公众是被动的接受信息；而新媒体时代最突出的特点是信息的交互，新媒体的交互性，让公众在观看和阅读新闻时可以表达自身的看法和观点，或为相关内容提出意见和建议，这对于宣传工作有非常积极的意义，可以让媒体工作者快速了解公众的需求和所思所想，适时调整传播内容和方式。但也应该看到，新媒体时代，人人是传播者，人人是受众，在新媒体为公众带来快捷和海量信息的同时，也会有大量负面的甚至是错误的观点掺杂其中，这就给我们新媒体工作人员提出了更高的要求和挑战。

　　中国文物信息咨询中心长期承担国家文物局新媒体相关运维工作，作为新媒体运营工作者，我想结合工作实际，从四个方面谈一谈我对"文物+新媒体"的一些思考。

一　要用心、用情、用力做好内容建设

　　政务新媒体是移动互联网时代党和政府联系群众，服务群众，凝聚群众的重要渠道。2018

年国务院办公厅发布《关于推进政务新媒体健康有序发展的意见》(国办发[2018]123号)。文件规定：各地区、各部门要遵循政务新媒体发展规律，明确政务新媒体定位，充分发挥政务新媒体传播速度快、受众面广、互动性强等优势，以内容建设为根本，不断强化发布、传播、互动、引导、办事等功能，为企业和群众提供更加便捷实用的移动服务。

内容是新媒体传播的关键和灵魂。作为政务新媒体，既要权威严谨，又要轻松愉悦，简捷易于接受。很多政务新媒体为了增强传播力、影响力，尝试了很多方式。有的政务新媒体通过视频短剧形式，有的通过漫画形式，应该说都是非常成功且有特点的尝试，拉近了政务新媒体与公众的距离。我认为政务新媒体不必过度注重形式的突破，而是应该全力用心、用情、用力做好内容建设，政务新媒体只要有自己的风格，只要能给公众带来所需的知识和有益的信息，都能够得到社会公众的认可和喜爱。

对于文物工作，一般公众首先想到的是专业和难懂，那么对于文物新媒体工作者来说，最重要的就是用最通俗易懂和公众易于接受的方式，让公众慢慢了解文物并喜欢文物。短视频因符合网络用户生活节奏快、时间碎片化的特点，且内容更直观、形象更具体，已成为当下最热门、流传最广的新媒体发布媒介。2022年11月，国家文物局开通官方视频号，11月2日发布首发视频，平均每月更新20—30条视频内容，为公众提供丰盛的文物视频盛宴。我想以国家文物局官方视频号首发视频介绍文物政务新媒体，高品但不高冷，官方视频号的首发视频可以让公众快速了解视频号的整体定位和风格，作为国家文物局政务视频号，既要庄重有气势，又要典雅有品位；首发视频既要涵盖具有代表性的元素，又要在有限的时间让公众能够轻松愉悦地观看。国家文物局官方视频号首发视频上线发布后，获得很高的关注和评价，我们看到很多公众在评论中提到了文化自信、文化传承，我想这就是政务视频号的职能和责任。

二 坚持权威发布，加强主流宣传

政务新媒体的核心优势是权威发布。政务新媒体首先要围绕公众需求，立足政府职能，弘扬主旋律，传播正能量。政务新媒体要科学把握信息传播规律，充分发挥新媒体方便、快捷、及时、高效的信息技术优势，紧紧围绕重点工作计划、重要时政信息，坚持政务公开、正确导向，成为对外宣传的一把金钥匙。

政务新媒体可以保持轻松愉悦的风格，但不能过度娱乐化。为了助力政务新媒体健康发展，国务院办公室政务信息与政务公开办公室发了通知，要求各部门排查整治政务新媒体中存在的一些过度娱乐化的问题。政务新媒体不同于一般新闻媒体，更不同于自媒体，信息公开和政务服务应该是其立足之本，同时还承担着舆论引导、社会治理等职能。政务新媒体的工作重点应当放在内容是否安全、信息公开是否及时准确、服务百姓是否方便有效等方面，不能可以过度看重粉丝量、转发量、点赞量等指标。

换言之，政务新媒体不必一味追求流量，而是要更加务实、更加亲民。我们文物政务视频号主要有以下四个功能：第一是围绕年度文物重点工作协调开展主题宣传活动；第二是新闻发布方面的，就是做好新闻发布领导活动专题报道等；第三是围绕行业重点事件、重要内容、人物专访等；第四是资讯信息发布、文物知识普及类视频。

三 坚持正确的导向，做好舆论引导

随着网络新媒体的快速发展，网络已成为传播社情民意、表达群众意愿最直接、最便捷的平台，舆情既是民意，是政府重要的民生工程。由于新媒体传播通过大量的图片、视频，大幅提高了可读性和趣味性，也使信息传播具有了强大的辐射力和感染力，对于突发事件和公共事件发挥着重要的信息传播和舆论引导作用，因此，无论是传播力还是影响力，无论从传播渠道还是传播方式，新媒体都已成为舆论的主战场，也给政府职能部门、企业和其他社会机构的舆情应对提出了更高的挑战。

下面我简单介绍一下舆情回应的几项基本原则。第一是坚持快速响应原则，把握话语的主动权。第二是坚持公开透明原则，实事求是，注重责任担当。第三是坚持持续发声原则，重大事件应多次回应。第四是坚持适度适时原则，舆情处置要掌握时机，把握尺度。舆情工作不仅仅是对负面舆情的监测与研判，也包括对重大活动、重点工作媒体观点、网络传播量和公众情绪的研究分析。政务新媒体与舆情研判可以说是相辅相成的，在"互联网"时代，政务新媒体的生命力在于为群众服务，只有积极与群众交流，才能了解群众所思所想。

四 用活媒体基因，探索协同传播机制

为积极适应媒体融合发展，推动构建大宣传体系，坚持党管媒体、党管宣传原则，实现重大事件合力发声，国家文物局依托中国文物信息咨询中心维护管理的官方微博"中国文博"，建立了文博新媒体矩阵，定期召开新媒体论坛，探索协同传播机制，共同推动文博机构间信息共享与宣传的联动机制，扩大信息传播面和影响力。

下面重点介绍依托行业新媒体矩阵的一个成功传播案例——"文物系荆楚 祝福颂祖国"活动。2020年新冠肺炎疫情蔓延全国，作为公共文化机构，全国各大博物馆纷纷闭馆闭展。为了全面实现全国文博系统齐心协力战胜疫情、共克时艰的决心，中心发起"文物系荆楚 祝福颂祖国"祝福接力活动。活动在启动后不到一个月的时间内，140余家国内和海外文博机构通过接力活动，汇聚成400余幅文物祝福海报，传递文博人战胜疫情的坚定信念，以及对受疫情影响人员的关爱和对祖国的祝福。这个活动在不足一个月的时间里吸引了23亿人次微博用户阅读，凝聚着全国文博人风雨同舟、共克时艰的坚定决心，也寄托着来自海内外同行的真诚祝福。

以上是我在新媒体工作中的一些真实案例和思考。最后，用习近平总书记的一句话来总结文物新媒体传播，做好新媒体宣传，要做到因势而谋，应势而动，顺势而为。

[作者单位：中国文物信息咨询中心]

文化遗产与文艺创作

徐幼军

一 进一步提高对"传统文化创造性转化、创新性发展"的认识

习近平总书记在中国共产党第二十次全国代表大会上的报告中指出："坚持和发展马克思主义，必须同中华优秀传统文化相结合。只有植根本国、本民族历史文化沃土，马克思主义真理之树才能根深叶茂。中华优秀传统文化源远流长、博大精深，是中华文明的智慧结晶，其中蕴含的天下为公、民为邦本、为政以德、革故鼎新、任人唯贤、天人合一、自强不息、厚德载物、讲信修睦、亲仁善邻等，是中国人民在长期生产生活中积累的宇宙观、天下观、社会观、道德观的重要体现，同科学社会主义价值观主张具有高度契合性。"

习近平总书记在纪念孔子诞辰国际学术研讨会发表重要讲话，强调要"努力实现传统文化的创造性转化、创新性发展，使之与现实文化相融相通，共同服务以文化人的时代任务"。习近平总书记以高瞻远瞩的战略眼光、清醒勇毅的历史自觉、深沉坚定的文化自信，在多个场合多次强调"创造性转化、创新性发展"这个重大的文化方针。在大力弘扬中华优秀传统文化，积极培育社会主义核心价值观的重要时期，习近平同志提出"两创"方针，标志着我们党在新的历史条件下对文化发展规律和文化发展的责任、使命、路径的认识达到一个新高度，必将对中华文化走向新辉煌发挥强有力的指导和推动作用。

如何有效推进中华优秀传统文化"双创"，如何在北京、在昌平、在十三陵实现明文化的"创造性转化、创新性发展"，这是我们此次论坛的一个核心灵魂，也是今后一个时期我们需要完成的文化任务。

作为一个作家，我向大家介绍一下文艺创作的一些做法和我的一些体会，供大家参考。我在为北京的青少年创作长篇小说等文学作品时，常常思考一个问题：北京城是一座在全中国、全世界享有顶级知名度，具有深厚文化底蕴，文化遗产和文物古迹铺天盖地的国际化大都市，为什么北京城没有福尔摩斯，没有哈利·波特，没有《达·芬奇密码》，没有《巴黎圣母院》这样的具有品牌意义的文学角色和文学作品。应该说，北京也有曹雪芹，有关汉卿，有汤显祖。但是新时代的文学创作远远不能满足青少年的阅读需求，我们的北京城、我们的十三陵迫切需要围绕北京

古都风貌、扎根北京现实生活、密切联系北京青少年日常生活的文化作品和文学作品（不仅包括小说，也包括戏剧、影视、游戏、网络文学等等）。具体落实到十三陵，我们应该加紧创作关于明文化的作品，构思与明文化紧密关联的故事情节，设计因明文化、十三陵而生发出来的文学角色。

二 明文化与十三陵的分析

第一，坦率地讲，陵墓文化具有一定局限性，不容易吸引人。陵墓只是十三陵的一个组成部分而不是全部，明代建筑、明代文物、明代气魄在这里都有呈现，我们要有意识地把陵文化转变为孝文化，并且一定要进一步拓展成为明文化基地。

第二，尽量把帝王文化转化为朝代文化。我们可以讲帝王将相、才子佳人，但是我们不能天天打开电视就是帝王将相、才子佳人，明朝作为我国一个极其重要的历史发展时期，在经济、科技、航海、文化诸多方面取得了辉煌的成就，比如李时珍《本草纲目》、徐霞客《徐霞客游记》、宋应星《天工开物》、汤显祖《牡丹亭》，以及郑和下西洋。无论是冶铁、造船、建筑等重工业，还是丝绸、纺织、瓷器、印刷等轻工业，明朝在世界范围内都可以说是遥遥领先。我们有信心、有底气、有资料、有场地讲好明文化故事。

第三，回避明朝历史上的负面印象，比如诛杀十族、皇帝多年不上朝、东厂、锦衣卫等。

三 我是怎样创作明文化故事的

我介绍一下创作《少年翊卫》《故宫精灵》两部长篇奇幻小说的一些具体做法。

中华民族科技文化艺术的登峰造极的成就，就实实在在地伫立在北京这块土地上，这是我们北京人特别是北京青少年增加文化自信、提高文化修养的最直接、最亲近、最显著的历史实物，我们要扎扎实实地充分挖掘明代故宫、永乐皇帝、十三陵、钟鼓楼等历史文化价值，仅有建筑遗存、有历史遗迹还远远不够，还要讲故事、设计角色；仅讲古代帝王将相、才子佳人远远不够，要讲今天的故事，那就要用奇幻的方式来讲，伦敦巴黎东京都在这样讲，而北京没有这样的故事。

2018 年我讲了一个关于北京中学生的故事，2022 年讲了一个北京小学生的故事。《少年翊卫》分四卷，每卷 12 万—15 万字，分册名称是《疯沙神的追寻》《桀木神的造访》《水泱神的困守》《火炼神的欢腾》，2018 年由北京十月文艺出版社出版，2019 年在中央人民广播电台播出 95 集广播版。《故宫精灵》六卷 2023 年由北京出版社出版，讲故宫里古籍精灵、角楼精灵、织锦精灵、宫殿精灵、中药精灵、御膳精灵、戏曲精灵、龙椅精灵、日晷精灵、铜龟铜鹤精灵的奇幻故事。四卷《少年翊卫》和六卷《故宫精灵》共同形成"北京奇幻十部曲"。

故事是这样展开的：600 年前，明永乐皇帝建造北京紫禁城，把中国南方的楠木统统砍光了，还居然把木神的 7 个孩子（大楠、二竹、三槐、四蔓、五杨、柳姑和花椒妞妞）拐到北京，木神的7个孩儿在紫禁城玩耍，有的跑丢了，有的被卖，有的上房顶和屋脊兽打架，有的天天哭着想家，使得木神勃然大怒。600年后的今天，木神潜入北京城，准备实施报复行动，这里有一个细节，木神来到北京就住在十三陵祾恩殿，因为只有十三陵祾恩殿还完整地保存着楠木殿柱。（明长陵位于北京市西北郊天寿山，是明代朱棣皇帝和皇后的合葬墓，地面建筑陵恩殿是祭祀场所，殿内60根一米多粗、十几米高的金丝楠木大柱在中国境内极其罕见）这是为了展示十三陵和明文化，朱棣皇帝与木神的600年恩怨一直延续到今天，小说用角色和情节生动地展现一系列奇幻的细节。

朱棣皇帝在长陵里躺了将近600年，听说桀木神要下榻长陵祾恩殿，十分害怕，他预感桀木神又要找他算账，再也睡不着了。朱棣特别怕吃咸水鸭的人，当年为夺皇位，朱棣在南京城杀人杀得太多了。南京人爱吃咸水鸭，朱棣一看见吃咸水鸭的人，就怀疑人家是从南京来，腰里别着刀，心里揣着恨，找他来报仇的。桀木神来追讨乱砍滥伐的债，朱棣躺在棺椁里，命手下人推开棺盖，他腾地一下子坐起来，下了一道圣旨，命朱家后裔设法偿还桀木神的楠木债。

全北京城所有姓朱的人，不论大人小孩，都在夜里梦见自己上山种树，一连数日，不堪其苦，天亮醒来胳膊酸痛，两腿抽筋，大人手足重茧，小孩子虎口磨出了水泡。少年翊卫在郎白（白鹅妹妹）的启发下，自己做主，赴郊区大山中找到斑兽军团。枣斑羚军团、墨斑豹军团、秋斑狼军团、瑞斑鹿军团和羽斑鹤军团雄赳赳、气昂昂进城抗击桀木神，双方在北京的街道上展开大战，桀木神发布命令，北京城街道两旁的槐树、柳树、杨树纷纷拔地而起，在街道上狂奔，它们自由了，它们解放了，它们再也不愿意规规矩矩地在树坑里傻站着了，桀木神率领木桩、木块、木球和树根、树干、树杈疯狂向斑兽军团发动攻击，但被斑兽打得七零八落，木屑漫天飞舞。

凌青、鲍迪、陆珂分别指挥鼓楼战区、鸟巢战区和三里屯商业街战区的斑兽军团进行作战，郎本只身一人奔上钟楼再次撞响铜钟，唤醒奄奄一息的地境神和洌水神，却被桀木神派出的乌藤死死缠住，身负重伤，被英瑛搭救。大战告捷，少年翊卫以为桀木神失败了，凌青突然意识到桀木神是冲着紫禁城来的，就不顾一切冲上景山向南瞭望，只见紫禁城一片暴土扬烟，即将轰然倒塌。紫禁城里的建筑木质结构刚刚有些起死回生的意识，皇家御花园里的花草和树木已经受不了了，所有的花草全都枯黄而死，老树全都疯了，拼命地摇晃树枝树干，拼命地生长，无奈这些老树已经都有百年以上的树龄，元气不足，体力也不够了，经威力过分的年轮密语启动，它们体力严重透支，再这样下去，所有老树就会体能耗尽而亡。

木族是有灵魂的，只是未被唤醒。桀木神登高昂头振臂一呼，数以千万计的树木和被砍伐、被切割、被制作的木料皆群起响应。植物的复活本领是别的物质不具备的，植物只要在合适的条件下不腐不烂，它们可以以木质的形态存在千年，它们仍然活着，仍然是有呼吸的，灵魂仍然是未泯没的，只是木料以极其静态的状态活着，以极其缓慢的几乎感觉不到的速度延续着不灭不绝不断不停的气息。如果说人的灵魂的延续，依靠着诸如书本、知识、文化之类的载体向后传承，而植物的灵魂的传承，就依靠自身的顽强的几乎静止的存储和延续。这种延续几百年、上千年都相安无事，风平浪静。但是，桀木神在召唤它们，它们即将复活，相安无事、风平浪静的局面即将因桀木神的一声号令而发生翻天覆地的变化。

紫禁城所有大殿的立柱横梁纷纷发出吱吱呀呀的声响，它们全都睁眼睛醒了，开始兴奋起来，木料上的年轮被桀木神的年轮密语激活，身上刻有年轮的木材恢复生长意识，只要它们能够接收到桀木神传递的足够的能量，就会复活。

危急时刻，桀木神的孩子（大楠、二竹、三槐、四蔓、五杨、柳姑和花椒妞妞）在紫禁城也接收到父亲的密语，他们与父亲的意图相反，他们在紫禁城这个大院子里无拘无束地生活了600年，舍不得将紫禁城轰然推倒，纷纷登上紫禁城城墙，伸出双手，合力阻止桀木神传递的年轮密语进入紫禁城。桀木神摧毁紫禁城的战役失败了，灰头土脸地带着孩子返回老家。

我讲了一个北京城正在发生的奇幻故事，孩子们很喜欢听，这是一个纯虚构的故事，但把北京的古建筑，北京的文化，北京的街道、学校、孩子们写进去，让古代文化生动鲜活起来，激发孩子们去热爱北京城。

小说在刻意构建一个北京城正在发生的奇幻故事，特别强调现场感，学生家长老师的日常生活就发生在我们身边，而神灵的出现就像我们身边有一股微风吹过般随意自然，但是随着故事的演进，惊心动魄的场景一个接着一个出现，扑朔迷离的迷局一个接着一个展开，突然会有危险向你袭来，你就会不由自主地挺身而出，加入到保卫这座城池的行列。孩子们的成长因为身负着神灵翊卫的奇特使命，让他们的中学生活焕发出灿烂的光彩。好奇懵懂的少年们被一双神秘莫测的手牵引着，去触摸这座古城的一处处斑驳的细节，去感知这片家园的无声的苦情，去同这座生我们、养我们的城池悄声对话。北京的深宫大院里的每一个屋檐下都隐藏着不可言说的秘密，北京街巷的每一个拐角处都划刻有历史的斑痕，北京的空气中每个傍晚都弥漫着淡淡的异香，如果你静下心来，就隐约会听到钟楼上呼唤神灵的咚咚敲击声。

可惜，北京的少年翊卫并未通晓魔法，手中没有魔杖，胯下也没有会飞的扫帚，不过，他们同样有一颗充满幻想的心灵，不知有多少少年都痴迷过伦敦城的那个男孩，不知有多少青年都企图破解巴黎城的达·芬奇密码，今后，北京的少年可以大声自豪地说：我们也有奇幻故事。

这部本土原创的魔幻小说里加入了数不胜数的优秀传统文化元素，比如诗经、易经、春秋战国故事、水浒故事、中国民间传说故事等，还包括极其丰富的中华文化闪光点，比如中医、中药、书法、诗歌、舞蹈和中国古典建筑。这部小说不仅给北京城的中轴线编写魔幻情节，还建构了北京城的心室、地脉、水脉，仿佛北京城是一个有骨头有肉有经络的躯体。

小说描述北京城七个中学生传承神灵托付的翊卫使命，身陷七个神灵之间延续数百年于眼前突然爆发的诸神战役，在北京紫禁城、颐和园、钟鼓楼、鸟巢等地揭示挖掘一个个扑朔迷离的谜团，最终保卫北京城度过风沙掩埋、建筑倒塌、烈焰飞腾、海水翻涌等一个个难关。

中国原创的魔幻文学一定是讲古典故事吗？一定要穿越到古代的某一个朝代去吗？不见得。《少年翊卫》就是现实场景的奇幻文学作品。在奇幻文学操作中，古典的元素固然丰富，固然经典，但是与现实生活有距离感，才子佳人虽然可爱，但他们是已经逝去的死人，我们不能总与死角色为伴。只有此时此刻发生在孩子们身边的故事，场景就在身边，风景就在今日，人物就是身边的你我他，这样的故事情节才能让青少年读者更加身临其境，更加感同身受，更加进一步得到鲜活真切的阅读体验。

六卷《故宫精灵》讲的是故宫的笔墨纸砚、古籍字画、中药中餐、家具陈设、织锦衣物、榫卯木器、铜龟铜鹤和各个古建筑因历史悠久，都生成各自的精灵，故宫里暗藏一个精灵世界。

故宫建成六百年，近千个精灵等待北京城里的神灵给他们传送新的能量，让他们再生存下一个六百年，可是神灵因为在北京城发生诸神大战，似乎把故宫里的精灵给遗忘了。故宫里的织锦精灵不愿坐以待毙，决定带领精灵们走出故宫寻找新能量。

谁都知道，一百年来人间对古典文化持批判否定和排斥态度，精灵与人间积怨甚深，人间还将古典文化凝聚而成的精灵当作可供玩赏的玩偶，甚至是可供出卖的商品，故宫精灵就此制订铁律，为保存性命绝不迈出故宫半步。

现在人间对古典文化的态度变了，但精灵并不知晓。织锦精灵迫不得已要带领精灵走出故宫，困难重重，织锦精灵暗暗将人间三个十岁的小学生引入精灵世界，企图通过他们破除精灵与人间的隔阂。

三个孩子一进入精灵世界就闯下大祸，孩子们路过文华殿，巧遇古籍精灵正在给古籍造梦，让古籍里平躺着的汉字一个个梦游，他们站起来，活动活动腰身，舒筋活血——这是精灵保护古籍的有效办法。没想到孩子们带来人间已经使用手机电脑不再使用笔墨纸砚的信息，古籍精灵和笔墨纸砚精灵误以为从此他们就要被人间抛弃，霎那间疯癫起来，文华殿内成千上万的汉字失去控制，漫天狂舞，无数的汉字和支离破碎的笔画偏旁在梦中奄奄一息，即将变成一堆废弃之物，孩子们目瞪口呆，不知如何是好……

北京城要讲的故事实在是太多太多了。文化产品的开发、创制是一个系统工程，我们北京特别是昌平十三陵地区有着挖掘明文化的得天独厚的地域优势和文化积淀，当地政府和文创部门以及热心北京明文化宣传推广的文艺工作者上下合力，一定能够在十三陵地区建设一片明文化开发、体验、宣传、推广基地。

四　几点设想

第一，寻找十三陵的守陵人、军户、建户，广为造势宣传，恢复大明手工艺，让大明文化有效地、鲜活地、具有现场感地传承下去。

第二，把故宫里玩耍不开的研学项目、动手操作项目、对文物有干扰的文化活动全都搬到十三陵地区来，开办明文化体验园地，让大明手艺传承人教习青少年做手工，一共六类：第一类是明式家具（让普通人做明式家具几乎不可能，我们可以设计半成品，要设计体验细节和步骤），第二类是烧砖，第三类是陶瓷，第四类是织锦，第五类是歌舞，第六类是餐饮点心和瓜果。当天做不完的手工活，就需要留宿一两天，就应该提供相应的餐饮、歌舞和民宿体验。甚至可以在十三陵水库组织青少年搭建明朝郑和下西洋的商船模拟玩具，可以用搭建乐高积木的模式在十三陵搭建大型甚至原大型明建筑模型。

第三，要做一些细节的文化挖掘，比如神道上的石人石马在哪些方面体现明代风格，与唐宋，与清朝有哪些区别。

同时，要坚持思想政治教育和历史文化教育相结合，要尝试把艰深的学术话语转化成人人都能感应到的具有生活魅力的通俗话语；坚持手工实践、沉浸式观展和实地研学相结合，推动文化和旅游深度融合；坚持文学创作和博物馆展示、戏剧展示相结合；坚持面向青少年与面向全社会相结合。

讲好传统文化的关键是要抓住青少年，关键是要摒弃"老套路"，创新内容和形式，做到内容鲜活、形式活泼，真正接地气。我们要在内容上、手段上、方法上、渠道上大力创新，找准与时代的对接点、与受众的共鸣点，起到潜移默化、润物无声的作用。充分尊重青少年的交往习惯、认知习惯、思维习惯、行为习惯以及信息接收习惯，善于运用新科技、新媒体等介质增强青少年对中华优秀传统文化的接受感、亲和力与关注度。

我们有理由相信，通过大家的共同努力，一定能够将十三陵地区打造成鲜活的、生动的、沉浸式的大明文化传承体验场地，让北京人都愿意来，甚至全国各地的游客都愿意来十三陵体验明代的生活。

［作者单位：中国国家版本馆《全国新书目》杂志社］

以IP开发为指向的明文化传播策略

魏　超

与地理大发现基本同时的中国有明一代在社会上出现了面向全球、充满活力的商业经济，百业兴旺，城镇发达；在文化上出现了面向大众、充满生活气息的通俗文化，星汉灿烂，阔达恢弘。在物质、制度、行为、精神等诸多文化层面都亮点多多，不一而足。明文化的优秀传统如果失去大众，就将失去根基；如果失去少年，就将失去未来；如果失去精神灵魂，就将失去生命活力。焕新明文化有例可依，如大英博物馆、故宫博物院和雍和宫，均可参照；赋能十三陵有法可循，如建立平台思维、借助社交媒体、借力个人IP、通过圈层传播、催生社群经济。应该让每位居民和游客都成为明文化的学习者和传播者，让自带流量的创意工作者到昌平来唱大戏、演主角，靠IP的力量焕新明文化、赋能十三陵，进而推动北京市全国文化中心建设。

一　明代经济文化概况及三个问题

明朝万历年间人口数量接近两亿，占世界人口总量的三分之一，是世界第一人口大国；明朝耕地面积世界第一，万历年间达到1161万公顷，而乾隆三十一年（1766）也刚到700万公顷；明朝时期造船、建筑、丝绸、纺织、瓷器和印刷等产业其产量均占世界三分之二以上；明朝矿冶业投资大、规模大、分工细、监管严，铁产量是宋代的两倍，稳居世界第一；明朝尚武，军力强大，紧跟欧洲强国大量使用热兵器，种类丰富，型号齐全，并专设"神机营"；明代典当业发达，前期大量使用纸币，后期则以白银为主，白银占有量世界第一；明朝出现了记工受值的雇佣制、商业投资的合伙制以及按籍贯地域区分的众"商帮"；明代除一些特别行业如盐业外，其他行业多由私人资本主导，是典型的国穷民富类型；明朝的城镇化率也是世界第一，北京、南京等一线城市人口在一百万左右，扬州、苏州和广州等二线城市，人口也大约有50万，有数据显示，1638年的明朝城市化率已经到达了8%，高于清朝鼎盛时期的7.4%，城镇里也出现了综合性娱乐场所。

明代文化富于总结性，以《永乐大典》《农政全书》《本草纲目》等类书、丛书为代表；明代技术有新进展，以《天工开物》《直指算法统宗》《鲁班经》为代表；明代文艺转向世俗，有鲜明的平民倾向，以章回小说、民间戏曲、文人画、曲艺等为代表；明代文化精神带有浓厚反传统、反封建的近代启蒙色彩，以王阳明、李贽及东林党为首；明代各民族文化互相影响、共同提高，明初编《华夷译语》，满蒙汉壮等多民族文化全面交融；明代中外文化交流，尤其是中西文化交流成效显著，表现为郑和下西洋和耶稣会士来华；明朝政府积极参与文化建设，大规模编修纪传体朝史以及各类制度专书、宗教典籍等；明朝延续科举制度及文官制度，文官大多为名仕，结社风行，学派林立，书院冲击官学，舆论左右朝堂；明朝政府对于明教、白莲教等不同宗教兼容并取，民间信仰自由活跃、民俗文化多样多元。

总之，明朝是开明、富饶的明朝，其典章制度与唐宋一脉相承，是典型的、成熟的汉文化代表。针对明文化，我想提三个问题。第一个问题，明文化的中心在哪里？是在南京还是在北京？因为南京是明朝最早的都城，所以是一个中心；后来凤阳、江淮一带也成为一个中心，朱元璋一度想在老家建都；当然，朱棣之后，北京就成为了新的中心。如果说明文化的中心是在北京的话，那是在故宫还是在十三陵？第二个问题是明文化的亮点在哪儿？是朱元璋时期，还是万历时期？是在经济层面、制度层面，还是在行为层面、文化层面？如果是学者们告诉我们亮点在哪儿，可能大众并不一定接受。因此，我赞同各位刚才老师讲的，如果老百姓都觉得明文化确实好，我认为这可能是真的好。第三个问题，明文化的未来在哪儿？在青少年心里。我认为，如果明文化失去了这一代青少年，就会失去未来。

二 明文化的IP开发及三个案例

从文化学的角度来说，任何一个文化都可以分为这几个层面：物质层面、制度层面、行为层面、精神层面，这是一个整体。在物质层面，比如珠算起源自明朝，海船起源自明朝，我认为明朝的物质文化很好，但是如果停留在物质层面就浅了；在制度层面，比如说四菜一汤是朱元璋定的，廷杖、并行卫厂、养济院、内阁首辅也是明朝才有的；在行为层面，像"天子守国门，君王死社稷"、票拟批红，这都是明朝君臣的行为；在精神文化层面，明朝爱民节用、开放包容、务实贵生、自由平等的精神基本上贯彻了有明一代的始终。不管是从哪一个角度去看文化，都应该分出层次来，而且各层次之间应该是贯通的，是一个整体，不能只从某一个层面去理解文化。

我来举三个例子。第一个例子是大英博物馆，大英博物馆的网站上特别红的是一只猫，这只猫有名字、有情怀、有灵性、有颜值、有故事。"盖尔-安德森猫"青铜像是大英博物馆的镇馆之宝。这尊于公元前600年制成的青铜像出土于埃及古代大型墓地萨卡拉，被世界各地的粉丝称为"埃及猫"，是全网最火的猫。猫在古埃及时期被当作圣兽来崇拜，来到庙宇的信众会按仪式来喂养它们，流浪猫也会得到很好的善待，家猫可以和主人分享食物，死后还可以在专属的猫墓地下葬。这只猫作为神灵，名叫巴斯特，是一位女神，每当夜色降临、月亮升起的时候，她就化作猫来到人间，带给人们音乐与舞蹈。她是丰收、性和爱的象征，是古埃及人家中日常供奉的神祇。这只青铜猫戴着黄金制造的耳环和鼻环，挂着白银制造的项圈和乌加特之眼，这些配饰疏密得当地环绕猫头铺陈开来，对比黑猫身上的大面积留白，形成一个神秘的图像空间和意义区间。青铜猫的名字来自英国收藏家盖尔-安德森（Gayer-Anderson），他是一名英国退伍军官。1939年，盖尔-安德森决定将这件藏品捐赠给大英博物馆，因此它便被命名为"盖尔-安德森猫"。所以我们说这只猫是一只有名字、有情怀、有灵性、有颜值、有故事的猫，全面而多层次地体现了一种有埃及特色的猫文化。

再来说故宫，故宫也有猫。但是故宫的猫是由游客们拍照传播在网络上的。游客们照的这些猫，我认为构成了故宫文化的一部分，但是故宫文创的故宫猫形象似乎跟顾客们照的没什么关系，略显单薄、平面。单霁翔院长在2020年曾经亲自介绍故宫的基本情况，讲了以下几个要点：1."故宫"是品牌，品牌是IP，IP是无形资产；2.文化为品牌做支撑，质量为品牌做保证；3.截至2019年故宫文创产品已多达11900种，萌系仅占5%；4.所有文创产品均为原创、独创，人无我有，IP可控；5.另有186万件藏品，大都在库房，99%未展出、待梳理；6.2019年故宫参观人数1933万，是个巨大的流量平台；7.无数空房，需要定位，为期三年的环境大整治，只是一个开始；8.传播覆盖各层次受众，研究挖掘深层次内涵。2013年10月成立清史研究所，同时挂牌"故宫研究院"。现有书画、陶瓷、古建筑、藏传佛教文物、文博法治、考古、古文献、宫廷戏曲、明清宫廷制作技艺、宫廷园艺、中国画法、中外文化交流等研究机构，员工超过三千名。这样的介绍中，就缺少一个核心IP，来统领这一切。因为只有核心IP，才能更好地起到连接受众的作用。关于什么样的文创才是好的文创，我们传播学和广告学会给出一些指标，所有指标的衡量尺度都有一个核心问题，就是把商品和顾客连接在一起的连接能力。比如公交卡的卡套，顾客天天需要刷公交卡，卡套这种商品的连接能力显然就会强。明朝的皇帝们，不管是朱瞻基、朱翊钧，还是朱厚熜，他们跟猫之间都有很好的故事，比如朱厚熜养的猫叫霜眉，名字比安德森还要有意思，故宫还专门有猫房用来养猫。因此我认为故宫至少可以把故宫猫做得更好，当然如果有更好的核心IP,也不是非说猫不可。

在盈利模式层面，比故宫做的更好的，是雍和宫。因为它有一个核心文创产品，就是香灰做的手串儿。品类单一，说法却很多，有各种加持，还能开光，要另外付费，当然也有赠品，这样雍和宫的文创就能够盈利。相比之下，故宫文创产品一万多种，就算经营额超过10亿元，每种平均盈利才10来万元，那就是大部分不挣钱的意思。

总之，明文化的IP开发应该充分吸收同行经验，找准核心IP，做好顶层设计，把盈利模式当做重中之重，务实低调，让从业者获利，让属地居民参与，只有这样才能长久地走下去。

三 文化传播领域的三个创新理论

理论具备指导现实的力量，下面再给大家介绍几个文化传播领域的创新理论。

第一个理论是基于平台思维的平台理论。互联网时代的消费者不再是单纯的消费者，他们可以更多地参与到价值创造中来。允许这样的参与者协同创造价值的在线平台，正在改写市场规则。组建一个让生产者和消费者相连、传播者和受传者合一的平台，正在成为一种思维方式——平台思维。相较于传统销售平台，在线平台存在很多优势：平台上的商品多样性，商家多元化，供需见面，产销对接，平等主体自由贸易；平台以人群为生存基础，消费者成规模，人越多，流量越大，平台就越有价值；平台会颠覆或重塑原有产业链并占据产业链的高端，拥有巨大权力和稳定收益；平台模式是一种能让参与者共生、共建、共享、共赢的多边、扁平的商业模式；平台要搭建互促、互生、互为激励的内部机制，改变固有关系，实现多向互动；平台内各企业之间马太效应凸显，不平等现象加剧，平台的监管职责不可推卸；平台必将成为市场主导，重组产业结构，重建商业生态圈，实现持久先发优势。

第二个理论是借助具身传播打造个人IP的人格化IP理论。"具身性"出自法国哲学家梅洛·庞蒂的知觉现象学。他认为身体就是现成的媒体，利用身体介入确定环境，发挥连接、联络作用，就叫"具身传播"。书、报刊、广播、电视，包括现在的互联网，基本上还是无身体媒介时代，但是我们即将进入的元宇宙时代，将是一个具身传播时代。日本47个都道府县都有自己的人格化IP，而且还都很有性格、很有趣。如果我们为明朝的每位皇帝都设计出他们自己的一个人格化IP，那会不会很有意思？人格化IP可以分成很多个层面，他们到底是怎么理解自己人格的？他们的人设是什么样子的？我们为他们做一个什么样的人设？做成什么样的人设才更符合真实历史？这些都是很特别、很有趣的问题。怎么打造人格化IP呢？有两位老师刚才都谈到故事，一定要有故事，但是也并不能只有故事，故事背后一定还有价值体系，还要有文化母体、价值体系、故事叙述、情感表达等，但最终主角一定是人。IP分成三种，第一种叫做产品IP；第二种超越产品，叫做品牌IP；第三种人格化IP的感染力和能动性，使其具有强大的连接能力。

第三个理论是以多向互动为特征的社交媒体理论。社交媒体已经完胜大众媒体，web3.0时代正在加速赶来。社交媒体的两大特征，一个是用户生产内容，一个是顾客形成媒体。关于用户生产内容，可以升级为IP化生存。UGC的模式，也是先有核心内容，然后持续输出，集中分发，再靠顾客传播，形成一个亚文化社群，然后落实为IP化生存；还可以借助文创产品实现产品内容化，做成社群电商，实现IP化生存。这两条IP化生存的路线都围绕着用户产生内容和顾客形成媒体这两个核心，所以社群经济就不同于以往的粉丝经济。社群经济已经在很多领域都有了雏形，现在社群经济正在成为经济学里边的一个热点，在传播学里叫做圈层传播。凯文·凯利的"一千个铁杆粉"理论认为：在已然进入的新时代，每位创作者如作家、画家、音乐家、摄影师、手工艺人、演员、设计师、视频制作者、动画师……只要有1000名铁杆粉丝就足以养家糊口。如果有1000位作家、知识博主、文创工作者、摄影摄像师、艺术家愿为十三陵工作的话，那将是一种什么样的局面，我认为这是一个值得憧憬的一个话题。

综上，以IP开发为指向的明文化传播，要让每位居民和游客都成为明文化的学习者和传播者，将文化注入景区，让游客有的看、有的转、有的体验；在具身传播时代，靠个人IP提升网络影响力和传播力，在社交媒体平台去积极主动连接以成为超级传播者；招徕自带流量的创意设计工作者来唱大戏、演主角，靠创意设计的力量来带动北京市全国文化中心建设。总之，焕新明文化、赋能十三陵，可能真的要靠人民群众，要靠每一个十三陵人。

［作者单位：北京印刷学院］

让文化遗产因新媒体而年轻

付彦军

大家好，我是北京东方红学校校长付彦军。毕业于湖南湘潭大学的新闻专业，大学毕业后在新华社实习，曾在国家开放大学的远程教育杂志社、人民政协网等单位工作，媒体人出身，在做媒体的时候，有幸接触到很多教育名家和学校知名校长，为我今天办北京东方红学校奠定了基础和信念。一路走来，从媒体到学校，对新媒体有一定自己的理解。

今天我分享的题目是《让文化遗产因新媒体而年轻》，谈一谈明文化的营销与新媒体应用。我从以下几方面分享：第一，北京东方红为什么要参与到2022明文化论坛。第二，结合北京东方红学校倡导的传统文化和红色教育，谈一谈文化遗产的时代命题、定位策略、社群策略。

第一，什么是东方红？提到东方红，大家肯定意识到"那是一个时代"，在毛主席那个时代，东方红不仅仅是那个时代的象征，这更让人想起的是一段激情燃烧的岁月。中华民族偏爱红色，红色能给人带来一种吉祥、幸福、安康的感觉，而且只有红色才能表达人们正在经历的是一个怎样的好心情。现在提起东方红，东方红其实象征着伟大祖国的伟大复兴，预示着祖国的富强、人民的安康，就是喜气洋洋、精神焕发、斗志昂扬，这就是东方红所要追求的感觉。

就十三陵而言，东方红就和十三陵水库密切相关，北京东方红学校坐落在水库畔。1954年4月，周恩来总理视察十三陵。十三陵当时所处的情况是，平常的时候十分缺水，到了雨季又易发大水，周总理说，十三陵名胜古迹是外宾的必访之地，有山无水确实是一个遗憾，如果修一个水库，有一个水面，那就更美了。于是在1958年1月21日，十三陵水库在开山炮中动工建设，毛主席、周总理、刘少奇、朱德等都多次到十三陵水库参加劳动。

现在我们说十三陵水库是文化遗产，这文化遗产到底显示出来的是什么价值？前阶段，北京在播放一个电影叫《九兰》，这个电影传递的是一种什么精神呢？那就是老一辈革命家给我们带来的感天动地、不怕牺牲、勇敢向前的红色精神。你不知道那个时代的人们那种斗天斗地的劲到底是从哪里来，他们不图名不图利，思想特别单纯，感觉干不好，心里就好像亏欠似的。现在想想，我们现在看到的十三陵水库，无疑是遗产，只不过这种遗产是物质遗产，其实在物质遗产的背后，却是无法比拟的精神遗产。这种精神力量巨大无比，习近平总书记也特别重视这种精神。

或许是缘分，北京东方红学校就先在十三陵石牌坊，后在十三陵水库湖畔，使我们有了一种使命感，那就是必须要把这种精神传递出去。今天的主题是文化遗产和新媒体应用，那文化遗产之于十三陵和明文化又有哪些呢？物质层面至少有十三个皇帝陵墓、郑和下西洋、居庸关长城里的火炮、白银以及中西方文化交流等。

针对十三陵的发展，十三陵崔书记多次提出一个要"以陵显灵"，我们讲文化遗产，不仅仅是十三个陵墓和十三陵水库，不仅仅是这些物质的东西，更重要的是通过物质展现出来的文化，透过物质看到制度、物质背后付出的日常努力，以及由此延伸的能不能为当下所服务的精神，进而再通过产品把它延展和连接出去。

如果要延展和延伸，就必须要有一个好的载体。而现在短视频、微信和B站等新媒体，无疑是绝佳的载体。文化遗产之于新媒体，如何对大众进行传播和教育是一个关键问题。习总书记提出"让文化遗产活起来"，如何做？我作为曾经的媒体人，主要从四个方面提出自己的看法，一是品牌宣传，二是客户管理，三是营销活动，四是公关活动。

我们讲的品牌宣传，它绝对不是说硬性推送，我们一定要把一些具有明文化性质的社交文案和人文情怀的明文化粉丝纳入进来，让它产生一个UGC的模式。我们要思考明文化是什么？明文化对我们普通老百姓，对我们的青少年，也就是我们的受众体到底有什么影响？我们为什么要必须去了解明文化？第二个叫客户管理，这种客户管理其实就是一种社群经济管理。我们讲要"以陵显灵"，那么"显灵"显的什么？应该去多影响青少年。要把青少年的关注点聚集到一块，组建一个这样的受众联盟，组建一个线下的而且他能感兴趣的点，做线下粉丝维护、用户调查意见、收集咨询解答、投诉处理、客户互动，这就是社群经济必须要做的事；三是营销活动，我们搞的居庸关企业家论坛、居庸关教育家论坛和青少年研学，其实就是通过活动去制造话题，吸引更多的人参与；四是公关活动，真正地把一些大家抱怨的东西，在非常合适的机会转达出来之后，变成大家普遍关注的东西，变成一种话题，转危为机。

很多时候，我们在思考，昌平的旅游资源能不能和北京东方红学校的关于红色教育和传统文化有机地结合起来，让更多关注红色教育和传统文化的家长能走进北京东方红学校，我想这个可能就是我们和明文化不谋而合的地方。

关于定位策略，普通大众为什么更愿意用短视频的方式去传播，因为他们可以借此晒心情、记录生活、娱乐休闲、结交新朋友、讨论话题。我们要看这些受众关注的目的能不能与明文化结合起来。我们去创造这些话题，定位受众瞄准的绝对不是某些专家，而是看受众需要不需要，能不能有一群有文创能力的网络红人都集中在这里，必须要把定位策略想清楚。

对于明文化，在新媒体推广上，我们可以立足青少年做研学，打造一个基于明文化的传统文化联盟，向外辐射。再就是社群策略，我们一定要把全国对以明文化为基础的研学中华文化的学校和家庭聚集起来，形成一个稳定社群。未来如果有可能的话，还可以继续策划一些与青少年密切相关的论坛。

北京东方红学校有一个初心，把全国对红色教育和对传统文化特别感兴趣的一帮人凝聚在一块，我们去做一些既好玩又能提高自己的素养、提升自己的学业质量的事。我们依托公益的学校教育，往文创、文旅方面努力发力，最后再反哺到教育，产生资源聚集效应。

今天特别荣幸，能在这样的一个论坛上跟各位领导、专家做这样的分享，请大家多多指正，我也想借助这个机会向各位专家多请教，欢迎各位专家、各位朋友到北京东方红学校进行指导。北京东方红学校要做一所"爱和尊重 创造价值"的学校，给走进东方红学校的孩子们搭建一个通往未来的桥梁。

［作者单位：北京东方红学校］

短视频助力明文化出圈路径建议

陈金玲

一 短视频对传统文化可持续发展与传承的重要性

5G时代，短视频是最佳的流量载体。各个行业的营销阵地已经从传统的广播电视、PC端的互联网转向了手机端的移动互联网。截至去年年底，抖音直播的商品交易总额（GMV）已经超过5000亿元，远超淘宝的4000亿元，抖音的搜索也早就超过了百度搜索。目前，全国短视频账号注册人次达9.6亿人，每天的短视频日活率达7亿人，在线时长平均125分钟。人们获取信息及进行商业转换的阵地都逐渐转向短视频平台。

利用短视频平台助力明文化发展，主要有以下5点优势：1.传统文化非遗传承内容是抖音十大重点赛道之一。2.2021年，抖音关于传统文化类内容的播放量达3726亿，获赞94亿人次。1557类国家级非遗项目入驻抖音，覆盖量99.42%。相关非遗传统文化产品的直播达100万场，直播交易额达80亿元。3.短视频是这个时代传统文化记录与传承延续的最佳载体渠道，短视频是当下由传统文化创新运用的文创产业最核心、最新颖的产业形态之一，不仅是众多文创产业如手工、游戏等的重要传播载体，其本身也是一种文创形式。4.任何时代，传统文化的传播与传承离不开年轻人。当代年轻人对传统文化的理解和认知也逐渐转向短视频载体。他们通过对中国传统文化与现代实践融合带来的"国风文创"产品的消费更是非遗文化可持续发展的主要源泉，预计到2023年我国文创产品市场收益数据将过千亿元。5.中华传统文化要发展，要传承，除了国家行为的传播推广外，更需要文化企业的创新思路与理念。其中，最重要的一个环节就是做好传统文化的IP创新设计和短视频的传播与商业转换，文化IP化、IP数字化、IP产业化。

二 短视频助力明文化出圈路径

十三陵镇历史文化底蕴深厚，在数字经济领域具备较强的竞争实力，发展数字文化产业具有得天独厚的优势。十三陵镇要以明文化为重要抓手，利用好明文化基因，深挖文化产业优势特色，建立长效发展机制，围绕高质量发展目标，持续提升数字文化产业发展动能。

在政府层面，我们应该做到以下5点：1.做好顶层设计，持续完善明文化建设的产业招商政策体系。2.政府主导梳理出"明文化+"精神内涵与外延，制定出传统文化新传播的统一思想，并成立专门的明文化研究及创意设计部门，持续不断地为相关产业输出明文化，创新运用IP打造、构建一批数字文化优质IP，坚持"内容为王"的数字文化发展理念。3.完善产业政策供给。政策供给是产业发展的重要保障，在推动数字文化产业发展过程中，政府要扮演好服务者的角色，增强政策供给的精准性和有效性。4.加大文化产业专项资金扶持力度，重点向数字文化领域倾斜（短视频、数字人、AI智能、元宇宙、游戏电竞等），围绕数字文化细分领域，加快发布专项扶持政策。5.加强项目招引，积极引进数字文化头部企业。通过优化财政资金扶持方式，对数字文化领域头部企业的引进工作，可采取"一事一议"。

百鸣集团是一家以短视频为核心业务，立足数字文化为地方城市发展服务的数字文化产业集团，在全国拥有28万个短视频账号，日产短视频过10万条，拥有近5万人的短视频剪辑工作人员。其下属的小猪优版、小猪课堂、小猪视觉、小猪虚拟人、小猪数藏等业务，形成了数字文化全方位的服务体系。百鸣集团与十三陵的合作战略定位是以明朝文化为主要文化方向，以明十三陵为基地，以明朝知名人物及事件为核心IP，汇聚全国乃至全球热爱传统文化的爱好者，通过短视频+直播模式，打造覆盖国内外文创产品创意设计、研发及生产销售的数字化营销平台。

我们的合作目标主要有以下8点：

1. 1个中心：建设完成明文化文创产品研究及创意设计孵化中心；

2. 2大平台：明文化短视频个人创作者服务平台+文创产业短视频获客信息服务平台；

3. 10家知名企业：打造能落地十三陵，并具有独特创造性的10家文创品牌企业；

4. 50场直播：每年配合辅助相关文创企业完成直播销售；

5. 100个优质账号：培养孵化100个优质明文化相关短视频账号；

6. 1000人培训：每年完成不低于1000人次的短视频创作及运营的技能培训；

7. 百亿、千亿的GMV：力争三年实现"十三陵明文化文创"短视频平台GMA过百亿，辅助相关企业完成过千亿的GMV；

8. 国家级的数字文创产业园。

［作者单位：中国故事创意传播研究院、百鸣集团］

百度数字文化遗产：从精细管理到互动体验

赵丽虹

虽然我们是讲新媒体，但我想先从保护来讲起。我个人做了比较多的文化遗产保护的项目。仅从保护来讲，这个领域中有这样的趋势，就是从早年我们会强调对文物本体的保护，到强调对整个纪念物周边的整体环境的保护，再到后来从对物质实体的保护到对文化的阐释；从一小撮所谓的精英去做这些文化的保护，到希望唤起大众的意识，吸引更多的公众参与。总结起来就是从个体的保护到整体的保护。这在不可移动的文物中会更明显。我们以前保护一个房子，现在我们可能要保护一个街区及街区周边的历史环境和社会环境，从隔离保护到社区参与，从以前少部分人参与到现在希望更多的民众参与进来，从物质实体到文化意义，从遗产的保护到把文化变成一种资产去进行资产的活化，这是从保护领域来讲的几个趋势。

在这样的趋势下，我们观察到信息技术近10年至20年的应用趋势，从最初的观测文物或者文化遗址的本体，到监测遗址或者一个文物的整个运营，包括这个文物现在存在的状态，它周边来了什么样的游客，周边的社会活动是怎么样关联的。从精确的复现，即把文物本身的复原，到用这些复原的东西去带给游客一些真实、虚拟、新型的体验。从信息技术在文物保护领域的应用来讲，从SoLoMo（社交、移动和位置服务）到AIoT（人工智能和物联网技术），从3d建模到现在的虚拟现实、增强现实和混合现实，这是技术应用方面我们观察到的一些趋势。

基于这些趋势，在新产品需求与形态上，我们也总结了以下四个方面。第一是信息的管理和监测，这更多是政府对遗产档案的记录，包括专项规划查询、遗产状态监测、遗产周边环境监测、历史街区运营监测、多部门协调管理。第二是决策的支持，有了信息化的监测之后，可以推动政府运营方进行规划实施评估、运营状态评估、研判与预警。第三是考虑如何吸引公众的参与和提升游客的服务体验，包括展示互动、教育科普和公众监督。第四是这两年比较热门的数字藏品和二次创作，数字文化资产、数字藏品、UGC内容和文创商品。

下面我讲一下百度在这四个方面的一些实践的案例。

首先是管理和监测的案例。我们的历史文化保护街区项目会安装大量的AIoT的设备，包括摄像头、传感器，监测这个地方的人流、环境的变化，空气质量的变化，物质实体的变化和社会空间的变化。这些变化会形成大量数据，通过分析这些数据，可以帮助该地区进一步制定保护开发的策略。这对历史文化街区的发展起到了很好的支撑作用。百度地图大量的位置服务和海量的时空数据，可以监测更大范围内的实时客流、热力分布和周边的交通态势，以及游客利用百度搜索景区相关的关键词，通过这些数据，我们可以看到到底是什么在吸引游客和我们吸引了哪些游客。百度为张家界设计了一个智慧旅游平台，为管理方和运营方提供信息监管的平台，同时还会解决一些即时性的问题，比如游客的投诉可以很快地反馈到平台上，然后通过人工智能的方式把投诉分类，分发到对应的部门，最后解决问题。

其次是决策支持的案例。我们依托互联网数据，横向比较了全国的50条历史文化街区的发展。具体流程是先设计一套指标体系，利用互联网数据去计算这些指标，然后进一步地对每个街道的发展提出策略和建议，包括设施类指标，文化设施的比例和构成，最受游客喜欢的文化类的设施，以及使用者的特征、更多是吸引了什么样的人群、游客的反馈和当地居民的反馈。

再次是虚实融合体验的案例。百度在圆明园采用AR技术还原古迹文物，做复原和展示。游客可以在线下扫描二维码看到圆明园的虚拟复原场景。这一领域现在应用比较多的方式还有通过数字人展示。百度运用AI推出了数字人产品，比如我们在国家博物馆日上线的"文夭夭"，她的形象被设计为唐代花钿妆容、双髻丸子头、杏仁眼，未来她将在各大博物馆持证上岗，提供讲解、导览、主持对话、直播等服务，还将作为文博界的首位虚拟宣传大使，跟随国家级的展览赴海外出访交流，传播中国文化。数字人除了讲解之外，还可以进行路线引导和智能交互，我们可以去问数字人一些问题，它会基于后台的知识图谱回答问题，就像百度搜索一样。数字人会利用语音的方式和游客互动，提供更好的服务和体验。元宇宙在文旅领域也有很多实际应用。百度也承接了大量的文旅项目，包括天坛、圆明园、长城和太湖的项目。在百度元宇宙平台上建设的数字空间不仅可以永久留存，还可以融合AR、VR技术，使体验者不光能看到线下实际留存的这些东西，还能看到它的历史，有更为丰富的时空交叠的体验。还有一些城市，可能它的文化IP不像圆明园这么强，但利用元宇宙可以集中零散的IP，在元宇宙的空间里打造一个城市的IP。

最后是文化利用的案例。它的本质是把文化遗产转化为文化资产，利用区块链技术助力文物数字化版权的规范和保护。比如百度的百科博物馆计划，将区块链技术赋能百科博物馆计划，以区块链版权保护为抓手切入，助力文物数字化版权的规范和保护，使文物全面数字化得到更高效的推进，促进藏品信息库建设。在疫情的冲击下，数字藏品也是很火爆的一个方向，现在我们国家还没有开放对于数字藏品的交易，但还是吸引到了很多客户的青睐，也推出了很多数字产品，包括百度跟敦煌也有这样的合作。

希望未来百度和十三陵、明文化能有更多这样的合作。

［作者单位：百度智慧城市］

征文

散文

比邻而居

——明十三陵

王春兰

我家原住在昌平西关，距离陵区的入口石牌坊也就三四里地。小时候每到夏天，经常和伙伴们溜达着去大红门、神路乘凉。"王八驮石碑"（小时候都那么称呼）的亭子里最凉爽，一副小羊拐就能在那玩个半天儿。所有的动物石像挨个骑个遍，最难上的是骆驼与大象，大个驮小个的几个人相互帮着就上了大象、骆驼的背上，胆儿大的还站起来，居高临下好不威风。

上中学会骑车了，结伴去逛野陵（残陵遗址），野陵无人值守，不用买门票，里面树木繁茂，夏季更是清凉，在陵前的石桥上来回穿梭练车技，饿了席地而坐，吃一口自带的干粮，那是青春年少的我们力所能及的最远、最开心的自由行走，远比只有大人带着才能去的颐和园、香山等城里的公园更亲近。

青春年少的野玩是简单的开心，石人就是石人、野陵就是野陵，有趣就好，丝毫不懂那些石像、残垣的痛。

对明陵的进一步了解，是到电视台工作，一次机缘巧合，为央视的《军事天地》栏目做客串主持人。那几期节目是介绍明朝的将领，取景地选在明皇蜡像宫与明十三陵，几天的拍摄竟让我对明朝的历史产生了浓厚的兴趣。

提起家门口的明十三陵，是绕不过朱棣的，超人的胆识与智慧无疑令他被后世列入明君之列。朱棣夺取政权后，为遏制蒙古贵族的南犯，控制住东北地区，提出了天子戍边的战略思想，力排众议迁都北京。

正是朱棣迁都的决定，才有了皇家陵寝落户昌平。天寿山一带，主峰雄伟、层峦叠嶂，东、西有蟒山、虎峪左右环抱，环山之内川原开阔，山水蜿蜒而下在七孔桥汇合后曲折向东南流去，南面有龙山、虎山等秀丽的小山峰遥相对应，是符合当时风水理论的吉壤，朱棣遂赐名字有点土气的黄土山为"天寿山"。

天寿山恰好处就在京北居庸关与古北口两大军事要塞之南，北距长城不过六七十里，军事防御实为第一要务，所以陵区不但周围沿山设险，建筑可派兵驻守的十口城垣、敌台、拦马墙等军事防御工事，还在山势低矮的陵区之南修筑了可以屯守重兵的昌平和巩华二城，带有明显的御外性质，是特殊历史时期产生的"边塞"式陵区防御体系，可见朱棣的用心良苦。

沉睡在地下的陵寝建筑已经走过了数百年的风风雨雨，历经改朝换代、战争的洗礼，或辉煌、或寂寞、或悲凉、或疼痛、或哀伤，它都默默地接纳、承受，记载着这片土地的繁衍生息、人间烟火。

这里的人民以自己的方式拯救着饱经风霜、千疮百孔的明陵。在原有保护文物机构的基础上，特别成立了十三陵特区办事处对文物进行管理保护。昌平三中旅游职业高中班为办事处输送了一批又一批的专业人才，当年昌平多少人是以能成为特区员工为荣的。

一个个带着红戳的文件，为每一座陵寝量身制定了最周全的保护方案。修路、栽树、修旧如旧的修茸，昔日我们可以随意进出野陵戏耍的情景，都成了过去的故事。

2003年，联合国教科文组织世界遗产委员会通过决议，将明十三陵作为世界文化遗产"明清皇家陵寝"的扩展项目，列入《世界遗产名录》。

明陵还是那个明陵，是新时代赋予它新的使命。无论走过多少地方、见过多少名山大川、奇异的景观，归来还是依恋家门口，那儿时快乐的伊甸园——明十三陵沿路的风景。

曾经骑在动物石像上快乐地大呼小叫的我们，带着自己的孩子再去那里游玩时，已经轻轻叮嘱他们这里不能攀爬，成年的我们懂得了石像的痛。

夏季依旧喜欢到神路一带去乘凉，大红门那长长的甬道绿树成荫，是乘凉的好地方。主人公变成了成年的我推着年迈的父母。乘凉的多是当地的村民，县城里也有像我们一样特意开车过来的。穿着跨栏儿背心、拖鞋来回健步走的汉子，坐在石台上摇着大蒲扇的老头、老太太，摇着尾巴的狗儿、猫儿，静谧、心安。在树荫下坐着轮椅的老爹老妈，偶尔遇到老辈儿的人，搭讪着，话匣子一打开，就会聊到陵区里的过往，村名的来历、守陵的官兵、太监、石人石马的传说，暑热就在这慢聊中渐渐退去，不喜空调的父母回家也能睡个安稳觉了。

村民口中的果园、榛厂、陵监等，在清朝废除各种陵禁时，衍变成为以陵寝命名的自然村落，陵区外的农户也不断地迁居进来，形成仙人洞、龙母庄、大红门等新的村落。

这一方百姓祖祖辈辈在这里生衍劳作，与明陵的命运一起沉沉浮浮、风风雨雨，现在也随着明陵的新生，成为传承文化的使者。

每到春天二月二，康陵就热闹起来，远近的宾客是冲着正德春饼宴去的。二月二龙抬头，人们期盼着讨个好彩头，除了"剃龙头"等习俗，在这一天北方人还要吃春饼名曰"吃龙鳞"。

北京人讲究吃个名头，哪都有春饼，但只有康陵的春饼能称得上"皇帝快餐"。据说明朝第十位皇帝朱厚照非常贪玩，经常外出游玩，不愿意在用餐上花太多时间。侍从们又怕皇上饿着，想法准备了薄饼，带上葱酱肉菜，想吃的时候卷一层既方便又美味，皇帝吃后大加赞赏，于是就将这种吃法带回京城，自此就诞生了最早的"皇帝快餐"。不管故事的真假，康陵人是聪明有智慧的，就这一招鲜引得北京人专门驱车几十千米，就为过一把吃"皇帝快餐"的瘾。

我常去的是村中央古银杏树西边的王大姐家，她烙的春饼又软又薄透着亮，还不会断，每次临走都要带一份。回来腾热和新出锅的一样。王大姐健谈，脸上总是乐呵呵的，第一次去就认出了我，说她的儿子与我儿子是同学，这份熟络让你觉得像住在对门的邻居，以至于每次去就直奔她家。何况她家门前还有一颗树龄800多年，被称为"帝王树"的银杏。

外地朋友来了除了吃烤鸭，去康陵吃春饼宴是必选项目，品尝了春饼，可以参观位于村头的康陵遗址，埋葬的是第十位正德皇帝朱厚照。那是出城砖铭文最多的陵，明楼虽已残破，但墙皮脱落后，你可以看到款式多样、字迹清晰、构图精美的城砖铭文，有多种字体、称谓、地名，古朴天成。触摸这些或多或少的字体，仿佛在与这些砖场烧砖的工匠对话："你是哪里人，烧砖可否能养活你的妻儿老母？"也会猜想这些工匠的命运，是否因为砖的质量不好而受到惩罚。那些匠人们是否会想到，他们烧制的一砖一瓦还可以荫及后世？

来的朋友自然觉得不虚此行，无论是春饼的美味，城砖铭文的珍贵，亦或是王大姐那宛如邻家大姐般的热情、村庄的自然古朴，康陵就这样碰撞了你的心房。

有水的地方就有灵气，西北涓涓而下的山泉水汇集至七孔桥缓缓向东南流淌，这片曾经严禁百姓进入的水域，早已因一代伟人掀起的百万劳动大军，义务修建的水库而蜚声中外，被命名为"十三陵水库"，建在东山口墩台上的十三陵水库纪念碑，像一个接力棒，将过去和现在紧紧地联结在一起。

喜欢在水库的环形路上开车慢行，也喜欢走到水岸边静静地望着一湖碧水，放空思绪。微风掠过，望群山掩映在柔和的夕阳的余晖中，所有的烦恼就随着风、随着水流消失得无影无踪。

连着几年与好友春天去水库岸边拍照，她说要让照片留住每一年美美气气的自己。每每翻看老照片，会想起那年的自己，开心的、烦恼的，照片中水库的背景也留下了两个女人的故事，见证着我们的成长。

这方青绿的水域时而是欢快的迪士尼乐园，时而是奥运的赛场，以新的生命体验再次亮相于世界的舞台。一湖碧水滋润着这里的山、这里的一草一木、这里的人，六百年前的朱棣也想不到它今日的辉煌。

岁月悠长，时光不朽。闲时，依旧喜欢沿着陵园的山路骑行，那速度比年少时慢了很多，也不再大呼小叫，静静地用心、用眼睛在苍松翠柏掩映的红墙黄瓦中，触摸斑驳的历史，在时光中感受明十三陵悠远绵长的人文气息。

明十三陵，我愿意继续与你比邻而居。

十三陵的昨天与今天

袁 媛

暮秋时分，采风的季节，去天寿山游十三陵。

小时候学校曾组织春游去过十三陵，模糊地以为是荒僻冷清、杂草丛生、鬼魂出没的地方，没有想到，一条新修的京礼高速路笔直地通向景区。

透过车窗，纯洁的蓝天，没有一丝杂色，金秋时节，干爽的凉风扑面而来，空气清新得像沾了蜜，甜甜的，车子仿佛在绿海中行进，置身于群山树影的怀抱。十三陵，这座距今400余年的皇家陵园静静地等候着我的到来。

远远地穿过石牌坊，向西北驱车，路过大红门、长陵碑亭、石像生和七孔桥，风吹过树林，带走麻雀和乌鸦的叫声，听熟透的苹果砰然落地的声音，闻浩瀚的翠柏掀起阵阵松油香，看诱人的柿子在枝头丛丛点点，心里涌起异样的欣喜。

站在长陵的辉煌雄伟的宝城、明楼之上，举目四望，群陵起伏，高低错落，黄瓦红墙映在绿松翠柏间，染色的树林覆盖了这里的黄土地。当我俯首南眺，见一条长达7千米的中轴线如同一道银链，从遥远的天际横空而落，直通脚下巨石雕刻的文臣武将，显示了皇陵的威严和肃穆，所谓"率土之滨，莫非王土"。

在这里，时间和空间都仿佛穿越回到了那个动荡不安的年代。明太祖朱元璋在弥留之际传位于皇太孙朱允炆，四子燕王朱棣发动靖难之役，率领千军万马，挥舞金戈铁甲，高举"清君侧"的大旗，横扫天下，军过固安，渡拒马河，趟白水沟，横跨长江天堑，四年的征战厮杀，无数尸骨铺成了一条通往皇权之路，朱棣终于夺了江山在南京登基。他在群臣的一片劝进声中，在南京称帝，改年号为永乐。永乐十一年（1413），朱棣和皇后徐氏及16位殉葬妃子葬入长陵玄宫。长陵成为十三陵的祖陵，有希望国祚长久之寓意，也是十三陵中保存最完整的帝陵。

偌大的紫禁城才修了14年，而长陵整整修了18年，其耗费的人力、物力可想而知。拿修建宫殿的一石一木来说，运送石料，采用旱船曳运，冬天在路上泼水结冰，从京西房山大石窝一步步挽行到陵区。明万历年间，四川一带有"入山一千，出山五百的谚语"，采伐木料，一木至京，费银竟达万两。

一座十三陵的陵墓群，就是一部历史的画册，国家民族的兴亡盛衰，帝王将相的悲欢离合，黎民百姓的喜怒哀乐，淋漓尽致地展现出来。

当我们步入古老幽深的定陵地下宫殿，揭开四百年沧桑岁月笼罩着的历史谜团，惊叹这个陵墓的主人万历皇帝为何盛年修建陵寝，二十多年不理朝政，使大明帝国江河日下，国本之争，千疮百孔，万历百年之后，后人用八个字盖棺定论"酒色财气，四并俱全"。

感叹定陵的考古挖掘，历史会永远铭记他们的名字：郭沫若、沈雁冰、吴晗、邓拓、范文澜、张苏……还有那些衣着朴素、毫无怨言、忠心耿耿从事定陵挖掘工作的农民，令我由衷致以深深的敬意。

当我从定陵地宫走出来，仿佛从历史回到了今天，感受到的是另一番滋味，明楼依旧在，只是朱颜改。我深深地吸了一口气，顿时感到丝丝的清甜沁人肺腑，没有都市里的浑浊和憋闷。朋友很骄傲地说："这里是天然氧吧。"果然天是蓝的，云儿雪白地漂浮，周围所有的一切都因空气的透彻而历历在目，那深秋的落叶，连接起这里的天与地，山与水，晚霞与初月，一直扩展到天的深处，在我的眼里，今天的十三陵是明亮、空阔、安静的。

"江山就是人民，人民就是江山。"那些世世代代的守陵人的生活也在发生日新月异的变化。"绿水青山就是金山银山"，在乡村振兴的发展战略中，十三陵将生态保护放在了首位，守护历史和自然，是十三陵人的初心。

细心观察才发现，十三陵洁净的路面上，没有随意被丢弃的垃圾，没有刺鼻的烧烤和夜夜欢歌，也没有铺天盖地的商业广告，很多违章建筑都被拆除，愿十三陵能够一直保持她那份独有的明亮和通透，即使城市有再大的变换，依旧保持着绿水青山的本色。

黄昏时分，朋友邀请我到康陵村去吃春饼，推托一番，朋友的敦厚、诚恳打动了我，只得客随主便。

行车二十多分钟，穿过蜿蜒的山路，村口影壁旁"夫妻槐"，好像在欢迎远方的客人，村中种着棵800多岁的老银杏树，古木参天，鸡鸭在村中散步，远处有犬吠，老人在阳光下聊天，房前屋后种着菜，空气里满是野草的清香，可以听到灰喜鹊的叫声。

村口的平地停满了车，家家户户农家院的院外竖立半人高的机器，发着轰隆的声响。"这是干啥用的？"我好奇地问这家男主人。

男主人一脸朴实敦厚的样子笑着说："这是村里前几年给咱换的电采暖室外机，村里用上了电采暖，再不用惦记添煤了，我算过一笔账，用电取暖比烧煤划算得多，还安全、环保，咱用着也放心。"

男主人一边说话，一边邀我们进屋歇息，的确，小院里闻不到干柴和煤球发出的刺鼻味。傍晚山里下起了小雨，屋外阴冷潮湿，屋内却温暖如春，窗台上摆满了新摘下来的盖柿，厨房里冒出饭菜的香味，那是一股带着甜味的芳香，钻进人的鼻子里，便舍不得让它再出来。

女主人热情好客，干净利落，忙着炒菜做饭，男主人陪着我们有说有笑，给我们讲了很多守陵人的故事，或是久远的、从前的，或是身边的，熟悉的和陌生的故事，大家听得入了迷。

不一会儿，四盘八碗围了一桌，凉拌、煎炒、炖煮全齐了，绿生生的野菜、摊柴鸡蛋、松仁小肚、酱肘子，最后是今晚的主角"春饼"登场。吃春饼的时候一揭两张，配上炒合菜，荤的是鸡蛋蒜黄、肉炒粉丝，素的是青韭和火焰儿菠菜。朋友说，每年二月二龙抬头的时候，城里人都喜欢来这里"咬春"吃春饼。

我特意加要了一份春饼，还到厨房里看她烙春饼，她和了极少的白面，把那块面揪成饺子皮那样大，然后一个个擀圆，中间刷上油，在饼铛上烙熟，她手脚麻利，那春饼手掌大，薄如宣纸。

十三陵不仅有康陵村的春饼宴，据说还有长陵村的饸饹宴、悼陵监村的烙糕宴、上口村的驴打滚宴、仙人洞村的素食宴，吃食真是五花八门，男主人还给我们讲明史、讲康陵的故事，让嘴上说着减肥的我可怎生是好，一边叹息，一边吃。

听男主人说到村里最近还打算把闲置的民房接下来，开特色民宿，女主人正端着春饼，看到他眼里闪着光，干劲儿十足的样子，扑哧一声笑了。

返程的时候，秋雨还在下，淅淅沥沥的，我的心里却暖暖的，唇齿间依然留有饭菜的余味。喜欢乡村的味道，那里的村民有着朴素的乡村情感，怀着对天地和自然的敬畏与感恩，回忆祖先曾经的岁月，斗转星移，代代繁衍，那亘古不变的守护，与大山融为一体，所有的欢欣和悲伤，在漫长的人生中，成为丰沛厚实的滋养。

叩问·追光·余响

——沉淀在《探秘十三陵》里的片语流光

王江红

忘不了 2009 年晚秋第一场大雪，让十三陵神道上那些绿植"早生华发"，红红黄黄的叶片被白雪覆盖，在镜头内外氤氲出一种独特的意境，衬托得那石像生、棂星门，越发静谧、肃穆、庄重。

忘不了 2011 年定陵发掘纪念活动，首都博物馆原馆长赵其昌、曾参与发掘的村民孙宪宝及相关专家齐聚定陵广场，我信心满满提问，却因不曾拜读过《定陵发掘报告》被赵老视为"外行"，三言两语，臊得我面红耳赤。

忘不了昭陵祾恩殿里复原的祭祀陈设，以之为背景，胡汉生先生介绍明朝时的祭祀仪典，太牢、少牢的区别，设而不作的雅乐，几番更改的制度，等等，而我念及为昭陵复建付出巨大心血的史静贤老人，佩服她接续历史的胆魄和执行力。

忘不了茂陵修缮期间，我们小组成员人人头戴安全帽，在修缮现场发掘呈现相关细节，意外看到裸露出的一块成化年间的砖上标有"松江府上海县"等产地信息，在墓主人身世浮沉之外，引出一番今夕何夕的感叹……

帝陵深深深如许。围绕它，我们的《古今昌平·探秘十三陵》2009 至 2011 年，历时近三年，拍出了 122 集的皇皇阵容。但倘若只是匆匆过客，如最初的我，无非在园子里一一走过，感叹一声树好多，然后在落叶飘飘的明楼前，跟着导游的讲述低头看着路上或者脚下，不忘轻佻地来了一句："这样的格外设计，就能让我怀念过去的皇帝？"

是的，那时的我，对于它只是浅尝辄止的叩问，此陵也好，彼陵也罢，并没有太大的区别，抽象而言，无非是比寻常人家的坟头规模更大，隆起更多。斗转星移，胡汉生先生的书如同指月亮的手，他熟稔的讲解拨云见"月"，带着我们，又通过我们带着更多的观众，不断变换视角，追踪绵延 276 载逝去的大明王朝的光芒，探寻其间知名或不知名的芸芸众生。我们年复一年走访这规模宏伟壮观、陵园体系完整、布局庄严和谐、景色优美静谧、风格典雅古朴的帝陵群落，把诸陵营建、墓主生平、碑刻古桥、出土文物、祭祀仪典、十口戍守等等"扫"了一遍，借助视频优势，努力呈现一个更博大、更丰厚、更文化的帝陵建筑群，呈现大明王朝的兴衰坎坷，借以管窥中华文化的一个截面。

期间，因为胡先生"明十三陵究其根本，反映出的是以儒家思想为主的传统礼制"的提点，我不止一次地想到《狂人日记》，想到那赤裸裸的两个字——吃人。礼制的核心，我的理解就是某种秩序，为了这"被动的秩序"，任何人都需要谨言慎行。在其约束下，个体的生命活力一点点被侵吞，而一个朝代的历史几乎就是在权势的争夺与人性的复苏扭曲中得以延续。特别是以定陵孝靖皇太后为代表的女性，更是被等而下之，一生凄恻悲苦，令人顿生同情。地球另一侧的欧洲，在与明朝大体相当的时间里，掀起的却是以人为中心、肯定人的价值和尊严、倡导个性解放的文艺复兴，它旗帜鲜明地反对神学思想，认为人是现实生活的创造者和主人。为此，曾经的我，用了无数负面词语批驳"礼教"，恨它吃人，恨它非人，恨它在中国大地上滋养出那么多悲剧的"祥林嫂""小团圆媳妇"。

然而，当我一天天深入地去了解帝陵，探寻其中的离合悲欢，特别是经历了接二连三的疫情，我又回想起工业革命"羊吃人"的原罪，开始反思我当年对于传统文化一知半解时的偏激。在曾经的我心目中那与低效的农耕文明长相伴随的礼制，又何止扭曲、吃人的一面！

我首先反思的是礼的仪式感。这被视为"以死人压活人"的种种表演，曾经一次次被滥用，甚至让多少年轻美丽的生命被迫殉葬。中国传统文化中，礼的地位极其重要。在中国天人合一的文化里，礼最早来自于祭祀。"礼：履也。所以事神致福也。"除了用祭祀来体现对天地神明的敬重，还体现在顺应自然秩序，以达天人合一。顺应天时的历法，体现在中国传统历法黄历中，按照自然的演进来安排人间的政事。事实上，在传统中国，礼和法是维系社会秩序的两大基本支柱，构建起从芸芸众生个人内心深处到普天之下莫非王土的秩序体系。而其中的"礼"则因为其直达内心深处的特点而必须有足够的穿透力和自洽性。十三陵文化中，这种礼制几乎无处不在、至周至详，从帝王、百官到百姓，从祭祀、征战杀伐、外交、国家制度、婚丧嫁娶、父母兄弟、朋友交际，再到建筑、饮食、服饰等无不渗透着礼文化的血脉。

礼分为五种：吉礼、凶礼、军礼、宾礼、嘉礼。排在次位的凶礼，即有关哀悯、吊唁、忧患的典礼，是十三陵礼制的核心。这内容是我一向避犹不及的，但是在一部韩剧《家门的荣光》中，我看到了一场丧礼对一个几乎风雨飘摇的传统家庭的救赎意义。剧中，所有该有的考验不会撤销，但在那一刻，所有人放下小我的执念聚集一堂，成全礼数，而睿智的长者由此一步步洞察家庭成员心灵幽微处的凄苦、无奈，诚恳地去沟通，耐心地去修补，隐忍地去运筹，带领家族历经坎坷风雨，走向更光明的日常。还有女主、长者的孙女、历史学教授河丹雅，温文尔雅如她，竟如此符合儒家传统道德：新婚丈夫死去，守节不嫁，历经万难才选择与新恋人结婚。这是一个现代故事。而剧中追怀的长幼有序、兄友弟恭的传统家族图景，虽失之遥远，到今天却已经比任何时候对我们更有吸引力。

毋庸讳言，韩剧里表现的宗家文化，与儒家文化庶几血脉相通。透过它来看儒家，虽有点旁逸斜出，却无缘木求鱼之虑。人生而为人，会有自私、贪欲、妒忌等人心，但人也有光明、善良、慈悲、和平的心。"人心惟危，道心惟微，惟精惟一，允执厥中"，人心是很危险的，唯有时时保持警觉专注精进，才能以中和之道得以身心安顿。而在中国传统文化里，礼是让人行走于

"危"和"微"的一种方式，约束人的道德修养。中国近代历史上我们因"落后"挨打，连累着陪伴国民数千年的中华文化成为妥妥的"背锅侠"。殊不知，时移世易，兜兜转转，以过度的好奇心、竞争力、征服欲为底色的西方文明，同样会带给人类深重的灾难。

文明是高度成熟的人类组织。真正的文明似乎可以长时期保持自我的本色。正如费尔南·布罗代尔所言："事实上，文明是所有历史中最为悠久的……一种文明……可以历经经济或社会的频繁变化而持久不衰。"而我们5000年未曾断裂的中华文明，为什么就不足以引起炎黄子孙自己的尊重呢？而且，西方文明似乎也在对自身失去信心——从1963年斯坦福大学开始，不断有知名大学停止为大学在校生开设经典的"西方文明"历史课程。在中学也一样，西方崛起的宏大历史也逐渐遭遇冷落。

其实，我们不用向任何人证明，我们的祖先流传数千年那些价值观是对的，至少是有道理的。适者生存的铁律，凭什么到了这个领域不再适用？儒家、道家、墨家千百年间写进基因里的"密码"，会让每一个黑发黄肤的中国人，自觉选择我们的文化认同和身份，我们也不用迷茫自己的价值，怀疑一己之力的微不足道，因为我们从来都不是一个人，我们与他们是同一颗心，怀有谦卑而又非凡的热望，达则兼济天下，穷亦独善其身。

世界终究是命运共同体，每个人的悲欢都会相通。人多了自然就会形成家族，需要秩序。当然，我们也从不讳言，被动的秩序，会给个体的生存空间带来压抑，以至于以秩序为表层意义的礼，会被一次次打破、修补，甚至颠覆。但只要有它存在，我们的灵秀之气、虔敬之心，我们的天地正气、传统美德，也便有了"神"，有了光。它让我们能自律，有智慧，敬天爱人，从不傲慢，也督促我们事事努力，与时俱进，让家门乃至国人以自己为荣，至少不做其中的败类。

距离我们《古今昌平·探秘十三陵》启动，转眼十三个年头过去了。今天写下这些，不为纪念，而是因为，历史从没走远，依然鲜活于胸。或者，更进一步，到了今天，它尤其需要我们用心去感受，去讲述，去传承。

彷徨与思索，在秋意最深处

管攀杰

"秋风清，秋月明，落叶聚还散，寒鸦栖复惊。"晚秋的寒风，吹过了五千年厚重的历史，萦绕在中华大地的每一处，年年如此，循环往复，虽不像冬天的风那样刺骨，却也时刻提醒着我们秋的到来。北京的秋亦是如此，秋风吹来了满地黄叶的萧瑟景象，也吹来了独一无二的秋季美景。

徜徉在十三陵的神道上，周围的景色令我至今记忆犹新，处处体现着皇家建筑的雄伟与壮丽，彰显着皇帝的威仪。神道的起点是一座巨大的石牌坊，这是中国现存最大的石牌坊，记载着明朝皇帝们的丰功伟绩；往前走，在两座下马碑中间的是雄伟的大红门，三个门洞里中间的门洞是死去的皇帝进入的大门，右边是活着的皇帝进入的，左边的则是官员进入的大门，不同的大门对应着来访者的不同身份，体现着古代封建社会的不同阶级；再往前走，是神功圣德碑的碑亭，里面的石碑十分高大，正面写的是成祖皇帝的功绩，背面是乾隆皇帝增添的诗文，写的是明朝覆灭的教训；碑的四周还修建着四个高大的汉白玉华表，气派非凡，令人望而生畏；再往前走就是十三陵的十八对石像生，雕刻着许多动物，他们像是皇帝的仪仗队一样，站立在道路两边，活灵活现而又威风凛凛；神道并不笔直，而是弯弯曲曲的，因为古代讲究"曲生吉，直生煞"，修成这样，是为了一个吉祥的寓意，但在我看来，这曲折的神道也像极了明朝的国运，跌宕起伏。

"事死如事生"是古代中国人对于死亡的重要观念，因此，透过十三陵，我们也可以跨越时空，窥见曾经大明王朝的一隅。什么是明朝？是浩浩荡荡的红巾起义，是强大太平的永乐盛世，是浩浩荡荡的郑和下西洋，是神秘莫测的锦衣卫、西厂。那是一个强大的时代，是无数人心驰神往的时代，虽然最终落得了一个令人唏嘘的下场，但不可否认，那是封建社会的又一个顶峰，也正因于此，明代的领导者，这十几位皇帝们，才会为自己修建如此雄伟的陵寝，歌功颂德，向后人传颂自己的功绩。

这些功绩，真的属于沉睡于此的皇帝们吗？我俯瞰着雄伟的十三陵，不禁有着这样的疑问。

"雄关漫道真如铁，而今迈步从头越。"无论是史书中明朝的丰功伟绩，还是如今在我眼前的十三陵，都不只是皇帝的功劳，而是人民的功劳，是每一位默默付出的平民百姓的功劳。是无数人民英勇献身，发动起义，用血与泪推翻了元朝的统治，是无数劳动者披星戴月，不辞辛劳的劳动，为盛世的出现奠定了基础，是人民为朝廷修建坚船利炮，郑和才能率领舰队远航，与各国互通有无，是古代劳动人民的智慧与劳动，凝结成了眼前这十几座雄伟而又神秘的陵墓。这一切的一切，我们所看到的一切，历史所留下的一切，史书中传颂的一切，都是全国人民勠力同心、共同奋斗的结果。

一切历史都是当代史，明十三陵的背后，是一个百年王朝的兴盛与衰落，我们应当从中学习经验，吸取教训。正如习近平总书记所说："历史充分证明，江山就是人民，人民就是江山，人心向背关系党的生死存亡。赢得人民信任，得到人民支持，党就能够克服任何困难，就能够无往而不胜。"中国人民的力量在推动明朝乃至整个中国历史前进的过程中起了巨大的作用，人民，才是这五千年辉煌历史的创造者。如今，正值社会主义现代化建设的关键时期，建国一百年目标迫在眉睫，就像是曾经那个百废待兴的明朝，正是需要团结人民，投入生产建设第一线的关键时期，必须要发挥好人民的力量，我们才能早日实现中国梦，建设更加强大更加美丽的中国。同样，也应该坚持群众路线，从群众中来到群众中去，始终把人民的需要放在心中，毕竟，水能载舟亦能覆舟，曾经的明朝，靠着人民的力量执掌政权，也在浩浩荡荡的起义中走向灭亡，只有把人民放在第一位，我们才能避免"后人哀之而不鉴之，亦使后人而复哀后人也"的悲剧再次发生。

这一切，真的会被人记住吗？我常常会这样想，毕竟，文人从不为普通人立传，在很多人眼里，历史，不过是统治阶级的自传罢了。这时，十三陵的风吹过我的脸颊，仿佛在告诉我它的看法。

会记住的，一切都会被记住的，千百年来，无数伟大的劳动人民所留下的最好记载，不就在我们面前吗？雄伟的长城会记得，多少人曾为了他倾注了毕生的心血；精美的亭台楼阁会记得，多少文人墨客曾在这里泼墨挥毫，创作流传千古的诗篇；滚滚流淌的大运河会记得，多少百姓靠着它畅行我国大江南北，走遍了大好河山；十三陵会记得，这里不仅埋葬着王侯将相，更沉睡着数不胜数的劳动者与创造者，这山会记得，这水会记得，这吹过的秋风会记得，至少，我们所做的一切，我们会记得。当我们走向生命的终点的时候，回顾自己的一生，我们会觉得无愧于国家，无愧于自己，这就够了，一切的一切，一定会被记住的，一定会。

秋游很快就结束了，但那一刻，我仿佛跨越时空，与五百年前的自己，五百年前的中国对了话，那一刻，我明白到底是谁创造了这一切，也明白了自己即将去做什么。我急忙与这秋景说再见，转身投入自己的事情去了。

明十三陵守陵人的前世今生

王　瑞

　　十三陵，几百年来承载着明朝的帝王史。这辉煌又没落的陵寝，世世代代，随着四季轮换，无声屹立在燕山山麓，任年华披洒风霜。

　　这是挣扎在生存线和享受至高皇权、锦衣玉食的两重天。最平凡又最不普通的守陵人，是命运相连的绳索，还是属于自己平安喜乐的故事？

　　知道这些的，只有他们自己。新漆的朱门，高起的围墙，四处可寻的电子摄像头，密密地织起了严丝合缝的网，守陵的工作褪去与生俱来的神秘与荣光。昌平燕山山麓的天寿山，有着几盏长明灯……

　　历经半个小时的车程后，昌55路公交车从众多的商铺和行色匆匆的人群中挤出去，不紧不慢地行在远而偏的山间，柿子树林立，红黄绿叶遍野。温柔的报站声抚平旅人的焦躁，扑面而来的冷意驱散长途的困倦。蜿蜒的窄路串连着陵区的村落，村间小道也成了为难陌生人的迷宫游戏，这些新生的村子使劲儿地成长，拔高的房檐院墙摩肩接踵，试图冲破山脚下这地势的限制。一条因夜雨而泥泞的小道上，打酸枣的小车一路蹒跚地走着，顺着这路，我试图找寻着那段关于守陵人的前世与今生。

　　四棵老槐：陪着皇陵的人，也不再姓王了。

　　晌午刚过，九十四岁的太爷爷端坐在沙发上，身前的茶几上，有一杆同样上了年纪的长烟枪，与身旁装满散烟草的铁皮盒子，像是多年来相濡以沫的老夫妻。它们旁边还躺着一盒已拆开的包装精致的香烟。20世纪的老旧遗韵和新时代的后起新锐，在这方寸的茶几上，相持又共存，在或明或暗的星火间，烟草香淡淡弥漫，烟雾交汇缠绕、混合，最终消失。对面的电视开着，太爷爷满是皱纹的脸上，那双眼睛仍旧炯炯有神地紧盯着彩色屏幕，盛满好奇与期待，生怕错过一个镜头或画面。但无论他把声音调得多大，也听不见太多屏幕里的言谈欢笑。

　　在家人几乎大喊式的重复传达加上白纸黑字的多次比画之后，太爷爷断断续续地，勉强听懂大概意思后，含混而缓慢地开始了叙说。

　　六百多年前，王家的两位先祖在建陵开始的时候便受诏来了此处，靠着皇上赏赐的用来抵他们工钱的三十五亩地赖以繁衍生存，延续家族，那时的陵墓周围还没有现在这刚硬却冰冷的铁质栅栏。每一代的族长总是不厌其烦地告知他们的后辈，他们的来处，脚下的土地以及肩上的责任。庄稼人小心谨慎地在尊贵庄严的皇陵之上，在地里田间勤勤恳恳，流汗流血也从未离开、从未抱怨。一土之隔，是挣扎在生存线上的穷苦百姓和享受着权利巅峰、锦衣玉食的至高皇权的两重天。因为守陵，偶然又是必然地联系在了一起。自那时起，长陵便被永久地写在了家族的血脉里。

守陵的日子更多的是面朝黄土背朝天的劳作，而后才是在陵墓里转圈巡逻，那也是他们得以有时间散步的清闲时光。草长了，便除草，墙裂了，便补墙。他们守着皇陵，分心力打理着它，让它不至于看起来荒草凄凄，落寞颓败；也不至于人鸟俱散，过分冷寂。觉得累了，就回家养养花逗逗鸟泡泡茶，拿个小马扎到门前坐下，眯着眼，晒会儿太阳，哼个小曲儿，碰上了隔壁家的老人就杀一盘棋。碰不上了，便和过路人点个头打个招呼，谈谈五风十雨里的好收成。日子平淡不失烟火气，不沾车马喧嚣，人在安逸中也愈发平和温柔起来。

当讲起定陵的历史时，在各种繁杂琐碎和缥缈传神的故事里长大的他，知道曾定夺这片土地命运的风水大师叫做姚广孝，知道这片皇陵岿然屹立背后的几番变革动荡间的雨雪沉浮。他还会想起自己在潭柘寺柏树洞玩耍的幼年时光，村口的那四棵大槐树。如数家珍般一件一件的事，讲个不停。那无数曾经的曾经，那些在漫长的历史记忆里面模糊的故事，始终鲜活在王家人谈天说地时的口耳相传里。

在最初建陵的时候，这里还叫做"北海"，是个被汪洋环抱着的地方。河南的石头依靠水运抵达十三陵，被铺在陵墓前的路上；还有清朝时定陵的大火，据说大火的前一天早上，一个小贩挑着扁担在路上吆喝："枣！梨！大火烧！"村子里的人把这当作暗示大火将起要他们早点离开的预兆，纷纷逃到了附近守着昭陵的村子里；深山中，有着被人拆除得只剩下残骸的神秘海眼；定陵里，有自然起火后被烤白了的墓碑……过去的粗茶淡饭间，长辈们总讲起的那些神乎其神的传说故事。对王家人来说，这是使命，也是几近与世隔绝中最好的生活调剂。

对于20世纪的战争、革命、动乱，太爷爷没有说很多，只是始终反复强调着皇帝赏赐给他们家族的免却赋税而耕种的三十五亩土地，一直是极欢快满足的语调。那片土地，承载着家族的荣誉与信仰，世世代代。当纷飞的战火与喧嚣的尘土逐渐侵蚀着土地的时候，守陵的坚持也日渐溃败。几百年间，守陵的家族在祖祖辈辈中流传交接，传承延续了几十年，还是无可挽回地走向了末代，渐趋消匿。

守陵人，六百年的家族传承。借那呓语憨笑着的耄耋老人之口，窥历史的吉光片羽，一晃眼的沧海变迁的细节，都慢慢地从古老悠远的历史中走出，穿越那不为人知的桃花林，渐渐融进烟火中的平凡生活。新一代的守陵人，也会寂寂地与朱门对坐。

当新时代的风吹过饱经沧桑的明十三陵的砖瓦片片，我们踏上匆匆奔向未来的征程。在现代化的浪潮之中，别人的历史已不可抑制地远去，而守陵人的故事，仍在继续。

我与明十三陵的故事

丛永生

1981年8月16日，我到明十三陵长陵管理处参加工作，被分配到绿化班，我接受的第一个任务是到裕陵伐树。来到裕陵宝顶，我见到一株两人合抱不能交手的大油松，枝叶干枯，树干上分布着不规则的小孔，树虽然死了，但盘龙虬枝的巨大树冠，仍能给人以穿透时空的想象力。太震撼了！太可惜了！我喃喃地自语，以致班长几次提醒我注意安全，我才回过神来。由于当时没有油锯，我们十几个人都是用大马锯采取轮换人的方式，才把树干锯成一段一段的，最后用滚的方法从陵内运出。

事后，我找到班长说："咱们有没有办法不让古树死亡呢？"班长说："咱们也采取了一些措施，如浇水、施肥，但效果不明显，对了，如果你要想学，现在市园林局的几位专家在永陵做衰弱古树复壮的课题研究，你可以到他们那里取取经。"

翌日，我兴冲冲地来到永陵，见到两位40多岁的技术人员指挥众人在一株油松边挖沟，并不时地拿尺子测量，边上堆着复壮用的基质和一些药瓶、肥料。我说明来意后，他们说："你先帮着挖坑吧。"接着又忙他们自己的事去了。我非常珍惜这次学习的机会，并按照自己师傅教的方法，把挖出的表层土堆在一起用于回填，把深层土堆在一起用于覆盖，见到露出来的根，小心谨慎地加以保护。两个小时下来，干的是满头大汗。这时，两位技术人员走过来，其中一位看见我干的活说："这个小伙子干活有条理，能吃苦，有悟性，将来十三陵的古树就靠这样的年轻人了，你要有担当啊！"望着两位老师期许的目光，我暗自下定决心，并把"你要有担当啊"这句话，深深地印在我的脑海中，并做为我心中的座右铭，激励了我以后40多年的工作。接着，他们又详细地给我讲了古树复壮的技术要点和注意事项。这两位技术人员，便是中国园林界大名鼎鼎的第一代古树复壮专家李玉和、李锦玲老师。在向他们十多年的请教学习中，我的技术也有了长足的进步，在长陵的古树养护工作中发挥了积极的作用。

2004年，市园林局提出黄土不露天绿化美化要求。市属公园随令而动，通过园林工人的不懈努力，公园的绿化美化景观有了很大的提升，深受游园群众的赞誉，但由于植草浇水，改变了古树的生态环境，造成了部分古树出现了不适衰弱的症状，由此引发了草坪与古树两方专家的辩论，由于认识不同，双方意见一时难以统一。2005年3月22日，《中国花卉报》刊发了我的《古树与草坪可以和谐共生》的文章，并加注了编者按："去年一些媒体曾就北京古典园林中的部分松柏类古树严重生长不良甚至死亡的现象进行了报道，我报也曾对此展开讨论。一种观点认为，是树下种草浇水过多造成的，是草惹的祸；也有人认为是管理者的问题，管理方法不科学，草是无辜的。北京明长陵管理处绿化队的丛永生根据自己的实践经验，提出来几点看法。"简单地说，我的建议就是由两方养护变为统一管理，并提高养护人员的技术水平。至此，双方的争论偃旗息鼓，众多古树又开始正常生长。

通过这次经历，我创造了"古树养护需要'望、闻、问、切'"的工作方法，即："望"是在日常巡视中对古树进行观察，横向对比看，将所观察古树的长势与周边古树对比，了解掌握该古树的生长状况。纵向对比看，通过所观察的古树不同季节的长势与去年同期长势进行对比，确定该古树的健康状况；"闻"是通过古树叶、枝、干、裸露根所展示的状况，来初步了解古树受害的原因；"问"是通过树体的表征来探寻衰弱的原因，如虫害型、病害型等常见的9种症状；"切"是根据各种古树不同症状，辨证施治。古树的衰弱不能简单地归结为某一种原因，而常常是多种原因相互作用的结果。因此，古树复壮时，既要掌握整体的共性，又要看清个体的特性，做到有的放矢，适时调理。通过这种借鉴中医理论"望、闻、问、切"的方法，使我们对十三陵每株古树的生长健康状况都能了然于胸，做到精准施治。

古树养护，蛀干害虫的防治是重中之重。著名古树专家丛生老师发明了用取活柏树枝做诱木防治柏双条衫天牛的方法，效果相当好，沿用了几十年，但随着保护古树的力度加大和禁伐区的设立，采取活柏树枝做诱木治虫的方法已无法进行。面对新问题，我带领长陵绿化班的同志，发明了"柏双条衫天牛物候防治法"，即根据加拿大杨树在积温的作用下，花序生长的不同状态，与对温度敏感的柏双条衫天牛产生激素进行交配繁殖的现象，有机地连接起来，精准地利用物候方法，掌握柏双条衫天牛的产卵时间和孵化日期，在其孵化将要危害柏树时，对衰弱柏树进行药物封干处理，达到一剑封喉的目的。此项发明去除了对活体树木进行诱木采集的工作，提高了劳动效率达90%以上，还使防治效果达到了100%。

古树的虫害防治还能不能进一步提高呢？我能不能通过修补生态链的方法，以虫治虫呢？我想做到。于是，上班时间在单位转，休息时间山上跑。功夫不负有心人，在初春的山上阳坡，我见到了初开的山桃花上，与蜜蜂一起飞舞的食蚜蝇在取食花粉。我抑制不住内心的喜悦，迅速在附近周边选了十几株山桃树的小苗，将其带回种在了长陵宿舍的后面，这里离陵区很近，又便于观察；在宿舍前，我又种植了杏、桃、苹果和竹子，并利用现有的泡桐，打造了一条完整的生态链。至此，生态园林，绿色植保的理念迅速成为十三陵景区的现实。其原理是：每年3月下旬4月初，越冬的食蚜蝇成虫羽化，羽化后的食蚜蝇寻找山桃桃花取食花粉补充营养并促其卵巢发育成熟，交尾后飞到附近的松、柏、橡树上有越冬蚜虫卵的枝上产卵，当越冬蚜虫孵化后，旁边的食蚜蝇卵也随之孵化捕食，因此，大大降低了第一代蚜虫的基数。此时，越冬瓢虫的成虫也在4月上旬飞到有蚜虫的松、柏、橡树枝上产卵，当4月下旬蚜虫繁殖进入高峰时，在食蚜蝇幼虫、瓢虫幼虫及少量中华草蛉的捕食下，一般在5月初便将松、柏、橡树的蚜虫、红蜘蛛、松针蚧捕食干净。此时，以瓢虫为例，瓢虫的幼虫开始化蛹，5月下旬第二代瓢虫开始羽化，飞到杏、桃、苹果有蚜虫危害的地方产卵捕食。6月中旬，第三代瓢虫成虫飞回到松、柏、橡树产卵捕食。7月中旬，第四代瓢虫成虫飞到竹子上产卵捕食。8月中旬，瓢虫的成虫又迁飞回松、柏、橡树，为迎接我们的"十一"旅游高峰保驾护航。10月中下旬，瓢虫成虫飞到泡桐树上，取食泡桐叶背腺体的分泌物补充营养准备越冬。

十几年来，我们利用修补生态链的方法，确保了古树的生态安全，其防治效果，是人工打药所难以企及的，十三陵景区为广大游客创造了舒适的休闲旅游环境。

在古树复壮工作中，我按照第一代古树专家的技术方法，在陵内抢救了数十株古树，取得了良好的复壮效果，但在陵外的陡坡，这种技术就无法操作。因此，我在传承复壮沟的基础上，创新了营养坑技术，其特点是小巧灵活，针对性强，能够因地制宜地在各种环境条件下展开抢救复壮工作，使古树的养护做到了全覆盖，无死角。

40多年来，古树专家一句"你要有担当啊"常在我的耳畔响起，激励我发奋图强，要发扬工匠精神，干好自己的本职工作，这是我对自己的要求。工作中，我用信仰和执着的汗水，把困难和问题破解，并用之铸起我赋能十三陵的台阶，在记录新时代的道路上，迈出坚实的每一步。经过几代人的努力，在最近的古树普查工作中，十三陵景区古树由4378株上升为4401株，增加了23株，其中由我分管的长陵古树增加18株，占十三陵景区古树增加数量的78%，为十三陵景区古树的保护和发展，做出了自己应有的努力。

目前，习近平总书记"绿水青山，就是金山银山"的指示精神，已成为十三陵景区的行动指南，为保护和传承历史文化，在十三陵管理中心党委的支持和鼓励下，为我成立了工作室，为十三陵的发展，做好传、帮、带工作。我觉得可以用"老牛自知夕阳晚，不须扬鞭自奋蹄"的诗句，来唱响我此时的心声。

新"守陵"人

王书喜

明十三陵，从公元1409年开始兴建至今，历经六百余年。这六百年风雨沧桑，其中承载的厚重历史，我们仅有的一点笔墨是无论如何也难以书尽的，也只能截取新时代一些小小的片段，来抒发一下自己的喜爱和思绪。

天寿山麓，自东向北再向南，群山环抱，依次排开的是德、永、景、长、献、庆、裕、茂、泰、康、定、昭、思十三座皇家陵墓，故称明十三陵。

如今的十三陵，一座座陵寝，绿翠掩映着红墙黄瓦，松柏错落其间，掸去了世纪的风尘，诉说着历史的奇迹，让这一切古老都显得那么青春，那么温馨。

思绪拉回到了1975年1月，在那动荡的岁月里，我从昌平县第一中学毕业了。不难想象，那是一个无书可读的年代。我的同学王军不知从哪里弄来一本手抄本小说《第二次握手》，他神秘地对我和另一个同学王时浩说"走，我们看书去"。在那个年代，这是一本禁书，冒着极大的政治和前途风险，才敢看此书。

记得那是一个寒冬的上午，我们三人来到了十三陵之一的定陵，斜躺在现今通往地宫一棵分了杈的古松上，撕开了那宝贵的手抄本，你传我，我传你，飞快地看完了。当然，书的内容留下的印象也就没那么深刻了。

留下深刻印象的是，我们遇到了一个有点古怪的"守陵人"，并改变了我们今后几天的行程。那个人身材不高，二十七八的样子，寒冷的冬天，却穿着略显单薄的衣裤，头发凌乱，口里念念有词。他告诉我们，他高祖的高祖就在这里守陵，传到他这里不知有多少代了，刚才的念念有词，是祈求怀孕的媳妇儿生下儿子，继续家族守陵的事业。他说，守陵是没有收入的，日常生活全靠家里的其他人在队里挣点工分为继。平平常常的话语间，分明透露着他对历史和这片土地的热爱。

以后十几天的日子里，我们三个人在他的带领下，从最东的德陵开始了神秘的造访。那时，十三陵中只有长陵和定陵有专人管理，也只有这两个陵中稀有游客。其余的陵寝残破不堪，风雨飘摇，有的还杂草丛生，有人放牧。

进入德陵时，我们为它的荒凉而感叹，先不说残墙的破旧，陵殿的塌陷，就说那里的杂草，低矮的山羊进去肯定就看不见身影，及至走到墓葬区域，荒丘野岭之间，不时有蛇和野兔出没，令人毛骨悚然。其他的陵寝大抵如此。记得我们三人进入茂陵时，已是下午三四点钟，山里太阳落得早，微弱的光线，混合着墓葬后山，枯枝秃树上，一片片乌鸦的凄叫，真是有点瘆人。同行的守陵人告诉我们，这情形他经常遇到，开始有点害怕，时间久了，也就习以为常了。每到一个陵墓处，他都要给我们讲一讲那段历史。由此，我们知道了《永乐大典》，听到了郑和下西洋的故事；知道了仁宗朱高炽体态肥胖，腿部残疾；知道了"仁宣之治"，听到了英宗被俘的故事，仿佛看到了宦官专权那丑恶的嘴脸，仿佛看到了为争帝位的亲情杀戮；知道了大明王朝竟然还有一个木匠皇帝；知道了万历年间的暗流涌动，党争不断；仿佛看到了李自成高举义旗，金戈铁马，看到了崇祯皇帝的自缢身亡。凡此种种，"守陵人"娓娓道来，有历史，有演义，有传说，他讲得生动，我们听得痴迷，徜徉在红墙黄瓦之间，忘记了疲惫，在那历史知识和书籍少得可怜的年代里，仿佛开辟了一片新的星空。我们很庆幸遇到这位新守陵人，比起他高祖的高祖，他一定知道很多很多，因为历史的沉淀会越来越厚重。

思绪又拉回到了今天。现如今的十三陵，早已打破了过去狭窄的以陵寝划分的地理概念，大十三陵的概念虽然很少有人提出，但在我心里已深深地扎下了根。从新中国成立之初的园陵保护，到20世纪六十年代初，办事处成立，再到后来的成立特区，悠悠七十余载，明十三陵已发展为涵盖明帝后墓葬区、十三陵水库、居庸关长城、银山塔林、十三陵农业休闲等综合系列文旅胜地。闲暇之余，如果你对历史文化感兴趣，约上三五好友，徜徉在山水之间，大美十三陵一定会让你收获满满。庄严肃穆的皇家建筑，雄伟的居庸关，辽代的佛家塔林，掩映在起伏连绵的群山之间，给这一片圣土带来无限的生机，成为昌平新时代发展熠熠生辉的"金名片"。这一切，都是新时代"守陵人"多年奋斗结出的硕果，是这个群体"守陵人"的自豪。

至于具体到十三陵的皇家陵寝中心区域，其天翻地覆的变化自不必多说，这里早已成为世界文化遗产，修旧如旧，还原它历史的承载使每一座陵寝都得到了有力保护。记得前几年我曾到修复过的昭陵参观游览，高高的石阶，修复的陵殿，还有那些汉白玉的台阶，青白石的石供器，俨然恢复了旧时的威严。当时，陵区内恰好举办明代廉政官吏事迹展，我一饱眼福，并记住了于谦和他的《石灰吟》："千锤万凿出深山，烈火焚烧若等闲。粉骨碎身浑不怕，要留清白在人间。"

看到这些变化，我不由自主地向工作人员叙述了一些陈年旧事。说来也巧，当年那个带领我们，遍访残陵断壁"守陵人"的儿子也在，他睁大眼睛，上下打量着我，并一个劲儿说，我说的那些，与父亲告诉他的一些事是何其相似。他说，父亲已经去世，临终前告诉他，一定要守住故土，守好陵园。我相信他说的话，因为那语气，那信念与他的父亲相差无二。我也知道，新一代守陵人已经成长起来了，他们创造的价值一定会超过父辈。

写到这里，我忽然想到，北京市政府提出的大运河文化带、长城文化带、西山文化带建设，我们昌平都有所涉及，而且与中轴线文化也应该能够契合。据说十三陵的石牌坊、大宫门和北京城的地安门、天安门等都在一条中轴线上，皇陵文化与中轴线、大运河、长城、西山几个文化带的相互融合，必将释放出更大的能量。事实上，勤劳质朴的昌平人民，正依托其厚重的明文化，在新时代不断创造着奇迹，未来科学城、高教示范园等等一系列高新尖项目的落地，正给古老的昌平带来新的活力。

我们期待着，盼望着，明十三陵一定会大放异彩，大美昌平，未来可期！让我们一起携手并肩，创造更美好的生活！

我的爷爷

王建松

我一家三代都是十三陵人！我的爷爷叫王启发，是个土生土长的十三陵人，一提到他的名字，当年参加过定陵挖掘的人都会竖起大拇指。在我小的时候，爷爷经常会坐在院子里摇着躺椅喝着茶，给我讲他是如何冒险进入定陵地下宫殿的，当时的自己多么厉害，这段历史是多么自豪！爷爷讲的时候嘴边含着笑，眼里闪着光！

那是在1955年10月，由郭沫若、沈雁冰、吴晗等人联名上书国务院要求打开明十三陵首陵——长陵。请示呈上不久就得到国务院的批准，同意按方案进行发掘。批准文件下达后，很快就组建了"长陵发掘委员会"。长陵因为是十三陵中的首陵，建筑宏伟、坟冢高大，地下建筑定会十分坚固复杂。经过发掘委员会的反复研究、比较，最后选择定陵为试点，并进行探索性试掘。为此打开了尘封几百年的定陵地下宫殿。当地下宫殿的金刚墙就要被拆除的时候，挖掘工作的领导，和一些文物专家工作者，心里极度紧张，激动，甚至是恐惧。毕竟是皇陵，地下情况是个未知数，传说有暗器、翻板、毒气等。

为了一探究竟，定陵地宫挖掘先锋队就此成立，我爷爷也因为习过武，胆大心细成了先锋队队长之一。当时的人大多没有文化，甚至还有一定的迷信，我爷爷当然也不例外。但那个年代，毕竟是受毛泽东思想教育的新农民，有一不怕苦、二不怕死的大无畏革命精神。爷爷说当时在工地的工人，是不能回家的，要严格保密。周围有持枪的人民解放军站岗，处于高度戒备状态。爷爷说当时他就只有一个想法，那就是为了国家干什么都成。最终以抓阄的形式，爷爷幸运地抓到了第一个进入地宫的名额。

爷爷说当金刚墙的灰砖被一层层拆下，露开一个豁口时，一股说不出来的味道迎面扑来。地宫下面黑乎乎的，什么也看不见。于是用绳子绑住鸡腿将两只活鸡扔了进去，它们在里面拼命地叫个不停，过了很长时间一拽拴着鸡腿的绳子，鸡还在动，说明里面没有置人于死地的毒气。

这时候轮到我爷爷上场了，当时的爷爷正值年轻，因练武在当地已小有名气。但凡练武的人，都有一种傲气，只能被人打死，不能被人吓死，何况还是埋葬了几百年的死人呢！于是爷爷就提着马灯，顺着金刚墙的豁口爬了进去。

当我爷爷探完路从地下宫殿平安返回地面的时候，地面一片欢呼声。可惜的是由于人们过于激动，加上技术落后，没能给这个历史性的一刻留下宝贵的照片。

后来，为了再现当时的情景，在场的领导、考古工作者，又重新拍摄影片，记录下在场的领导和部分工作者，重新拆开金刚墙和重新打开地宫大门的过程，低调的爷爷也再没有参与其中。

每当爷爷谈起下地宫时的感受，他直言不讳地说："害怕！但那种情况，那么多人给你做工作，又是一个练武的，不能给同门兄弟丢脸，更不能给献陵村的父老乡亲们丢脸，只能拿命赌一次了。"在下地宫前他郑重地写了入党申请书，因为那时不识字，是找人代写的。最终爷爷立了功、入党了，并由农民转为一名正式工人，而且还奖励了一辆28加重自行车。

虽然史书上提及我爷爷的文献很少，但是所有知情人都知道我爷爷的事迹。我的爷爷是一个非常淡泊名利的人，为人和蔼，从不发脾气，在我18年的印象里，从来没看见过我爷爷发过一次脾气，他老人家踏踏实实、辛辛苦苦工作一生，拿过北京市劳动模范！给我树立了高大的形象。爷爷退休后，我父亲又接替我爷爷，继续在定陵博物馆上班，也在定陵博物馆工作了42年！后来我接过我妈妈的工作，继续在昭陵上班，现在我也工作21年了！

我家三代人，都在十三陵管理中心上班，在这21年里，我越来越对十三陵产生了感情，也对十三陵的文化产生了兴趣，自从明十三陵管理中心改制后，昭陵管理处成立了新的领导班子，我看到了美好的前景，更加对今后的工作充满了自信，从起初的浑浑噩噩混日子，到现在热爱上这份工作，经历了很多风风雨雨！但是我无悔青春！希望在未来的20年，我依然守护这座皇家陵园，传播它悠久的历史文化！为明文化的发展添砖加瓦！

亮出昌平的文化名片

杨广文　杨玉妍

昌平有人类活动的遗迹可考于昌平南口地区的雪山文化遗址，距今6000年左右的新石器时期；有文字记载可考于《尚书·禹贡》(当时属冀州)和《周礼·职方》(当时属幽州，后改为上谷郡)；《汉书》中记载了"上谷郡，秦置。莽曰朔调。属幽州。户三万六千八，口十一万七千七百六十二。县十五：沮阳，莽曰沮阴。泉上，莽曰塞泉。潘，莽曰树武。军都，温馀水东至路，南入沽。居庸，有关。雊瞀，夷舆，莽曰朔调亭。宁，西部都尉治。莽曰博康。昌平，莽曰长昌。广宁，莽曰广康。涿鹿，莽曰抪陆。且居，阳乐水出东，南入沽。莽曰久居。茹，莽曰穀武。女祁，东部都尉治。莽曰祁。下落。莽曰下忠。"

《汉书》中的记载清清楚楚地告诉读者：上谷郡是秦朝建置的，这个郡有15个县，而且这15个县中有军都县、居庸县和昌平县。

从秦朝建立到清朝覆灭(1911)2200多年的历史长河中，尽管昌平又留下了秦、汉、唐、辽、金、元、明、清……各朝各代不少的历史遗迹，但确切地说，还是朱棣把北京作为明朝统治中心，昌平成为"畿辅重镇"、在守京护陵方面发挥了特殊的作用之后，承载着多种历史文化内涵的各种建筑才在昌平发扬光大。

因此，从某种意义上说，昌平历史文化的闪光点尤以明代最为突出。

一　明文化与昌平的渊源

明朝，是中国封建文化发展到一个新阶段的时代。虽然昌平历史悠久，从南口雪山村出土文物考证可追溯到原始社会后期，有记载的可追溯到四五千年以前的尧舜时期，然而至今最突出的文化遗存还是以明文化为代表。其中起重要作用的人物便是明成祖朱棣。朱棣称帝后，由南京迁都北京。素有"京师之枕"美称的昌平，其灿烂的明文化遗存即以此为历史契机。明永乐七年(1409)，朱棣接受礼部和善察风水的廖均卿等人的建议，定昌平城北天寿山一带为皇陵之地，此后这里相继建起明代皇帝的十三座陵墓，即今明十三陵。

以明十三陵为代表的遍布昌平的众多古迹以及享有"北武当山"之誉的道教圣地玉虚观、巩华城及散布全区的古桥老宅、田野碑刻，大多是明代人的文化杰作。朱棣也许没有想到，自己统治的江山可以易代，而明文化却能传之久远，造福后世。

二 明十三陵的文化意义

明十三陵布局有序，每座陵园都规模宏伟、设施齐备、各成体系，具有极高的历史、艺术、科学价值，体现了一个时代的建筑规划思想、艺术特色和审美理念，是明朝时代精神的物化形式。它的文化范式体现了明代帝王陵寝制度的风貌和演变趋向，也和明代的其他建筑类型、文化产生互渗和碰撞，从而构成了博大的明文化体系的一个重要组成部分。正是因为明十三陵文物保存环境优越，格局的相对完整，文化内涵的独特和文化影响的深远，所以，它才能荣幸地被列入《世界文化遗产名录》，从而作为昌平明文化的代表性文化遗存，迈出了走向世界的雄健步伐。作为体现明文化特色之一的重要文物遗存，相信明十三陵的主体地位和历史功用随着时间的推移还会不断得到进一步提升。明十三陵不仅属于过去，属于昌平，属于北京，属于中国，属于人类，更属于未来。它永远是中国明文化的一道亮丽的风景线。

三 昌平明文化的独特个性

昌平明文化遗存贯穿了明朝276年历史。这里的明文化几乎构成了一部埋藏在地下的珍贵的明代通史，不仅具有史料价值，更有着丰富多彩的文化个性。昌平明文化遗存不乏恢弘的皇家气魄，但迥异于故宫的奢华绚烂与明长城的苍凉雄伟，具有明显的"感性"色彩和幽静神秘的风貌。这里绝没有六朝烟火气，没有"万国衣冠拜冕旒"的喧嚣，但作为陵寝文化的代表，其肃穆的社会生态特征和庄严的情感表达方式，传递出的是一种独特的人文气息和历史魅力，具有巨大的想象和认识空间，跟明故宫、明长城等明文化遗存相比，昌平的明文化遗存蕴含的是一种独具特色的人文情怀。作为陵寝，它必然承担了一定的历史悲情，这种悲情虽然是属于历史的，但在今天的开发和发展中，应该给予一定的尊重和包容。另外，需要特别指出的是，昌平的文化版图，不是靠着"十三陵"来跳"独舞"的。这里还有居庸关、玉虚观、银山塔林、巩华城、都龙王庙、和平寺等不同时代不同形态的历史文化遗存。昌平具有明文化特色，明十三陵固然功不可没，但植根其中的深厚的文化底蕴才是昌平引以为豪的根本。

四 挖掘明文化带动经济发展

明文化对昌平的发展起着重要的作用，对昌平各方面的影响也很大。今天，我们研究昌平明文化，绝不是单一性地研究，而是要与昌平地区的经济发展相结合，为旅游开发打好基础，通过研究明文化，把昌平地区的经济带动起来。

树立品牌是打开旅游业突破口的关键，而这一品牌必须是独特的，要么是唯一，要么是最好。昌平旅游品牌应该是什么？在众多的旅游资源中，什么是最独特的？答案已经有了：明文化。从全国来看，最能代表明文化特色的地区之中，昌平是无论如何都不能忽视的。明文化，就是昌平的文化名片。

深入挖掘明文化，昌平的文化土壤就有了更深厚的历史纵深感，深入挖掘明文化，昌平的旅游就可品味出更深厚的历史内涵；深入挖掘明文化，昌平独特的自然风光和与之相伴的神话传说、历史掌故、民风民俗也就可以闪烁出更加灿烂夺目的光芒。面对如此丰富又宝贵的明文化资源，昌平各相关部门要把整理、挖掘、弘扬明文化工作作为昌平创建全国文明区的一项重要内容，列入重要议事日程。古人说："问渠那得清如许，为有源头活水来。"明文化就是这活水之源。

五　并网开发，点面结合

昌平的明文化，除了在本地深入挖掘，在条件允许的情况下，可以考虑并网开发的问题。一个是和北京地区的故宫、长城等明文化遗存景观合作，形成北京明文化网络，此所谓"面"；另一个就是和散处全国的明皇陵所在地联合起来，形成中国明陵文化网络，此所谓"点"。

故宫、长城和明十三陵等是北京明文化的一个整体，一起联手挖掘明文化不仅可以，而且必要。昌平明文化要深入挖掘，就要争取北京其他部门、单位的支持和加盟，大家联手做大明文化这块"蛋糕"，使明故宫、明皇陵、明长城……成为北京明文化宝库中的有机组成部分，形成整体观念，把昌平与北京的明文化作为一个完整而具体的文化形象，全方位地包装，立体化推出，增强对外的吸引力。在旅游资源的并网整合中，一加一往往能发挥出大于二的良好效益。另外，开辟明文化并网旅游项目，还可以与安徽凤阳明皇陵、南京明孝陵、湖北钟祥明显陵等处管理部门加强沟通和联系，发挥昌平的地区文化优势，争取成为全国乃至世界明陵文化的研究中心和旅游中枢。形成规模效应，起到龙头示范作用。重点挖掘明文化，兼及关城文化、民俗文化等品牌系列产品的开发，形成几条特色文化观光旅游线路。明文化重点在于明陵风光带的建设。明陵风光带的建设可将两侧的相关景点串联起来，使之成为一座规模空前的综合性的中国明文化露天博物馆，成为未来昌平旅游的"拳头"产品。民俗文化主要围绕明文化有关的谒陵、祭陵等活动展开，强化"陵寝文化"主题，真正形成文化氛围浓郁的明十三陵旅游区，还可利用名人诗词、文章来导游，提高文学韵味。

六　认真做好世界遗产地的保护、利用工作

十三陵申报世界文化遗产的成功，是昌平人民的一件大喜事。它的申报成功，一方面展示了昌平丰厚的文化底蕴及文物保护成果，另一方面也必将给昌平带来巨大的社会效益和经济效益。申报成功不仅关系到昌平区文化和自然生态环境建设的可持续发展，而且关系到国家和社会的长远利益，更关系到国家与民族的国际形象。积极做好明十三陵世界遗产地的保护利用相关工作，

已成为昌平区坚持可持续发展战略的重要组成部分，也是昌平区在教育、科技、文化和环境等方面参与国际事务、发挥积极作用的重要渠道。明十三陵成为世界文化遗产，必将在保护文物古迹、自然景观，促进精神文明建设、物质文明建设，宣传昌平悠久历史文化与灿烂文明，展示昌平壮丽河山与自然风貌，扩大中华文化的国际影响等方面发挥积极作用。

对明十三陵的一切开发、利用和管理工作必须首先把文物的保护和保存放在第一位。做好世界文化遗产的保护工作，是我们对国际社会作出的庄严承诺。如果不注重保护和利用的关系，世界遗产就有可能变成世界遗憾。

七　加强规划，未雨绸缪

近年来，"假日旅游"不断升温，一些遗产地超负荷接待，加之一些地方管理部门为了短期利益进行错位开发、超量开发，使景区处于有史以来的高压和高损耗时期。

我国南方某风景区是经联合国批准的世界文化遗产之一。前些年，由于过度开发，出现"城市化"倾向，严重损害了自然环境和原始风貌，联合国教科文组织官员提出了严肃批评。为纠正错误，该地自1999年8月起启动了总耗资达10亿元的恢复核心景区原始风貌工程。经过2年多的艰苦努力，才逐步恢复原始风貌。从世界范围看，对历史文化遗存尤其是世界遗产保护的主要威胁来自于错位开发和超容量开发，人工化、商业化、城市化现象已引起国际社会的关注。保护明十三陵，不仅应该做好今天的保护工作，还必须树立长远眼光，加强规划，做到未雨绸缪。在明十三陵陵区外的缓冲地带周边，建设明文化主题公园或明文化一条街等，集中展示明文化的人文景观，或许可分流陵区的一部分旅游压力，减缓陵区的接待负担。

习近平总书记在多次的讲话中提出，要保护好北京的文物古建，亮出北京的文化"金名片"；2019年7月24日，习近平总书记主持召开中央全面深化改革委员会第九次会议，审议通过了《长城、大运河、长征国家文化公园建设方案》；北京十四五规划中又特别提出要把北京三个文化带建设好。这些举措必将为昌平经济发展和城乡建设注入新的动力，对开发明文化起到促进作用。昌平是北京唯一一个集三个文化带为一身的区，长城资源、大运河资源、西山永定河资源都比较丰富，有条件建设一个相对集中展示明文化，并集游览、娱乐、休闲、餐饮、增长历史文化知识于一体的明文化主题公园。这个过程中可以充分整合利用昌平地区的"航空博览馆""坦克博物馆""北方射击场""滑雪场""龙脉温泉""绿色果品采摘"等资源，通过打造全方位的明文化主题公园，必将对明十三陵陵区的文物保护工作起到积极作用。

八　开发明文化为主体的旅游产品

开发明文化为主体的旅游产品，是一块巨大的市场资源。现在，昌平旅游产品比较分散，缺乏鲜明的整体形象和地方特色，且不具备独一无二的世界级旅游产品。因此，昌平要依托明文化登高望远。发展旅游文化产业，就要立足于自己的拳头产品，努力树立整体品牌形象，重点发展与明文化有关的一系列配套的文化、旅游产品。

九　创建明文化节的设想

　　昌平曾经举办过采摘节、民俗文化旅游节、皇园赏秋节、农民艺术节、青年文化节等各种节庆活动，都收到很好的效果。2001年，昌平区委、区政府与中国文联、北京市文化局在居庸关长城举行的全国山花奖居庸关长城杯中华鼓舞大赛，汇集了全国12个省市的18支队伍、10个民族的1000多人参与。技艺精湛、风格迥异的鼓舞，产生了广泛的社会影响，获奖作品还应邀到北京中华世纪坛表演。有了这些节庆活动成功的组织经验和物质基础，可否创建中国昌平明文化节，从而扩大昌平明文化的文化声势呢？应该说是有这个现实可行性的。几乎所有节庆活动都有文艺演出，但明文化节要有自己不落俗套的文化思考，要带着弘扬地方文化的使命登上舞台。在中国昌平明文化节的"菜单"中，不光是由众多的不断提升着文化品位的主体活动唱主角，还应当和群众文化集市、民俗表演展示等，民众自身参与的活动相得益彰，组成中国昌平明文化节的立体的文化风景线。2002年昌平被评为全国文化先进区，2003年昌平又被评为全国文物工作先进区，各项文化事业生机蓬勃，充满活力。借着这股东风，如果"中国昌平明文化节"能够在今后举办的话，对昌平人来说，聚来的不仅仅是人气、财气，更是满区的喜气、瑞气与才气。

十　结语

　　随着社会发展，昌平原有的生活痕迹正在改变，现实的城市发展不仅改变了地域景观的外貌，而且深刻地影响着人们的认知。昌平在灿烂文化与良好生态的平台之上正在实现规模化发展。

　　昌平的绿化搞得非常好，生态环境非常优美。区位优越，高校云集，加之特殊的文化背景，良好的软硬件环境，对外商具有强烈的吸引力，相信经过全区人民的共同努力，昌平的明天一定会更加灿烂辉煌。插上明文化的金翅膀，相信昌平这只金凤凰一定会越飞越远，越飞越高。

神路上的守望者

——与穿越五百年的凝眸对视

魏晓颜

自从我有记忆的时候开始，每到周末或是假期，回姥姥家都是我小心思里最大的期盼。姥姥家位于十三陵水库的北岸，与明十三陵景区依山为邻。踏上去姥姥家的一路行程，同时是一段愉悦的郊游之旅。

从昌平西关环岛一路向北，远远地就能看到一座石质的牌坊，它共有五门六柱十一楼。楼上有汉白玉构件和精美的石雕，是我国营建时间最早、建筑等级最高的仿木结构石牌楼。往前走一千米左右的距离，一座红墙黄瓦的大门赫然出现。门上有三个拱券式门洞，这便是进入陵区的正门——大宫门，也称大红门。门前左右两侧各有一座"下马碑"。在古代，官员人等到此必须下马步行，以示对皇家权势的尊重。

沿着条石大路继续向北，两侧尽是高大葱郁的树木。松树、柏树四季苍翠，尽显皇家陵园的肃穆。不远处，是一座红墙黄琉璃瓦顶的方形碑亭。碑亭内有龙首龟趺石碑一块，上书"大明长陵神功圣德碑"，为明初著名的书法家程南云所书写。偌大的碑亭内高耸而空旷，大声说话会有回音萦绕。看着"神龟"龇牙瞪着眼睛，呲着牙齿，扬着鼻孔，昂首向前，我便悄悄地绕着它跑开。在前方，还有更加奇异有趣的景物等着我去观赏。

碑楼外四角分别立有一座汉白玉华表，华表上刻有盘龙的图案。华表的顶部各有一尊异兽，名为望天吼。其中面向南方的称"望君出"，面向北方的称"望君归"。再往前，两尊石望柱与碑亭、华表遥遥相守，体现着陵区的庄严和威仪。我一路奔跑，目标明确，那一座座分列道路两侧的巨大石像，才是最令人兴奋的旅途玩伴！

从南向北一路望去，它们依次是坐、立两种姿势的石狮子，石獬豸，石骆驼，石象，石麒麟和石马。在幼年的我看来，它们的身躯是那么的高大威猛，神情却又是那样的呆萌可爱，身体是那么的坚硬冰冷，毛发和纹路却又是那样的自然和生动，口鼻甚至都能吐露出热气，尾巴也随时可能会挥舞起来，就连每一只石兽脚上的指甲，似乎都带着遗传基因的密码。

狮子和獬豸神情严肃，骆驼和大象体形庞大，麒麟的造型稀奇怪异。我一路走到了石马这里，不觉放慢了脚步仔细打量，马儿温顺且神情怡然，宽大的口鼻，健硕的身材，泰然自若静静地卧着，享受这一方净土的静谧与安然。我最喜爱的是这对卧马，因为它低眉顺眼，因为它亲切和善。小小的我甚至可以被托举到马背，紧靠着它那坚实圆润的身躯。这时我才感受到它冷峻的风度，忽然有些胆怯升上了心头。我一下子抚住它颈背上的鬃毛，发觉那毛发垂顺如丝带，缕缕焕发出勃勃的生机。再沿着它的头颈向上望去，尖尖的小耳朵灵巧且秀气，仿佛还在随风微微地摆动。

由石马向前，还有石人六对，分别是双手交叠的将军，手持竹笏的文官，以及头戴官帽的勋臣。将军穿盔戴甲、腰带佩剑、威风凛凛、神情严肃；文官、勋臣则是身系佩玉、衣着考究、斯文儒雅、文质彬彬。每座人像都身形伟岸、神采奕奕、各具特色、惟妙惟肖。我总担心他们会突然地眨起眼来，然后对我念上几句"之乎者也"；或是高举手中的金瓜锤，哇呀呀地警告我"不得近身"。想到这里我便慌忙地跑开，来到神路最北端的棂星门前。棂星门有三门六柱，也叫火焰牌坊。至此，十三陵神路就算告一段落，马上就要到七孔桥了。

七孔桥原为明代所建的石拱桥，1953年被毁，1958年复原重建。每每走到七孔桥上，便会远望东侧连绵的群山。那起伏的山峦像一只巨蟒，逶迤于广阔的大地之上。近看是一片花叶林木的"海洋"，滨于十三陵水库的西侧。这就是远近闻名的"七孔桥花海"所在地。七孔桥因桥身均匀分布的大孔而得名，但桥下却是常年无水。后来便被种植上成片的花木，呈现出各色花式的造型。每逢花期到来的时节，人潮涌向盛放的花海，处处洋溢着人们的笑脸，与绽放的花儿相映成趣。这是人与自然的和谐共处，也是花草与人的亲密接触。

下了七孔桥一直向前，道路可达长陵、定陵和昭陵景区。而我只要在桥头路口向右拐弯，就离姥姥家北新村不远了。

十三陵镇是我的故乡，明十三陵景区是故乡的一颗明珠。它始建于1409年，于1645年建成。陵区占地面积达40平方千米，是中国乃至世界现存规模最大、帝后陵寝最多的一处皇陵建筑群。神路是长陵陵寝建筑的前导部分，是进入明十三陵第一个对外开放的景区。始建于1435年，于1540年建成。到20世纪80年代，十三陵神路一直是开放的道路，车马行人都在石像中穿行。时常能看到顶着各种发色的异国旅人，时不时手持相机留个影。我在这绵延7千米多的神路上往来，赏阅这古迹，欢叫着长大，见证了十三陵景区勃然生长的一草一木，见证了景区旧貌换新颜。

现如今，十三陵神路经过保护性工程及环境整治工程，早已加装了围栏和监控设施，配备了专业的保洁和管护人员。景区中，文物得以被更好的保护，样貌景致也得到了显著的提升。再次重游十三陵神路，那石马仍然是当时的样子，而我早已由一个裹着臃肿棉衣的稚嫩孩童，成长为现在的中年女人，我的父母也从当年的娃爸、娃妈，升级为现在的姥爷、姥姥。家庭出行方式由骑车改为开车，以前骑着自行车通过神路大道、耗时近一个小时回姥姥家的经历，已是一去不复返了。

在距今已五百多年的神路上行走，时空的长河在人与景之间凝结贯连，让人在领略了古人高超的技艺之余，也深深体味到了时光的荏苒。石像上些许的斑痕和印记，就是在昭示着岁月无声的力量。我们都会成为时空的过客，而这些石像却会成为永恒——至少在一定时空中相对地永恒。它们矗立在这里，凝结了时光，一眼百年、千年乃至万年。想到这里，我的心突然变得广阔而开朗，在它们的身上我触到历史的温度，我似乎能看到在人类历史的长河中，摇曳着婀娜女子的舞姿；在雄厚健硕的匠人们身旁，伟大永恒的作品正呼之欲出……它们撞击着个人微小的命运，闪耀出人类智慧夺目的火花。

我站在马儿身旁久久地凝望，感叹着它守望五百多年却不语的样子，它拥有着漫长的生命，得以从明代延绵至今日。它安然于此地，穿越那时空，到达未来遥远时间的尽头。它与古往今来的人们相识相知，以自己的特质抗衡时空的变换。它带给人们宇宙洪荒的力量，令人们看到不朽时光的样貌。从它深邃灵动的眼中，我看到了能工巧匠们挥汗的投影。同时也看到那曾经小小的自己，竟也留存在这眼眸的深处。已不知是我凝视过它，还是它曾经凝视过我。彼时与此时的身影交叠为一起，竟使我一时忘记了时间，也忘记了正身在旅途。

五百次的回眸换来擦肩而过，五百年来的凝眸继续低语呢喃。石马呈现出五百年来时空旅行者的样子，引我提笔为它描绘画像。因我爱它那轮廓线条的柔美，因我爱它那臀部肌肉的雄健，因我爱它那跪卧姿态的优雅，因我爱它那目光中从未褪变的熠熠光辉。在笔端，它的身体沸腾滚烫的血液，从我的眼前腾跃进心里。

找到机会，我又参观了建筑规模最大、营建时间最早、地面建筑保存得最为完好的明长陵，探寻了唯一被发掘出地下宫殿的明定陵，了解了第一座大规模复原修葺的明昭陵。每一座陵园都有其独特的规模及建制，都具有重要的历史和文物价值，同时具有极佳的建筑价值。作为十三陵水库库区搬迁人民的后代，我感叹着先人强大的建造力，也钦佩着其惊世绝伦的想象力。

2003年，明十三陵被列入《世界遗产名录》，作为世界级名胜，得到了全世界的关注与保护。它被外国专家赞誉为"中国建筑形制上重大的历史成就，是整个建筑部分与风景艺术相结合的最伟大的例子"，是"最高的杰作"。明十三陵作为北京市第一批重点古建文物保护单位、全国重点文物保护单位、国家5A级旅游景区、全国44个重点风景名胜保护区之一、"中国旅游胜地四十佳"之一，更是作为世界文化遗产，将继续在昌平这座北京的后花园上，散发出其独特浓郁的韵味，闪耀出更加华美的光辉！

记上下口村二三事

董　燕

上口村，下口村，区地图上并不起眼的小山村，坐落在军都山脉莲花山下，"地名藏着历史"，几年中偶然结缘。

那年闲暇偶去游山逛景，我和家人从南口坐879路沿着居庸关旅游线一直往北来到延庆县城南菜园，换乘至昌平长陵的925路公交车，惊喜不断。公交车一路缓行，很多游客透过车窗眺望不远处连绵起伏的山峦沟壑地貌。

阳光下，青山中，永宁古塔，恢宏耀眼，水泉沟谷，植被茂密，莲花山坡如瀑布倾泻绵延，偶有红瓦白墙的民舍村落，掩映丛林中。汽车拐过山坳，眼前开朗，在一个突兀的山峰下，很多游客跃跃欲试，往外张望。

"上口村到了，昌平地界第一村！"大家互相传告，准备下车。925路公交车延庆至上口村、下口村，再到长陵、七孔桥、昌平东关，63站地两个多小时的车程，大家有些疲惫，一听说到站了，立马精神起来。我第一次从北山坐长途公交游山观景，风景秀美，一路兴奋，留下了深刻印象。

循着足迹，品读昌平历史文脉。在书香昌平全民阅读季，我参加了昌平读书汇活动，了解到：长陵镇辖村上口村、下口村都是元代成村。上口村，称为"灰岭口"，下口村，称为"贤庄口"，均为明十三陵陵域十口之一。上下口村地处山区的宽谷台地上，地势西高东低，植被茂密，北部最高峰海拔830米，村西最高峰海拔796米。上口因位于下口村之北而得名，下口因在上口村之南而得名。

据说，上口村于元代至明朝时期，因村子北部有大量的青石灰石，故称灰岭口。直到民国初期，贤庄口改称为下口，灰岭口改称为上口，昌平人也习惯将两个村子合称为上下口村。

上口村三面环山，地形险峻，易守难攻，自古就是兵家必争之地。当年威武的城墙遗址，如今还在村北得以保留部分残垣遗址。

据村中老人讲，当年马武练兵习武之处就在上口村北部大约五里的一个叫大墩的山顶上。大墩周围原是海拔400米、约200多亩大的平台，一面是峭壁，两面被河水包围，只有一面为缓坡可通山下，是个易守难攻的险要之地。

上口原名灰岭口，属明居庸关东路隘口。明朝英宗土木之变后，为抵御蒙古人入侵而修建的。灰岭口修好后，明朝统治者又从山西洪洞县大槐树下拨调民夫，后繁衍成村。古时汉光武帝刘秀御前大将马武曾在上口村一带驻军。而今，已成一片废墟的马武寨与残留着的那段汉城墙，共同诉说着那段过往岁月。

据史料记载，东汉初年，为抵御关外之敌，大将马武曾经驻扎在上口村附近的深山中。期间，将士的主要食物就是黄米面蒸馍，久而久之就出现了厌食。有一天，马武突然看到驮运粮草的毛驴在间歇时就地打滚，浑身沾满了黄土，于是受到启发，让伙夫瞅着毛驴的样子，将黄米面卷入红豆馅儿，然后把黄豆炒熟碾成粉末，像毛驴打滚一样把蒸熟的黄米面馍滚上黄豆粉，将士食之，十分喜爱，"驴打滚儿"的名字也就这样流传开来。

2011年，上口村挖掘历史文化内涵，追溯马武寨历史渊源，开发出了以"马武寨"为品牌的汉文化农家乐，推出了"马武驴打滚儿、马武扣肉、马武肉丸"等特色美食。"最美乡村"的提名，让昔日默默无闻的小村，吸引京城游客不断来此观光旅游。

马武寨的头牌美食"马武驴打滚儿"，也与时俱进地"滚"出了新花样。除传统的黄豆面，还增添了糯米面、高粱面、黄米面、玉米面等，馅料有红糖馅和豆沙馅，吃的时候可以蘸红糖，还可以蘸着桂花酱品尝美食。吃完美食，可以山村走走，良好的自然生态环境，给人"返朴归真，回归自然"的新感觉。

走近上口村，源于2015年昌平社会公益活动的南口抗战研究会《战地》创刊号上，偶阅文章《抗战老区上口村的今昔变化》，我才知道，这个位于鸡鸣山下的小山村在70多年前，日本侵华魔爪伸向华北、张家口及昌平西北部地区之时，上下口一带也成了抗日的战场。当年春夏，抗日老十团在中国共产党领导下，在人民群众的支持下，利用山区优势，展开游击战、地雷战、麻雀战，同日本鬼子展开了殊死斗争。在上口村建立县级政权组织——昌延县政府。

那年，2018庆"七一"之际，北京无限时光读书会、北京怀特海幼儿园及南口抗战联谊会、北京爱地公司，带着书香，带着歌声，参加十三陵镇上口村举办的"迎七一党建助村建"文化活动，我也有机会走进美丽之乡上口村。

鸡鸣山下，文化广场，地标耀眼，文化展厅，党旗飘扬，会场两边摆放着"南口抗战1937"十几块宣传展板，村民络绎不绝，驻足观看，了解抗战历史，弘扬抗战精神，为"七一"建党日活动增添光彩。

昌平区十三陵镇上口村邀请镇领导、村庄帮扶单位、社会各界宾朋等，在上口村遗留的抗战时期原昌延联合政府旧址，举行旧址参观活动及挂牌、揭牌仪式，场面热烈而庄重。历经风雨的昌延旧址老院依旧，屋舍井然，是京城典型的四合院建筑，据说是段姓人家居住。门前古槐，高大茂盛，临街墙上"牢记抗战革命历史，寻访昌延红色遗迹"巨幅标语醒目。

我和张老师怀着好奇，走进村中这户人家，青石板路，干净整洁，高大的古槐见证村中的变迁。依山势而建的民居院落，盆花盛开，绿树遮荫，屋舍院墙修葺一新，青砖铺地，院落规整，依然保持着原有的古朴风貌。最明显的是院子中间的甬路，那几块连成一字形状、直通北屋台阶的长方形花岗岩条石，很壮观，我第一次见到很惊讶。

据说，这是比较讲究的有钱人家按照当地风水驱魔辟邪，确保家宅平安的"镇宅之石"。这户人家的正房台阶也是由三块横向条石居中、两边竖向坡面条石构成，虽历经百年，却很规整、结实、漂亮。

正房窗台很宽，上面平放着一个精致的浅筐。据这家女主人说，这是用春季的桃条编成的小筐，结实，已经使用好多年了！

正屋门口两边的立柱也都是用与台阶一色的条石镶嵌，青砖垒砌墙面。走进屋里我们见到木质的窗户隔扇，虽然有些陈旧，但依然可见精工细作。屋里有一位老人见我们进来，起身坐在炕沿说话。

"老大爷！您贵姓？"我上前打个招呼，随口问了一句。

"我姓段。"没想到老人竟然爽快地回答。

"这房子有一百多年了吧！"

"二百年都不止！"

"啊！可真是老房子了！修缮过吗？"

"修过，两次都是请人换瓦，房子住着没事。"

"住着挺好就行！这房子可真成了文物古迹了！"我们说笑，老人高兴！了解到上口村以"段"姓居多，也就是说段姓在村中是大户人家，在建设美丽家乡的行动中，发挥着重要作用。

鸡鸣山上口村，在这片有着红色传统的革命老区，在村党支部积极带领下，村民开发休闲旅游，兴建上口村文化广场，关闭村中石粉厂，整治村中河道，守护青山绿水，发展沟峪经济。我们看到：村中那条通往山间的108国道沿村而过，像褐色的缎带，快乐的游龙，在山间延伸舞动。

诗书展风采，歌颂党恩情。昌平区十三陵镇、上口村党支部及南口抗战联谊会联合举办了"永远跟党走"诗歌文艺汇演，上口村党支部书记王金华热情致辞，美丽的主持春兰老师身着红装，开场朗诵《永远跟党走》，刘丽珍老师和韩玉海老师的散文诗《红军哥哥我等你》催人泪下！石桂云老师一曲《党啊！亲爱的妈妈》收获一片赞美！书香昌平国家一级播音员马德清老师携老伴观演助兴朗诵诗篇，还有书友王士江老师一家三口登台朗诵等精彩节目，文艺汇演在口琴伴奏《歌唱祖国》大合唱中徐徐落幕，节目精彩，村民反响热烈。

党建促村建，乡村新气象。在文化下乡公益活动中，无限时光读书会张之良、袁忠平等老师，从筹备排练到演出服务，都倾注了汗水，付出了辛苦。天气很热，但都高兴地说，"能为村民服务，能为社会公益活动做点事，高兴！光荣！有意义"。

不为鲜花，不为掌声；不计时间，不计报酬；他们年逾半百，老骥伏枥，热心社会公益活动，发光发热，倾情奉献，这种爱党、爱国、爱家、爱昌平的精神，值得学习和鼓励。

文化是春雷，文艺是战鼓，在京郊大地不断绽放光彩。

"最美乡村"印象康陵

董 燕

"地名藏着历史。"历史是一个城镇、一个村落的活化石，也是蕴含时代变迁，赋予社会能量，促进经济发展的新故事、新名片。

循着足迹，了解昌平历史文化。感怀"最美乡村"明康陵，源于10年前2012年旅游旺季，原北京八十四中老高中同学跨越历史，50年后建群联谊，在昌平同学的热心组织下，32名同学在昌平乡村旅游品牌正德明康陵聚会，绿野青山，游人如织，这是我们高中同学联谊人数最多的一次，记忆犹新。

我是南口人，从小看到的是，荒山秃岭南口山，低矮村落石头城。听说或想象中的十三陵也是贫困山区，偏远角落，残破陵园，没大改变。同学聚会第一次走近青山环绕的十三陵镇，沿途草木葱茏，环境幽美，气象万千，让人耳目一新，感觉山区变化太大、太美了！

蓝天下，我们漫步北京康陵民俗村，崭新的马路，四通八达；彩绘的牌楼，高大气派；青石砖墁甬路延伸，巨大龟趺石碑耀眼。我们驻足观赏明康陵，红墙黄瓦，建制简朴，与建筑恢宏的明长陵逊色很多，但与周围环境景观和谐统一，规划紧凑，设计合理，反映了明朝的建筑艺术成就。

康陵村，明代康陵神宫监，清顺治元年（1644）设司香官和陵户，后发展成村，称康陵监，民国后演变为今称，地处昌平区长陵镇西北部，依明朝正德皇帝的陵园而建，距北京市区45千米。整个村庄是一座方形古城堡，村子三面环山，村南是原始松林，村北是农家菜地，周围都是果林，村内以其800高龄的银杏树为古树之冠。

我们的聚会设在村中四合院，受到女主人满满三大桌十几道菜的热情招待，品尝当地美食"春饼宴"，巧手制作，荤素青绿，琳琅满目，看着就让人极有胃口。尤其那薄如蝉翼、纯白无暇的春饼皮，配上脆嫩的豆芽，酸辣土豆丝，水灵的黄瓜萝卜滴翠，再放上一片醇厚的酱肘花、鹅黄的摊鸡蛋，一起卷进春饼里，鲜香爽口，唇齿留香。开眼界，饱口福，留下了美好记忆。

我们在康陵耀眼的金莲地标石碑前合影留念。闲暇偶阅图片，十分亮眼，激起心中情怀。2022年，枝头挂满金黄柿子的季节，我坐昌55路第三次来到康陵村，寻迹金莲地标，拍照看到了石碑文：中共北京市委农村工作委员会、北京市农村工作委员会、北京市旅游局2011年1月授予昌平区长陵镇康陵村荣誉称号"北京最美的乡村"。

"梳理昌平历史文脉，打造特色文化品牌"，北京康陵民俗村成为发展乡村旅游，建设美丽家乡的一个典范，一道彩虹。

那年在明康陵"春饼宴"声势火爆中，我们居家旅游二次来到这里游山逛景，品尝美食"春饼宴"。热情的主人打招呼"欢迎光临！"满满一大桌十几道菜：梅菜扣肉、酱肘子、白薯、玉米、蒸南瓜、拌苦菊、拌香椿、拌油麦菜，等等，琳琅满目，还品尝了两种口味的"春饼"。由此知道，"春饼"是用面烙成的薄饼，卷菜吃。而"春卷"则是用薄面皮包菜油炸而成的美食。孩子风趣地说："过去都是皇上的小吃，现在咱们也尝尝正宗的正德春饼！"后来女儿不断从昌平购买春饼、春卷，我在家里也应时按节学做"春饼"，但总觉逊色。

"春饼、春卷"都是立春之日吃的小吃，寓意"一年之计在于春"。吃春饼习俗起源于晋，兴盛于唐。杜甫有诗曰："春日春盘细生菜，忽忆两京梅发时。"有记载说，宋代宫廷用荠菜做的春饼是"翠缕红丝，金鸡玉燕，备极精巧，每盘值万钱"。宋代宫廷以"薄如蝉翼"的春饼，以用荠菜为馅的春卷而驰名。

据考证，春卷是由古代立春之日食用的春盘演变而来。晋代有"元旦造五辛盘"之说，到唐代春盘改为：春饼、生菜，到元代出现用薄饼卷豆馅、肉馅、菜馅，再用油炸食用的方法。

十三陵风景区围绕十三陵宫有十多个村庄，这里的村民大多是守墓人的后代，康陵位于十三陵旅游区，春饼宴由来已久。

相传，明朝皇帝朱厚照非常贪玩，侍从们怕饿着皇上，特意准备了薄饼卷上葱酱肉菜，既方便又美味，于是就诞生了最早的"皇家快餐"。正德春饼宴正是从具有浓厚传奇色彩的正德皇帝故事发掘而来。康陵村的正德春饼宴成名于2008年。据说那一年，农历"二月二"恰好和立春日撞在一起，来康陵吃春饼看风景的人川流不息，场面壮观，氛围喜庆。康陵"正德春饼宴"招牌，不仅是美味，还有深厚的历史文化，成为京郊旅游热门之选，成为百姓餐桌上一道风景。

岁月如歌，2017年书香昌平全民阅读季，我参加席立娜主持的"品味昌平历史文脉"讲堂，明史专家胡汉生做客主讲，与昌平二中师生分享《明十三陵皇陵那些鲜为人知的故事》，以及清史专家于善浦做客名家讲堂，与昌平书友分享《民国盗墓案》那些鲜为人知的明朝故事。开阔了眼界，学习了很多。

明十三陵坐落于北京市昌平区天寿山麓，总面积120余平方千米，到明朝最后一帝崇祯葬入思陵止，其间230多年，先后修建了13座皇帝陵墓、7座妃子墓、1座太监墓。明康陵，位于北京市昌平天寿山陵区莲花山东麓，是明朝第十位皇帝武宗朱厚照和皇后夏氏的合葬陵墓，始建于正德十六年（1521）四月，嘉靖元年（1522）六月陵园建成。陵寝建筑主要由祾恩门、祾恩殿、棂星门、石供器及宝城、明楼等组成。康陵的宝城比较低矮，不像长陵那样高大坚固，城砖多有塌落，宝顶长满衰草，建筑总体布局呈前方后圆形状，占地2.7万平方米。它是目前发现的十三陵中砖碑铭文最多的一个陵。康陵虽地处偏僻，但由于景色绝佳，再加上古砖铭文，使其更富有历史的深邃与沉淀。

康陵的地上建筑虽多有破坏，但它的地下宝藏——玄宫却没有被盗。康陵构造严密、设计合理，虽历经五百年风风雨雨却未露出地下玄宫的破绽。

武宗是历史上很有争议的一位皇帝，从登基次年即从皇宫搬出，居住豹房，夏氏并不得宠，死后与正德皇帝同葬于明十三陵之康陵。有人认为他荒淫暴戾、怪诞无耻，是少见的无道昏君，然而通过近些年来历史学界的研究，人们对武宗的认识有所改变，有人认为他追求个性解放，追求自由平等，是极具个性色彩的一个皇帝。

在关沟七十二景，南口至居庸关西南山坡上，有一座塚叫作"白凤塚"，流传着这样的故事：墓主人李凤，是大同驿道梅龙镇人，与哥哥在镇上开了一家酒店，明正德十二年（1517）武宗朱厚照微服私访，对李凤一见钟情，将她带往京师。后事众说纷纭。

据考证，可信的说法是，在归京途中，李凤在居庸关、南口突遇暴雨受风寒在券门避雨，忽见惊雷闪电中四大天王"怒目圆睁"受惊吓，死于途中，葬于此处。此塚小巧精致，通体皆白。每到春天四周长满青草，唯独李凤的坟前和山坡上长的是白茅草，就把此塚叫"白凤塚"，这片山坡叫"白凤坡"。后毁于文革"破四旧"，现遗迹无存。京剧《游龙戏凤》，又名《梅花镇》《美龙镇》，演的就是这则轶事。《白凤塚》作为一个景观，对了解明史，还是颇具史料价值。

"地名藏着历史"，自古津津乐道。十三陵康陵北京民俗旅游村的牌匾，让农家乐致富路"风声水起"，璀璨耀眼红火。在"民以食为天"的中华大地，折射时代光芒，见证生活变迁。

难忘十三陵，让我拥有了爱的源泉

高建军

　　不知不觉，我离开十三陵镇供销社已经25年了。在十三陵镇工作期间，我度过了人生青春飞扬的10年，也与明十三陵结下了不解之缘。

　　在供销社，我的工作是下乡收购农产品，第一次下乡是到康陵村收购柿子。那时候的交通工具基本就是一辆自行车，骑着车沿着昌赤路走，路旁就是苍松翠柏掩映下的长、献、庆、茂等帝陵，红墙黄瓦的陵寝气势雄浑，几百年过去，王者气概仍表现得淋漓尽致。

　　沿着丈把宽的乡间土路，我来到康陵村的村口，远远就看见一棵硕大的银杏树。暮秋的银杏树落叶缤纷，只见树上和树下，都是层层叠叠耀眼的金黄。那些灰瓦青砖的老房的院落里，码放的一筐筐金黄色的大盖柿，柿子树下悠闲的老人和孩童，构成一幅充满韵味的画面，为深秋的村庄增添了几许温馨的气息。

　　经济合作社的赵社长在村口正等着我，他热情地把我引到那棵银杏树下，慈眉善目地对我说："小同志，你先歇歇……一共80筐柿子，都准备好了，明天就能送到供销社，保管误不了事！"赵社长邀我坐在树下，他看到我对银杏树很感兴趣，索性打开话匣子，给我讲起了当地流传的银杏树的故事："银杏王树又叫帝王树，树上住着一只金鸡，经常会化成老百姓下来吃食，每到早上又会早早地打鸣叫早。村里人代代传说，'先有银杏树，后有明康陵，再有康陵村'。"

　　回来以后，我时常会回味起赵社长讲的故事，逐渐地对天寿山脚下的一座座明代皇家陵寝产生了兴趣。通过收集资料，我知道了十三陵镇的非凡历史：自永乐七年（1409）五月，明成祖始作长陵，到明朝最后一个皇帝崇祯葬入思陵止，其间230多年，这里先后修建了13座皇帝陵墓、7座妃子墓、1座太监墓，共埋葬了13位皇帝、23位皇后、2位太子、30余名妃嫔以及1位太监。进入清代以后，这里不再是皇家禁地，曾经的明代陵户们纷纷进入陵区内安居落户，使帝陵所在地形成了村落。从此以后，明文化也深深地烙印在当地人的生活习俗、饮食、文化、礼节甚至语言上，因此在昌平区境内，十三陵镇素有"小明朝"之称。

　　工作生活在充满明文化气息的环境里，我越发感觉到十三陵的明文化像海一样深邃，如山一般巍峨，似大地一样宽广，也越发投入其中。在下乡的那些日子里，在定陵，我收集了"定陵大火烧"的传说故事；在长陵村的大槐树下，我记录了"拆大改小十三陵"的传说故事；在大红门下，我听到了"姚广孝巧斩十龙选陵址"的传说故事……这些传说故事深深地启迪着我的心灵，还渐渐向我展示了明文化的博大精深。

随着时间的推移，我走遍了十三陵镇的40个村庄，采访了村中许多老年人，收集了50余篇十三陵地区的传说故事；各陵宫及附属建筑，如宰牲亭、神厨、神库、祠祭署、神宫监等遗迹也留下了我的脚印。笔记也从薄薄的几页纸，慢慢地积累成数万字的5个笔记本。

离开十三陵镇已经25年了，它从我工作的地方慢慢变成了我热恋的地方和我牵挂的地方。我也由当初意气风发的青年，变成了现在沉稳内敛的中年。但不管岁月如何流逝，我对十三陵镇的爱依然如昨，永远光鲜。

在十三陵镇10年的工作经历，孕育了我探索昌平历史文化的兴趣，也成就了我人生追求的理想。

我忘不了，景陵村大槐树下的老爷爷，叼着长长的烟袋，为我讲述先民们披荆斩棘、建设家园的故事！

我忘不了，淳朴的长陵村乡亲，冒着酷暑，带我穿过布满荆棘的山路，爬到山巅，让我俯视山脚下的那些帝陵！

我忘不了，骑车下乡回来，衣兜里总能发现村中老奶奶暗中塞进的几捧花生或干果！

离开十三陵镇已经25年了，对它的感情却深深地印在我的心底里，一直惦记着那里的乡亲，关注着他们的发展和变化。2021年4月，康陵村原经济合作社社长赵大爷给我打电话，告诉我一个好消息，干涸了30余年的康陵莲花山的泉水复流了。

按照与赵大爷约定好的时间，我又一次来到康陵村。在年届古稀的赵大爷的带领下，我们穿过一段土石坡路，来到康陵后山。在山坡的乱石间，一洼清水映入眼帘，清澈的泉水从乱石处流出，流入了不远处的一个水池。山风拂来，片片的桃花瓣吹落在水中，在水面上随风舞动着。

"这个泉眼是咱们村祖辈依赖的水源。过去，由于放养山羊，加上乱砍滥伐，莲花山成了秃山，泉眼也就干了。没有了生活用水，政府为村民接通了自来水，才解决了吃水问题。"赵大爷介绍道。望着开满桃花的莲花山，赵大爷又滔滔不绝地讲了起来："近十年来，村里积极响应总书记的'绿水青山，就是金山银山'的生态理念，凡是能种树的地方全部搞了绿化，造林够1万亩了。镇里还请了专家，在莲花山上用了岩山造林法种了桃树、柿树、苹果树。既绿化了荒山，也增加了咱农民收入。咱这儿的水土保持工作见效了，你说泉水能不复流吗？"

望着满山盛开的桃花，我们意犹未尽，又往山上前行。只见山梁高险峻挺，其上是几丈高的峭壁悬崖，峭壁下是一个小平台，平台旁有一块硕大的岩石，泉水自岩缝中潺潺泻出，泉流如注，长流不绝。泉水清澈，饮之甘醇爽口，这就是康陵村人世世代代饮用的泉水源头。站在平台向前瞭望，只见康陵村四面环山，掩映在浓密的林木之中，山下不时传来鸡犬声声，湛蓝的天空中飘动的白云就像在眼前。

下得山来，我跟随赵大爷来到大银杏树下。交谈中，老人畅谈起村里今后的规划：准备将山上的泉水引入村内，让康陵春饼宴的制作用上绿色泉水；打造宜居山村，扩大民宿，使村民收入再上台阶。"将来泉水引进村，村民用水是不是就随便了？"我脱口问道。老人却严肃地说："那可不行！泉水复流是因为咱十三陵镇全面绿化以后，恢复了水土保持，是大自然回报我们辛勤付出的结果。节约用水这根弦，只能是越绷越紧，咱可不走以前的老路。"望着老人严肃的表情，我瞬间明白了总书记多次强调的"保护生态环境，就是保护生产力；改善生态环境，就是发展生产力"的真正意义。

赵大爷望着若有所思的我，开口笑道："你不是一直想进康陵里看看吗？今天就满足你的愿望。"

"康陵开放了？"我回过神来，惊讶地问道。

"你还不知道吧，康陵的开放是咱十三陵管理中心和镇里实施的惠民工程，是迈向建设昌平区美丽民俗乡村的重要一步！"赵大爷不无自豪地说道。通过赵大爷的详细介绍，我了解到开放康陵是十三陵镇开辟经济发展的新创举。在建设美丽乡村的同时，加入了民俗和明文化的元素，进而既增加农民收入，又使文物资源得到合理利用。购买康陵门票即送春饼宴券，广大游人可以在康陵参观完毕再享用一顿地道的北京美食"春饼宴"。

我随着一众游人走进了康陵，跟随着讲解员的脚步，回忆起20年前康陵未修复时的模样。康陵因为在明末遭到"焚明楼"的破坏，地面建筑部分毁坏很严重，残垣断壁中带着凄凉，只有高大挺拔的松柏诉说着曾经的辉煌。进入本世纪后，陵区内各帝陵开始进行了修复工程，包括康陵在内的帝陵也得到了修旧如旧，恢复了庄严肃穆、古朴幽雅的历史面貌。

望着熙熙攘攘、游人如织的康陵村，我不禁想到，经济发展只有和保护环境、文化资源相结合，才能得到可持续的发展空间。莲花山泉水复流，改善了康陵村的生态环境；春饼宴+明康陵，开拓了十三陵镇经济发展的新思路，这不正是绿水青山带来了金山银山的生动体现吗？

我爱十三陵，不仅因为它在我的家乡，更因为这里厚重的历史文化土壤，淳朴亲切的乡亲们，才让我追寻历史足迹，探寻明代文化，用平凡质朴的文字奠定梦想基石。这些文字，或许对今天的乡村建设、文化复兴能有些许裨益，就是我的初衷和快乐。

十三陵，是我快乐的源泉。

那时那事

史建中

嘟……嘟……手机提示音响起，屏幕上跳出几个字——"二老上报纸啦"。微信是有段时间没见面的老同学发来的。我疑惑中点开，一张父母在神路的照片跃然眼前。照片中，二老正仰着头撅着嘴对准一朵蒲公英花球，跃跃欲吹。脸上孩童般的纯真笑意与背景中石像生的古朴肃穆相映成趣。

这是前不久带二老游览十三陵时偶然拍摄的一张照片。回来整理时感觉有点意思，就随手传给了"回天居民行摄昌平"活动平台，没想到获了个小奖，现在居然还登上了《昌平报》。一个拱手、一个笑脸的图标发过去，算是对老同学的诚心感谢，后面还补了一句话——权当无心插柳吧。

谈到十三陵，还是颇有一些话要说的。我的老家在江南小镇，本家在当地是个大姓，也算一方望族，村上有专门的家族祠堂。据说，原来的祠堂很是宏阔，堂前有一条青石板铺就的神路，石牌坊、石人石马、门楼、石碑等一应俱全。只是在历史的烟云里日渐没落，凋敝。再加上经历了20世纪60年代的特殊"洗礼"，我等后来人就只能从残存的遗迹和老辈人的讲述里来追忆过往的一切了。

记得，在我刚上小学的时候举家北上，随父母来到首都北京，几经辗转中，曾在昌平生活过多年。因此便与十三陵有了交集。

第一次知道十三陵，是在二老又一次描述老家祠堂的绘声绘色里，满是好奇的我免不了一些追问："神路什么样？""石牌坊还有吗？""石人石马做什么用？"林林总总，喋喋不休。父亲在哀叹声里像是突然想起了什么，摸着我的头说道："对了，十三陵，十三陵可以，等有机会去看看"。这"机会"说起来容易，等起来就不那么容易了。在当时那个温饱、生计是百姓头等大事的年代，旅游更像是一种概念，一种奢望。兴致来时，大人们顺口一提，过过嘴瘾罢了。苦了我一颗渴望的少年心。这一等就是十年。那是我初中毕业考上县城学校之后的事了。

临近暑假，约上几个好友，由家住十三陵的同学做向导，跨上自行车就出发了。过政府大院，经红旗路，出西关，一路欢笑着向北。

骑不多远，过了下马碑、大宫门、碑楼，就是我们要到的第一站，也是神路最精华的部分——石像群了。彼时的神路同一般的车道没什么区别，是一条人、畜、车混行的乡村道路。行人、自行车、骡马驴车是路上的常客。机动车很少，路上跑的大多是卡车和拖拉机，记得仅有一趟公交车——314路，一天也见不到几辆。石像生们就跻身在几排粗细不等、高矮不一的杨树、柳树、松树、柏树混杂的路边丛林里，丛林的远处是掩映在一些果树和庄稼中间的村庄。不知是久经日晒雨淋、风吹雪侵，还是其他什么缘故，眼前的这些石人石马离我心目中曾无数次构想的模样相去甚远，灰头土脸的窘态丝毫谈不上庄严、肃穆。当伙伴们蜂拥而上，争相攀爬，纷纷骑在石像生身上打趣儿的时候，我静静地伫立一旁。良久，才被"嗯啊——嗯啊——"的几声嘶鸣和一个头顶草帽的游商："冰棍儿，三分五分；小豆牛奶，三分五分"的吆喝声带回现实。此时，伙伴们已经跳上自行车，准备继续赶路了。我悻悻地跟了上去。

那时的路还是老路，大致走向与现在基本一致，只是路况差了许多，用天壤之别来形容是不为过的。一会儿是残缺不全的水泥路，一会儿是高低不平的油漆路（当时的叫法，基本等同于现在的沥青路），一会儿又是坑坑洼洼的石子路，还有一小段是漫水桥。相比起颠散屁股的那几段痛苦历程，漫水桥有着不错的骑行体验，每当自行车飞速冲过，车轮劈开的两道水帘从抬起的双脚边溅起飘落，惊起一阵阵欢呼时，烈日下有些疲惫的身心瞬间清爽起来，愉悦着向前进。

按原本的计划，是要先去定陵的，但到了那儿才知道门票五毛一张，包括地宫和出土文物展，大家都觉得太贵，一致决定直接去下一站——长陵，那儿的票价是五分还是一毛，已经记不大清了，反正便宜不少，而且还能往大殿的柱子上粘钢镚儿。据说那里的柱子都是老粗老粗、一个人根本抱不过来的金丝楠木，和故宫金銮殿里的一样呢。主意拿定，我们继续向前，没想到接下来迎接我们的是一段充满考验的征程。

尽管早就从负责导游的同学那里知道，从定陵道口出来去长陵，中间要经过一段长长的陡坡，思想上已经有了一定的准备，可等真到了现场还是傻眼了。自行车根本骑不了几步，只好纷纷下车，抬头望望，路又陡又长，看不见头。没办法，推吧！一行人低着头，弓着身，一手扶把一手推座，呼哧呼哧地费力前行。说来也怪，在陡坡上没走多远就被一阵一阵的凉风惊喜到了，这对正在炎炎夏日中满身大汗费力前行的我们不啻是一次奖赏，一种享受。一下子，有些沉闷的队伍重又焕发活力，大家相互帮助，相互鼓励。期间不知是谁起了个头，于是，在高高陡坡的上空便飘出了这样的呼号，这样的歌声："道路是曲折的，前途是光明的""排除万难，去争取胜利""向前，向前，向前，我们的队伍像太阳……"

返程的路上，疲惫的我们没有忘记来时的承诺，特意从主路绕到一旁的石牌坊前，上演"最后的疯狂"。一行人各就各位，摆出从电影《少林寺》里学来的几个招式，一边吼着："马步蹲裆、白鹤亮翅……"，一边卖力地比画。几个人上蹿下跳，出拳亮掌，沉浸在搅起的尘烟里，颇有些腾云驾雾的幻觉。一番煞有介事的操练，直到耗尽最后一丝气力，或瘫坐或斜靠在巨大的石牌坊下大家才发现，不知何时，一群小孩子聚拢过来，正学着我们的样子，"嘿嘿，哈哈"的，可嗨喽！

一转眼，许多年过去了。"世界文化遗产""全国重点文物保护单位""国家重点风景名胜区""国家AAAAA级旅游景区"的各项殊荣见证了几代建设者的心血。当家作主的人民在这片风水宝地上建水库、蓄电能、办民宿、兴文旅，创造着自己的幸福生活。正所谓：四时风雨皆为景，百里山川总含情。

你看！每当春回大地，桃红李白，群芳尽赏；夏日初临，满目葱郁，涧水送爽；辽阔金秋，层林尽染，瓜果飘香；萧瑟隆冬，瑞雪朱墙，松柏苍苍。久负盛名的十三陵水库、蟒山公园、万亩花海、猕猴桃谷等绝佳去处点缀其间。正德春饼、永乐饸饹、悼陵监烙糕、上口马武宴、仙人洞素食等特色宴饮更是声名远播，是无数游客慕名而来的网红打卡地。

如此盛景，自然少不了我的沉醉。一年四季无论春夏秋冬，总会陪伴家人、邀约好友，亦或款待远方来客，一路北上，去徜徉、去领略，让自己、让朋友、让更多人沉醉其中。

眼下，已秋冬更迭，登高览胜，思绪渐起。

预报说，要下雪了，正合我意。于我而言，甚是喜雪，喜那脚下的嘎吱嘎吱，喜那耳畔的窸窸窣窣。皇陵听雪，注定是件幸事。是的！亲爱的你没有看错，我也没有写错，是听——雪。

嘘——闭上眼，听！她，就要来了。飘飘洒洒，簌簌飞舞，娓娓道来，关于过去，关于当下，关于未来。

我爱我的家乡

——十三陵

徐连娥

我从小生在十三陵，长在十三陵，十三陵就是我的家乡。

听父辈说，我家是从十三陵水库修建之前的旧址东山口村搬迁过来的。我的成长印记始终围绕着十三陵这片土地。

童年的回忆很多都跟长陵有关，我印象非常深刻。以至于小时候经常走的那条通往长陵的小路始终让我魂牵梦绕。那个年代农村普遍不富裕，家里很少买肉吃。周边卖肉的地方也只有一个，在现在长陵幼儿园附近有一个不大的门店，离我家有两千米远，走路约需40分钟。由于那时物资匮乏，每周只有一天卖肉，周边村庄的人要想买肉需要早点儿去排队，去晚了就买不到了。父母要工作、种地，腾不出时间，偶尔决定买点肉解解馋，妈妈会提前打听村里别人家谁去，派我跟着村里的街坊搭伴去。可我还小，不会挑选肉，也不敢自己拿着钱。那时候市面上还没有百元大钞，十块钱就是大钱！我怕弄丢了挨说，就让同去的婶婶帮我拿着。我只负责跟着去，把买好的肉拎回家。就这也让我乐得屁颠屁颠的。除了买肉，大人们平时买农具、炉子、菜籽儿，或是过年扯点布做个门帘，或是买粮食、换粮票、去邮局、去看病，都得就近去长陵办理。

十三陵是举世闻名的名胜古迹，许多外国领导人也多次到访过。听妈妈说，我四五岁的时候，有一次大舅抱着我去长陵玩儿，就偶遇了新加坡总理李光耀，还被他抱着照了相。可惜大舅没有给我要一张照片留个纪念。每年六一儿童节，老师就带着我们去长陵参观游玩。园子里有很多参天古树，树冠巨大，历经几百年的沧桑，依然屹立在此，见证着历史变迁！我们在这些古树的阴凉下玩儿丢手绢、捉迷藏，或者唱歌跳舞，别提多开心了。那时候，偶尔遇见外国游客带着小孩，看见他们把伞式折叠小推车撑开给小婴儿用，我们就觉得特别神奇，兴奋地叽叽喳喳议论，还用带点儿洋腔洋味儿的音调打招呼"你好，你好"。老师教育我们说，对待外宾要有礼貌。

初中时，我在十三陵中学读书，本地人也叫王庄中学，就在神路西侧。这三年时光，不论春夏秋冬，我都骑着自行车去上学、放学，中午回家吃午饭，每天往返两次穿行经过神路。那时候神路还没有围栏围起来，公路两边就是石人、石马、石象等。游客有时候会爬到骆驼上去拍照，或者搂着石象鼻子照相。由于只有一条路,游人、过路人,甚至还有马车都自由穿行。唯一的314路公交车也从这条路穿行,车经过大宫门时,是从中间门洞穿行过去的。

有一天中午我骑车回家吃饭,遇到路边一位翻译跟我摆手,示意我停下车。原来他是陪着几位外国人在拍电视纪录片,采集十三陵的风光,希望镜头里出现一个中国小姑娘的镜头,能跟观众打个招呼。我羞涩地答应了。翻译在一旁不断地鼓励我,让我冲着镜头跟大家伸伸手,说句"嗨,哈喽,你好!"之类。然而第一次面对镜头,对面拍照摄像的又是外国人,我腼腆得怎么也不敢摆手,只是僵僵地站在那,羞涩得红着脸,冲着镜头睁着大眼睛,有些紧张又害羞的样子。继续骑车回家的路上,我有点后悔,心想:万一因为我表现不好,会不会影响外国人对我的家乡和中国的印象?我还是英语课代表呢,英语发音也挺好。如果再遇到这样的事,我一定要自信大方、面带微笑地用英语跟大家打招呼,让世界上其他国家的人也看到我和我可爱的家乡!

老师还给我们讲述了毛主席亲自带领父辈人艰苦奋斗,和老百姓一起挑担挖石,建设十三陵水库,造福人民的历史。老师时常教诲我们:"不仅要有家国情怀,还要努力学习,将来靠自己双手建设更美的家乡!幸福都是奋斗出来的!"

那时候学校的操场还是黄土地的,冬天跑步,每天大家都跑得很起劲。每年"一二九"学校会组织越野长跑比赛。线路是围绕中学周围的公路转一圈:从学校向东到神路北段,至胡庄路口向西到泰陵园路口,再向南回到学校。对我们来说,越野长跑就跟跑出去撒欢一样开心。初三那年,我们还组织了一次爬山比赛。去仙人洞村东边一个山坡爬山,我们班获得了集体第一名!得天独厚的地理条件造就了我们强健的体魄。

高中后我开始住校。向同学自我介绍时,我骄傲自豪地说:"我的家乡是十三陵,那里依山傍水、风景秀丽,欢迎大家有机会去参观游玩!"大概是想家吧,写作文时经常写到我的家乡。写小时候的趣事,有和大人一起在村后放羊,观看山羊斗架的有趣场景;有跟邻居小伙伴一起捉蝴蝶、挖野菜,等等。写难忘的事,暑假里和村里的小伙伴去胡庄路口摘丁香花,不小心弄丢了钥匙被大人骂的事。有一次,我的作文题目是《我的家乡十三陵》,老师还当成范文在全班面前朗读呢!同学们也对我的家乡加深了印象,充满了好感!

家乡不仅人杰地灵,物产也很丰富,有很多的果木:苹果树、杏树、桃树、柿子树。周末回家,我把家乡的苹果带回宿舍分给大家吃,同学们都夸又脆又甜。我的脸圆圆的,又经常给同学们带苹果吃,大家就给我起了个绰号叫"大苹果",家乡的美食也增进了我和同学们的友谊!十三陵的大柿子就更别提多诱人了,尤其是冬天,嗑一口,甜滋滋、凉丝丝的,别提有多舒爽了。这情形成为我们宿舍姐妹们的美好回忆之一!

记得有一年元旦,我清晨坐公交车回家。大概七点半左右,车正好行至胡庄路口下坡。透过车窗向东望去,一片辽阔的平原上,一轮红彤彤的太阳正从水库上方升起,闪着金光,泛着红晕,喷薄而出,非常震撼!新年第一天,在我心中泛起对未来无限美好的憧憬。这美好的画面至今仍定格在我的脑海里。

长大后参加工作了,我也经常跟同事提起我的家乡。勤劳朴实的乡亲们把家乡建设得更加美丽富饶！2003年明十三陵成功列入《世界遗产名录》，文物保护意识也更强了，神路被围挡保护起来。两侧的路拓宽了，交通也更便捷了。回娘家的时候，我总爱去附近走一走，转一转。家乡的土地就像妈妈的怀抱，让我心安愉悦！春天踏青挖野菜，秋天去蟒山看红叶！有一年我还参加了长走大会！十三陵水库沿途的风景别提多美了。登高远望，火红的枫叶，明媚的黄栌，五彩斑斓，层林尽染！走在曲曲折折的小路上，仿佛置身于一幅油画中。远处的水库波光粼粼，蓝天绿水，让人感觉特别宜居！水库周边还曾经举行过多次自行车比赛呢。我们小时候就经常去当观众，给运动员们加油。亚运会时，这里还举行过铁人三项赛。这里赛道蜿蜒曲折，沿途绿树成荫，依山傍水，特别适合骑行。平日里路边也经常能看见骑行爱好者的身影，是骑友们热衷的健身好去处。

这几年，七孔桥周边的花海，又成了北京远近闻名的网红打卡地。你们知道吗，我小时候这里曾是个大沙坑。政府实施绿化治理了荒滩，还就势打造成无比漂亮的开放公园。特别是四五月到八九月份，紫菀花和薰衣草呈现出的紫色浪漫让人心醉；粉色、白色的大片波斯菊盛开也很壮观，吸引了许多人携家带口来此观赏。我也曾邀请朋友们来家乡游玩，顺便带他们去品尝周边农家院的春饼宴、饸饹宴、烙糕子宴，还有仙人洞的素食宴！美食美景让大家流连忘返。

近些年，村里人也都富裕起来，物流及交通也非常便捷。大家随时能买到新鲜的排骨、蔬菜、水果啦，再不用走远路去排队了。很多人都把家里老房子翻盖成了二层小楼房。村里成立了居委会，建起了老年活动中心，还有免费公园、篮球场、乒乓球桌和健身器材。每年重阳节和春节甚至还组织自导自演的秧歌会和联欢会。可谓老少皆宜，安居祥和，生活越来越幸福了！煤改电政策也让这里的空气更好了，常年高居北京空气指数榜首！我城里的同事们别提多羡慕了……

大家都说十三陵景美、人美！我想，这是勤劳、朴实的父辈们抚育了我；是热情、善良的家乡人教育着我；是山清水秀的家乡土地滋润了我成长，赋予了我快乐！

我爱我的家乡——十三陵！

记忆中的村庄
——北新村

徐海霞

有人说，如果总喜欢回忆过去，那就说明你老了。此言初一入耳，甚觉有理，然而，仔细琢磨，又有些不通的地方。

人总是喜欢回忆的场景，一定是美好的居多。那些不堪回首的往事，是不会从脑海中调出来时常回味的。所以，能够沉浸在美好回忆中的人不一定是老了，但一定是幸福的。

我时常回忆起的是童年时的家乡，一个坐落在十三陵水库北岸的小小的村庄——北新村。从这个名字就可以猜想到，这个村子应该是新建起来的。没错，它是1958年修建十三陵水库时，在十三陵水库库区居住过的几个小自然村合并起来的一个新村，居民们搬到水库南岸组成的村叫杏花村，后更名为南新村。搬到水库北岸的叫幸福村，也就是现在的北新村。因为村子是新建的，所以房屋规划整齐，每条街道都相当宽阔，美中不足的是那时村子里的路都是土路。

对于整个村子的记忆，我印象最深的是村东面一座狭长但不太高的小山坡，它承载了我儿时太多的欢乐。

对于一个70后的人来说，童年时没有电脑，没有手机，有的只是一台小小的黑白电视机，节目远远不如现在的丰富多彩，画面还时常伴着雪花。所以那时的电视对于孩子来说不像现在的吸引力那么大。那时最吸引我的就是村东的那座小山坡，我们都管它叫东山坡。

每到春天，放学后，几个小伙伴便拿着小筐去东山坡挖野菜回来喂猪。挖野菜的时候，还需要划"领地"，划定的那一片领地别人是不许挖的，如果谁违反了规则，那势必要有一番纠纷。虽然不记得和谁有过纷争，但想想当时的那种情景，也觉得很有意思。

不去挖野菜的时候，就自己用报纸做个风筝和弟弟妹妹到东山坡上去放风筝，那里没有电线杆，可以肆无忌惮地把风筝放得很远很远。有时那风筝远得只能看到一个小黑点，看着风筝飞得那么高、那么远，弟弟妹妹也都跟着欢呼起来，那种快乐现在想来真的是至真至纯的快乐。后来看到两句诗："儿童散学归来早，忙趁东风放纸鸢。"这首诗虽然是清代诗人高鼎写的，但写的就像看到了我们当时放风筝的情景。

不知道哪一年东山坡下栽植了几十亩的桃树，也不知道是哪年春天去东山坡玩的时候，突然看到一片盛开的桃花，站在山坡上，几十亩艳丽的桃花尽收眼底，每一朵都竞相怒放着展现自己最辉煌的时光。我在那一刻简直看呆了，从没看到过如此美景，仿佛置身于仙境一般。后来每年桃花开的时候，放学后，我都会去东山坡看桃花，有时拿着一本书坐在山坡上面对着桃花背课文，有时伴着夕阳呆呆坐着，独自一人静静欣赏眼前的美景，直到夕阳西下。不知陶渊明的《桃花源记》里的桃花，是否也如眼前一样美呢？我想应该也不过如此吧！

秋天的东山坡给予孩子们的是收获的快乐。俗话说"七月十五花红枣，八月十五满天红"。每年到农历的七八月份，小伙伴们都会到小山坡上摘酸枣。提到酸枣，想起评剧《金沙江畔》里的一段唱词："小酸枣滴溜溜的圆，红登登的挂满悬崖边，含在嘴里冒酸水，吃在嘴里口不干。"这段唱词对酸枣的描写简直太传神了。那时的孩子们很少能吃到水果，而酸枣对于我们来说就是最鲜美的水果了。每年我都会摘好多的酸枣，储存在一个木盒里，等到冬天再拿出来吃。现在想来都很奇怪，那些酸枣整个冬天不腐、不坏、不干，只不过那些摘下来时不太红的变得通体全红了，可是吃起来还是那么酸甜可口。

家乡的美好不胜枚举。如今，将近三十年的时光匆匆而过，恍如白驹过隙一般，然而这些记忆总会不时出现在脑海里。很遗憾那时没有现在的便捷，用手机就可以把身边的美好随时记录下来，但关于这些美好过去的记忆却像录像机一样，一幕幕展现在眼前，让我时时沉醉其中。

如今，这座可爱的村庄——北新村的面貌在日新月异地飞速改变着。曾经的土路已经变成干净整洁的水泥路。村北修建了小花园；村中修建了小广场，并且安装了体育器材；村东还修建了一座老年活动中心。老人们可以哄着孙子在村子里尽情享受他们的闲暇时光。我相信，小孩子们长大了，也会如我一般，将这座村庄的美好深深印在心底！

明十三陵游记

常习芳

　　北京之北，醉美昌平；天寿山麓，明十三陵。明朝迁都于北京，十三位皇帝陵墓之总称焉。世界文化之遗产，皇家园林之风范。其背靠天寿峰叠翠，东为奔越腾挪之龙山；西为伏地惊觉之猛虎，围成平原而河蜿蜒。前朱雀，后玄武；左青龙，右白虎。山势绵延而龙脉旺，碧水奔泻则地脉通。追求"天造地设"之境界，体现"天人合一"之哲学。明朝梁有誉赋诗曰："清秋霜露肃祠官，帝里山川此郁盘。上谷风尘通大漠，居庸紫翠落层峦。七陵松掩金铺暝，万壑钟流玉殿寒。香雾蒙蒙候灵跸，星辰还仰太微看。"

　　天宇澄明，霜润万物；彩叶缤纷，随风起舞。穿过总神路，游览十三陵。全石仿木，汉白玉雕石牌坊；云窗雾阁，飞檐翘角势雄伟。额枋柱石，巍峨堂皇；蛟龙飞腾，云纹吉祥；顶雕瑞兽，雕刻精良。穿过牌坊而见小山，分列左右而守陵门。道教谓"左青龙，右白虎"也。大红门，正南面；分三洞，入陵园。门前右左而设下马碑，红墙黄瓦而单檐顶。其红墙八十余里长，谒陵时皇帝走左，大臣走右，显示皇陵无上之尊严也。神道宽阔，纵贯北南，约七千米，蔚为壮观。夫"天子"死后为神，归天之路，故称神路也。神道为主干而通长陵，左右余陵而呈扇形。歇山重檐，方形亭楼；四隅华表，身雕数龙；顶蹲异兽，精彩雕工；相互映衬，浑厚庄重；此乃碑亭也。亭内竖龙首龟趺石碑，上题"大明长陵神功圣德碑"，高八米，明仁宗朱高炽撰文，书法家程南云所书，约三千五百余字；背面刻乾隆《哀明陵十三韵》。望柱一对，雕刻云纹；六边之形，自汉盛行。观之极为霸气也。神道开端，石兽石人，分列两边。石兽六种，呈两立两跪之状；石人三类，拱手执笏之立像。象征吉祥之大象，驱凶避邪之石狮；象征圣德之麒麟，"能辨曲直"之獬豸。或威武，或虔诚；形体大，雕琢精；整齐列，态生动。极壮其皇威也。空山新雨后，天气晚来秋。其外侧杨柳青青而随风舞，深红橙黄而妆万树。姹紫嫣红，缤纷迷眼；锦天绣地，如梦如幻。闲步于红雨中，似放松于油画里。彩叶则左顾右盼瑰姿妙，轻盈似云而窈窕舞。似醉酒之贵妃，似蝴蝶之翩跹，似天女之散花。引得少女端姿，小伙拍照；老人徜徉，顽童嬉闹。静美长卷，清疏爽朗；陶然自得，思绪飞扬；仿佛穿越至大明王朝焉。三座火焰牌坊式之柱门，连接四间琉璃之照壁，此乃龙凤门也。莲花托上，雕望天石兽；门框中间，雕火焰宝珠。琉璃照壁，四偶嵌琉璃盆角花；菱形花内，装饰龙凤花鸟图案。龙凤门北眺，神路弯转而顺势升；山势峥嵘，苍茫林海而隐楼殿。迷人之光芒宛如人间之仙境也。

河水静流，桥连两岸；眺望陵墓，背靠山峦。烟笼秋山而披锦绣，深红浅紫而飞彩霞。隔山而望，碧波潋滟；择水而居，灵气盎然；草木茂盛，天然花园。既有山川凝聚之龙脉气魄，又有藏风得水之宝密形局，真乃首选之灵穴，安息之宝地也。夫长陵者，明十三陵之首也。永乐皇帝，皇后徐氏；夫妇合葬，长眠于此。其陵墓依山临水，气势恢宏；用料考究，布局庄重；工程浩繁，精细施工；历时四年，专建地宫；占地约十二万平方米也。平面布局，前方后圆；规制宏阔，三进深院。主建一条线，附属房对称。宫门建筑，左右墙垣；红券三门，琉璃构件。明朝时院内筑有神库、神厨、碑亭，此乃一进院也。前设祾恩门，内即祾恩殿。系世宗朱厚熜亲易佳名也。"祾"则祭而受福，"恩"则罔极之恩也。单檐歇山顶，面阔共五间。斗拱为单翘，室内明次间。门下承以，汉白玉栏杆，围绕于须弥座台基之上；栏杆形制，龙凤望柱，宝瓶和三幅云式之栏板。望柱之下，台基四角；用于排水，螭首石雕。台基前后，台阶中路；御路石上，浅浮雕图。下面则海水浪涌，宝山矗立，马跃出水而竞奔驰；上面则矫健巨龙，云海飞腾，追逐火珠而景壮阔。观之不禁令人叹为观止也。祾恩殿巍峨，仿照太和殿。松柏环绕而鸟闲啼，盆景花卉而枝摇风。瑶阶玉陛，琉瓦重檐；云窠藻梲，璃宫珠殿。上檐饰重翘重昂九踩之斗拱，下檐饰单翘重昂七踩鎏金之斗拱。雕玉瑱以居楹，裁金璧以饰珰。金砖铺地，面阔九间，进深五间，象征皇帝"九五"之尊位也。三层汉白玉之台阶，精美与祾恩门类同。远而望之，若摘朱霞而耀天文；近而观之，若仰崇山而戴垂云。余瞠目结舌而赞曰："巍巍雄殿，壮乎哉。"六十余根，楠木金柱；直径一米，支撑殿宇；未用一钉，勾连坚固；弥漫淡香，珍贵宝物。殿中塑永乐皇帝坐像，不怒自威，气势不凡，此乃二进院也。

绕行棂星门，细观石五供。其上下枋浮雕串枝花卉，上下枭刻仰俯莲瓣，束腰部刻椀花结带图，四角雕玛瑙柱之形。五件供器，香炉居中。炉身炉盖，整石雕成。三足外侧，雕云纹饕餮；炉耳炉沿，各雕回纹图。其炉盖顶圆，下雕一周，海水江牙之图案；上雕云纹，头部前探卧盘龙。方城之上，筑有明楼，此乃三进院也。穿方城而达宝城，因城内覆盖玄宫而得名也。内置宇墙而外雉堞，周长二里而隆小山。似圆形之城堡，草木茂盛，其下为地宫也。

五六年，挖定陵；属首次，调精兵；探踪迹，寻地宫。明楼和宝顶，中间中轴线。重新挖探沟，石碑眼前现。其碑上刻字云："此石至金刚墙前皮十六丈，深三丈五尺。"喜获钥匙而方向明，加速发掘而遇奇事。天空阴云布，电闪又雷鸣。树下人避雨，雷劈不复生。惶恐不安，谣言四起；人心浮动，越传越奇。地宫或有陷阱，或有毒气；或有弩箭，或有吊石。害怕归害怕，挖掘不能停。找到金刚墙，梯形开口现。琉璃瓦出檐，入口无悬念。谁先下地宫，摇头皆不愿。现场点将庞中威，一条长绳腰间系。借助电筒黑暗行，静寂片刻人没事。呼唤同事快进来，共同见证新奇迹。进入甬道，两扇石门紧紧闭；汉白玉石，每扇重达约四吨。石门后，顶门石；推不开，需巧智。一根铁丝而向上钩，竹板一根而慢慢顶。嗡嗡声中，大门敞开；晦气阴气，扑面而来。踏木板，穿石门，进中殿。中殿正殿，两侧偏殿；仿照地面，一应俱全。前面放置之五供桌，石雕神座而居中殿；青瓷龙形之长明灯，铜芯灯捻而插中间。其灯已灭矣。三口棺椁而居正殿，万历皇帝则停正中。打开金被，尸骨下边皆珍宝；令人咋舌，完完整整十一层。皇帝头戴，金丝皇冠，一斤六两金灿灿；细如发丝，五百一十八根，精美绝伦金线编。皇后棺椁，四顶凤冠；珠光宝气，晃瞎人眼。六龙三凤冠，金龙玲珑冠上舞；下层珠花，镶嵌红蓝众宝石；中间龙口而衔珠宝，尽显雍容华贵也。十二龙九凤冠，龙凤栩栩如生。冠口金口，圈上饰宝带；十分罕见，边缘镶金条。不禁令人目瞪口呆也。绚丽缤纷，金光闪闪；金线龙袍，六十余件。共清理文物三千余件，国宝级上百件。晶莹玉器，如泽如膏；造型优美，构思巧妙；匠心独运，琢工高超。玉兔耳坠而含典故，鎏金玉杯而配银盘；壶细长颈之玉执壶，金玉宝石而镶发簪。洁净无暇，灵气逸远；仪态万方，浮想联翩。夫良玉比德于君子，圭璋见美于诗人，不禁令人景仰，凡心所慕也。

秀水万顷，波光潋滟；群山环绕，层林尽染；此乃十三陵水库，因靠近十三陵而得名焉。拦洪大坝而势雄伟，主席题字而韵飞动。湖心岛上，九龙古亭；碧瓦闪耀，彩树簇拥；宛若点缀瑶池中之蓬莱也。朱棣实地亲踏勘，凑巧生日是明天。平台山上寿宴摆，遂封陵寝天寿山。象征江山稳固，世代相传也。昔日之平台山，今朝之湖心岛也。明世宗，先祖祭；钦命臣，筑亭子。御笔亲题"圣迹"二字耳。美景如画，款步岛上；清奇可爱，金碧辉煌。极目远眺而烟波缈，远山腾丹而开画屏；水鸟展翅而镜中度，晚霞散绮而夕阳红。不禁令人豪情激荡，纵情颂道："江山如多娇也。"

神道秋叶寄情

钟志红

早晨起床，倚于窗棂，空气中渗出一丝薄凉。但见花园的草木不再光鲜，让人不禁感叹四季轮回、秋天已至的次第凄瑟。借着晨光，我翻开案头的游记本，那一片枯竭的红叶如闺中小女，唤醒我久违的情致。将它拈在高处松开手，荡秋千的滑落轨迹，勾勒出一抹抹鲜活场景的轮廓，同时递来一份温馨……再也熟悉不过的叶片，激活我的追怀。回想起年前的秋天，在前往十三陵的路途拾起它的情形，近在咫尺。

彼时，当我们一行人刚步入神路景区时，因孙女的惊呼，导航我的目光聚焦两旁的树木，但见红栌、黄栌、橡树、柳树披红挂绿，让年龄尚小的她，不知如何表达对美景的赞誉，只能选择高分贝抒怀吧。

视野中，秋风的凉意透着清爽，满载阳光的殷勤，有心将道路两旁的落叶卷起，又温柔地抛撒，与其说这是惯性使然的决绝，不如讲有着与叶共舞的故意，为我低吟一曲欲言又止的欢迎曲。或者说，一风一叶正如北方人实诚、洒脱的性格，以其无言的笑靥恭候四海宾客，铺展深红、金黄或黛绿的醉美画面，亦驱逐我长途旅行的倦意。

碎步前行，体味触手可及的秋风，执意送别一片片落叶，貌似又在舒展一个个昨夜的细节。我目送孙女欢天喜地地融入秋色，遐思的半径由衷拓展。从孩子的视角审美，打翻墨盘的天地，被一片片随风飘逸的彩叶涂鸦，定然讲述着一个个梦幻般的童话故事。

曾记得在孙女那个年龄，母亲时常絮叨我出世的不易，难产的她险些没能走下病床。我曾问，您当时怎样挺过来的？她不假思索地作答，那年秋天来得迟，于是我才能听到窗外的落叶声，像一首没有尾声的轻音乐。母亲补充道，十月怀胎间，自己最喜欢去树林漫步，累了，依着树干小憩片刻；静了，她默默许下心愿，守望秋叶泛黄泛红，盼望春华秋实的喜悦。我说，我就是你的小硕果。我想，母亲的伟大，往往只需一片秋叶的书法。不可否认的是，我呱呱落地听到的第一枚音符，不是母亲的呻吟或爱语，竟是沙沙落叶的音韵。于此，追随母亲的情感脉络，我再也没能走出秋叶的地界，或者说，我的成长都在保持对它的仰读姿态。

到了背起书包上学堂的时代，"日暮秋烟起，萧萧枫树林"，"停车坐爱枫林晚，霜叶红于二月花"，纷纷从课本的字里行间蹿出，定格在我初谙人生的扉页上。跨入大学校门前一天，我站在老树前留影，同时拾起一片枯黄的落叶，让它伴我走出家乡的怀抱，迈入社会大课堂，亦给乡情临时錾嵌上一个分号……

感今思昔，我在不知觉中对神道有着别样的情结。一阵秋风，加速那一枚落叶脱离树梢，如同我在每个秋季增岁，直到成家立业。只是，在以后的日子里，忽视落叶的存在，成为我对秋天不屑的缘由：从仕途前景一片光明的春风得意，到成为企业下岗一族的落败，从婚礼红地毯的健步挥洒，到四海为家的飘荡落泊，难免远离金风玉露的幻想，体味到"黄花落尽清风瑟，残枝枯舞月光寒"，"我画蓝江水悠悠，爱晚亭上枫叶愁"的凄凉。再后，待到入秋加衣时，我重视的只有无休的细雨、低暗的阴霾，韶华不再的时光对草木无情的摧残，把落叶亦视为枯老的残叶，它在我脚下发出肝肠寸断的哭泣。时光飞逝、昨日黄花，提不起精气的我，一直置身于市俗中，碌碌地追名逐利，生活的激情游弋在没有阳光的负值区域，自然远离"涧草疏萤火火光，山月朗朗枫树长"的心境。

凝望飘落的秋叶，剥离红尘的暧昧。我弯下腰去，将一片红叶拾起，透过叶片棱角的空隙，看到孩子们真实的、欢快的、无拘的身影，尽情徜徉在重重"枫"情中，只觉得手中的叶子，从一件惬意的媒介道具，瞬间换脸为一名深谙人生的导师，它暗语我放弃名利得失、纸醉金迷的滥情，导游我置身于拔地而起的奇峭山峰，感受被一簇簇枫叶缠抱的惬意，感怀深吻还羞的曼妙，有着一生无悔的成就感，滋润我一往情深。

"殷勤谢红叶，好去到人间。"我舒展双臂，去认真聆听彩叶林韵、翠鸟啾鸣的音符，体味"境由心生"的哲韵。回想在童年里的秋天，无拘无束地站在霜天飞叶的至高点，一道道落叶行径的经纬线，勾勒出小桥流水、钟灵毓秀的坐标。无论挂枝还是离去的秋叶，欲掩还羞的表情缀满眼帘，不正是家乡秋叶的一帧帧翻版新照！

清风拂面，静心审美，阳光这张网，极力伸开胸怀，把听到冲锋号的落叶"一网打尽"。依然的一片落叶，如仙女飘逸而至，再次刷新我赏识的视角。它虽在继续地惯性而下，但丝毫不影响揉搓秋色的刻意，就那么以"S"式的身姿，邀你入伍同行，共写一首十四行情诗，同叙一段萍水相逢的情缘，惹我不禁深叹"枫醉未到清醒时，情落人间恨无缘"，"西风吹老丹枫树，从前幽怨应无数"。

树下，一路同行的山寨摄影爱好者曲伯伯，足涉洼地竟浑然不知，只为有一个极佳的视角定格一帧树姿醉叶；戴着一副精致宽边眼镜的小李子，频频俯首，仔细甄别一片片落叶的与众不同，愿望带给蹒跚学步的小儿一份来自首都的生日礼品；90后的女孩迎迎，她敛步遐思的动机，或为等待一片心仪的彩叶的投地，等待一首树影月下的浪漫爱恋的序曲吧？

片片秋叶寄情。十三陵为季节搭建了演绎亮丽的T型台，或者说，飘逸的动词成为神道的形象代言人，尽情笑纳秋风的垂爱，活脱一叶前行无止的小舟：沧桑多舛的叶脉、泾渭分明的棱角，彰显出不畏风雨、不惧坎坷的精神和气节，亦满载美丽家园的憧憬、梦圆征途的自信。它以线装书的厚重、新时代的颤音，向人们热情地展示敦厚朴实的价值——虽没有竹的雅致，不及松的坚贞，不与鲜花比娇艳，不跟掌声比分贝，但谁都可以忽视它平民的背景、平凡的一生，以及飘下的固执，我却无法忽视它侠骨柔情的附丽、信仰坚定的流丹。

　　的确，残叶短暂的生命长度，不足以左右暮年美丽的宽度，甚是难与一颗草的吐露、一根藤的顽强相比肩，但我不得不由衷赞美它"质朴高洁谁晓，无恨怨、枯叶独怜"的境界和品质，执著且默默滋养万物逢春的活力和茂盛，以生命终点的压轴圆舞曲。在这片阅读历史向度的土地上，续写和赋予风光如画、圆梦中国的华章。

　　"山径晚红舒，五百天桃新种得；峡云深翠滴，一双驯鹤待宠来。"收藏一片叶子，满怀感恩之情。回望十三陵神道，品味蓝天白云、秋风习习的风情，让人愿为秋叶伴舞，打磨历史的棱角、尽展盛世的荣光，静卧在这片薄翼又脆性的精灵怀里，把乡愁的跫音镶嵌其中，深醉不醒。

十三陵

——士别三日，当刮目相看

胡 瑛

从学校退休后，我身背挎包，游览过很多地方，唯独在十三陵，我邂逅了一种令自己为之心动的美，这种美，令我神往，让我感动。

说起来，二十年前我也曾去过十三陵，那次出差，是带学生们实习，说实话，那时的十三陵，并没有给我留下什么好印象。那时的十三陵，天是灰蒙蒙的，工厂的大烟囱冒着黑烟，街道狭窄逼仄，匆匆而过的车辆行人，面目冷漠而呆板，留下一道黑烟，或一地的冰冷。街道上散落着垃圾，也不见有人清理。公交车上的售票员，无聊地望着车窗外，眼睛空洞失神。商场里的售货员，不停地拿算盘敲击着柜台，一副爱搭不理的样子。餐馆里的服务员，上菜时把碗盘"咣"地摔在桌子上，然后头也不回地扭头而去。

那时十三陵的经济，也像它的城市面貌一样不景气。不仅是十三陵，当时全国许多地方都是这样，我所在的学校，也面临着招生的窘境。印象中那次十三陵之行，去也压抑，回也压抑，一路上心情都不甚愉快。

二十年一转眼过去了，现在的十三陵怎么样了？它还像过去那样灰暗吗？还是已经旧貌换新颜？带着种种疑问，带着种种希冀，去年退休后，我把出行的第一站，就定在了十三陵。

当我走出客车，展现在我眼前的十三陵，不由得令我大吃一惊！二十年过去了，昔日印象里灰蒙蒙、脏兮兮的十三陵，现在已经变得整洁、清爽、生态、自然。广场上，宽广平整，纤尘不染，抬眼望去，地上不见一片纸屑。跳广场舞的大妈们，喇叭的音量都开得很低，看着她们健美的舞步、舒展的笑容、幸福的神情，我不禁也走上前去与她们健舞同乐。一曲舞毕，见自己的阵营里多出了新人，一群年轻漂亮的大妈热情地围了上来，你一言我一语，很快就跟我打成一片。我告诉她们："我是退休老师，从山西来的。"大妈们一见如故，纷纷向我展示热情，这个说："你们那的煤炭好啊，老陈醋也很有名。"一个道："欢迎你来十三陵，这几天如果有时间，就跟我们一块儿玩吧！"好客热情的十三陵人，让我有些激动，又有些不知所措，紧握着那一双双温暖的手，祖国大家庭的温暖和十三陵人的善良，令我喜不自胜、感动万分。

出了广场，来到公园。远望假山碧湖、清波荡漾、青松翠柏、绿树成荫，湖里锦鳞游泳，湖岸处处桃李芳菲，好一派自然生态景象，好一个令人心旷神怡之所在。拆除了围墙，向市民免费开放的公园，已经成为十三陵市民休闲放松的胜地。适逢周末，公园里既有散步遛弯的老年人，也有带着孩子一起玩耍的年轻父母。看着他们那一脸幸福、恬淡、轻松的神情，再看他们的穿着打扮，用的手机、相机，与大城市城里人已然不相伯仲。唯一不同的是，十三陵人比那些大城市里的人活得更自在、更休闲、更放松，压力更小、负担更轻，目睹此情此景，我不禁感慨：十三陵真是一处人间仙境，一个生活、奋斗、养生的好地方！

不知不觉，时间已到饭点。我乘坐公交来到十三陵最热闹的商业街上，寻一家饭店进屋坐下。年轻的服务员彬彬有礼地把开水和菜单双手递上，请我点菜。享受一顿十三陵特色美食。酒足饭饱之后，我向服务员提出自己下午还要游览，能否给我的水壶灌壶开水，服务员二话没说，便将水壶拎去，一会儿出来时，壶里已灌满热气腾腾的开水。此事虽小，但足以折射出十三陵人的热情好客，以及对老年人的关爱。我高兴地不禁连声道谢，服务员一句："不客气，阿姨，欢迎您再来。"在十三陵的日子里，我感到十三陵年轻人的素质真的很高，敬老爱老，也已经在此地蔚然成风了。

在十三陵游览的日子里，我看到的是一个和美、幸福、繁荣的十三陵。这里不仅风光好、生态佳，处处有绿色，处处有风景，而且这里的人无论男女老少，都很善良。从十三陵人的一言一行、一举一动中，都可以看出他们对生活的满足和热爱。简而言之，就是十三陵人的幸福指数很高。而这一点尤为难能可贵，因为它在其他很多城市里都属"奢侈品"。在我与十三陵人交流的过程中，他们也告诉我，近些年来，尤其是党的十八大以来，同全国其他地方一样，十三陵的政风、民风、社风都有了很大程度的好转。现在十三陵天蓝了，水净了，人美了，面貌新了，相信假以时日，再过若干年，那时的十三陵一定会带给世人更多的惊喜！

我爱家乡十三陵

陈桂云

我的家乡是世界闻名的旅游胜地——十三陵。

十三陵，世界文化遗产，全国重点文物保护单位，国家重点风景名胜区，国家5A级旅游景区。

十三陵，三面环山，群山环抱，中间是120余平方千米的小平原。从西往东，一条小河，蜿蜒曲折，带着叮咚悦耳的流水声鸣，向东南奔泻而去。这里山明水秀，景色宜人。一条神路一直向南，延伸至北京市区，前景开阔。

我就在这里长大，我爱这里的一山一水，一草一木。

只要是关于十三陵的文章，就会对我有一种特别的吸引力，我对十三陵有着特殊的感情，因为那是我的家乡，是我魂牵梦绕的地方。她有着悠久的历史，有着迷人的风景，她是世界闻名的旅游胜地。如今，她已被列入世界文化遗产的行列。

读着那篇《明十三陵——世界文化遗产的骄傲》，我的自豪感也油然而生。2003年7月3日，世界教科文组织在巴黎召开的第27届文化遗产大会上一致通过，明十三陵作为明清皇家陵寝的扩展项目，列入《世界遗产名录》。这是世界文化遗产的骄傲，是我们国家的骄傲，是我们国人的骄傲，更是我们这些十三陵人的骄傲。

我带着无限的欣喜欣赏着作家对十三陵的描写：

"我去游十三陵时，正值初夏正午。几分炽热的阳光直泻在透蓝的天空，鼻息里充满了松柏、树林、花草积蓄了一冬一春，灿然从根根茎茎、枝枝叶叶里释放出来的清香。四望，河滩山岽、村舍人家沉浸于灿烂明丽的阳光之下，风中响着羊咩声和潺潺的流水音。陵园的柏树很绿，野菊花淡黄一片，偶有风从耳边吹过，宛如一种岁月的追述。树叶闪动之时，具极繁杂的斗拱，层层斜出，承托若飞的檐翼，真美！"这就是十三陵给游人的印象，用你的嗅觉可以闻到十三陵的清香；用你的视觉可以饱览十三陵的明丽；用你的听力可以欣赏十三陵的神秘声音；还有，用你的心可以体会十三陵悠远的、给人无限遐想的古韵。

你再看，世界文化遗产——明十三陵揭碑仪式会场，前方的石牌坊、后面的神路、七孔桥，是我外出、回家的必经之路。我每天行走在明皇贵族们出入的路上，悠闲地欣赏着几百年前祖先们留下的不朽景致，感叹着先人们惊人的智慧和才干，骄傲着十三陵人的骄傲。

还有那举世闻名的十三陵水库，是在毛泽东、周恩来等老一辈革命家的共同领导和亲自带领下，人工开凿出的一片清澈而令人沉醉的湖水，只为造福于十三陵这一方的人民。湖水周围青山环抱，山水相依，美不胜收。南北环湖路随水库同时修成，方便了库区人民的生活和出行。我的家就在水库的北侧，小的时候，坐在家里就可以看到十三陵水库那波光粼粼的水面，令人心情淡然，浮想联翩。站在院子里，抬头往东看，便是苍翠的蟒山。

记得那年夏天的一个午后，突然电闪雷鸣，继而暴雨滂沱，我和弟弟、妹妹们躲在屋里看大雨急剧地落在湖里，落在青山，落在田野。两个小时后，雨渐渐地停了，天亮了，一会儿，已经西斜的太阳又出来了。我们兴奋地跑出家门，来到街上，看新形成的小河流水，听水塘里的青蛙齐鸣。突然，我抬头东看，蟒山一片翠绿，在夕阳的斜照下，好像在冒着雾气。这时，我想起了曾经背过的一首毛主席诗词，心中默念着："雨后复斜阳，关山阵阵苍。"心想，我眼前的不正是毛主席所描写的景色吗？顿时，心生无限喜悦兴奋和自豪。正想着，听见弟弟指着东方兴奋地喊着："快看！彩虹！"所有的孩子们都齐刷刷地面向着东方，大声地喊叫着，蹦跳着，嬉笑着……

"十三陵是一身超然，不浮躁也不清高，更没有板起面孔说自己不凡，一砖一瓦，一草一木，一碑一门，点点滴滴抒发了人与自然、与社会、与政治的沉思。"这是作家给十三陵做出的最恰当的评价。我听着心里是那么的舒畅。

我和十三陵水库同一年诞生。但我不是出生在十三陵，我出生在黑龙江。在我过百天后，母亲也是思乡心切，义无反顾地将我们兄妹带回家乡。至今我们就再也没有离开过这片令人神往的土地。

我爱我的家乡，我爱十三陵。

明陵秋色美如画

段连众

昌平十三陵的四季唯秋最美。

走进秋日的十三陵，敲打着秋的节奏，聆听着秋的韵味，踩着深秋的声音。它的秋没有一样不令你心旷神怡，秋果翘立枝头，黄色带来收获，红色带来喜悦，绿色带来希望。

金秋十月，和风煦日，风轻云淡气爽，太阳散发着金黄色的柔光，不经意间，军都山已悄悄地披上七彩锦缎，十三陵水库周边景色更加绚丽，湖面倒影中写满了青翠，仿佛走进了仙境。一幅如诗如画的大作，字里行间写满了爱恋与快乐。昌平人最向往蟒山的秋、最喜爱十三陵的特色农家宴、最留恋七孔桥二坝的花海，没有领略过秋日的环库路很难说你是一个地道的昌平人。

几场秋雨过后，果庄的山愈发隽秀，如诗如画，宛若白云缭绕的仙境一般，坡岗之上秋彩斑斓，五彩缤纷的秋叶在这一刻发力斗艳，秋意也在大田里蔓延，清风柔雨写满山间，这样的风景，叫人怎能不沉醉。

立秋，在仙人洞民宿小住，饮一盏清酒，品一道素食、坐一张藤椅，推开窗，就看见一幅美丽的山水画。秋风初乍起，入夜渐微凉，秋虫合唱团的演奏渐入佳境，轻叩着柴扉，月光洒满了山野，那一座座田园小院守着魂牵梦绕，把万般美好融化在诗酒田园中。乡村小夜万籁俱寂，恬美的梦在此起航。

初秋，走入油画般的十三陵郊野，扑下身子、甩开膀子、迈开步子，徜徉于如梦如幻的大岭沟，冷暖相宜康乐的温度、碧空如洗的天气、闲暇舒适的时光，最适合呼唤上热衷郊游的朋友，背上行囊天不亮就出发，相约去追寻汉将军马武的足迹，聆听一段两千年岁月的晨钟暮鼓。

中秋，游走在碓臼峪一段林间幽径的小路里，任野花铺满山岗，任红叶洒满密林。艳阳高照下的步履轻盈，任多情的山风吹抚秀发，任秋霜撩拨着路旁的幽草小花。心情是那么的闲适恬淡，写一纸山花艳笺，唠几句闲嗑，可以写感怀山水，可以叙感旧情，可以述流年逝水，一切是那样的美不胜收。

深秋，十三陵处处皆美景。大峪山脚下小径旁，黄栌、杨树、蜡树及柳树等杂木犹同饮过的大碗茶一般黄澄澄地铺满山野，道旁的枫叶正红犹如喝过一大坛太阳酒，脸涨得通红似酩酊大醉一般。偶落入林间的叶片，东一块绿，西一块黄，仿佛初拾画笔习作之人笨拙的涂抹。摇曳的秋风吹过燕子湖面，雁儿们飘飞盘旋翩翩起舞，仿佛是在做着南行前的最后一次汇报演出。

十三陵的寒露时节，是个色彩斑斓的季节，是个收获浪漫的季节，是个充满希冀的季节。清晨，和煦的阳光从东方升起，一轮暖阳爬上山顶，映射在天寿山之上，山坳里枝桠上写满了金辉，郊野山林间红叶飘洒于地，在袅袅炊烟的晕染下，一幅最美的田园风光映入你的眼帘。轻步嬉闹于树下，犹同走进诗一样意境中，逗留在画卷里便觉得生活是极好的。

十三陵的晚秋，是个色彩斑斓的季节，是个收获浪漫的季节。舒适的温度，合适的天气，闲暇的时光，就适合和最爱的人漫步于静谧的山野之间，走到十三陵上下口沿昌赤路独行，用如飞的健步踢出秋的韵脚，用深呼吸洗肺去霾聆听着秋的韵味，用压满枝头的累累硕果唱响深秋的好声音，看着爱人脸上的微笑，便觉得生活都是诗和远方。

霜降至，秋果熟。一行人悄然走进十三陵麻峪房村的沟谷内，路旁摊案上是码放整整齐齐的柿子；场院上堆积如山的还是柿子；田间地头的枝桠上也是黄澄澄的柿子，它们在微风中俏皮地荡来荡去，瞪大眼睛端详着每位过客。就这样静静地站在晚秋里，阅读着秋的喜悦和芬芳。

相约十三陵，让人置身于色彩的海洋中，风轻云淡映衬下，无论傍晚还是清早，都一幅美轮美奂的样子。走入金秋的沟崖，拥抱千年古银杏树，一个金色的童话世界，就这样在你的眼前出现了。银杏的叶子犹如一把小扇子，当叶子转为金黄色时，便自然而然地从树枝上飘落下来。行走在水泥防火道上，一边懒散地饱尝山间田野弥漫着的秋天的味道，一边任由秋天旖旎的风光在自己的眼里斑斓着、游走着。金黄的银杏叶铺满小径，乍冷尚暖的日子想想都觉着美不胜收。

大美十三陵，悠哉、乐哉、美哉！看得见青山，望得见秀水，记得住乡愁。河长制、林长制、田长制、网格化管理、疏整促、拆违建、垃圾分类、煤改电、封山育林、还耕种粮……党的富民政策一波又一波。绿水青山就是金山银山，军都山更绿了，东沙河的水更清了，十三陵的天更蓝了，乡村振兴的号角越来越响亮，十三陵百姓喜笑颜开，幸福写在眉宇之间，感谢的语言记在心田。

意气风发的十三陵人再次扬帆起航，携着秋的硕果，蕴着冬的端庄，憧憬着春的梦想，期待着夏的浪漫，扬鞭奋蹄用缕缕清醇去迎接那映满朝霞的明天。

勤劳朴实的十三陵人昂首阔步走在金光大道上，用劳动书写精彩，用奋斗绘就底色，继续用踔厉风发的姿态谱写十三陵明天更加绚丽的华章。

如花美眷赐我似水流年

韩瑞莲

十三陵给我就像是美眷在侧，让我陶醉在流水一样的年华里，滋润嫩爽，无限甜蜜。

掐指算来，认识十三陵已达42年。这是我14岁从昌平西山到昌平师范求学以后的事。这么多年我大都在昌平城区生活，十三陵就在我的身边。昌平城区像是一座大的宅院，不断扩充、不断繁华。而十三陵则始终是昌平城区这座宅院外的一座花园，既古老又新鲜。古老的先祖墓群端庄泰然，稳固得像是十几座山峦。花园里的花花草草时常翻新，被不知道什么时候刮来的风随时翻起波痕。今年这样一片菊花海，明年那样一条桃花溪；今年这样一片苹果林，明年那样一条银杏谷。能动的都让它们动起来，舞动出斑斓的色彩，不能动的就加固起来，强化出历久弥新的光芒。

上世纪80年代中后期，十三陵正式开放的就是定陵和长陵。那时，要说到哪儿玩会儿去，一准是去十三陵。十三陵可是景区啊。有山、有树、有水、有明朝辉煌的墓地建筑，在昌平生活过的人，有谁没在十三陵景区、十三陵水库照过相呢？不记得是哪一年了，陵区内的一棵"千年铁树"开了花，自己还特地跑去欣赏了一回。记得清楚的一次就是与爱人骑车去了一个可以随便进去的陵园。古树参天，园内地上有些微弱的小草，没有什么人。我们在那里随意的走走，并拍了照片。纯棉短款半袖T恤，牛仔短裤，平底黄绿呢绒带凉鞋。手臂高高举起。现在看起来，真是年轻时尚啊。说起来就是现在的肚脐装吗？当时，我们还看见两个老外，坐在陵区内的树下看书，真是羡慕他们的悠闲状态。由他们坐着的椅子判断，他们肯定是开着车来的。不然那么舒适的椅子可不是自行车能够带来的呢？

年轻时候的事，记得真切的不多。大把大把的时间都用在了事业和生活的琐碎之中。身边的风景大都来不及细细品味，或者说内心根本没有在身边的风景停留的愿望。而与任何风景不经过彼此深入浅出的细声细语、耳鬓厮磨，又怎么能横生出深刻的情愫呢？

时间的指针到了2002年。有了私家车，这对我而言是历史性的转折。有了汽车，去哪里都方便。而去哪里最近又最方便呢？当然是昌平这座宅院外的十三陵。高兴了，去十三陵兜风；不高兴了，也去十三陵兜风。十三陵水库、陵区、七孔桥、神路这一带，树木成行，绿树成荫，空气新鲜。无论是春风的和煦、秋风的凉爽，还是夏风的黏稠、冬风的凛冽，只要被这一路的风吹着，就都像是被如花美眷的手抚摸着，不用考虑那手是冰凉的，还是滚烫的；是潮湿的，还是干燥的，它们都会把我带向自由、快意、舒畅、驰骋的天地中去。与风同行，或者迎风而奔，风好像又成了我快乐、兴奋的同谋，痛苦、悲伤的敌人，郁闷、彷徨的疏导者。还要怎样呢？每次这么一圈下来，风过去了，花园过去了，空气也过去了。我还在。但我好像又变成了一个新我。每当那时，风就把我像一个石子轻轻地顺着平静的水面抛出去，让我打着一圈一圈的水漂愉悦地回到昌平这座城中去，享受人间热闹而又沸腾的生活。

十三陵这座花园，柿子树一直都是壮丽妖娆的主角。五月，蜜蜡一般黄颜色的柿子花，似众多的星星闪耀在肥硕的柿子叶中间。朋友说，在柿子盛花期后，要是赶上个大雨天，柿子树下会有一层密密麻麻的花瓣。想想那时的场景，就像是全体柿子树给脚下的土地编织的一件花色衣衫，没有华丽，只有新鲜朴素至诚爱恋的深情厚意。到了十月底十一月初，红红的柿子又似一串串的灯笼，温情脉脉地垂帘在蓝天下，任由来来往往的人们仰望，任由鸟儿们飞起飞落随意地品尝。距康陵很近的锥石口村的村民还会把成熟的柿子去皮，码放在院外的铺垫上，一天一天地看着柿子脱去水分，慢慢地泛出一层甜蜜的白霜，制成柿饼。看看，秋天就是这样饱满，又是这样可以脱去水分剩下一年的精华，浓缩地缓慢地流淌到村民的心窝窝里去，这就是琼浆玉液吗？要是等到来年二三月份，再往柿子树上看，那些被风雨侵蚀、被鸟儿们吃剩下的多半个柿子皮，零零星星地摇挂着，晃晃悠悠，很是美观。谁能说人生求缺不求满不是一种至高的境界呢？

康陵，北京市最美的乡村。除了时常与朋友一起去村里吃春饼，我更喜欢顺着康陵陵园外的道路随意地散步。那条路通往陵园的后山，特别是在深冬时节，站在后山的中间地带，背依山峦，放眼望去，一派苍茫景象尽情奔涌而来。康陵、村舍、古树、柿子树、黄土地、败草、河道与很远处的十三陵水库隐约变成灰沉沉白茫茫一片。坦荡、空旷、开阔、延伸，一切又好像都从自己这一点闯了出去，自己的那个小我顿时消失，一切都是自然里的一切。不是我与自然而是我们都是自然。在康陵后山山脚下还有一种植物，是我老家老峪沟地区植物图谱里所没有的。它就是小花扁担杆。花期在六月，花淡黄色，花朵很小。如果不注意，根本看不到。它的特别之处是秋天的果实，饱满圆润的连体两半，有点像微缩版的婴儿小屁屁，只有10毫米左右。一束束红红的小果，挺立枝头，交错有序，经冬不落。它的果能够生存到来年枝叶繁茂，才不见它的身影。我曾采了两束把它们带回家，细心地做了一束雅致的瓶插，放到我的书房。我一有时间就摸摸那红红的小果，一直硬硬的不曾变软。这样的摸索一直持续到现在近两年时间，它还是没有腐烂。不知道这样的相伴还有多久？小花扁担杆不是康陵独有，后来在十三陵其他山地也看到过很多。经冬不落，这个词好听又有弹性，它在小花扁担杆红红的果实上经年跳跃。小花扁担杆不是现在才有的植物，像山上那些灌木荆棘都是多少年就留存下来的，它们的祖辈也许比那些皇陵的年代还要久远。每当我站在这样的山、这样的植物面前，就是站在历史面前，冬天的荒野、况味、沧桑，春天的茂盛、新绿、蓬勃，流水似的年华，不仅是我的感慨，山峦、植物们早已知晓。它们为什么经冬不落？它们为什么经久恒远？它们为什么泰然矗立？只要是根扎得实、扎得稳，大地都会让它们生生不息、各显芳华。

从小在山区长大的我，喜欢到高处去看看。十三陵这座花园登高的好地方非燕子口莫属。村里那座山上有个凉亭，在十三陵景区的许多角度都能够仰望到它。前几年的春天，与朋友从山脚下，花了一个多小时的时间，登了上去。山路挺好走，全是石头铺的台阶。当我站到山顶，全景式地环顾四周，俯瞰脚下的景色，壮丽昌平，蜿蜒壮阔地坐落在大地上，皇陵、村庄、城区，铺展开去，朗朗乾坤、锦绣壮阔，生机勃勃。到处都闪耀着激情澎湃的浪花，翻涌在脚下的这片热土之上。谁不爱自己生存的地方？谁不爱自己的家乡呢？

42年的长情诉说与彼此陪伴，十三陵这样的如花美眷对我是有恩的，它承载了我诸多深刻而复杂的情感。在它身边我度过了人生最长的一段似水流年的岁月。这该是何等的恩赐呢？

传承历史责任，追求完美境界

郝文利

记得小时候，常听老人们讲一些关于十三陵的传说，随着慢慢长大，一些故事已在记忆中变得模糊。

是机缘巧合，还是命中注定，我不得而知。总之，毕业后分配到了十三陵特区工作。那时年轻，精力旺盛，求知欲望强，可以骑着单车一天考察六七个陵。什么外罗城、顶门石、指路碑、金丝楠木、猫儿眼、金丝翼善冠，等等，每个词对我来说都充满新奇，背后的故事更是让我久久不能释怀。那个年代，旅游被称为"无烟工业"，想成为全县的龙头就必须抓经济。1993年开始承包，任务从3000多万逐年增加。意识里全是门票收入、游客接待量，文物保护主要是修复，门票和商业成了生命线。

记得我有幸参与定陵博物馆第一位进入地下宫殿和第一亿位游客的会面，让我知道了赵其昌、孙宪宝，那位第一亿位的游客激动地手舞足蹈的样子依然历历在目。

21岁的我学会了放电影、文物的日常保养。经过培训，第一次远离家乡，带着文物去小平同志南巡讲话的深圳、广州外展。报社、电台、电视台全方位宣传，找差距，谋发展，那时的我才深刻理解了文物传承的意义。

记得有一次去清东陵拜访清史专家于善浦老先生，让我受益匪浅。他说，十三陵无论是历史、规模、文物，都值得我们骄傲。30年过去了，我已不再纠结谁的神道更长，我们有五门六柱十一楼的石牌坊，有长陵的《永乐大典》，有价值连城的猫儿眼。人物有木匠皇帝朱由校，在位48年20多年不上朝的朱翊钧，那些珍贵的历史需要我们去了解、研究、传承，就像我们敬爱的周总理说的，不要把所有文物都发掘了，要保护好，留给我们的后代和子孙。

机构改革顺应时代历史潮流，让我们明确方向，担负起肩上的责任，脱胎换骨，在明十三陵管理中心党委的正确领导下去创造新的辉煌！

明

陈雅奥

题记：在那做梦人的梦中，被梦见的人醒了。

傍晚，叶落风掠，望秋闻风，心中寥落不知何起。遂望向窗外，诧见一抹熟悉的背影，正静静伫立。

刹那，我的脚步开始不受控制地凌乱起来，我的手也变得无序，踉跄出房门，才惊觉一切化作了泡影，那人的身影也再无处探寻。

毫无头绪，分明是情绪低下的我，忽而心跳得剧烈，思绪纷乱。我笃定，我和他曾有过交集，尽管可能在我飘渺的梦境里。

是夜，听着稀疏的蝉鸣，载着心里冗杂的浮云，不知不觉，我竟悄悄沉入了那个久违的梦境。

星汉灿烂，月光也不似当年，我拂开面前的云雾，一步接一步，走近那记忆中门开三洞的巨大红门，这么久不见，它变了模样，褪去了那破旧失色的皲裂外衣，变得从容而美丽，却又不失历史的磅礴大气。

好似有个轮廓在脑海里渐渐清晰，一时之间，我仍是想不起这是哪里。

从右侧门穿过，转眼便踏上"神道"——"他"那时细诉于我的名称。此道庄严肃穆，一眼无边，但此时我却心下微喜，两侧生风，倍道而进。

碑亭，那人曾在我手心描画这两字，说这是他常在的地方，实是按捺不住久未蒙面的狂喜，我绕过那高耸的赑屃雕像，真望见了他，却又近乡情怯地顿住了脚步。

记不清那是什么时候了，只记得那天夜里，灰也遮不住他俊朗的面容，磨损的袍尾也掩盖不了他独特的傲气。明，真是一个独特的名字。这位突兀现于我梦里的来客温柔地带我走过此地每一处角落，悄言这沧桑背后的辉煌，细细地倾诉着他一切的一切。时过境迁，记忆也趋于单薄，但我永远也忘不了，他那时眼里隐隐闪现的，是数年来沉淀的悲戚。

终是忍不住向前，他却蓦然回首。

我愣住了，眼前人衣衫崭新繁复，眉载清晖，披星戴月。久别重逢，细细观察他眼中的情绪，皆是我未曾见过的、满溢而出的欢喜，他终于摒弃不言的过去，重现晃目的光华。

他轻声言道，好久不见。

我慌忙低下眼帘，妄图掩住难言的思念。

意外发现，他不知何时变得崭新的衣摆上，用金线绣成的赑屃若隐若现，冥冥之中什么都已经清晰了起来。

我们似乎调换了身份般，明像小孩子似的跟我分享他这些日子里的变化，告诉我他身体的沉疴奇迹般地消弭，高兴地说虽然现在的他与很久以前的他不尽相同，但他却是同等的欢喜——我静静聆听着，听他道不尽的夷愉。

抵挡不住的，他再次携我游行，看那柳丝飘扬、雕像威武、神道望柱雪白笔挺；带我赏阅明长陵，看那龙雕凤饰、浅浮雕图，琉璃瓦饰；缓缓走进明定陵，领略见棺发财的寓意，欣赏那穷工极态的古衣名器……

我笑得温柔，与他共享重生般的喜悦，直到星辰闭眼，月影沉寂。

清晨，日照晨曦，莺啼鸟哢，我醒了，是久违的舒心。

午日压扁了我的影子，清风吹动了我的脚步，攥紧手里的门票，我终于来到了这个举世闻名的明文化遗址——明十三陵。

目光所及，皆与梦境如出一辙，大红门矗立，日光折射下，好似圣光迭起。

随风而去，穿堂而行，至碑亭处，耳边仿若再次闻见熟悉的声音，我与赑屃告别，一往无前，享受柳枝摩挲音色。

日照磨人，汗水将视线模糊，倚上长凳，我眯眼瞧那四射的光晕，周围的一切都开始旋转，一只斑斓的蝴蝶忽然展翅而过，我宛若那古籍里的庄周，与蝶共舞，沉沦梦境……

视角在天上。

龙吟游去，是那片昏暗月色下的陈墙；着磨损旧袍的落寞身影负手而立，无奈望星辰黯淡、龙气散去。

我见曾经的"我"疑惑，问："你为何如此悲戚？"

他叹息，不言一词，微抬疲惫的双眼，"我"顺着他的目光看去，枯树舞爪，璃瓦蒙尘，橡柱开裂，墙皮纷落；横看竖看，都可担一句"落魄"。

"我"正思索这是何处，忽尔抬头，见几个龙飞凤舞的大字，心里默念：祾恩门。

张口欲言，又止，最后才坚定道："放心吧，此地定会重展光华。"

他不明就里，深深看了"我"一眼，消失不见。

画面一转，碑亭映入眼帘。

"你或不信，我与此地同为一体。"

"我名为明十三陵，你可以称我为明。"

"为何而伤？此地损坏处便是这些伤痕。"

"衣袍为何破旧不更？此衣已伴我经沧桑足数百年。"

……

走马观花般，我迷蒙的梦境流动、荡漾着，不时伴随回忆穿插。

骤然，突如其来的相机咔嚓声将我从梦中拽出，是一个旅游团正浩荡走过，其间，一位白发老翁喟叹道："还真是跟我前些年来看的时候不一样了，开放景区多了，更壮观了！"引来一阵附和。

我站起身来，一缕清风卒然吻过我的耳朵，引得我扬起笑容，遂背起行囊，耐心地用脚步踱量了每一块地长，用视线领略了每一处风光，用心灵品味了每一段辉煌，用意念告别了我的"梦乡"。

我渴望历史，却无法回溯过去，古物让我有更深的理解，古建筑给我打下记忆的烙印。仿佛一切终了，但不止于此，陵寝予我一个造梦的雏形，还我一个玄之又玄的梦境。

霞光万道，我想直视夕阳，一直盯得眼出重影，才如梦初醒。

今天清晨，真正醒来的，似乎并不是我这颗渺小的灵魂，而是以人身出现在我的梦中，在经历了百年的昏睡后，重现盛景的——明十三陵。

如擂鼓的心渐渐平静，仿佛是终于确定，在梦境虚实中，会有人明白，自己的话并非脱口而出的戏言，在时空交错中，恰是一番未来与过去的承诺与约定。

过仙人洞

孙士军

夜月如钩，静静地悬在蒋山顶上，映出群山一黛，蜿蜒舞动，宛似龙蛇，这景致恰好印证了那句：蜿蜒龙脊山吞月。此时突然有个想法，站到蒋山山顶，伸手去攀住那一轮弯月，荡个秋千，岂不是人生惬意事儿？

仙人洞村，去过多次，而晚间去还是头一回。小村沉静，尤在梦中，街灯辉映下，墙壁上的彩绘灵动起来，广场边的"福禄寿喜"四个大字，显得格外庄严，同行的朋友夸这个小村既干净整洁又颇具古风，有一种古镇的感觉，尤其是人家门口的楹联，街灯一照，很有古韵。

对仙人洞村的情愫是从半山腰的那株老槐开始萌发的。

从昌平北环早市向北，翻过山梁就是仙人洞村。去往十三陵方向，常走这条路，每每与仙人洞村擦肩而过，放眼望去，蒋山半山腰上那株老槐，似乎微笑着向我招手，于是便成了习惯，每每越过山梁都自觉不自觉地向蒋山望去，不论是夏日的一树葱茏，还是冬日的素颜劲骨，远远地望一眼，都算是一次问候。时光飞逝，老树依然，一棵树长出了形态，有了自己的品格，既随缘红尘也兀然自着。

前不久，北京市摄影家协会叶用才主席一行4人来到昌平仙人洞村七吉文化园参加昌平故事摄影大赛作品评选活动，攀谈中聊起仙人洞村，叶主席随口道出毛泽东主席诗句"天生一个仙人洞，无限风光在险峰"。神仙洞，不仅是庐山有，昌平有，全国各地的神仙洞不知几何，不管是否真有仙人住过，起码都有自己的一份独特景致，亦或寄托了当地人们的一份美好愿景。

明朝嘉靖年间，昌平出了个牛人叫崔学履，他编撰《昌平州志》，历数昌平八处美景，命名为燕平八景，分别是"松盖长青""天峰拔翠""石洞仙踪""银山铁壁""虎峪辉金""龙泉喷玉""安济春流"和"居庸霁雪"，石洞仙踪说的就是仙人洞，足见仙人洞村过去景致非同一般，几百年前就已在昌平人心中有一席之地了。

据村里人讲，仙人洞村四面环山，形似莲花宝座，在明十三陵世界文化遗产保护范围内，努尔哈赤的儿子郑亲王曾经相中这块风水宝地，作为其家族"吉壤"，现在村里还保存着很多当年的遗迹，古井、石桥之类，传说吕洞宾、鉴真和尚曾在此修行，另外蒋一葵的《长安客话》、顾炎武的《昌平山水记》都对仙人洞有记载。

初识仙人洞，恰在少年。几个朋友骑车到十三陵旅游，回来时登上这个不高的小山丘，远远望去，黄瓦红墙掩映在松涛之中，透着庄严肃穆。分辨着哪是德永景长献，哪是庆裕茂泰康，脚下是狼藉的页岩石片（山里人家用它来当瓦，百年不漏），一棵老槐树孤零零立在山门外，说叫山门，实际上只是个石制构件罢了，门额上镌刻着三个大字：神仙洞。一副对联分立左右，印象极深，上联是：蜿蜒龙脊山吞月，下联是：磊砢云根洞有天。那个年纪好卖弄，反复推敲，大至如此：蜿蜒龙脊说的是外，形容山形如龙舞动，有吞月之势；磊砢云根说的是洞内的景观形同堆玉，别有洞天。把这些写进必须完成的"周记"里，老师给了个大大的优，兴奋了若干天，现在仍记忆犹新。

后来听说，50年代修十三陵水库，毛泽东主席曾亲自到现场踏勘，登上蒋山，远眺明陵，或许就是此处，可惜没有留下诗篇。

然而，那形如堆玉，别有洞天的景致从未见过。有次看《西游记》，孙悟空大闹东海龙宫一段，心下想，六亿年前，这里一片汪洋，仙人洞会不会就是东海龙宫这般样子呢？一亿年前，燕山被高高举起时，"龙宫"浮出水面，龙又去了何方？"知情人"透露，这神仙洞深不见底，有探险者下洞探险，走了五六千米，都未见底。欲知洞中景，待问后来人吧。

再到仙人洞，是个岁首。春节将至，北京曲艺团组织文化下乡活动，为仙人洞村送上一台演出，有幸参加，颇多感想，打油一首，诗曰："京师岁首迎极寒，燕山脚下尽开颜。凛冽西风难阻挡，文化进村润农园。曲韵昌平展华彩，优秀传统耀瀛寰。激情弹板歌日月，何如美名乡里传。"这时的仙人洞村已经是北京市最美乡村，村里通过挖掘本地文化内涵，发展乡村旅游，推出独具特色的民俗"素食文化"品牌。

朋友去仙人洞村吃素食宴，回来讲，村中广场有把特大号的椅子，有特别用场，谁家的儿女不孝顺，家里老人就可以坐到上面去，羞臊一下不孝儿女的面皮，村中的乡亲会来"帮助"一下他们的儿女，村委会还有相应的惩罚措施。

我微微一笑，这个我晓得。朋友讶异，哪个你不晓得？

有两个念想搁在心里，挥之不去，一是览仙人洞中景，一是沐蒋山顶上风，览景是深藏内心的期待，沐风是少年时光的回味。有念想就生情愫，有情愫就生牵挂。人间的美好其实也不一定非得要实现，牵挂着就好。

据说槐有"怀"的寓意，寄托古代迁民怀祖的情愫，与人闲聊，有朋友说祖上是从山西大槐树过来的；槐树还被称为三公树，只有拥有三公职位的高官，才有资格种；另载，槐树与科举考试相关，科举考试叫槐秋，参加科举考试叫踏槐，科举考试当月叫槐黄，门前种槐表达对子孙高中的期盼……

仙人洞口的老槐是何寓意呢？

又过仙人洞，向老槐行个注目礼。

我与明十三陵的故事

高　蕾

明十三陵，我过去生活过和现在工作的地方，这里有我的童年，我的回忆，还有我的故事。在讲故事前，不得不先简单地介绍一下明十三陵。

明十三陵顾名思义是明朝十三位皇帝的陵墓，位于北京西北百里之遥的昌平区境内，从1409年永乐皇帝开始营建长陵，到1644年崇祯皇帝死后葬入思陵，共历经230多年，总占地面积120余平方千米。按照营建的时间顺序，十三陵依次是长陵、献陵、景陵、裕陵、茂陵、泰陵、康陵、永陵、昭陵、定陵、庆陵、德陵和思陵。在每座陵附近都有一个与陵同名的村落，这些村落在明代时是陵墓的神宫监，也就是皇陵的守陵机构，到清朝顺治元年（1644），设立了司香官及陵户，之后逐渐演变成村落。

说到这里，可能普通人会觉得住在皇陵附近很害怕，但是对于我这个生在这里长在这里，并且在这里玩大的孩子来说，已经是稀松平常的事儿了。

虽然现在的十三陵，对外开放的是长陵、定陵和昭陵，但是听母亲说，在1971年以前对外开放的只有长陵和定陵，而且仅在节假日开放。从1971年开始才改为每天都对外开放，故此，当时的昌平商业局就从昌平、南口和沙河三地的中学招收应届毕业生。这批毕业生共60人，我的父母就在其中。

母亲回忆说，1971年刚来十三陵的时候，母亲分配在定陵，父亲分配在长陵，从事商业工作，也就是商品售货员。没有多久父亲也调到定陵，担任出纳工作。当时，单位规定他们一周才可以回家一次，平时他们就住在单位的宿舍楼中，女生宿舍在楼上，男生宿舍在楼下。

那个时候，来长陵和定陵游览的游客除了国内的，还有很多外宾，母亲因为是商品售货员，所以要接触很多外宾，但是母亲一点都听不懂更不会说。母亲是个很要强的人，听不懂外语她特别不服气，下决心要自学外语。正好宿舍楼一楼有一台单位给买的电视，每天晚上六点半都有英语教学节目，母亲每天都跟着电视学习外语，还拿下了初级英语的合格证。从此，再遇到外宾，不仅可以听懂，还可以简单地对话了。我很佩服母亲这种为了工作积极好学的精神。

父亲担任出纳工作后，因为那个年代没有电脑，也没有计算器，所以记账工作相当的繁重，都是纯手工记账，父亲几乎每天都不能按时下班，但是父亲从来不会计较。父亲记账相当认真负责，差一分就必须找到问题，把账算清。他的这种默默无闻、任劳任怨、认真负责的精神，非常值得我学习。

到了1976年，因为唐山大地震的缘故，单位要求搭建地震棚，全都不让回家，从那个时候起，父亲和母亲的接触机会就多了一些，慢慢地一来二去，他们就相知相爱了。

当时单位为了解决职工成家后的居住问题，在景陵村盖了六排平房，因为我家住在第一排，所以父亲砌起了围墙，圈出了一个30平米左右的小院儿，我与明十三陵之间的故事就从这个院儿开始了。

父亲和母亲结婚后不久就有了我，我在母亲的肚子里，就天天跟着她来上班了。出生后难题又来了，因为父亲和母亲要上班，我没有人照看，单位又为我们这些没人照看的孩子，成立了幼儿园。当时幼儿园就建在长陵的东侧，我的童年就是在这里度过的。

听母亲说，因为情况特殊，我10个月大的时候就上幼儿园了，由于还没有断奶，为了喂奶方便，母亲从定陵调到了长陵，父亲也调到了长陵。每到喂奶时间，阿姨就抱着我到长陵找母亲。现在想想当时的条件真是太艰苦了。

我和父母在景陵村的小院儿共同生活了5年，由于年龄小，对小院儿的记忆不是很清晰。听母亲说，小院儿里有父亲种的各种鲜艳的花朵，因为当时条件有限，买菜困难，为了吃着方便，所以种了几样蔬菜和五棵香椿。除了这些还养了两只鸡，这样吃鸡蛋也方便些。

母亲还告诉我，在我一岁多的时候，有一天被自行车砸掉了乳牙，导致我在7岁前都是小豁牙子。由于我家离景陵很近，小时候父亲经常带我到景陵周边遛弯。

我6岁时，因为要上学，所以就从小院儿搬走了，之后再也没有回过小院儿。让我遗憾的是，没能再看看这个小院儿。本以为就这样离开了十三陵，但实际上我与明十三陵有着不解之缘。

母亲因为腿不好，不能继续站柜台担任商品售货员了，就调回定陵担任定陵地宫的售票工作。当时定陵的门票和地宫的门票是分开销售的。我经常跟着母亲坐班车到定陵，那时神路还没有管理起来，车辆是可以从大宫门进入穿过神路到定陵。

从此，我开始了解到定陵的墓主人是谁，地下宫殿是怎么回事，什么是出土文物，可以说我是在地下宫殿玩大的。

1997年，父亲从长陵又调到定陵，母亲也就调出了定陵。2001年母亲退休，我很荣幸地成为了接班人，虽然刚开始我并没有在十三陵工作，但也属于十三陵特区的管理范围。一直以来，我在工作上都是秉承父亲和母亲艰苦奋斗、积极好学、任劳任怨、不计较个人得失的优良工作作风。

因为父亲在定陵工作，我时常会去定陵看望他，幸福美好的时光总是短暂的，2015年父亲退休不久就去世了，为了不触景生情，睹物思人，之后我就很少再去十三陵了。

令我意想不到的是，2017年我调到长陵售票班，担任售票工作，在售票班一待就是五年，这五年里我在工作上是兢兢业业，认真负责，自学了不少明朝历史知识，继续秉承着父亲和母亲的优良工作作风。

2022年7月我从长陵售票班转入文化研究班，从此开始了探究历史和文物保护工作。从背长陵讲解词开始，我学到了不少知识，刚接触研究工作才短短几个月，学到的还远远不够，未来还有近10年的时间，我会好好利用这10年学习更多的知识，努力做好研究工作。

从我在母亲肚子里开始到现在，40多年来我从未与明十三陵分开过，我对这里有着说不尽的深厚感情。从工作的角度说，我对明十三陵还有很多不了解的地方，在未来的工作中，我会继续秉承父亲和母亲的优良工作作风，更加努力深入地探究和了解明十三陵，我热爱我现在的工作，更爱明十三陵！

拾秋长陵路

张喜梅

秋风一起，山川大地便被装点得色彩斑斓起来，山头、水滨……放眼望去，色彩不一的红与黄已然将单调了一季的绿层层包围起来。"树树皆秋色，山山唯落晖"，当王绩这句描写山野秋色的诗跳入脑海时，我想，大概它更适合来吟咏眼前的大好时节吧。

趁着天朗气清，去赴一场秋的盛宴，不必走得太远，直达长陵的昌赤路两侧，秋色足以醉人眼！

一路向前，秋的缤纷在车窗外徐徐向后。阳光倾泻下来，道路两旁钻天的白杨傲然挺立着，笔直枝干高高擎起的一冠冠金黄，灿灿地撩拨着人眼。远处的山，近处的园，分发着一坡坡缤纷，聚合着一树树烂漫。一时间，眼睛竟忙碌得不知该投向哪里，迟疑之际，"砰"的一下，高耸在昌赤路东的石牌坊瞬间撞入眼帘。

它的闯入，对我来说并不意外。几年前一个草色半青半黄的春日，因为撰写一篇有关石牌坊的策划，我曾经隔着铁栅栏与它久久相望。

显示皇权威严的石牌坊官名"圣德牌坊"，建于明嘉靖十九年（1540），是目前我国皇家兴建最早、等级最高、规模最大、保存最完整的大型仿木结构石之一。由白石与青白石料雕琢组装而成的坊体面阔五间，顶部有主楼五座、夹楼四座、边楼两座，各楼顶均作庑殿式，其中，身架最高的明间主楼距地面约12米。

由于所处地势较高，伫立秋野的石牌坊看上去更显孑然孤傲，与其不远处经营农家乐的小院框入一处，画风迥异自不必说。不过，这种不同却只表现在外貌。事实上，历史文化与生态文明的高度融合，在推动旅游产业蓬勃发展的同时，也为传承弘扬中华优秀传统文化、提高社会经济效益提供了有力支撑。环顾四周，像这种伴随十三陵世界文化遗产而生的旅游产品，在昌赤路周边比比皆是。看吧，名称各异的采摘观光园、种植园、农家乐，等等，无不将热情与豪爽大剌剌地书写于门楣之上，迎四方之宾，接八方之客。

旅游市场的繁荣固然得益于十三陵拥有数目可观的人文景观，但不可否认的是，地处百里山前暖带的"地利"优势，无疑又成就了果树种植的规模与品质。东、西、北三面环山，山前河水环绕的小盆地，不仅是明代风水大师廖均卿眼中的万年吉壤，更是如今当地种植户培育上乘果品的摇篮。那些曾经被皇家禁锢在陵园内的果树，终究乘着历史的快车飞身寻常百姓家，并在引进优化中结出更为优质的硕果。

秋日的阳光洒向路面，普照着人文景观与自然景色的相得益彰。沿线赏秋，车行眼住，路途所见皆为风景：山的秀丽、水的丰润、桥的稳健、树的婆娑，无一不令人神往。秋景是如此妖娆，竟引得一向肃穆冷峻的华表，亦不自觉地放下高冷范儿，急急地拨开阻挡视线的枝枝杈杈向外张望。

眨眼之间，"包罗万象"的神道即被轻松甩在身后，车子驶上七孔桥，视野遂变得更为开阔。桥西的高山与地面对比悬殊，山形的可爱极易让人联想到桂林山水，就在摇头叹息缺少一池漓江水时，转头东望，居然收获一怀惊喜。铺展在桥东的，不仅有山青树红，而且有水天一色，那种辽阔壮丽的感觉，若非亲眼所见，自是不能体会。借用"西风吹散云头雨，斜阳却照天边树。树色荡湖波，波光艳绮罗"来形容这里的锦绣，是再贴切不过的。

百余米长的七孔桥仿佛一条纽带，一头挽着历史，一头牵起现在。远处的十三陵水库，犹如明镜般泛着光亮，细碎的波纹漾起火热的过往。曾经，为了缚住东沙河桀骜不羁的双脚，这座于新中国成立后不久筑成的水利工程，见证过40万劳动大军挥汗如雨的恢宏与壮观，见证过劳动人民"敢教日月换新天"的斗志与魄力，也见证过新中国国家领导人与民同战的朴实与随和。俱往矣，时代的"浩大"总在以不同的方式登场。"浩大"一词，此时最适合送给眼前这片建成不久的千亩花海。花开时节，赤橙黄绿青蓝紫在这里你不让我、我不让你地争奇斗艳，只等秋风吹过，一眼望不到边的黄栌方才脸色红涨着款款登场。

站在花海西侧的七孔桥骄傲地仰着头，10余米高的伟岸身躯足以让它小视陵区内诸桥，成为名副其实的护花使者。远的不说，向南30米处那座残旧的古七孔桥就不敢与它相提并论吧！虽然它是七孔桥的模板，但建于明嘉靖三十三年（1554）的古七孔桥，历史上除发挥过"小水夹左右，大水横其前"的陵寝风水功用，交通功能则因为屡屡被洪水冲毁，而终于20世纪30年代末彻底被大出一倍的新七孔桥轻易地所取代。

明媚的秋阳，不断拉近着人与山的距离。作为燕山余脉，呈半环状分布的天寿山虽少了几分雄奇，却多了几分秀丽，它的形胜势尊，被清代思想家、诗人、文学家和改良主义先驱者——龚自珍尽表于《说天寿山》中。白云苍狗，时代变迁。如今，一座座静卧在山脚下规模宏大的皇家陵园，早已被开放为人们参观游览的场所，让人不禁慨叹："今夕何夕，见此盛世。"

枫叶正红，秋阳正好，不妨去参观一下十三陵中线上的祖陵——长陵吧。在这里，可以甄别石牌坊所旌表的人物故事，可以回顾明成祖朱棣开创的"永乐盛世"，可以聆听历史大踏步向前迈进的足音。若是时间宽裕，还可以去民俗户家中品尝一下长陵饸饹宴，听听那些民间流传下来的动人传说。

有人说："风景是文化的物质表达。"想要领略更灿烂的文化，就迈开腿脚，去追逐更远的风景吧！

筑梦十三陵

赵建华

1

青梅煮酒，饮不尽当代风流；拍案说史，道不完华夏新篇。时代的车轮，滚滚向前，一转眼，庚子年的春风，吹动了大江南北，决胜小康的号角，惊醒了蛰伏的雨燕。神州大地上，掀起了一股股冲天干劲，十三陵城乡里，一场场决战决胜的攻坚战正在上演。那春天的种子，预见了丰收的喜悦；那金色的稻田，让人们不再担忧来年。城乡间，经济正在快速发展，无论是士农工商，无论是干部群众，都在积极地努力，不耽误半晌空闲。

2

你听，那下乡扶贫的干部，不辞劳苦，不畏艰险，轻车简从，深入密林山间，即便是年节假日，严寒酷暑，仍伫立在窗前、在院里、在田间，与贫困户促膝谈心，共谋致富项目、脱贫实践。

你看，那终日晒着太阳的懒汉，如今正在田野忙碌、猪圈喂饭，吃饭时，就上小酒，闲暇时，抽两根烟，活得宽裕，活得充实，心里舒坦。别问为什么，只为对得起人家干部兄弟的帮助，对得起为"穷亲戚"服务的十三陵扶贫办！

你闻，那金秋的沃野，农民丰收节的篝火晚会正在上演，那烤乳猪的香味，扑鼻而来，各种蔬果的香气，令人垂涎，那柴火蒸出的稻香，令人难忘，亩产一两千斤，足够吃饭！这背后，是一家家十三陵企事业单位、政府机关，与贫困户、贫困村、贫困乡结对子，送来了致富的钥匙，购走了村里的土产。一位位干部群众、共产党员，就像一个个亲戚朋友、姐妹兄弟，手拉着手，心连着心，张张笑脸，带着温暖……

3

抚今追昔，怎能不生出万千感慨？想当年，十三陵人背井离乡，四处流浪，忙碌一年，仍难吃口饱饭。饿着肚子，再把活干，苦上加苦，难上加难。抹着眼泪，生离死别，卖儿卖女，只求三餐！现如今，家家有本脱贫致富账，户户都有新鞋新衣穿，小孩子高高兴兴上学校，老年人嘴角带笑把酒干，年轻人忙忙碌碌挺挣钱，所有人都走正道把正事干！这正是，小康社会美图景，打一场，脱贫致富攻坚战，要感谢，人民领袖绘蓝图，富净美，时代征途新十三陵！

环保高地十三陵

赵　春

在十三陵小住的日子里，我饱览了十三陵美丽的风景。呼吸着十三陵如茵的绿草和繁茂的森林释放的氧气，徜徉于十三陵公园里的林荫小道下，享受着十三陵动人的人与动物和谐相处的天然亲情……然而，最令我难忘的，还是十三陵街头的那一抹青翠，它使我联想起很多很多，过去，我以为十三陵良好的生态环境是大自然的恩赐，但现在，我却真切地感受到在大自然慷慨的馈赠之外，更有那可以移山填海的人的伟力。

那天，我和朋友珊珊漫步于十三陵街头，春天正是百花盛开的时节，朋友像在家乡一样，很随意地摘下一朵垂下的树枝上盛开的鲜花，别在头上，跨进绿化带里："赵哥，给我照张相吧！"我拿出手机，正欲拍照，一位穿着连衣裙的十三陵小姑娘出现在我们面前："哥哥姐姐，花草也有生命，请你们爱护它！"这时，我注意到，小姑娘头上束着一根翠绿色的发带，被风吹着就像一根柳梢，一抹新绿。娇气的朋友有些不乐意了："唉，我说你是谁呀？摘一朵花儿犯得着大惊小怪吗？你以为我是把整个树枝都撇下来了还是怎么着？""姐姐，请你注意讲话文明，现在全社会都在倡导并践行环保低碳理念，我们小学生都知道绿草不能踩，鲜花不能摘。你看你又摘花又践踏绿地，还要把这一幕拍下来，你以为你的微笑，世界看不到吗？"

"你……"小姑娘的话把朋友气得一时语塞。我赶紧笑着打圆场："这还真是个挺能说的小姑娘，呵呵。孩子，你说得对，是哥哥的错，哥哥改还不行吗？珊珊，出来吧，咱们换个地方照。"

"凭什么呀？你凭什么听她的？她是谁呀？今天我还就在这儿照了，你们能把我怎么着呀！"看着耍起性子的朋友，我算是没辙了，可那个小姑娘还是不放弃："大姐姐，你这就不对了，古人云：'知错能改，善莫大焉。'孔子还说，'三人行必有我师，择其善者而从之，其不善者而改之'。像你这样任性，是不可能进步的。"

"呵呵，你倒教育起我来了！那我问你，我踩踩草摘摘花，是犯了民法了，还是犯了刑法了？你准备判我几年啊？我的太平洋上的警察同志！"

听到朋友这话，小姑娘的眼泪吧嗒吧嗒掉了下来，我也实在有点看不下去了。我狠狠瞪了朋友一眼，然后走到小姑娘跟前，蹲下来安慰她："小姑娘，别难过，今天你做得好、做得对，哥哥现在表扬你！那个姐姐说得做得都不好，你不要跟她一般见识，告诉哥哥，你是哪个学校哪个班的？哥哥给你们学校领导打电话，让他们表扬你！"

"哥哥，我不需要表扬，"小姑娘啜泣地说："老师教育我们要学雷锋，见了有困难的人要帮助，见了不好的事情要制止，我真的不知道，今天我什么地方做错了？"说着，小姑娘呜呜大哭起来。

见此情景，朋友也低下了头，默不作声地走出绿化带，把头上的花也摘了下来。我激动地鼓励着小姑娘："姑娘，你做得对、做得好。绿地是公共资源，它为我们提供氧气，我们就应该保护它！遇到这样的事，我们都应该站出来！现在我知道了，你的名字叫雷锋！哥哥是搞创作的，回去以后哥哥就把今天的事情写成文章，让所有的人都读到它！"

在我的安慰下，小姑娘止住了哭泣，向我和朋友认真地敬了一个少先队礼："哥哥、姐姐，希望你们珍爱自然、保护环境、天天进步、天天向上，再见！"说着，她快步走向了远方，望着眼前那一抹翠绿远去的背影，我的心里像打翻了五味瓶一样，感慨万千——人，是造物主的宠儿，大自然的精灵，人与自然相生相伴，自然在人在，失去自然，人也将失去安身立命的唯一家园。做自然的保护者而不是破坏者，是人类的唯一选择。以前，当有人对我说"90后虽然年纪小，但思想却很成熟"时，我还有点不以为然，但是现在，我信了！从那个十三陵小姑娘身上，我看到了我们国家年轻一代的希望，看到了由90后、00后建设的美好未来，看到了由90后、00后实现的美丽的中国梦！我相信，我们的年轻一代一定会创造出超越我们的物质文明、精神文明、生态文明，我们的明天，一定会因此变得更美好、更光明！

现代诗

十三陵诗笺（组诗）

汪再兴

1.清明，十三陵

清明，无论风清还是景明

来一场必要的雨，是必须的

好让积蓄了一年的泪，湿润

并纷纷，一起去郊外的十三陵

踏青，踏醒我们地下的亲人

演绎捉摸不定的爱恨盈虚

梨花别上思念的衣襟

荒野的百感杂草丛生

纸烛终于摇曳，明明又灭灭

三炷青烟就撩开了生死的大门

青烟散尽，已跪下的人还在哽咽

而早躺下的人，又在起程……

所以天空总是阴得很沉

即使真的有雨，也不能声息

连空气和空气都近得，没有距离

以便让这相悖的时刻

同步进行生命的欣悲：

慎终追远，澄澈明清

那么从清至明，是否越清越明？

而从明至清，真就越来越，无法说清

以至雨，一直淅淅沥沥

连这一路的行程，始终静寂

2.走过大红门

迎面而来

你眨了眨眼睛

满脸沧桑的皱纹

欲言又止

他走过去

背影尖叫了一声

到底踩疼了谁的

影子，或脚印

你们都走了

而我还站在这里

成为神路的一部分

像个孤儿

3.神路上

踏着青石板慢慢走路

踏着每块石板呼吸的从容

踏着石板的目及之处

慢出石板与石板间松开的指缝

慢出石板抠出的，光影的凹凸

甚至慢出，岁月对石板起码的尊重

无问西东，不论左右

不去想神路有没有尽头

也不管十三座陵墓，青山依否

因为此刻，这样的时候

慢就是一种应有的节奏

就像生活对于天空

低头也是一种态度：

哪怕脚踏青石板似的疼痛

背负的青天，青石板似的厚重

4.十三陵，杏花开

远惊花白，近懊眼花

入山道，扑面原来杏花

一树高来一丛茂

一坡野来又岭岗

刚以为没了

却一弯一弯接着，浪

浪上山皋

浪下盘山道

浪出千山万岭

层层叠叠百媚千娇

北国春雪的梦想，和风光

尽管隔着车窗

哪怕鼻炎又犯了

但花，漫山遍野的绽放

遍野漫山的燃烧

色彩、声音和壮丽的景象

你仍能看到听到感觉得到

感谢：十三陵的杏让我三生有幸

一路歌谣，一路芬芳，一路飘飘

庆幸：活着，遇见，真好

5.蟒山日出

好吧，在蟒山，如同你所说

太阳就是一只气球

我点点头，又点点头

因为爱着你的缘故

我正想着如何把它吹鼓

而天尽头，太阳比我还主动

从晨霭还是山峰？冒出头

越来越高的刃弧，割破天幕

120度，180度，240度……

越高越圆的气球腾上天空

飞升的，饱满的

不仅弧度，不仅温度

还有从容雍容的，风度

——激情的呼吸此起彼伏

就像清爽的风，呼呼

吹鼓气球胶皮的红

吹胀气球红膜的透

吹实气球彤红的浓

哪怕已生动成一枚红果

还不罢休！还在红出亮度

亮成红橘，亮成黄柚

亮出金闪闪的，车轮或盘磨

轰隆隆地，从仰望的眼目

压着、碾着、滚过

压扁灵魂出窍的你我

碾出魂或魄，纸片的薄

滚出情感血水的重

漾出万里晴空，还在滚动

以至你我的我，不约而同

快要鼓爆的脸，都，红扑扑

6.蟒山远眺

有千山，就有万壑

无论众水如何奔流

十三陵水库大坝一挥手

全都停住脚步

蹲的蹲，坐的坐

彼此看着头上的旋涡

集体主义的水库

虽明波暗涌

但表面温和

逐渐积聚了天空

所以，哪怕放水了

也会一心万众

山摇地动

读你

——明十三陵

禾 雨

摘下花枝乱颤的银铃
读你
读高大的碑楼
读老龟光滑的脖颈
读那看不懂的碑文
还有大人们扬起的欢笑

驶过喊疼的神路
读你
读狮子的威猛大象的温存
读麒麟鳞片几何
读石人石马为什么数量不等
吹着大大的问号
一寸一寸
把高一声、低一声地呻吟碾过

长陵门前的车水马龙
遮不住成祖子孙陵殿的孤寂
庆陵废墟上电影人的狂欢
唤不回皇陵昔日的容颜
而我
还要用过剩的精力
把泰陵的残垣消遣

如今
在发黄的书页中读你
在两鬓的白发间读你
读你把悲伤和荒凉一饮而尽
读你把坍塌的明楼一个个扶起
读你用法和规编织的铠甲
读你用高科技生出的双翼

我在苍翠的天寿山读你
读你沉睡地下的文明
我在回归的旧城砖上读你
读你写满密码的种子
我在花香果香烟火香中读你
读你流淌的爱
读你绵延的魂

路指向远方

二〇二二年十月游十三陵感怀

杨献春

大道昭彰，宫门敞开
晨曦拉长了敬仰的身影
神路指向远方
苍翠环绕只缘身在此山

蜿蜒小道
游客拥簇惊扰了大明风华
美景哪知帝王已安然入睡
六百多年的光阴化作雨后彩虹

气爽，秋高
密林隐约透着红墙黄瓦
这历史的琴弦
只为弹奏出《永乐大典》的气氛

纵深，龙蟠虎伏山冈
一路笑谈斑斓秋色怡人
霜叶绯红
苍穹，小鸟展翅向南方

感念，直击。我和时代拥抱
自然，生灵。一座座山巍然屹立
月光下

星辰如十月成熟的五谷

眺望海洋，眺望田野
这高楼的高尊为一座城
一片片云写满史诗
期待着三月生机盎然

拯救风景
一段新的回忆
让一阵阵清风
吹醒走夜路满脸灰尘的人

二〇二二年十月颍城于南沙河畔

天寿山上的夕风讲述明十三陵的沧桑

祝宝玉

1

山风吹散夕光，余脉逶迤
仿若散开的笔迹，洒在纸页上，成为无序的点
如果虚构，山径可以独自撰述
明十三陵，或明史的隐喻
保存于此处的砖石之间

长陵、定陵、昭陵、神路
既定的谱系，在古老的言语里演绎更迭的痕迹
此刻，我寂然
我淡定，薄如岚烟的眸光里探知将落的幕布
那些开阔之处的石头，衍生出苍色的苔藓

风华尘埃落定，在这座山中
偶然的惊叹声沉淀为微凉的露珠，从叶片上滑下
恰似宫宇的珠帘，发出窸窸窣窣的声响
二三百前的

2

旧址有迹可寻
这里是"风水"胜境，绝佳"吉壤"
古老的描述，在今天已然模糊

历史的神经末梢不能触碰

那些比石头略高的衰草指证着百年的沧桑

明十三陵，见证着一个王朝的坎坷起伏

风声沉浸在低音区里

此刻，我伫立良久

一只灰色的雀鸟停歇在远处的树梢上

一些花尚未完全衰败

一些字迹墨色没干

它们是古老的土著，鸣啼似乎是一种叙述

关于明朝的传说，亦如它们的飞翔般轻盈

尘埃落定于纸页上，诗行深陷

夕晖，梦境，落叶，一层层叠加，垫高我脚下的山体

离苍穹又近了一寸

离浩渺更深了一层

3

长陵、定陵、昭陵、神路

走进去，就是走进一部盖棺定论的历史

泛黄的扉页上对垒着石头的建筑

静默之物，轻微地呼吸

石径被夕光抚摸着，呈现沉静的温柔，向着更远处延伸

那里压缩着层叠的往事

我是否要问一问这里的管理员

——故事从何时开始

我陌生的方言，并没有说出口。就这么一一地去看吧

你看，那石像正在独自诠释

它代替了语言的永恒，把自己坚硬的寓意

和盘向我托出

4

请出滞留在古老岁月里的典故

请出一枚形单的弯月

步行山中的我们被万物的影子跟随。天地清澈
夜风清凉，昌平的城门开着，为了迎迓一缕清风
将声音传递至砖石的内部

走过陵前的小河，它清理着
自己的流水，星辰运行，分开
又聚合，迢迢星汉似乎有所提示
人间变化太快，跋涉者忘记了自己的来路，当我们静止
体会出沉默之人的心声

似乎有一些事物依然坚固
对于首次到来，很多人感觉是再次相逢。在明十三陵
将岁月封印的旧词全部解锁
让它们去修辞非线性的时光，如何在这里流逝
如何看懂那婆娑的背影

5

古诗集中一些诗没有题目
无名，或佚名
这令我想到明十三陵，那么多的无名之人
守着一个共有的秘密
今天，我们无法解开它了，它被封锁在岁月之中
天空的潮汐涌动，是浮动的云
被夕光渲染，显得千娇百媚
哦，曾经美丽的女人，在流年里，变得色衰颓老
临着窗子，偷偷哭泣
对着空空的镜头，我们感叹时空的空旷，能盛下万有
能纪念一切逝去

6

天寿山把一桠树枝的影子落在我的肩上
感觉并不沉重
我一如往常地轻松步行

沿着长满衰草的石级，临至明十三陵
慢下来的脚步，与晚风等重
这一缕与那一缕从不纠缠

向历史深处望去，一望无际
花香消弭在风中，我的鼻息无法探知命运的讯息
应该向那些风尘仆仆的人致敬
他们来自明朝
所有的门是敞开的，疲惫者已然得到足够的歇息

历史设置的悬念，由月光解析
无法转译的，就雕刻在石头上
留给后人，留给守望的身影
光阴的画笔擅长跨界描述，天寿山，将若干历史词条
柔化成朦胧年代抒情的句子
光阴的册页上，春风、秋雨，排序成一枚枚偏旁
象形的字，凝着淡淡的愁绪

写在明十三陵的诗意笔记

张　之

1

一个又一个朝代相继落幕

那端坐于庙堂之上的

帝王，以及那一袭龙衮玉带与彤红的印玺

有的归于尘土，有的化为草木

还有的，在坊间的趣闻或轶事中

深居简出。唯独没有一盏灯火

可以煨暖民间的炊烟

在十三陵，江山辽阔，峰峦绵亘起伏

一条小河在时光里迂回

而一座座依山而建的陵墓

是岁月的版图中，写下的一粒旧址

深谙风水与自然，用一缕春风

抚慰我们体内的苍茫

2

走在神路上，树木葱茏，石像肃穆

视野要尽量开阔，脚步

不疾不徐，我们是时光的过客

仿佛每一步

都踏在岁月的节点上

从树梢上筛落的阳光，渲染红墙和黄瓦

也修葺那些依然斑驳与沧桑的
历史，或古迹
让它们在一帧相册里楚楚动人
有时用一枚夕阳曝光
有时用轻风和细雨，述说无边的寂寥
和背影

3

如果用目光抚摸，汉白玉雕琢的石牌坊
那时光的纹理依稀可辨，凹凸有致
这高高耸立的牌坊
像一枚横平竖直的汉字，或一个
朝代的编年史，镌刻着江山社稷
五门，六柱，十一楼，以及重檐和翘角
而石雕的麒麟和狮子
威风凛凛，仿佛要从岁月里醒来
从一块石头里脱颖而出
用人间的烟火，为它画龙点睛
让一座石牌坊
也有了草木的灵性

4

石像生，石像生，那些石兽和石人
依然栩栩如生，我说出一个
他们就活过来一次
比如獬豸、麒麟、狮子、骆驼、象和马
有的活在神话里，有的活在丛林中
还有的与我们朝夕相伴
而那些文臣和武将，神态自然而肃穆
要么身披铠甲，要么手持朝笏
他们在神道两侧伫立
当我凝视得久了，仿佛可以穿越时空
与他们一一对话，或者让一颗古老的灵魂

又重获新生

5

如果明十三陵是一册恢宏的卷帙
那长陵就是它打开的扉页了
穿过石牌坊和大红门，碑亭与华表矗立
细碎的马蹄声，在下马碑前戛然而止
它扬起的风尘，是岁月的烟云
而长陵浩大与巍峨
每一进院落，都徐徐舒展一段幽深的
光阴，在斗拱飞檐上
也在它的楼堂殿宇里
让一个羁旅的游子，用一卷画册
和一枚夕阳的戳记，为一个朝代的背影
题跋

泼墨或速写：对一座皇陵的十三种观看和咏叹

陆 承

时间的序章，或神路暗喻的王庭起伏
可否说，大明的风华暗喻于此，生死的界限
蓬勃了万里的河山和此处的肃穆。石牌
撰述高于死亡和王庭的存在，静寂的雕琢
像啄木鸟一般，刻录使命的圭臬和风向。

那么，谁叠嶂苍茫和华夏，云霄之外的
人世间，请观看十三座陵寝的恢弘和臻善，
龙凤肇始的门扉契合了内心的虔诚和描摹。

长陵感喟：盛大的枝叶上凝铸的经卷
是谁如此撰述：一个伟大的破折号，
含混南京至北京的跋涉和江南，殿堂天然，
国土浩瀚，一支巨橼引擎永乐的典章和烁光。

臻美的修辞，环绕天寿山，大宫门幽静通途，
明楼的一隅，往事褶皱了尊崇和拜谒，未来
缄默了祾恩殿的高洁和辽远。时间赠予你的，
最终又通过时间疏散给了广袤的云翳或翱翔。

素朴献陵：刹那的芳华或温暖的人间
请铭刻仁宣之治的端倪和芳华，短暂的
燃烧，并未减弱一盏太阳的光芒，纵使
他陨灭得这般沉寂，仿佛一切只是和缓的过渡。

素朴的陵墓前，玉案山环绕流水和苑林，
庭院拙雅，好像他的生前，温暖着帝国的
狭窄和宽广。琉璃花门的镜像，囊括了万物的
片段，并敬呈了大地上庶民的念及和絮语。

景陵述怀：壮阔的底色上锦簇的雕琢
赓续的美，继续盛大，剪辑仁政和丰硕，
无妄的辞令，博大了王朝的气韵，浩然的
雕饰，温婉或豪放了疆域上行进的敕造和生长。

我描摹质朴的轮廓上壮丽的建造，功业皆在此了，
方城和门楼敛藏了他顺遂而磅礴的一生，
巅峰之上，中年的忧怀，典章了宝城的气场，
以及与之匹配的瓦砾或注疏的册页。

裕陵一瞥：纷乱的幕布或瑕疵的冠冕
衰败的症候，接近冬日的咳嗽，土木堡的
哗然，颓丧了冉冉上升的旌旗。我篆之一个人
并不完美的履历上，凌乱的格局上摇曳的殿堂。

残损的卷轴上，复原的气象，况若春秋的比照，
门楼矗立而未曾言说昔日的辉煌或荒芜，些许庸常的
监造，平复了王朝的裂痕，在下降的谱系上
沿袭一条巨龙般的轴线上起伏而凝于一点的气势。

茂陵辞令：剪影的庙堂或晃荡的车辙
成化年间的瓷器流落街巷，葆藏彼时的奢华
或风度，暗讽的词语，涅为宽广的典籍，
深邃了某个时代行于文上的斑斓和气韵。

扩张的棋局，策记聚宝山下的锻造和沉默，
无边的物象，汇合于此，又缓缓消散，
以塌陷或矗立的悖论叙事，映像朱见深的
治下，纷繁的俗世里尚未完全暗淡的草木风雅。

拜谒泰陵：中兴之灯映照江河和远方
民心民意即在民间，广袤的风，拂过中兴之灯，
映照的片方和无限，转喻振翅的动力，
众生看见了佛，看见了喷薄的春朝和转机。

笔架山东南麓的拙雅，顺盈归安碑亭的走势，
亭廊如常，隽永的雕镂，明丽了往事的幕布，
在辨识度的基础上，重构消逝的意象，在黄土的
譬喻里找寻最高的褒奖或最低的收获。

康陵碎笔：荒诞的情节或颓丧的章句
荒谬的情节，惊奇了故宫的石像，豹房的
淫乱，墨迹武宗的题款。谁说出愤懑和批评，
谁在一沓散落的宣纸上誊写碑文和隐秘？

莲花山下，缜密的构造，抵御了多少盗墓者的
侵扰，铭文的间隙，真草篆隶浩渺了一个帝王的
荒唐和驰骋。果园暗语了一场幻剧，舞台上，
他或他们依然演绎三一律的寻常和荒芜。

永陵叙事：宏大的视域和层叠的风貌
他以枝叶之名，登临大宝，智慧和权术的
典范，执拗了《永乐大典》的归属。他来自
辽阔的疆土，在同样辽阔的墓穴葆存气概和卷宗。

阳翠岭之南，庞大的规制，隐于草木之间，
精湛的石雕，互文无字碑的寓意。罗城内外，
帛画显像了高贵和技法，集大成的章法，
翩然了此处的寥廓，抑或斑驳的整饬。

昭陵墓志：平庸的坐标上光耀的点滴
上有严苛而虚无的父亲，下有长寿而广誉的
儿子，他几近寻常，在血脉的间隙
探寻可能，或可葆存一份人世间的淳朴和温度。

在七孔桥之北，亭廊和院落遵从旧制，
恪守的美学衍生着"哑巴院"的打磨，日月覆照
此处，在"月牙城"的印章上夯实了品质，
在壮阔的排水系统上安置平行于尊贵的灵犀。

定陵墨笔：历史的回刍或引申的书卷
"平平淡淡的一年"，葱茏了万历的体例，
张居正的句读中断后，王朝的轮航
慢慢偏移了正轨，自由自在，或陷入泥淖。

三进院落印证被挖掘的寝陵，珠玉宝器言说
往昔的辉煌，鎏金的术语，镶嵌祥瑞和创新，
扑朔的后半生，盖棺了怎样的论述？鬼火
仿佛照亮了一条通往"天人之际"的小径。

庆陵点滴：锻造的光束或纠葛的情节
并未置换的墓地，以置换的名义，安放
短暂的王位。他来了，经受了磨砺，开始芬芳，
开始在属于他的案牍上批注思想和光芒。

狭小的"景泰洼"里，拙雅的风格，环绕
独立或簇拥的监造，青白石的石拱桥上，
时间见证了从未盛大的凿穿，高树低花的繁茂
消减岁月结痂处的感伤或大地深处的怅惘。

德陵管窥：木匠的一生或偏移的天平
尧舜的传说，演为现实。失败的种子，
是否早已种下？天道的天平开始倾斜，
直到下一个人顶替你成为陨灭的灰烬。

在德陵，庞杂退为式微的表象，惯常的形式
穿过城楼的风雨和残缺。在复述的白皮书上，
谁看清了彼时，谁就看清了当下，谁明晰了
在场，谁就在未来的席位上速记胜利的圭臬。

思陵碑帖：毁灭的笔墨书及落日余晖

未曾卒章的句子，开始寻找一条绳索背后的
悲剧或醒悟。"非亡国之君"的编织，
纵横《明史》的题跋，抑或激荡的书帖。

我试着在一阕残碑上，拓印朱由检的滥觞或广袤，
语言述及松涛，抑或后人的缀文和沉痛，
毁灭或新生的笔墨，指向了余晖下的泥土，
露珠浸染下的生长，含蕴了萃取的物象和希冀。

定陵园漫行（组诗）

王　伟

1.雅歌

推开窗子，就可以看见
天寿山下的景陵，小门洞开
大门紧闭，看陵人
只让几声黑黑的犬吠出来

那时，我们以书为桨
雅集于御景山庄的码头
雾霭千重的二月二，适合
一群书生意气的人行云布雨

新翻的泥土潮湿着山野
荒草等待绿色的春水
大地妊娠，即将分娩柳芽和白蒿
那株惊醒的桃花害了失眠症

青砖层叠，墓墙红颜斑驳
像被虫子蛀过的书架
雨痕年复一年写着惊叹号
从右到左，竖着批阅

2.定陵园漫行

磨盘柿爬到树梢上
还是被高若虹老师的相机摘了下来

在神圣功德碑前拍短视频的人
显然比明楼前直播的那个更有厚度

我们的读法不同，柏树向几百年前
扎下根去，木纹理记录明史
我们向时间弯腰，读海水江崖
青苔和石头的伤口都有发光的语言

园林工人在浇水，拿着UFO定位器的人
为升级陵区测定树木和地基方位
野猫们是守护精灵，适宜被穿越故事
写入一条夜晚的时间线

金丝翼善冠、龙凤冠、衮服
——复制前朝的封面，明楼后的宝顶
其实是一个句号，无字碑是个谜面
被读了几百年，还没有找到标准答案

3.秋行环陵路
走水库西路，过长陵园村，拐上昌赤路……
前天寿山，后神路，左右都是秋色赋
十三陵水库躲在彩叶林后面
因我的目光一掠而过，略有愠色

十三座陵墓，从阳翠岭到锦屏山
此时金叶子银叶子纷纷落地
铺满杨树叶的长陵路口
像永乐饸饹宴铺出的迎宾地毯

整个陵区正在演奏时光交响曲
有苹果采摘园、樱桃园的丰收前奏
不落的柿子现在是橘黄的高音
金银木的果实，敲打出一丛又一丛
红色的鼓点

民俗户、乡村酒店、度假村
左左右右，在环陵路上串起柳琴
这条路是柔软的五线谱，上坡下坡拐弯
好听的曲子绕来转去
在关键处敲绿色发展的重音

骑行客拍照打卡，风翻动乐章
村口的老槐树请你过去坐坐
环陵路适合不急不忙的人
从蟒山森林公园，走到沟崖
十三陵的琉璃瓦闪着金光
京银路，一头扎进燕山

4.在裕陵正门
再退就是天寿山了，一座陵
退进柿子园深处也藏不住
秋叶放弃掩护，祾恩殿的牌匾
要走到台阶下才能看完整

土木堡之变、夺门之变
墓主人的关键词被反复演绎
"一个人生前有多荣耀，
死后就有多孤独"
看陵人的摩托车不用拴马桩

被修补的历史很好检索
残墙作证兵燹，被弃用的础石是真品
台阶缝里钻研的毛地黄
和我都有道听途说的可能

西侧的柿子树有十万株
三座桥的旧地基六百岁了
排水沟边上那棵大树
肯定不叫迎客松

5.七孔桥，或花海

在七孔桥上来去，总想起
从前的车马慢，想起他们疲惫至此
左右青山，桥下流水喧哗
仪仗绵延几里，嬉笑半声便坏了规矩

想起赏秋的人在花海拍照发视频
和万寿菊比谁笑得更圆满
看薰衣草画蓝眼影，波斯菊
摇摇摆摆，柔柔弱弱的样子
融化了石头的心

在花海，风撩动衣衫就振臂起飞
想唱就喊两嗓子，每个人都是大明星
被无数花朵的粉丝包围尾随
沿着夜来香的小径，隐入南山

你可以坐下来，用红蓝粉白的杯盏
斟满蜂蜜和月光，阳光和风穿针引线
把你缝成一粒纽扣
把花海穿在身上的人，梦中会变成
一只蝴蝶

昭陵，你曾听过我的歌

徐树义

题记：那年，长陵中学在昭陵举办一次文艺演出活动，我在那里独唱《青春啊青春》。

昭陵 你还记得吗
你曾听过我的歌

那时你很老
满脸布满蜘蛛网般的皱纹
一张洞开的嘴 没有一颗牙
腰背佝偻
长着疤的脑袋上 摇动着几棵白草

那时我很年轻
面颊红润 牙齿洁白 满头乌发 目光明亮
单杠 可炫大回环
双杠 可秀肩手倒立
运动场上 可像风一样地驰骋

那个长着一双杏核眼的姑娘
正用蜜一般的初恋滋润着我的心
我每天一睁眼 就好像看到的是
东方天际 朝霞像一条条彩色丝带 随风轻轻飘曳
山坡川地 绿草如茵 盛开着五光十色的鲜花

我站在大殿柱子的基石上

用青春的歌喉送出清润甘甜的声音
青春啊青春
比那彩霞还要灿烂
比那玫瑰更加芬芳
若问青春在什么地方
她带着爱情 也带着幸福 更带着力量
在你的心上
啦啦啦
我体内的每个细胞都跳荡着欢快的音符
我的心灵随着优美的旋律翩翩起舞

我的歌声婉转舒缓 如山涧的潺潺流水
我的歌声激情澎湃 如大海的滚滚浪花
大峪山的苍松翠柏高声喝好
九龙池的清澈泉水频频鼓掌
而你 仍旧木木呆呆
两只眼睛空空洞洞 混混浊浊
一双黑乎乎的手 不停地捋着破旧的衣边

那年
全国人民的心潮都在毛泽东主席的《水调歌头》里奔腾咆哮
世上无难事
只要肯登攀
这句闪耀着哲学之光的诗
像一面战鼓 咚咚地
激励着亿万中华儿女奋勇向前
那时我就在心里向你承诺
待到"可上九天揽月 可下五洋捉鳖"的凌云壮志变成现实时
我一定再来看你
让你和全国人民一起振奋 欢笑

今天我终于来了
我的两个孙女陪着我来的
我要自豪地告诉你
嫦娥五号把鲜艳的五星红旗插上了月球

奋斗号载人潜艇成功坐底了马里亚纳海沟

走近你
我愣住了 揉揉眼再看 这还是你吗
你一扫 鞋儿破 帽儿破的猥琐
一袭红装
面庞润泽 双眼明亮 发鬓整齐 腰杆挺直
气宇轩昂地挺立在天地之间
你骄傲地告诉我
不是龙脉有仙气让我返老还童
是伟大的时代给了我青春
当你听到毛主席伟大预言实现了的惊天喜讯时
立刻亢奋了起来 高呼 祖国万岁

你以一种志得意满的神情对我说
我们的几代家族
越过了太平洋 印度洋 大西洋
走进了联合国教科文组织的殿堂
我们在世界有名了
我双手一拍 说 好
你们这一脉精美绝伦 天人合一的艺术珍宝
在世界舞台大放其光
是历史之必然 文化之必然 中华民族之必然

这时
我们的心声都跳荡在了一条弦上
此生无悔入华夏 来世还做中国人

交谈中 我知道你还是没有认出我
我想对你说
你曾听过我的歌
那时
你很老 我很年轻
今天
我很老 你很年轻

明十三陵后现代表情

苏 醒

题记：明十三陵后现代表情优雅隐逸着大美。世遗赋能自然与人文底蕴，龙图腾，有容乃大。

十三陵优雅潜移默化，一路奔跑豁然开朗的诗画
关于明十三陵后现代表情，词条的释义跌宕起伏，犹在灵动
天寿山昂首挺胸。而深入其中，古韵遗风清新盎然
山环水绕，或丘陵谷地，或悬崖峭壁，或古道幽径
大张旗鼓开拓是优雅坐姿隐逸着大美，是出水蛟龙纵情家园
物华天宝地理坐标定位了幸福昌平旖旎的修辞和形象

始终把古色古香的千年舞姿，安置在盛美燕山水墨长卷里
荡荡悠悠纷繁的热爱与雕琢，聚沙成塔，厚德载物
潇洒俊逸的群山，楚楚撩人的水库，刚柔相济，龙图腾
温榆河源犹如一颗颗浴水逍遥的明珠。错落有致蜿蜒盘踞
自然与人文底蕴，双龙戏珠之雅趣，风生水起，呼之欲出

幸福昌平水水的脉息，水水的河韵，给了我水水的心情
乡村振兴产城融合在明十三陵金雕玉镂盘龙里，施展魅力
京北民俗节，世遗传承保护文化节，八达岭文旅一体化
鼓乐齐鸣，袍衣旋舞，雄风猎猎，风景道山水田园农历的典雅
南来北往的歌，金山银山奠定的地位，远道而来的谒访
有了一种腾云驾雾的冲动。逶迤的奢侈，随波逐流

在幸福昌平，就虚拟一条飞龙问津取暖吧。我是那顶翎的驭手

我是自己的王。乡村振兴的爱直抵凡心，洗却一路风尘
京北慢时光，把燕山锦绣光华一缕缕捻成产业兴城的温度
家国情怀安身立命体香，有着十三陵的浩瀚，有着温榆河的衷肠
阳刚与阴柔对峙的美幻，呼风唤雨。龙体岂能欠安？

世遗赋能开疆辟土未雨绸缪，不是纯粹的走马观花，走走过场
这在高起点的昌平模式面前显得苍白。领首京北山川灵秀
十三陵后现代表情的维护，是为了站得高看得远，是为了顾全大局
为了众志成城。优雅潜移默化，一路奔跑豁然开朗的诗画
这正契合了人杰地灵燕山福祉气宇轩昂。有容乃大时刻准备着

自然与人文底蕴，双龙戏珠引领一场盛宴
一再烘托的诗行，始于世遗，超越世遗。纵横驰骋欲望
仰望与敬畏昌平自然与人文底蕴。这个时候需要更多
胆识与魄力，需要双龙戏珠，需要来一场青山碧水盛宴
异曲同工回味，抑扬顿挫昂扬的旋律。明十三陵后现代表情
绵柔的颂辞文韬武略，于我的骨缝植满鲜花云霓水声草鸣

美丽天寿山上下图腾。风景道玉玺江山意象的辞章迎呈迭起
优雅形容信手拈来。携几缕飞瀑流泉，抒几波湖光碎金
揽怀云霄。松竹杉桃李杏交叠炫彩，在皇城线装册页璀璨斑斓
洞天福地神话色彩张弛有度。花香鸟语禅唱诗吟
如火如荼法力无边，把虚掩的卷轴，拓上金龙的影像
点亮幸福昌平睿智典籍。流光溢彩背景音乐已露端倪

说及高品位的文化遗产，是要说一说物华天宝福禄之地发现挖掘保护
说一说传承弘扬改革者名字，说一说昌平上善若水秉性意涵丰富雅逸
与十三陵的脉息吐纳和谐，开始以水库走势惺惺相惜，一诺千金

人文燕山与家园根茎相连，血肉交融。可以聆听到信仰的歌唱
深入和声部。每一个如诗如画日子就水涌汩汩一再洗练
皇家园林静美之上的隐忍与沉默，蓄势待发。龙威凛然

回到大自然说爱。把八达岭主廊支线田园的葳蕤根植在人文底蕴的暖里
京北非遗风骨沿着时光小镇财运亨通暖色调，渗透

植入康养资本，投递幸福舞姿，与遍地繁花吐纳芳菲

温榆河低吟浅唱情澜，在十三陵优雅时光里修饰岁月痂痕与沧桑
湿漉漉、水泠泠古铜的身姿，桃源仙境蛟龙影子，轻轻一嗅
就有那么一股田园气息。一个又一个负氧离子就这么脱口而出
是蹈动着飘摇着一首首乡村振兴产业兴城绿色诗行萦袖扑怀
款款倾泻，迂回。是否带有水润乡愁的滋味么？

十三陵群峰耸翠自由自在的身段，把人文昌平经典华章肆意穿针引线
与八达岭、居庸关一条连接的珠光，龙图腾的诗情演绎，意象盾牌
俯首贴心。以温榆河引领，母亲河佛眼无限扩大，沉淀凝音
京北全域旅游重金打造品牌，沉甸甸地悬挂在燕山门户的胸口

幸福昌平被温暖的青山碧水，以明十三陵名义聚拢来道骨仙风
水到渠成，京北山川美丽乡村是丰腴的。每一粒果实的名字都
冠之于绿色无污染内涵。红富士、大樱桃、西瓜、甜瓜、草莓、猕猴桃
饱满生活同时饱满我的激情。以我绵薄微弱的诗章
是欲提升北京后花园的美名，尽管泼墨挥毫的高度抵不过故土情深
或一场民歌演绎的深度。恋上幸福昌平恋上诗意山水
人文燕山的心愫却是明净的，清纯的，馥郁的

以明十三陵后现代表情，世遗赋能的优雅，新时代新征程寄托
缱绻的韵味，把虚拟的措辞，真实地安放在京师之枕燕山之珠
京北花果之乡风调雨顺，观光农业闲情逸致里
农旅嘉年华，生态园，度假村，皇家园，柳暗花明

袅娜在一盏茶里的清风，农作物保护产品泛起乡情的一道道曼妙涟漪
古长城隘口驿道洋溢着幸福昌平甘甜爽口、醇美生津的微笑
啜一口化骨，再啜一口成仙，翻越轮回

风荷上翩翩起舞。樱花带雨柳丝绦纵横恣肆点掠，十三陵风景道内涵与外延
一片羽毛的功夫，与鹤唳风啸，与天鹅比翼，与蜻蜓点水，与鸢飞鱼跃
且把潭瀑相连，湖泉相映，温榆河琴瑟和鸣天堂之路
把京华烟云全域旅游幸福昌平盛宴邀约提炼成，古美燕山文化根基
捍卫一种真理，诱惑一条条飞龙在天涉水行吟而来

皇城根儿古韵新姿，大红灯笼瑰丽的城池浓墨重彩，铿锵的脚步
簇拥澎湃的声响。京都文化底蕴绿色轮廓，在创新，协调
绿色，开放，共享，昌平颂唱词里抽枝，伟岸，一盈再盈
美轮美奂的曲线，欲望，风景独好。明十三陵双龙戏珠地标
标新立异，正被囊括成一首民谣一段史话。且以世遗之光铺陈

物华天宝齐聚的光华正声名鹊起且风光无限。那些细微的声息
飘过我们的村庄，家园，在高雅之上俯首，在一脉相承里仰望
在一片喝彩里学会欣赏，冠上诸多名目的云朵
自昌平人家，精雕细琢明丽颂辞里打开，再打开

龙图腾。把幸福昌平被温暖的青山碧水，以明十三陵名义
聚拢来道骨仙风，京北圣地自然与人文双龙戏珠歌舞升平
提升和跨越，与一座城，与一条河流，与一爿园林，与一个山村
与一注暖流，与一场盛典，与一群花儿奔跑的词句和修辞

数字组城

赵　春

方形的二维码
足以扫描出十三陵的轮廓
从密密麻麻的虚拟数阵里
我读取到一颗奔流不息的
城市之芯

写十三陵

常爱玲

写十三陵一定要写十三陵水库
那个青山绿水的存在
那个波光粼粼鸟语花香的地方
遥想当年
祖国百废待兴
英雄的人民
硬是肩挑手刨
建成这让举世称叹的水利工程
十三陵水库的精神
早已经化为一盏明灯
珍藏在光阴长河的浪花中
引领着我们的人生

写十三陵一定要写英雄的十三陵人
那从抗战烽火丛中走出来的人们与后辈
硝烟中不惜抛头颅洒热血
建设里集思妙想
数年的时光
十三陵
春天百花灼灼
夏季绿荫蓬勃生机盎然
秋天果香四溢沁人心脾
冬季白雪皑皑一派童话世界
春饼宴烙糕宴一系列民俗度假旅游

把十三陵民俗文化的精妙展现给了世界

写十三陵一定要写明朝的那十三个陵墓
行走其间
情不自禁地赞叹
前人的建筑智慧的高超
从御道的石头到皇帝、皇后的冠冕
我们的祖先是何等的聪慧
行走其间
和曾经的帝王将相对话
让我明白
盛世的辉煌
更须奋斗不息勇往直前

写十三陵有那么多精彩要写
有那么多传奇要写
还有那么多英雄要写
还是
请您来十三陵
住一个冬天
在民俗文化的小屋里
红柿临枝鸟雀高歌的那一刻
相信
一定会荡净心灵的尘埃
再细听
十三陵古往今来的英雄传奇
还有
乡村振兴的鼓声
定会唤醒
您对未来美好生活的向往
让您感到
未来可期
贵在脚下

与明成祖对话

李复国

穿越时光隧道
从2022来到中国15世纪
我拜见明朝第三位皇帝

小小文人想见皇帝
难呀！通过各种关系
才见到皇帝之秘书
一听说我是文人
两个字：不见

使尽了招数
风餐露宿三天三夜
"打狼儿"买一身高级行头
"人是衣，马是鞍"嘛

记不清经历多少磨难
费了老鼻子劲头
终于见到明成祖
……
见到皇帝必须跪下
这是礼节
更是尊严
无一另外

明成祖还是很亲民的
对我这个穿越过来的奇人
说了句"平身"
打量了好久
才与我交谈起来

谈话得知
永乐盛世
老百姓人人称颂

天子守国门
君王死社稷
光照万代千秋

郑和下西洋
开创新纪元
前无古人
后无来者

首都南京迁往北京
五次征战蒙古
不和亲
不纳贡
不赔款
山峰一样
顶天立地

威严，总还带一丝微笑
于是我放松心情
与皇帝聊起天儿来

自1840鸦片战争
一个个丧权辱国条约
中国人被这一条条铁索
勒住了脖子

中国快死了

中国人快死了

中国根脉快断了

100年的屈辱

100年的沧桑

100年的抗争

100年的坚强

……

1949年新中国成立

实现了民族独立

人民解放

结束百年屈辱历史

中国人从此站立起来

全心全意

执政党的新理念

两弹一星

看谁还敢欺负

百姓从吃饱到吃好

扬眉吐气了

改革开放

全面脱贫

载人飞船上天

实现登月成功

香港澳门回归

统一大业

势不可当

国家强盛

人民富裕

中华民族

屹立世界东方

明成祖终于放声大笑
笑得亲切
笑得晴朗
我要穿越回到2022
与你们举杯共盏
痛饮幸福琼浆

欢迎明成祖来昌平
品南邵苹果
尝兴寿草莓
采流村板栗
涮阳坊肉香

泡一泡汤山温泉
吃一吃农家春饼
赏一赏居庸关峰峦叠翠
嗅一嗅七孔桥花海芬芳

明成祖醉了
豪饮一杯杯"华都燕岭春"
脸颊似春天桃花
笑声如天空朗朗

趁皇帝还未醒
我穿越回到2022
又来到2049金秋十月

正是新中国100年华诞
我看到莺歌燕舞之盛景
看到了中华民族复兴的海洋

我不禁欢呼
我放声歌唱
泪水止不住打湿眼眶

明成祖陵前
我久久伫立
敬慕之情
油然而生
这十三位皇帝呀
哪一位不凸显中国精神
哪一位不是铁骨铮铮

我，一个小小诗人
但我更像明朝某个皇帝
因为，我与明成祖
血液相融
根脉相依
我们都是泰山压顶不弯腰的
——中国人

古体诗

沁园春·记十三陵

刘雨菲

壬寅秋，重游十三陵。见游者如云，皆有所感；文物陈列，千载犹温。遥想初见十三陵，荒凉萧索，人迹罕至，有感于其变迁之剧与文物保护成就之卓然，遂作此篇。

纵目神道，乱云垂暮，雪舞回风。望软红光里，燕山缦回，祾恩殿下，御路霜蒙。檐角碑亭，朱墙幽阙，文武功成石像生。自顾影，长沟流月处，且去无声。

莫道暮霭重重，看试手、如今缚苍龙。见春惊品物，须弥共展，日暖岩壑，霄汉同梦。技夺天工，重还旧貌，丝翼善冠龙若腾。向道玄，借丹青数笔，与九州同。

题明十三陵二十韵

黄永东

沉心思往事，醉梦十三陵。
念昔空怀志，于今独抚膺。
世仁修易得，天寿渺难凭。
鸟去青峰峙，时来碧水澄。
移都传伟绩，校典立长灯。
国治调风雨，民和寡爱憎。
洪熙才未展，宣德业方兴。
病老康安隐，人忧叛义增。
败俘家国恨，归转弟兄冰。
单木何堪抵，同心岂可崩？
见深悲北域，天顺恨南征。
宗庙兵师毁，江山野鹤登。
贤明成化殒，慈厚祐樘升。
多战载尪苦，清风万历承。
衰容花尽悴，荒草泪先凝。
侠客邀云义，游人壮气凌。
碑亭荫覆道，神路柳垂称。
漫步将聊趣，偷闲或从僧。
露重寒万里，苔翠积千层。
胜迹今谁晓，岩崖一古藤。

入明十三陵

杨宝营

题记：农历壬寅年秋，携父母重游明十三陵，心中有感，遂发此作。

天寿山麓铸皇墓①，文官下轿将落骥②。

永乐始作明长陵，崇祯葬入思陵止。

大峪山下明定陵，神宗万历葬显帝。

古陵残碑松涛阵，宝城明楼相辉霓。

龙爪朝天握虚空，貔貅伏地幽睥睨。

狻猊吐瑞瘴气浓，赑屃负碑春秋历③。

无字石碑越古今，沧桑冷眼观深寂。

重檐歇山圣德碑④，乾隆哀明十三诗。

云龙纹柱望天犼⑤，獬豸麒麟相对立。

须弥莲座汉白玉，石雕螭首作龙泣。

玄宫顶门自来石，裬恩殿里安神礼。

金丝楠木红漆棺，一皇两妃同寝息。

屈肢北斗葬七星，天子之居谓紫懿⑥。

水见三弯福寿安，聚气藏风曲有意。

缂丝十二章衮服⑦，罗地洒线百子衣。

奈何天潢贵胄身，千百年后尽烧弃。

伯温难作烧饼歌，未料阖棺身后事。

古来十陵九遭劫，重入人间化作泥。

海昏隋炀不禁数，殷墟秦皇或可拟。

生时琼楼执玉箸，薨毙⑧犹须口含璃。

闯王千骑排闼来⑨，逼得思帝迫死妻。

景阳钟上三血灯⑩，煤山槐上掩面缢⑪。

几百年来朝祚绝^⑫，一朝国破山河泣。

太祖若知千年史，不出皇觉未可知。

作者注释：

①天寿山正位于"北辰"（北极星）位置，山体周正，高大如屏。而十三陵风水最珍贵的地方，还在于天寿山陵墓的穴后"来龙"，这是决定"龙脉"贵贱的决定性因素。

②下马碑是显示封建等级礼仪的标志，在古代至此进入陵区就要下马下轿，步行进入陵区，以示对先皇的恭敬。

③天寿山整个陵区雄伟壮观，长陵建筑在天寿山下，是十三陵的首陵，长陵作为明十三陵中的第一座陵，坐癸山丁向，天寿山展肩开帐，剥换、束气起金星结穴于长陵，左青龙，右白虎，前朱雀，后玄武，气势磅礴，建筑规模最为宏伟，也是地面保存最为完整的帝王陵寝。

④长陵的神功圣德碑，规制为重檐歇山顶。

⑤华表上的蹲龙又叫"朝天犼""望天犼"，朝南的一对叫"望君归"，意为盼望皇帝外出游玩不要久久不归，应快回宫料理国事；朝北的一对叫"望君出"，意为劝诫皇帝不要老待在宫内寻欢作乐，应常到宫外去了解百姓的苦难。

⑥紫气东来，尊贵、福气的意思。

⑦衮服，简称"衮"，古代皇帝及上公的礼服。与冕冠合称为"衮冕"，是古代最尊贵的礼服之一，是皇帝在祭天地、宗庙及正旦、冬至、圣节等重大庆典活动时穿用的礼服。十二纹章来源于古代华夏族部落的图腾崇拜，是中华皇权的神圣象征。中国传统的衮衣主体分上衣与下裳两部分，衣裳以"龙、日、月、星辰、山、华虫、宗彝、藻、火、粉米、黼、黻"十二章纹为饰，另有蔽膝、革带、大带、绶等配饰。

⑧君主时代称诸侯或大官等的死。

⑨闯王李自成大军围攻，撞门而入。

⑩这里用昔日"景阳钟"来伤悼南宋灭亡，都城貌改。

⑪崇祯帝死于煤山"歪脖老槐树"，凄惨苍劲。

⑫王朝维持的时间。

明十三陵主题诗词

张　悦

一

七律·明十三陵咏怀

申遗事业驰大道，明陵灵秀望城垣。

胸无挂碍心无限，人寄精神史寄魂。

百里风光春雨润，千秋遗梦古风存。

悠悠逝水青山绿，雄峙昌平第一城！

二

满江红·十三陵文化遗产保护感怀

天下昌平，京畿地，城垣拱璧。游吉壤，延绵百里，明陵如织。绿色山川描画卷，人文遗产留陈迹。秉初心，持文化精神，弘扬急。

人奋足，今胜昔；梦仍逐，心犹炽。看青山隐隐，云涛澄碧。神道行吟征路远，蓝天直上风云逸。越经年，再砥砺前行，升红日。

三

永遇乐·十三陵文化遗产颂

亘古风烟，兴衰凭寄，人豪英杰。沧海浊流，沉浮可系，巨匠心如铁。京城故土，昌平旧地，独沐古来明月。畅胸襟，浩荡风云，明陵天寿不灭！

怀前瞩远，躬逢盛世，华夏文明续绝。碧水挥毫，苍山泼墨，丹青犹未缺。君临天下，泽披恩德，历尽千回百劫。峥嵘事，天工神迹，丹心碧血！

沁园春·明陵落照

郭洪新

　　三面环山，九陵卧谷，一水浮烟。正客经古柏，麒临御路，云施细雨，鹤唳峰烟。璃瓦重重，青砖郁郁，鬼府深宫几道关。石青砌，看蛟龙卷浪，神马飞川。

　　谁能不老人间，恁彼岸花开须问天。笑金銮殿里，喧声沸沸，石碑土外，逝水涓涓。生未携来，死难带去，且看星台遗凤冠。红尘远，任江湖险恶，自诩游仙。

送归客

陈秋萍

题记：忆秋日向晚伴游，心有所感，遂藏头步韵成句，意在抛砖引玉云。

十里秋霜送客行。
三界难逃五行中。
陵草不言风不语，
好与离人絮衷情。

明十三陵主题诗词

张雨倩

一

七律·游咏明十三陵

山光水色丽无俦，故国神游几度秋？

万事萦怀鸿影掠，百年秉烛月华求。

云生吉壤升帆志，风送京畿逐浪舟。

永忆明陵风景秀，人文画卷正凝眸。

二

七律·十三陵行吟

遥迢水秀复山青，百里平原绘画屏。

神道纵横连广袤，墓园壮阔接苍溟。

明陵创景迎朝日，文化申遗曜晚星。

风物变迁频点赞，行吟寿域故人情。

三

水龙吟·畅游明十三陵感赋

明陵天寿风情，登临山麓观光处。政通民泰，鸾翔凤翥，势承龙虎。礼乐之邦，和衷善美，彬彬儿女。感民情淳厚，天清气朗，斯文地，欣留顾。

文化昌平遗产，誉人间，风云千古。蓝天净水，风催林啸，溪奔幽谷。神路碑楼，苍松翠柏，饮霞吞露。赞山川纳福，胸襟寥廓，浩歌壮语。

七律·十三陵感怀

杨明慧

题记：壬寅年十月十八日晨，走燕子口骑行十三陵区。遥想四十年前初游，山川巨变，物是人非。因以怀古记之。

西风一夜到银岗，
寒入松楸露凝霜①。
四势端明形胜地②，
旷仪隆典不寻常③。
天开雄镇山河在④，
敬祖尊宗遗泽长⑤。
盛世何须伤往事，
游人争说十三皇⑥。

作者注释：

①银岗、松楸：明昌平人崔学履编纂隆庆版《昌平州志》，用"银岗象设，绣岭天开……松楸茂密，苍翠森严……"词句，描写天寿山的庄严景色。

②四势端明：晋郭璞《葬经·造化篇》有"龙虎抱卫，主客相迎，四势端明，五害不亲"；《四势篇》有"左为青龙，右为白虎，前为朱雀，后为玄武"句。根据中国传统风水理论，十三陵制的"四势"格局即左青龙蟒山、右白虎虎峪山和前朱雀凤凰山、后玄武黄花镇。

③旷仪隆典：见孙钺撰《昌平州志》序。明谒陵一年三大祭五小祭，次数频，规模大，花费多。乾隆在《哀明陵三十韵》中写道，"忘其前世艰开创，徒计身后胥堪轻"，批评前朝在陵制和陈设方面的侈费。

④天开雄镇：昌平自西汉设县，已有2000多年历史，被誉为"密迩王室，股肱重地"，素有"京师之枕"美称。孙钺撰《昌平州志》序载："昌平地接神京，天开雄镇，升自县治，甲视诸州。"

⑤敬祖尊宗：十三陵寝大多仿南京明太祖孝陵而建，稍改。孝陵革新彰显朱元璋的个人独创，而十三陵继承孝陵风格则是"尊祖敬宗"而制。

⑥十三皇：十三皇帝依次为明成祖朱棣、仁宗朱高炽、宣宗朱瞻基、英宗朱祁镇、宪宗朱见深、孝宗朱祐樘、武宗朱厚照、世宗朱厚熜、穆宗朱载坖、神宗朱翊钧、光宗朱常洛、熹宗朱由校和思宗朱由检，分别葬于长陵、献陵、景陵、裕陵、茂陵、泰陵、康陵、永陵、昭陵、定陵、庆陵、德陵和思陵。

水调歌头·十三陵文化遗产感赋

倪贤秀

古邑听风雨，碧水绕清嘉。回望人文盛迹，璀璨若云霞。名胜皇家风物，俪景明陵图画，绮梦竞繁花。几缕清风荡，一捧净瓶沙。

千年梦，人文韵，大明佳。幽谷林泉芳草，生态景堪夸。产业昌平文旅，遗产十三陵寝，寿域更无涯。漫说沧桑事，壮美曜丰华！

五律·咏十三陵

倪贤秀

古木数年轮，昌平又一春。
落花拂水静，微雨沐山新。
天寿春来早，陵园绿染匀。
经年寿域秀，神路洗风尘。

沁园春·十三陵

许名同

帝都北望，远黛葱茏，近野芬芳。望满坡绿树，丛生金果，漫天霞彩，竞放祥光。笑靥如花，蛮腰似柳，遍岭欢声喜气张。十三陵，恰浓情酣醉，意兴飞扬。

且由乐土徜徉，览万载风云壮曲长。有无边风景，几多探看，皇家气象，抚定苍茫。山水钟灵，光阴属意，谁为社稷热血昂。前行路，更挥鞭策马，直指康庄。

游十三陵怀古

许名同

一

天寿山川放眼量，依山筑造帝陵群。
磅礴气势山溪秀，锦绣膏腴葬贤人。
皇后妃陵同太子，皇陵帝墓十三君。
七石孔造朝宗拱，墓壮陵观巩北城。

二

宫殿长陵圣墓贤，前方后月古窗型。
檐椽昂扬三步踩，倚顶单檐帝殿门。
海水江牙云卷浪，宝山矗立龙升腾。
波澜壮阔陵瑰伟，艳壁烘托分外明。

三

屹立祾恩殿阙琦，白石汉玉竖碑林。
杀牲敬拜忠诚献，龙凤龟蛇马瑞麟。
檐角晶莹奇巧美，物珍圣典宝陵城。
皇陵宝殿琦钰姹，华夏繁荣气象新。

浪淘沙·游十三陵

袁 媛

寒水伴秋行，天外雁鸣。燕山叠嶂护皇茔。柿树黄栌红似火，岑寂碑亭。霜染玉阶莹，花海凋零。半轮银月隐云层。虎啸龙吟犹在耳，何觅英灵！

曲艺

寻梦十三陵

史英潭

甲：您是北京人？

乙：对，从我太爷那辈就在北京。

甲：这么说您是土生土长的北京人。

乙：打小儿就没离开过北京。

甲：您家住？

乙：昌平区。

甲：嘿！好地方！昌平好啊！人杰地灵、上风上水，山清水秀、环境优美。

乙：这话说得对。

甲：跟你打听个人，知道吗？

乙：您说吧，凡是我知道的，一定告诉您。

甲：您认识我舅舅吗？

乙：不认识。

甲：您不是昌平人吗？怎么会不认识我舅舅？

乙：废话，昌平好几万人口，我知道哪位是你舅舅？你得说出你舅舅的具体住址或工作单位，我兴许能帮你打听打听。

甲：我舅舅工作的地方我也说不清楚，只知道那地方距离北京大约有50千米。处在三面环山的小盆地之中，周围群山环抱，中部为平原，前面有曲折蜿蜒的小河，山明水秀，景色宜人。被人们称为是"风水"胜境，绝佳"吉壤"。

乙：我知道了，您说的这个地方是十三陵。

甲：哎！

乙：嚯！什么毛病，一惊一乍的？

甲：我想起来了，是十三铃！

乙：你想起来了？我吓趴下啦！

甲：是十三铃！那儿有十三个铃，遇到刮风的时候，十三个铃一块儿响，那铃声悦耳动听，方圆百十里地都能听到——

乙：您先等会儿吧！我说的是十三陵。

甲：是十三铃啊？

乙：我说的是十三座陵墓。

甲：我说的是十三个铃铛。

乙：十三陵哪来的铃铛啊？

甲：没铃铛？

乙：十三陵是中国明朝皇帝的墓葬群，坐落在北京西北郊昌平区境内的天寿山。自永乐七年（1409）五月开始修建长陵，到明朝最后一个皇帝崇祯葬入思陵为止，其间230多年，先后修建了13座皇帝陵墓、7座妃子墓、1座太监墓，共埋葬了13位皇帝、23位皇后、2位太子、30余名妃嫔及1位太监。我说的这个地方就叫十三陵。

甲：对，我舅舅在十三陵。

乙：噢，你舅舅也埋那儿了？

甲：埋那儿了像话吗？我舅舅在那儿守灵。

乙：啊？

甲：守灵干嘛？不是守灵，我舅舅在那儿当守卫。

乙：嗐，那叫保安。

甲：对，保安。你知道我舅舅在哪个陵当保安吗？

乙：我知道他在哪儿呀？那儿有十三座陵呢。

甲：十三座陵都叫什么？

乙：有长陵、献陵、景陵、裕陵、茂陵、泰陵、康陵、永陵、昭陵、定陵、庆陵、德陵、思陵。

甲：噢，这就是十三陵。不过，我舅舅待的那个陵比较特殊。

乙：怎么特殊？

甲：规模比较大，大约占地12万平方米。呈前方后圆形状。前面的方形部分，由前后相连的三进院落组成。

乙：这我知道。第一进院落，设陵门一座。陵门之前建有月台，左右建有随墙式角门。第二进院落，前面设殿门一座，名为祾恩门。中路台阶间的御路石上雕刻的浅浮雕图案十分精美：下面是海水江牙云腾浪涌，两匹海马跃出水面凌波奔驰；上面是两条矫健的巨龙在云海中升降飞腾，呈现出一派波澜壮阔的雄伟景象。

甲：这地方太美了！

乙：我说的这个地方叫长陵。

甲：对，我舅舅在长陵！

乙：是啊？

甲：长陵是万历十二年（1584）开工，历时6年完成，耗银800万两。陵墓建成时皇帝只有

28岁，直到1620年才正式启用。这座陵墓成为十三陵中最大的三座陵园之一。前有宽阔院落三进，后有高大宝城一座。陵正门前方是三座汉白玉石桥。过了桥是高大的碑亭。亭周围有祠祭署、宰牲亭等建筑物。再往后就是陵园最外面的围墙——外罗城，沿着外罗城可以进入地下宫殿。

乙：能进入地下宫殿？您说的这不是长陵。

甲：那是？

乙：定陵。

甲：对，我舅舅在定陵！

乙：又跑定陵去啦？

甲：定陵位于大峪山东麓，是十三陵中第一座大规模复原修葺的陵园，也是明朝第十二代皇帝及其三位皇后的合葬陵寝。

乙：嗃！您说的明朝第十二代皇帝及其三位皇后的合葬陵寝，那不是定陵。

甲：那是？

乙：昭陵。

甲：对，我舅舅在昭陵！

乙：嘿！我说哪儿，他舅舅就在哪儿。

甲：昭陵好啊！昭陵是由石牌坊、大红门、碑楼、石像生、龙凤门等组成的。神道中央立有碑亭，是一座歇山重檐、四出翘角的高大方形亭楼，亭内竖有龙首龟趺石碑一块，高6米多，碑文长达3500多字。碑亭四周立有4根白石华表，其顶部均蹲有一只异兽，华表和碑亭相互映衬，显得十分庄重浑厚。

乙：又错啦！您说的这个地方不是昭陵，是神路。

甲：对——

合：我舅舅在神路！

乙：我就知道是这句。

甲：神路又称作神道。

乙：我看你就是神叨！

甲：我是神道？

乙：啊，你是神神叨叨，云山雾罩，张冠李戴，胡说八道。

甲：我呀？

乙：你到底是找人呐？还是逛十三陵啊？

甲：我是跟你开玩笑，主要是考考你对十三陵了解不了解。

乙：这么说你不找舅舅了？

甲：不用找，我舅舅就住在十三陵。

乙：是呀！

甲：我舅舅迷恋十三陵优美的环境，几年前就在那里买了套别墅。

乙：嘿！有点意思。哎，能帮我在那儿买套房吗？

甲：你也想搬过来住？

乙：我有个远房叔叔，也喜欢那里的景色，想在那里买套房子。

甲：哎呀，不太好办哪！房源太紧张了，要买房的人太多，排号都排到3000年去啦！

乙：是呀？就冲咱哥俩这么多年交情，您得帮忙啦！

甲：行！你要什么类型的房子？

乙：跟你舅舅一样，别墅型的。

甲：别墅型的？也别说，还真有一处别墅型房子要出售，价钱也合适。

乙：那这套房子我替我叔叔要了！

甲：你肯定要？

乙：肯定要！这房子在哪儿？

甲：这处房子建在昌平城北。那地方是：交通便利，风景宜人，绿色环保，空气清新；没有城镇的喧嚣，远离闹市的扬尘。依山傍水而建，苍松翠柏成林，曲径条条通幽处，处处嫩草绿茵茵，那可真是——鸟语花香蜂蝶舞，胜似山清水秀度假村。再看那些建筑，堪称精美绝伦，乳白色的玉石栏杆，做工精细超群，大理石的基座，更显庄重深沉，高耸的石碑，镌刻着你叔叔的生辰。多么幽雅的环境，静候你的叔叔光临！

乙：豪华别墅！

甲：平民公墓！

乙：坟地呀？！

选陵地

李富厚

定场诗：

人生天地间，

苦辣酸甜咸。

安排身后事，

功过任人传。

话说永乐初年（1403），昌平县内出现了一个现象：一伙人骑着马东奔西走，在这座山指指点点，到那条河比比划划。原来，他们在给皇上选陵地。

古人认为：人死如灯灭，可灵魂还在。人们把身后之事看得非常重要，对坟墓有很多讲究。贵族、官僚们通常要请人看风水，不惜重金建造大坟墓。而皇帝们更是前脚登基，后脚就安排建造皇陵。再说清明节，平民百姓说上坟，贵族官僚说扫墓，皇室后裔叫谒陵。

单说明成祖朱棣登基之后，决定挑选一块万年吉壤，建造皇陵。永乐帝精心安排了两位重臣，专门做这个差事。他俩网罗了几位堪舆家，带着罗盘到北京周边挑选陵地。说起堪舆家，就是官家说的会看风水的术士，乡间人只说风水先生。

堪舆家们前后挑选了几处备选陵地，汇总在一起，奏请皇上最后拍板。

永乐帝告诉这些人："各位爱卿，朕看了你们的奏折，有了一点初步印象。这两天有点空闲，我跟着你们去实地转一转、看一看。"

一行人簇拥着永乐皇帝，来到了昌平西南的一个山坳。只见山上重峦叠嶂，植被茂密；山下地势开阔，河水清澈；耳边鸟语风吟，犹如仙境一般。永乐皇帝微微点头，忽见前面走过来一个羊倌，遂派人前去找来问问。羊倌一连说了几个地名，又手指着一座高山说："……这山后边有一条山沟，沟帮上有一片核桃树，树旁边的小村叫狼儿峪。那边是……"一听说狼儿峪，永乐帝立刻沉下脸来，问："这是谁选的破地方？世人皆知狼性凶残，经常捕食猪羊。朕姓朱，与猪同音，猪旁有狼，实为凶地。"众人如梦初醒，赶紧跪地请罪，恳请皇上开恩。

"把狼儿峪村迁走，自然就没了这个村名。"有人出了个主意。

永乐皇帝一摆手，说："不行！谁能保证以后没人提这个村名呢！"

"那咱们只好换一个地方看看。"众人提议，永乐皇帝点头。

他们马不停蹄，又接连去了两个地方。一处有山无水，不符合陵地"后有靠，前有照"的必要条件，缺水则属于前无照。另一处地域狭小，永乐帝希望朱家人世代坐龙椅，江山永固。可这里建不下几座陵墓啊！

三处备选陵地，永乐帝都不满意。两位重臣只好跟着几位堪舆家，东转西绕地继续寻找陵地。

一天，永乐帝又问起勘寻陵地的进度。堪舆家"胡半仙"禀告："皇上，我推荐一个绝妙的地方。"

书中暗表：这"胡半仙"小时候得过一种怪病。病治好了，却落下了毛病，一说话就挤鼻弄眼的。他给别人算命、批卦、看风水，往往能实现多一半，也因此得了绰号——胡半仙。

永乐帝看了一眼胡半仙，心想，这人怎么长了这副模样啊。老话说，人有古怪相，必有奇异能。于是吩咐胡半仙："你说说，我听听。"

"万岁爷，有个地方叫沙岭，'空'；离北京城不远，'空'；旁边有个燕家台，'空'。那……"胡半仙摇头晃脑地说着。

旁边有人伸手拦住他："你说一个地方，就来个'空'，到底有没有啊。"

"我没说'空'。我鼻子不通气，是鼻子'吭哧'出来的声。"胡半仙极力地辩白着，"我这两天着凉了，鼻子不通气。"

"再者说，你提的这几个地方，有三个字是要掉脑袋的。"

胡半仙激灵打了个冷颤，脸顿时就白了。旁人悄声告诉他："皇上姓朱（猪），沙岭的沙（杀）对猪不利；燕家台与晏驾（皇上去世）同音。你是不是活得腻歪了。"

二人声音虽小，永乐帝也听见了，不由得龙颜大怒，怒喝一声："胡半仙戏弄朕，把他推出午门，斩首示众。"

胡半仙一听，吓得咕咚跪倒在地，磕头如捣蒜。同僚们顿时惊出了一身冷汗，纷纷为胡半仙求情。永乐帝担心如果真杀了此人，恐怕就无人敢去勘选陵地了，便顺势说道："死罪免过，活罪当罚。先打他个皮开肉绽桃花开，再让他戴罪立功。"

见胡半仙险些丢了性命，选陵地的这些人更加小心翼翼，唯恐触怒了龙颜。不久，他们又从江西请来了一位堪舆家，名叫廖均卿。廖均卿不仅长得浓眉大眼，鼻直口阔，还上知天文，下晓地理，说起风水头头是道，算得上堪舆家里面的佼佼者。转眼到了永乐七年（1409），廖均卿终于发现了一处可作万年吉壤的陵地。廖均卿向永乐帝禀奏："皇上，白浮图城东北边有座黄土山，山下有个康家庄，庄前有条干水河，不远处有个康老坟。倘若在那建造陵墓，地势得天独厚。"一席话说得永乐帝眉开眼笑。

转天，永乐帝带领着众人，骑着马去看黄土山。晌午时分，他们终于来到这座大山脚下，果真看见一个不起眼的小山村。一位六七十岁头戴草帽的老人，正弯着腰在地里拔草。永乐帝伸手示意，让手下人把老人带过来回话。老人没见过这么多的大人物，有点受宠若惊。他告诉永乐帝："这里是康家庄，只有两户人家。村外那片地方是康家老坟。"永乐帝听了，暗自高兴，心想：我朱（猪）家坟与康（糠）家老坟为邻居，这是天赐良缘啊。接着又问："前边这条河有名吗？"

"有。夏天水大，无边无沿的；冬春季水小，河道快要干了，人们戏称它干水河。"

永乐帝喜形于色，"干水河"，这河的名字好。他想，干水河不就是泔水河吗？猪有糠吃，有充足的泔水喝。猪长得膘肥体壮，朱家的天下自然就万万年了！永乐帝乐得合不拢嘴，夸赞道："这里真是个好地方！"

"不光您说这里好，有一首歌谣也是夸我们村的。"

"是嘛，说来听听。"

那位老人接着说："黄土山前亮堂堂，干水河旁康家庄。燕王扫北从这过，歇息腿脚躺龙床。"

永乐帝乐呵呵下旨："歌谣唱得好，有赏。"

这时，廖均卿趋步向前，手指着周边景色一一介绍："陛下，您看，北边，黄土山山峦起伏，可称难以逾越的天然屏障；南边，有龙山、虎山，酷似两位将军守门；四周群山环抱，中间盆地开阔，犹如大明堂；干水河波光粼粼，蜿蜒东去；此处前有照，后有靠，绝对是一块风水宝地。"一席话说得永乐帝心花怒放，当场决定在此地建造陵墓。这一天，正逢永乐帝寿诞之日。永乐帝下旨，把黄土山改名为"天寿山"。从此，天寿山远近闻名。

永乐帝终于选到了称心如意的陵地，自然重赏了廖均卿。同时，永乐帝告诉工部："找个地方建两个院落，给他们盖上瓦房，让康家人搬过去；再拨给他们一些土地；康家老坟原地不动，准许他们每年清明上坟一次。"

明长陵于永乐七年五月开始修建，历时5年竣工。明长陵气势非凡，前方后圆。自石桥向北排列着三进院落，依次为陵门、神库、神厨、碑亭、祾恩门、祾恩殿、棂星门、明楼、宝城。陵宫建筑占地约12万平方米。

从创建长陵到清顺治元年营建思陵，236年间建成了十三座皇陵。有人把十三座皇陵概括为一句话：德永景长献，庆裕茂泰康，定昭思。

明十三陵红墙黄瓦，堪比皇宫，显示出真龙天子的尊崇地位及巍巍气势。2003年，明十三陵跻身世界文化遗产。

这正是：

> 京北昌平天寿山，
> 红墙黄瓦隐山间。
> 明代皇陵十三座，
> 世界遗产美名传。

扬善惩恶在神路

辛立华

合：竹板一响震长空，台上台下笑盈盈，今天不把别的唱，

　　唱一段儿十三陵的民间传说请您听。

甲：十三陵始建于永乐年间的1409年，

　　地点就在昌平北边的天寿山。

乙：到明朝最后的崇祯葬入思陵才算完，

　　这期间经历了整整二百三十多年。

甲：到十三陵观光必然要在神路走一走，

　　看一看路两旁的石人和石兽。

乙：一尊尊的石人石兽活灵活现令人来敬佩，

　　彰显了炎黄子孙的巧手和智慧。

甲：关于石人石兽有好多的故事和传说，

　　在民间流传至今各种版本儿更是多。

乙：不管是哪个版本儿的故事和传说，

　　主题都是鞭挞丑恶弘扬正气的多。

甲：最棒的要数扬善惩恶的那一则，

　　下面我俩就给各位朋友说一说。

乙：那一年朱祁镇皇帝下令在建陵寝的同时修神路，

　　修神路的任务交给了他身边的红人叫曹富。

甲：曹富本是长白山某庙宇中的一老道，

　　有一身的法术却不走正路走歪道。

乙：师父愤怒地将曹富赶出了庙门驱山下，

　　曹富从此更是有恃无恐强取豪夺成恶霸。

甲：他总想着穿金戴银美女成群住皇宫，

　　满怀野心来到了皇帝所在的北京城。

乙：他施展法术取得了朱祁镇皇帝的信任与宠爱，
在宫内与大臣胡丁狼狈为奸不择手段敛钱财。

甲：这一次他为了从中捞取大量的金银入私囊，
想出了在神路设置石人石兽，并将计划呈报给皇上。

乙：他先是与胡丁商量好了对策把皇上来哄骗，
二人这才一同来到太和殿。

甲：见了皇上先是跪拜把万岁万岁高声喊，
而后就把串通好的阴谋计划呈上前。

乙：皇上看后满心欢喜笑呵呵，
让他们二人详细地把具体情况说一说。

甲：万岁爷，为了你的神圣与威严，
要将众多的石人石兽放置神路的左右边。

乙：二十四尊石兽彰显您是真龙天子下凡间，
十二尊石人为您出谋划策忠心耿耿保江山。

甲：皇上被忽悠得不知东南西北转了向，
问如此大的工程需要多少黄金和银两。

乙：早有准备的曹富将详细的预算呈上前，
皇上看后大笔一挥当即批下黄金白银上千万。

甲：三十六尊石人石兽要用房山的汉白玉石来雕刻，
工程浩大每天的资金频频支出似那风吹过。

乙：为了节省资金装进自己的腰包里，
挖空心思的曹富使出了心狠手辣的歹主意。

甲：他让十二名死囚犯装扮成文武大官臣，
施展法术让这些死囚犯即刻变成了石头人。

乙：二十四尊石兽除去獬豸麒麟只能用玉石来雕刻，
其他的全用活兽通过法术变成一尊尊的大石坨。

甲：这些石人石兽白天站在那里任凭风吹雨打不动摇，
到了黑夜就会恢复原形又吃又喝活蹦又乱跳。

乙：如此一来大量的黄金白银就归了曹富和同党，
万岁爷还一个劲儿地将这两个奸贼来夸奖。

甲：那些石人石兽到了夜间恢复原形就把坏事做，
周围的百姓从此惶惶度日担心随时随地降灾祸。

乙：当地的官府不知细底派出衙役来破案，
却是多日无果就连罪犯的一根毫毛儿也未见。

甲：当地的官府见案件仍是一件一件闹得欢，

只好将此事呈报到了皇上手里边。

乙：皇上即刻派下高手来到此地查此案，
却仍是多日无果桩桩案件照发不间断。

甲：无奈的皇上只好向全国把悬赏的告示发，
召集高手来到昌平把这些神秘的罪犯抓。

乙：不知内情的皇上要到陵寝工地去视察，
就把出宫的具体日期向有关大臣来下达。

甲：与此同时皇上还要把那些石人石兽来检验，
日期就在十天后的金秋九月的头一天。

乙：眼看着皇上要到神路检验那些石人和石兽，
心怀鬼胎的曹富连连对着佛像烧香又磕头。

甲：只要你皇上检验过后喜笑颜开说满意，
又一大笔奖赏的黄金白银就会装进我的腰包里。

乙：只要顺顺当当地过了这一关，
我就携带巨款远走高飞日子从此赛神仙。

甲：往后你皇上就是查出了真相也没用，
我曹富已经在你眼里消失得无影又无踪。

乙：长白山的老道长看到告示心里即刻就明白，
断定此案肯定与自己那孽徒曹富分不开。

甲：老道长即刻派出了徒弟老道姑和小道姑，
日夜兼程速到京城将案件的真相来查出。

乙：两位道姑来到京城很快就将曹富的行踪来查清，
便紧紧跟踪一时一刻不放松。

甲：这一日曹富与胡丁来到了皇上的行宫巩华城，
为第二天皇上到神路检验石人石兽做准备。

乙：虽然两位道姑暗暗跟踪一路跟到了巩华城，
却不知道曹富二人来此地的目的是啥事情。

甲：午夜时分两位道姑施展法术潜伏到行宫，
此时四周一片漆黑却有一间屋子还在亮着灯。

乙：两位道姑贴近窗户捅破窗纸仔细看来仔细听，
里面的内容是既看得见来又听得清。

甲：（白）只见曹富的同党胡丁喝了一口酒对曹富说：曹道长，十二个真人死囚犯，还有那二十四个动物，让您一施法术，即刻就变成了石人石兽。如此一来，不仅省去了我们招聘大批石雕艺人的工钱，这上百万银两的费用，也就揣进了我们的腰包啦。

乙：（白）曹富嘿嘿一笑说：只要明天皇上到神路查看石人石兽不出任何问题满意回宫，我

们就算大功告成。等我们回宫再拿到赏金，我们就远走高飞。那些石人石兽就是夜间变
回来祸害百姓被抓说出实情，也没有人知道我们在何处啦。

甲：（白）就在胡丁举起酒杯要给曹富敬酒的时候，胡丁突然口吐白沫倒地身亡。只见曹富
冷冷一笑说道：想从我嘴里分吃的，有那么容易吗？

乙：两位道姑即刻明白罪魁祸首是曹富，
一定要抓住这个恶魔让皇上亲自下令来惩处。

甲：两位道姑破窗而进让曹富不能进又不能退，
命令曹富乖乖就擒到皇上面前去认罪。

乙：曹富一边求饶一边暗暗施法术，
一团火球突然快速射向老道姑。

甲：老道姑快速施法将火球挡在半途中，
火球就飞到房顶炸开一个大窟窿。

乙：曹富怪叫一声从大窟窿蹿出想逃命，
两位道姑也从窟窿飞出将曹富堵在行宫中。

甲：老道姑再次劝告曹富乖乖就擒莫抵抗，
求皇上开恩留个全尸灵魂还能回家乡。

乙：曹富不想乖乖就擒送命把头砍，
决心跟两位道姑拼个你死我活把命捡。

甲：老道姑不等曹富抽出宝剑来拼命，
已经使出法术让曹富举步艰难不能动。

乙：曹富痛哭流涕求老道姑高抬贵手放他跑，
老道姑义正词严说你恶贯满盈休想把命保。

甲：第二天皇上准时到了行宫巩华城，
惊诧地见到了被俘的曹富与死胡丁。

乙：皇上忙问为何一个被俘一个已死在行宫，
老道姑就让曹富详详细细地说给皇上听。

甲：曹富只好向皇上交代自己的全部罪行和经过，
皇上听后龙颜大怒下令对曹富杀无赦。

乙：曹富被押到一对对石人石兽的神路，
跪在皇上面前磕头作揖求饶恕。

甲：皇上冷冷一笑怒指曹富狠话就从嘴里出，
你贪赃枉法把朕欺骗罪行累累死罪不容诛。

乙：皇上一声令下就取下了曹富的狗头颅，
真是大快人心百姓欢呼扬善惩恶在神路。

甲：（白）为了让石人石兽不再恢复原形残害周边的老百姓，皇上下令，将每一尊石人石兽

都敲下了一小块儿，从此石人石兽就永远是石头了。

乙：（白）各位游客要是哪天到了神路，仔细观察每一尊石人石兽，就能发现，每一尊石人
石兽真的是缺那么一小块儿。

甲：这就是神路的一段儿传说讲给您，
是真是假各位千万千万别较真。

乙：贵在这是一段儿惩恶扬善的好传说，
这样的传说越多越好再多也不嫌多。

甲：十三陵的传说故事还很多，
下回我再给各位说一说。

乙：十三陵的传说故事还不少，
下次我再给各位表一表。

甲：让我们，将十三陵的传说多多来挖掘，
把炎黄子孙的民间文化传遍全世界。

乙：让我们，把世界级的非遗保护好，
将中华民族的皇宫文化传遍世界的天涯和海角。

合：传遍世界的天涯和海角。

昌平正德春饼宴

单　良

【开场白】

朋友们，大家好！我姓刀，是著名舞蹈家刀美兰八竿打不着的弟子。我是旅行家，叫刀游远，叫白了就叫导游员。节假日您出门去玩吗？我给您推荐个好地方，那里又有山又有水，吃喝玩乐样样美，谁要不去谁后悔！有人问了，你别卖关子啦，快说是什么地方？好，我给您当导游，出发！

【唱快板】

您跟我走跟我行，

京北不远到昌平，

昌平美景多如星，

最著名，

是享誉世界明十三陵，

坐落天寿山脚下，

巍峨壮观气势宏。

从永乐年间开始建，

到现在，六百年历史还挂零！

有长陵，有献陵，

有景陵，有裕陵，

有茂陵，有泰陵，

有康陵，有永陵，

有昭陵，有定陵，

有庆陵，有德陵，

崇祯皇帝叫思陵，

东也是陵，西也是陵，

南也是陵，北也是陵，

东西南北尽是陵

陵挨陵，陵靠陵，

陵连陵，陵接陵，

陵陵陵陵陵陵陵，

世界遗产大有名！

（白）此处应当有掌声！

十三陵各有特点大不同，

长陵规模是最大，

地上的建筑真恢弘。

定陵皇帝是万历，

让您大开眼界有地宫。

赏心悦目观不够，

天到中午腹内空

腹内空，脚板疼，

肚子里咕噜噜不住地鸣！

"快找地方喂脑袋吧，

空腹参观怎么能行？

头发重，脚发轻，

浑身无力眼难睁，

往下如何把山登？"

老肠老肚提了醒儿，

赶快找地儿把饥充。

要品美食哪里去，

最好地方是康陵。

康陵名吃是春饼，

正德春饼宴享盛名。

明武宗，朱厚照，

驾崩埋葬康陵中。

武宗年号叫正德，

他最爱吃的是薄饼。

所以起名叫正德春饼宴，

有五百年历史还挂零。

数百年来制法奇，

世代相传选料精。

正德春饼最可口，

正德春饼最正宗。

看，康陵村里景致美，

群山环抱草木青。

头上蓝天飘白云，

仿古庭院做餐厅，

进院迎面养鱼池，

树上挂着一鸟笼，

笼中八哥不住地叫：

"你好，你好，欢迎，欢迎，热烈欢迎！"

八哥还能背唐诗，

还会唱歌东方红。

走进饭厅更觉爽。

几又净来窗又明，

消毒碗筷真干净，

擦脸手巾热腾腾。

服务员，上茶水，

热情周到陪笑容，

宴席菜饭不用点，

定餐定量省时工。

就听厨房叮当响，

传菜摆桌快似风。

一桌地道春饼宴，

有荤有素面前呈。

先说春饼是圆型，

上白面，好香油，

擀得薄，烙得熟，

好像蝉翼一般同。

再说菜，

五颜六色厨艺精，

煎炒烹炸香味浓。

有松仁小肚熏大肚，

驴肉酱肉味道精，

熏肘子酱肘子酱口条，

熏鸡酱鸭黄里透红。

配有多种家常菜，

大碗小盘碟子盛，

肉丝炒韭菜，

肉丝炒菠菜，

嫩嫩的豆芽用醋烹。

粉丝摊鸡蛋，

黄瓜萝卜绿莹莹，

西红柿，豌豆黄，

香椿芽，羊角葱，

新鲜可口脆生生，

各种蔬菜卷上饼，

两手捧着塞嘴中，

咬上一口那叫美

鲜香爽口胜宫廷！

数数足有三十道，

馋得人们口水往下冲，

大家伸手要动筷儿，

有人站起喊声：

"停！

这道正德春饼宴，

如歌如诗如画屏，

美景千万别破坏，

拍完照再吃那才成。"

这一提醒可不得了，

掏出了手机拍不停。

但只见，相机手机咔咔响，

唰唰唰唰闪银星。

拍完了马上发微信，

快手抖音，点赞量噌噌噌噌往上升。

照相已毕说："喂脑袋喽！"

嚯！男女老少瞪眼睛，

旋风筷子手中擎。

甩开腮帮子颠开牙，

谁也顾不得细品评。

减肥的人也夹扣肉，

不减肥的荤素通吃两面攻！

转眼间一桌子饭菜全抢光了，

后厨喊来啦！

老板接着续菜往上盛。

吃个天昏地又暗，

浑身上下劲头增，

有人乐得跳开舞，

有人唱歌展喉咙，

欢歌笑语震天地，

四周群山起回声，

狗不叫，鸡不鸣，

鸟不飞，游鱼停，

都竖起耳朵仔细听，

羡慕人们乐融融。

这顿饭吃得真叫值，

人人脸上露笑容！

导游员举旗说声："走！

下一站是七孔桥花海快起程。"

这正是康陵正德春饼宴，

到下回，驴打滚宴、饸饹宴，

欢迎大家再品评。

剧本

新十三陵游记

葛进昌

故事梗概：

龙跃是北京东城区一家国企的经理，在他38岁生日时，正好是他父亲龙照从单位局长岗位上退休的日子。之前父子已经商量好，办了退休手续父母就到京与龙跃一家生活在一起。在晚上举办的生日宴会上，他的大学同窗好友陈雁也前来祝贺，陈雁的故乡在十三陵镇，大学毕业后在外经商办企业。在宴会上，陈雁邀请龙跃一家到自己的家乡去度假。

为了缓解老人的寂寞，龙跃接受了陈雁的邀请，一家人到十三陵镇度过了一个黄金周的假期，在许多景点流连忘返。

主要人物简表：

龙跃：北京一家公司的经理

陈雁：龙跃的同学

龙照：龙跃父亲，退休局长

常枫：龙跃的妻子

灿灿：龙跃的女儿

1　家庭客厅　早晨

（龙跃、常枫、灿灿一家人正围坐在饭桌前吃早饭，饭桌上摆着油条、豆浆、鸡蛋）

龙　跃　灿灿，快点把豆浆喝完了，要不上学快迟到了！

灿　灿　（撅起了小嘴）哼，时间还早呢！

常　枫　老公，快到中秋节了！今天是不是你的生日呀！

龙　跃　（思考了一下）嗯，今天正好是农历八月初八，还真是我38岁生日！

灿　灿　老爸，我要吃生日蛋糕！提拉米苏的！

龙　跃　好啊，没问题！下班后就买。

常　枫　那我们今天晚上在王府饭店订个单间，请几个好朋友一起聚聚！

龙　跃　行！正好我的大学同学陈雁这段时间来北京出差了，昨天下班前给我打电话，我们把他请上吧。

常　枫　行啊，你给陈雁打电话，再约几个好朋友，我上午负责给订个单间。

2　饭店包房中　夜晚

（龙跃、龙照一家人和陈雁，在一个餐厅包间的圆桌前坐定，饭菜中间放着一个蛋糕）

龙　跃　（指向陈雁，向父亲龙照介绍）爸，这位是我的大学同窗好友陈雁陈总，上学时您见过的。

陈　雁　（笑着主动伸出双手握住龙照）伯父好！您还记得我吗？原来龙跃宿舍里的小雁子。

龙　照　（愣了一下神）想起来了，你现在做什么事业呀？

陈　雁　我自己搞了一个知识产权交易转让的公司，经常和全国各地的高新技术企业打交道。

龙　跃　雁子，现在事业做得挺大的，好几个省会城市都成立了办事处。

陈　雁　时间过得太快啦！想当年我和龙跃上大学时，伯父那时刚刚四十出头，还在家乡当水利局副局长，那天等我们下课后，您把我俩接到校外吃了个大餐，到现在还回味无穷呢！

龙　照　是啊，雁子年轻有为！中国梦的实现今后就要靠你们年轻人来努力了。

　　　　（餐厅服务员又进门上了一道热菜后）

常　枫　菜都上齐了，大家一起吃菜吧！

　　　　（大家拿起筷子，一起夹菜）

陈　雁　（举起酒杯）来，我提议大家共同举杯祝愿我的老同学福如东海、寿比南山啊！

　　　　（大家一起站起来碰杯）

龙　跃　（笑着说）谢谢！谢谢！

　　　　（大家碰完杯，重新落座后）

龙　跃　雁子，这次来北京办事要多久呀，多找机会聚聚！

陈　雁　这两天就回去啦！伯父的身体怎么样呀？伯父还在担任水利局的领导吧？

龙　照　身体挺好的，我前几天刚刚办完退休手续。

陈　雁　伯伯既然退休了不妨到京郊逛逛，买一个合适的养老居所。

龙　照　干了一辈子工作，刚闲下来，确实有点不太适应！另外，北京人多车多，有时还会出现雾霾天气。

陈　雁　既然这样，伯伯今后也有时间了，抽空到我老家昌平区十三陵镇去度度假吧！举世闻名的世界文化遗产明十三陵就坐落其间呢！

龙　照　十三陵就是和八达岭长城、故宫博物院齐名的国家5A级景区吧？

陈　雁　毗邻十三陵水库，天寿山脚下，近几年的发展蓬勃向上。

龙　照　好啊，不过就是怕给你添麻烦。

陈　雁　说这话就见外了，我父母几年前就已经住上乡村别墅，况且村里搞得小流域治理非常成功，正好可以发挥伯父的专业优势，到现场指导一下！

龙　跃　（在旁边说）爸，雁子是家里人，正好过几天就到国庆黄金周了，咱们正好一家人一起去散散心！

龙　照　（高兴地说）行！到时候，你们哥俩安排行程吧！

陈　雁　那咱们就这么定下来，黄金周的头一天我就回到村里等你们了。

3　高速公路上，一辆商务仓面包车内　白天

龙　跃　（驾驶车辆）雁子，我们已经开车离开北京1个小时了，快到了吗？

陈　雁　（坐在家里的沙发上，拿着手机）快了，按照我给你的短信里的路线，沿着高速一直开就行了。

龙　跃　好的。

　　　　（面包车内，龙照、常枫、灿灿坐在面包车后座上）

4　康陵村村口　白天

（车往村口驶去，从车窗中远远看到了巍峨的皇陵明楼标志性建筑和陈雁的身影，车速减缓，慢慢地停到了陈雁的身边，常枫把车门打开，龙照下了车，陈雁热情地过来握手。）

陈　雁　伯伯一路辛苦了！先到我家去安顿一下吧。

　　　　（陈雁在前面引领龙跃一家人穿过康陵村的街道，来到路边的一个别墅旁边，走了进去）

灿　灿　哇！这么漂亮的房子呀！

　　　　（一家人走到客厅里，坐下来，环顾四周，房间是中式装修，家电一应俱全）

陈　雁　这几天，你们一家都在这栋房子里住好了，我父母家就在旁边，他们刚好利用这个黄金周到东南亚去旅游了，我住到他们的房子里。

龙　跃　好的！听你安排啦！我们也不客气了。

陈　雁　晚上咱们到饭店去品尝下我们地方的特色饮食正德春饼宴吧！

龙　照　都有什么呀？

陈　雁　正宗的梅菜扣肉，肉烂味香，咸中略带甜味，肥而不腻；炖柴鸡、铁锅垮炖鱼、摊鸡蛋、炖豆泡……一盘盘美食，不仅菜量大，味道也是毫不含糊。

灿　灿　好啊，晚上有大餐吃啦！

陈雁（摸了摸灿灿的头）一定要多吃点啊！明天咱们再去村里参观。

5 十三陵水库的岸边 上午

（陈雁带着龙跃一家来到十三陵水库堤坝下面的岸边，宛如一幅水墨画卷）

陈　雁　（手指着溪水介绍）这就是十三陵水库，1958年建成，总蓄水量为6000万立方米。经过60多年的历程，这里已发展成为集防洪、水力发电、旅游观光、休闲度假及教育于一体的旅游胜地，是国家水利风景区、北京市和昌平区爱国主义教育基地。

灿　灿　（探头看着溪水）爸爸妈妈，看这里面还有小鱼小虾呢！

　　　　（镜头拉近，小鱼小虾在溪底畅游的特写）

6 永陵外的青松旁边 下午

（陈雁带着龙跃一家人来到了永陵宫墙外的青松旁边）

陈　雁　这些年代久远的古松树分布在陵墓周边，他们可是十三陵的"保护神"呢。

龙　跃　这些松树都经历几百年以上了，如今还这么郁郁葱葱的，真是难得呀！

陈　雁　可不是！到了晚饭后，村里的老人小孩们都愿意来这里聊天呢！

7 蟒山之巅 傍晚

（陈雁带着龙跃一家人来到了蟒山天池，陈雁手指着十三陵的方向，远处晚霞灿烂）

陈　雁　大家看，站在这里，十三陵的全貌能够尽收眼底呀！

龙　照　如果全国的村庄都能像这样，中国梦肯定就实现了。

常　枫　这不就是一幅新桃花源的图画吗？

龙　跃　我们这几天考察了一下附近的房地产市场，买套房子当作我们的第二居所吧！

　　　　（镜头面向山脚下的乡间别墅、水库的碧波荡漾、远处连绵不断的青山……）

暖心的十三陵之旅

赵建华

故事梗概

作家小龙带着儿子胖胖到十三陵采风，原本负责接待的网友阿明刚好临时去外地出差，小龙父子只好单独行动。好在，他们遇到了一群厚道、热情的十三陵好人，不仅给他们的采风游览提供了便利，更让小龙和胖胖感受到了浓浓的十三陵亲情。而临行前一起意外的交通事故，又是怎样使小龙的血液，流淌在车祸伤者身上的呢？

主要人物简表

作家小龙

5岁的胖胖

热心的十三陵人常诚

常诚的朋友华峰

独幕

第一场

时间：2013年7月某日下午3点

地点：十三陵火车站

人物：小龙、胖胖、阿明、飞飞、小雨

（小龙拎着大包小包，一脸窘态走下火车，胖胖扇着小扇子，惬意地在后面边扇边走）

小　龙　（四下张望）说好的接站呢？怎么看不见啊？

胖　胖　阿明叔叔呢？不是说要接我们吗？

小　龙　（拿出手机，拨通电话）明哥，我已经到站了！

阿　明　（一拍脑袋）该死，忘了！作家，我临时有事，被公司派往外地了，实在抱歉，实在抱歉。这样吧，我联系个朋友，让他替我接待你。

小　龙　OK！

（几分钟后，阿明的朋友飞飞来电。）

飞　飞　你好，是龙作家吗？

小　龙　正是。

飞　飞　作家你好！刚才阿明让我接待你，实在不凑巧，我刚接到老婆的电话，岳母刚刚住院了，我得过去安排一下，不能接你了，真是不好意思！

小　龙　没关系，忙你的去吧。

飞　飞　这样，我联系一个朋友，让她帮我接你，你等她电话吧！

小　龙　好的。

（几分钟后，飞飞的朋友小雨来电）

小　雨　小龙哥哥，不好意思，给你添麻烦了！

小　龙　没关系，呵呵。

小　雨　飞飞刚才给我打电话了，你现在在车站是吧。

小　龙　嗯嗯，刚下火车。

小　雨　可是，公司正在开会，我实在走不开，要不……

小　龙　呃，不用了，我还是自己解决吧！

（小龙沮丧地捋捋头发）

胖　胖　（呵呵一笑）有点儿点背，人在囧途啊！

第二场

地点：十三陵镇中心

人物：小龙、胖胖、饭店老板、服务员、常诚、华峰

（坐公交来到镇中心后，小龙想找一家饭馆，先吃午饭，可是由于饭点已过，所有饭店几乎都不营业了）

小　龙　走，咱们进去看看！

胖　胖　这是这条街上最后一家饭店了。

小　龙　要是这里也没饭，咱们就啃面包吧！

（父子二人走进饭店）

服务员　先生，要吃饭吗？

小　龙　是啊，我们刚下火车，你能给我们凑合做点吗？

服务员　我问问老板。

（片刻等待）

服务员　大师傅已经休息，没有炒菜了，只有凉菜和米饭，可以吗？

小　龙　没问题！谢谢啊！

服务员　几位请坐吧。

　　　　（小龙和胖胖端起碗筷，吃得特别香，饭店老板走出来，微笑地注视着他们）

小　龙　老板，谢谢招待！

老　板　不必客气，你们是哪里来的，来十三陵做什么？

小　龙　我们是太原来的，来十三陵采风，呵呵！

老　板　原来是大作家啊！

小　龙　只是个文人墨客而已。

老　板　你们这次来十三陵，准备去哪玩？

小　龙　主要去看看风景名胜，顺便带我儿子去儿童游乐园玩玩。

胖　胖　我要坐过山车！

老　板　你们就自己来旅游？

小　龙　真是不凑巧，朋友正好有事，出差去了！

老　板　哦，我有个朋友，这两天正好有空，要不让他陪陪你们？

小　龙　是吗？那太谢谢了！

老　板　不用客气，来到我们十三陵，大家都是朋友！

　　　　（老板打了一个电话，半小时后，他的朋友常诚和华峰来到饭店）

老　板　小高，小常，来了！我给你们介绍一下，这是作家小龙，他孩子胖胖，这是我的
　　　　朋友常诚、华峰。

小　龙　（一一握手）你们好！

胖　胖　二位叔叔好！

常　诚　很高兴认识你们，这几天你们在十三陵采风的事情，就交给我们吧！

小　龙　真是太感谢了，有时间也欢迎你们到我们那儿玩！

第三场

（接下来的两天里，常诚和华峰驱车带着小龙父子，在十三陵的各风景名胜玩得不亦乐乎，从最后一站儿童游乐园离开时，已经是傍晚时分，几人来到一家饭店，吃了告别饭，又一起K歌到深夜。几天下来，大家已经如同多年的好友。可是，这时又一道难题出现在他们面前……）

常　诚　小高，咱们开车把作家送回去吧。

华　峰　常哥，这两天新区正在修路，去市里的路不太通，晚上开车地形也不大熟，不好
　　　　回啊！

常　诚　咱们既然帮人，就要帮到底，我再想想办法吧！

小　龙　要不我们打车吧。

常　诚　没事，我开车送你回吧！

小　龙　谢谢你了，注意安全！

华　峰　常哥路上慢点。

常　诚　咱们走吧。（发动汽车）

第四场

地点：返回酒店途中

人物：小龙、胖胖、常诚、华峰、中年男女、司机、医生甲、医生乙

华　峰　前边怎么了，围了一群人？

常　诚　怕是出车祸了，咱们下去看看。

　　　　（几个人下了车，只见一辆车撞在路边防护栏上，一对中年男女躺在血泊之中）

华　峰　常哥，真出车祸了。

常　诚　你们报警了吗？

司　机　122、120都打了，他们说一会儿就过来。

常　诚　小高，快去我车上，取急救包来。

小　龙　常哥，你还备着这个？

常　诚　是啊，未雨绸缪，现在救人要紧，我恐怕得晚一点送你回宾馆了。

小　龙　没关系，常哥真是热心人，我也学过一点儿急救常识，不知道能不能帮上忙。

常　诚　很好，这里正缺人手呢！

　　　　（几人给伤员简单包扎好伤口，急救车随后呼啸着驶来，小龙和常诚抬着担架，将伤员抬上救护车）

医生甲　伤者失血严重，需要立即输血，你们知道伤者血型吗？

司　机　我知道，他们两个都是A型血。

　　　　（两名医生互相对视一眼）

医生乙　这两天正赶上血荒，我们急救中心暂缺A型和O型血，你们能够提供这两种血吗？

常　诚　医生，我是O型血，如果需要的话，就抽我的血吧。

医生乙　可一个人还是不够啊。

华　峰　我是O型，我也跟你们走。

小　龙　大夫，我是A型血，我跟你们走。

医生甲　（打量小龙）你不是本地人吧。

小　龙　对，我是太原来十三陵采风的作家，这几天一直是这两位大哥义务接待我。看到身边有这么多见义勇为、热心助人的十三陵好人，着实感动了我，我觉得我也应该伸

出双手，帮助遇到困难的十三陵人。

医生甲　那太谢谢你了，谢谢你们，几位，上车吧！

胖　胖　大夫，我也是A型血。

医生乙　小朋友，谢谢你，可你年纪还小，还得长身体呢！

胖　胖　（嘟嘴）哼！

第五场

地点：急救中心

人物：小龙、胖胖、常诚、华峰、中年男女、司机、医生甲、医生丙

（几个人乘坐急救车来到急救中心）

医生丙　病人的血液都检查过了吗？

医生甲　路上血型和血液检查都做了，两个都是RH阳性、A型血。

医生丙　A型？咱们这的AO血可不多了。

医生甲　我正好遇上几个人愿意献血，也一起过来了，他们的血液经检测，都可以输血使用。

医生丙　好，那就每人先献400cc，咱们这儿的存血还有一些，400cc估计够了！

　　　　（小龙、常诚、华峰纷纷献血，几人边献边聊，显得格外亲近）

常　诚　作家，今天晚上，恐怕得在这儿过了。

小　龙　没事，这次十三陵之行，真是太难忘了！

常　诚　招待不周之处，还请见谅。

小　龙　哪里的话，我非常满意！

　　　　（献过血，天色已亮，小龙仍然不愿离开）

小　龙　常哥，要不咱们再等等吧，等到伤员抢救过来，我就放心了。

常　诚　好，我陪兄弟你！

医生甲　（一路小跑）告诉你们一个好消息，伤员经全力抢救，现在已经脱离生命危险，意识正在恢复中。

小　龙　太好了！咱们的血没有白流！

常　诚　医生，请转达我们对伤员的问候，龙作家上午还要赶火车，我们先送送他。

医生甲　祝你们一路平安！后会有期！

尾声

地点：火车站

人物：小龙、胖胖、常诚、华峰

小　龙　两位大哥，我要走了，以后记得多联系，欢迎你们来太原玩！

胖　胖　叔叔再见！

常　诚
　　　　小龙兄弟，胖胖小朋友，欢迎你们再来十三陵，欢迎你们常来十三陵！
华　峰

（完）